분노폭발

TRIGGERED

HOW THE LEFT THRIVES ON HATE AND WANTS TO SILENCE US

DONALD TRUMP JR.
도날드 트럼프 주니어

차 례

chapter 1. 분노폭발에 대한 경고(TRIGGER WARNING) / 3

chapter 2. 역습(COUNTER PUNCH) / 11

chapter 3. 기초의 균열(CRACKS IN THE FOUNDATION) / 31

chapter 4. 계급투쟁(CLASS WARFARE) / 58

chapter 5. 갭 이어(GAP YEAR) / 81

chapter 6. 모호해진 자유의 여신상
         (NOT EXACTLY THE STATUE OF LIBERTY) / 104

chapter 7. 당신 할아버지 시대의 민주당은 이제 없습니다.
         (NOT YOUR GRANDFATHER'S DEMOCRAT PARTY) / 128

chapter 8. 학교로 돌아가자(BACK TO SCHOOL) / 143

chapter 9. 선거의 밤(ELECTION NIGHT) / 166

chapter 10 극단적 증오(A DEADLY FORM OF HATE) / 182

chapter 11. 잃어버린 성별(MISS GENDERED) / 198

chapter 12. 우리가 사람들의 적입니까?
(THE ENEMY OF THE PEOPLE?) / 211

chapter 13. 섀도 금지(SHADOW BANNED) / 234

chapter 14. 주시 스몰렛, 늦은 밤 코미디의 황제
그리고 맹렬한 분노의 오케스트라
(THE LATE-NIGHT KING OF COMEDY WITH
JUSSIE SMOLLETT AND THE FAUXTRAGE ORCHESTRA) / 258

chapter 15. 중국 그리고 조 바이든(JOE CHINA) / 279

chapter 16. 격렬한 저항(THE OPPOSITION) / 291

chapter 17. 트럼프 2020(TRUMP 2020) / 309

Chapter 1.

분노폭발에 대한 경고(TRIGGER WARNING)

나는 미치지 않았습니다.

모두 보시길 바랍니다. 모든 사람이 살면서 한두 번쯤 '반역자'라고 불립니까? 모든 사람이 거짓으로 고소당하고, FBI에게 억울하게 조사받고 국회 청문회에서 30시간 동안 심문을 받으면서 바보 같은 정치적인 질문들에 대한 답을 계속해서 되풀이해야 합니까? 모든 사람이 자신이 온라인에서 내뱉은 한마디, 한마디 중에서 혹시나 성가신 부분이 있는지 하나하나 파헤치는 '사회정의 전사'들의 군대를 마주하고 있습니까?

내가 왜 미쳐야 합니까? 나는 미치지 않았습니다. 처음에 이 글을 쓸 때는 용서와 치유에 대한 '기분 좋은 책'을 쓰려고 했습니다. '정치 버전의 영혼을 위한 치킨 수프 이야기'와 같은 책 말이죠. 심지어 제목도 '분노폭발 : 좌파가 증오를 즐기며 우리 입을 막는 방법'이 아닌 '은혜의 찬양 Kumbaya'으로 지으려 했지만, 이 제목은 아마도 현재 민주당 측 후보로 대통령 선거에 출마한 2,467명 중에서 한 명이 이미 차지한 것으로 보이더군요.

그래서 <영혼을 위한 치킨 수프 이야기> 대신 앞으로 이어질 이 책의 약 300페이지 정도 되는 이야기를 통해, 나는 당신과 함께 좌파들이 지난 10여 년 또는 그 이상 짜내어온 전적인 광란함과 가장 파괴적인 사상들을 관람할 생각입니다. 나와의 이러한 여행을 '주라기 공원'을 함께 탐험한다고 생각해도 좋습니다. 다만 그곳에는 위험한 공룡들이 아닌, 졸린 눈의 패배한 자유주의자, 징징거리며 울먹이는 사회주의자, 그리고 겉과 속이 다른 정치인 및 언론 매체들이 있을 겁니다.

만약 당신이 나와 함께 그 길을 가보기로 했다면, 나는 우리가 탄 자동차에 그 어떤 방해꾼도 뛰쳐 들어오지 못하게 할 것을 약속합니다.

이 긴 여정을 함께 하면서, 당신은 내가 어떤 사람인지 조금씩 알게 될 겁니다. 나는 자유주의자들이 말하는 것처럼, 머리에 뿔을 달고 태어난 그런 사람은 아니니까요.

하지만 우리가 출발하기 전에, 나는 몇 가지 '사전고지' 사항을 설명하기 원합니다. 당신도 최근의 나처럼 변호사들에게 둘러싸여 지내다 보면, 변호사처럼 사고하는 내 모습을 이해할 수 있을 겁니다.

첫째 : 나는 내 아버지의 대선 캠페인 대변인으로서 이 책을 쓰는 것이 아닙니다. 다시 말하자면, 내가 만약 "아담 쉬프[1]는 거짓말쟁이 광대다" 또는 "로버트 뮬러[2]는 민주당에 이용당하는 약해빠진 늙은 바보다" 이런 말을 했다고 '가정한다면', 이는 모두 단순히 '나의 견해'일 뿐입니다. 방금 내가 했던 말들이 모두 사실임을 그들 역시 잘 알고 있지만, 이를 공식석상에서 말하는 것처럼 보임으로써 괜한 논란을 사고 싶지는 않기 때문에 미리 짚고 넘어가는 바입니다. 나의 이러한 성향은 아마도 유전자를 통해 물려받은 여러 특징 중 하나가 아닐까 싶군요!

둘째 : 내가 이 책에서 농담을 던지는 경우가 더러 있을 수도 있지만, 앞으로 할 말들을 통해 누군가를 기분 나쁘게 하려고 일부러 노력하지는 않을 겁니다. 나는 논점을 만들 것이고, 팩트를 통해 이를 뒷받침할 것이며, 남김없이 세상에 공개할 겁니다. 이 책이 출간되기 전에 이미 수없이 많은 이들이, 셀 수 없이 많은 책을 통해 그렇게

---

[1] 공화당 국회위원 중 트럼프에 비판적인 인물

[2] 트럼프 대통령의 러시아와 부정선거 공모 혐의에 대한 특별검사

해왔던 바로 그 방식으로 말이지요. 나는 실제로 이 책을 현재 공중을 떠다니는 주체할 수 없는 거짓들에 대한 '합리적 해독제'로 생각하고 싶습니다. 이를 흔히 담론이라 부르지만, 내가 볼 때 오늘날에 '담론' 이란 오직 좌파와 자유주의자들에게만 존재하는 단어인 것 같습니다. 이런 방식을 원래 '대화'라 부르기도 했지만, 오늘날의 '대화'는 오직 좌파들을 위해서만 존재하고 있습니다. 보수주의자들이 대화를 시도하면, 그들은 이를 '혐오 발언'이라고 합니다. 나는 2019년에 살고 있는 '부자 백인 남성의 아들'로서, 공식석상에서 내 의견을 표현하는 것은 둘째 치고서도, 어떠한 의견을 '가지는 것조차' 허락되지 않는다는 사실을 잘 알고 있습니다.

　마지막으로, 아마도 이 책의 제목에 대한 추가적인 설명을 해야 할지도 모르겠습니다. 왜냐하면, 이 제목은 당신이 매일같이 듣는 친숙한 용어는 아닐 겁니다. 사실, 지금 당신의 나이가 35세 이상이거나 최근에 대학 캠퍼스 또는 트위터 세계를 경험하지 못했거나, 또는 정신병원에 갇혀 있었다면,[1] 당신은 이 책이 왜 '분노폭발'이라 불리는지 전혀 모를 것입니다.

　내가 설명하게 해주길 바랍니다. 오늘날, 최소한 인터넷에서 보이는 바에 의하면, 이 용어 '분노폭발에 대한 고지'는 깨져버리기 쉬운 '자유주의자 트위터 세계'의 감성을 날려버릴 선포에 대한 예고편처럼 종종 쓰이는 듯합니다. 내 아버지의 트위터 메시지처럼 말이죠. 그리고 이는 적어도 며칠 동안은 그들의 머리에 불을 지르고 사소한 뉴스거리를 계속 만들어 냅니다. 그러나 최악의 경우, 그들을 실제적 분노와 조직적인 폭력으로 끌고 가기도 하는데 당신이 묻기 전에 미리 말하자면 그 미친 짓은 매우 불균형한 현상입니다. 보수주의자들은 보통 중요한 것들에 자극을 받습니다.

　예를 들면 아이들을 죽이는 것이나, 우리가 인간으로서 기본적으

---

[1] 사실, 누가 더 이상 그 차이를 구별할 수 있을까요?

로 가지고 있는 자연권[1]을 빼앗는 것들이지요. 반면, 자유주의자들은 매우 바보 같은 주제에 자극을 받는 경향이 있습니다. 만약 당신이 자본주의가 사회주의보다 낫다고 말한다면, 그들은 분명 미쳐 날뛰게 될 겁니다. 내 아버지가 "미국은 세계에서 가장 위대한 나라다"라고 말하면, 그들은 아예 정신을 놓아 버리곤 하죠. 당신이 그들이 올린 고양이 비디오를 귀엽지 않다고 말하면, 그들은 완전한 상심에 빠져 버립니다.

날이 갈수록, '분노폭발'로 간주 되는 경계선은 점점 더 낮아지는 추세입니다. 예를 들어 혹시 누군가에게 고향이 어딘지 물어본 적이 있습니까? 자유주의자들의 말에 따르면 이제는 그런 질문을 해서는 안 됩니다. 왜냐하면, 그들이 볼 때 그런 질문들은 일종의 마이크로어그레션 Microagression 이기 때문입니다.[2]

로버트 뮬러가 우리의 미국 대통령이 러시아의 대리인이 아니란 사실을 시인했을 때도, 그들은 서로를 품어주고 따뜻하게 위로했습니다. 앨 프랭큰[3]이 소름 끼치는 변태란 사실을 알았을 때처럼 말입니다.

그래서 이 책에는 아마도 소위 말하는 위험한 사상들이 많이 나오는 부분들도 포함될 것이고, 따라서 이에 대한 '사전고지'를 먼저 하는 것이 최선이라고 생각했습니다. 이런 논쟁의 여지가 있는 사상들을 책을 통해 이렇게 다루는 것이 불법은 아니지만, 이 책이 인쇄될 때 우리가 어디에 있을지 누가 알겠습니까. 단지 이런 의견을 가지고 있거나, 또는 책 표지에 내 얼굴이 새겨졌단 이유만으로도 얼마든지 고발당할 수 있으니까요.

---

[1] 인간이 태어날 때부터 자연적으로 가지는 자연법상의 권리

[2] 이런 용어들은 하나하나 다 설명을 해 줄 것이니, 너무 걱정하지 않아도 됩니다.

[3] 미국의 정치인, 진보적인 성향의 유대인으로 민주당의 열렬한 지지자로 활동했으며, 미국에서 진보주의를 대표하는 시사평론가로 알려져 있다

당신을 위한 분노폭발 경고(Trigger warning)

만약 당신이 보수주의적 사고방식을 좋아하지 않거나 나쁜 단어들을 읽는 것이 두렵다는 생각이 든다면, 이 책을 계속 읽지 않기를 바랍니다. 유머 감각이 없거나, 또는 미국인이지만 도널드 트럼프를 당신의 대통령으로 인정하지 않는다면, 마찬가지로 여기서 이만 책장을 덮을 것을 추천합니다. 또한 애국심, 남성성, 사냥, MAGA[1] 모자, 성조기, 총, 성별, 종교, 로잔느 바,[2] 어리석은 사상에 대한 비판, 자본주의, 초고층 빌딩, 성탄주간에 '크리스마스'와 같은 단어를 쓰는 등의 일에 불쾌감을 느낀다면, 미안하지만 이 책을 멀리하는 게 좋을 겁니다.

솔직히 말해서 만약 당신이 철저한 자유주의자 또는 사회정의를 위한 전사라면, 여기서 이만 이 책을 아예 내려놓는 걸 추천합니다. 표지를 덮고 즉시 동네서점으로 달려가 계산대에 올려놓고 오세요. 아니면 이 책을 사서 그냥 버리는 것도 좋은 방법이 될 겁니다. 당신의 기분을 좋게 할 수 있다면, 재활용 쓰레기통에 그냥 던져버려도 좋습니다. 혹시 누가 압니까. 버려진 그 책이 당신이 가장 좋아하는 채식 레스토랑의 메뉴판으로 쓰일지. 하지만 어떤 선택을 하든 당신은 결국 자본주의에 관여하게 될 것입니다. 당신이 그것을 좋아하든, 좋아하지 않든 관계없이 말이죠.

자, 이제 그들이 다 떠났나요?

좋습니다, 사실 제가 지금 쓰고 있는 MAGA모자를 벗어야 하나 잠시 고민했었거든요.

이제 당신과 나, 그리고 이 나라를 사랑하는 나의 동료들과 트럼프

---

[1] make america great again 미국을 더욱 위대한 나라로 만듭시다.- 2016년 대통령 선거에서 도널드 트럼프가 대중화 한 미국 정치에 사용된 캠페인 슬로건

[2] 자신의 트위터에서 버락 오바마 전 대통령의 측근인 발레리 재럿 전 백악관 선임고문에 대해 '무슬림형제단과 혹성탈출의 원숭이들의 자식'이라는 발언을 함으로써 인종차별주의자란 비판을 받았던 미국의 유명 코미디언

대통령을 지지하는 사람들, 실제로는 그를 좋아하지만, 공개적으로 말하기가 두려워 숨을 죽이고 있는 사람들만이 남았습니다. 이제 우리는 이 책의 핵심으로 함께 들어갈 준비가 됐습니다.

현재 미국은 통제 불능의 상황 속에 빠져 있습니다. 의회에는 자유주의자들이 잔뜩 진출해있고, 정부에는 반유대주의가 만연해 있으며, 가장 중요한 언론기관들은 성난 폭도들과 자유주의 운동가들이 트위터에서 저널리스트처럼 행동하는 모습을 그저 바라보고만 있습니다. 그중에서도 가장 심각한 문제는 바로, 대중 앞에서 자유롭게 말할 수 있는 우리의 발언권을 빼앗겼다는 사실입니다. 우리는 지금 우리의 모든 것을 불쾌하게 생각하는, 마치 지나치게 예민한 아이와 같은 자유주의자들에게 우리의 목소리를 완전히 넘겨주고 말았습니다. 만약 자유주의자들이 누군가를 향해 인종차별주의자라고 선포하거나, 특정 상황에 대해 자신들의 기분이 상했다고 말한다면, 그것이 실제로 무엇을 의미하든, 이제 우리는 그 주제를 입에 올릴 수 없습니다. 대통령은 그저 트럼프 타워의 타코 요리를 좋아한다고 말했을 뿐인데, 자유주의자들은 그 모습을 보며 인종차별을 외치고 있습니다.[1] 내 아버지 도널드 J. 트럼프가 대통령 선거에 출마하기로 선언했을 때, 그를 향해 인종차별을 외치는 모습은 좌파 정치인들에게는 마치 광고에 나오는 것과 같은 '쉽게 눌러대는 분노폭발 버튼'이 되었습니다. 자유주의자들의 '트럼프 카드'라고도 할 수 있겠군요.

사실이 당신에게는 효력이 없습니까?
인종차별주의자군요!
수학이 어렵나요?

---

[1] 트럼프 대통령은 지난 대선 때 자신의 트위터에 '타코 볼(taco bowls)'을 먹고 있는 사진을 올리며 "해피 신코 데 마요(멕시코의 축제)! 트럼프 타워 그릴스에서 만든 최고의 타코 볼입니다. 전 히스패닉을 사랑합니다"라는 코멘트를 달았다가 언론의 뭇매를 맞은 적이 있는데, 여기서 '히스패닉(Hispanic)'은 스페인어를 쓰는 중남미 출신의 미국 이주민을 뜻한다.

명백한 인종차별주의자입니다!

　인종차별이란 단어를 자신들이 싫어하는 온갖 것들에 이름표처럼 붙여버리는 오늘날 이 현상의 가장 큰 문제점은, 당연한 이야기지만 바로 그 인종차별이 여전히 이 나라 안에 만연해 있는 실존적 문제란 사실입니다. 물론 자유주의자들은 당신만큼 그 사실을 믿지는 않겠지만, 그래도 그것이 현재 우리 사회의 주요 문제 중 하나인 것은 분명합니다. 현실 세계에서 사람들은 매일같이 실제적인 인종차별에 직면합니다. 그리고 누군가 인종차별이란 단어를 단지 패배한 논쟁에서 이기기 위한 유행어처럼 사용할 때, 그 피해는 고스란히 이들이 감당해야 할 몫이 됩니다. 사람들은 너무 무감각해져 버렸습니다. 이제 우리는 '인종차별주의자'라는 말을 들으면, 어찌할 바를 모른 채로 서로의 눈치만 보고 있습니다. 인종차별은 너무 과장된 표현이 되어 무분별하게 퍼져나갔으며, 그 단어의 진짜 희생자들은 여전히 계속된 상처 가운데 살고 있습니다.

　자유주의자들은 또한, 새롭게 발견한 언론검열제도의 막강한 힘에 열광하고 있습니다. 상황은 점점 더 나빠졌고, 미국이라는 나라 안에서 자유롭게 논의할 수 없는 주제들의 목록은 이제 뮬러의 보고서보다도 더 길게 나열되어 있습니다. 읽을 수 없는 책들이 산더미처럼 쌓여가고, 공식석상에서 소신껏 자신의 의견을 말할 수 없는 공인들이 생겨나고 있으며, 중요한 논쟁을 할 수 있는 자리들도 점점 줄어드는 추세입니다.

　왜냐구요? 이 모든 것들이 누군가의 감정을 상하게 할 수 있으니까요. 심지어 몇 해 전까지만 해도 그저 흥미로운 코미디 정도로 여겨진 것들조차, 지금은 자유주의자들에 의해 공격적이고 시대착오적인 언행으로 간주되고 있습니다. 방금 언급한 유형의 단어들을 특집 코미디로 공개하고, 온라인 폭도들에 맞서 싸우고 있는 데이브 채플[1]에게 한 번 물어보는 건 어떨까요? 너무 많은 이들이 '워크니스'[2]에 대항하는 그들의 작은 몸부림을 이유로 좌파들의 '배척'을 받아왔고, 일일이 다 기억하기조차 힘들 지경이 됐습니다. 이제 다음은 무엇일까요? 책을 불태우는 것?

그래서 나는 그들이 책을 모아 모닥불을 피우기 전에, 자유주의자들이 우리가 말해서는 안 된다고 믿는 모든 주제를 담은 책을 쓰기로 했습니다. 그리고 '분노폭발 : 좌파가 증오를 즐기며 우리 입을 막는 방법'이라 부를 겁니다. 안 될 것 없지 않을까요? 자유주의자들의 이마에 힘줄 몇 개가 더 튀어나오게 할 수 있다면 무엇이든 다 좋습니다.

좋아요, 이제 에피타이저는 다 먹었으니 슬슬 메인요리를 먹으러 가봅시다.

---

[1] 할리우드 배우 겸 코미디언

[2] 사회적 정의와 같은 이슈에 대해 민감한 정도

Chapter 2.

역습(COUNTER PUNCH)

당신이 들었는지 모르겠지만, 뮬러 보고서는 이미 공개됐습니다. 알고보니 나는 결국 러시아 측 정보요원이 아니었더군요! 국민이 낸 세금을 약 480억 원 4,000만 달러 이상이나 쓰고도, 마치 마법처럼 공화당 측 변호사는 한 명도 없이 미국의 수도 워싱턴 DC에서 가장 편향적인 민주당 측 변호사 19명[1]을 고용하고, 뇌가 절반밖에 없는 사람 한 명이 5분 만에 끝낼 수 있는 조사를 거의 2년에 걸쳐서 하고 나서도, '뮬러 특검팀'은 러시아의 불법적인 미국 대선개입에 대한 공모나 사법 방해에 대한 증거를 단 하나도 발견하지 못했습니다.

아마 다른 대부분의 사람들은 이제 그 일에서 기꺼이 손을 뗐을 겁니다. 아니면 오랫동안 흙탕물 속을 질질 끌려다니던 자신의 이름이 지워진 것에 안심했을지도 모릅니다. 만약 내가 그들처럼 생각했다면, 이 챕터는 분명 앞으로의 내용과는 조금 다르게 전개됐을 겁니다. 아마도 시작은 뮬러 보고서가 공개된 날 오후가 될 것 같군요. 그 순간 내가 얼마나 큰 안도감을 느꼈는지, 몇 년 만에 처음으로 편하게 숨을 쉰 그 모든 기억을 지금부터 하나씩 생생히 적었을 겁니다. 시련의 시간 속에서 매일 밤 테디베어 인형을 친구 삼아 한쪽 구석에 웅크리고 앉은 채, 이 말도 안 되는 헛소리들로 인해 감옥에 가지 않기를 기도하는 장면도 꼭 집어넣었겠죠. 아마도 나를 끝까지 지지해주고, 힘을 실어 준 가족과 친구들에 대한 눈물 어린 연설도

[1] 클린턴 일가를 위해 일했던 변호사, 그리고 힐러리 클린턴의 '승리의 정당'을 위해 일했던 변호사를 포함

포함됐을지 모르겠습니다.

만약 당신이 내게 기대하는 바가 그런 것들이라면, 아마도 다른 책을 사는 게 더 나을 겁니다.

나는 뮬러의 조사가 마무리된 현실에 '안도'하지 않았습니다. 어깨 위의 무거운 짐을 내려놓은 것 같지도 않았고, 늙고 한물간 그 꼭두각시가 처음 특검으로 임명된 그 날보다 더 편하게 숨을 쉬지도 못했습니다. 그들의 조사가 결코 러시아와의 공모, 결탁에 관한 것이 아님을 알고 있었기에 나는 결코 안도할 수 없었습니다. 내가 확실히 말할 수 있는 한 가지는 그들의 목적이 '선거의 진실성', '국가 안보'에 있지 않았다는 사실입니다. 만약 뮬러의 조사가 그런 목적을 가진 조사였다면, 미국 대통령이 외세와 결탁하지 않았다는 사실을 확인했을 때 그들도 분명 다른 보통 사람들과 마찬가지로 함께 축하했을 테니까요. 하지만 그들은 그저 미친 사람들처럼 허공에 대고 보고서를 흔들면서, '문장 속에 숨어있는 뜻을 읽어야 해! 문맥 안에 모든 게 다 담겨 있어!'라고 주장했을 뿐입니다. 그들은 마치 달 착륙이 TV로 연출한 조작된 쇼라고 생각하거나 우리가 외계인을 51구역에 가둬두고 있다고 믿는, 알루미늄 호일 모자(tin foil hat) 단체[1]에 공식적으로 합류한 것처럼 보였습니다.

뮬러의 수사가 시작된 날부터, 그들의 목적은 오직 한 가지였습니다. 바로 이 나라에서 지배계급의 승인 없이 선출된 유일한 대통령인 내 아버지를 무너뜨리는 것, 오직 그뿐이었습니다. 도널드 트럼프는 진짜 미국인을 대변하는 대중적 후보였고, 이는 그가 물러설 수 없는 이유이기도 했습니다. 뮬러의 조사는 그들이 언제나 그랬듯이, 완전히 웃음거리가 됐습니다. 어찌보면 당연한 결과이기도 합니다. 처음부터 미국에 대한 사랑보다 트럼프를 향한 미움이 더 큰 사람들이 시작한 일이었으니까요.

---

[1] 뇌파를 조종하는 정부나 러시아의 공격을 막기 위해 1970년대에 알루미늄 호일 모자(tin foil hat)를 썼던 데서 유래한 것으로 보임

하지만 어떤 이유에서인지 우리 측 사람들은 모두 조용히 침묵을 지키며 뮬러의 팀이 그들의 부정직한 조사를 평화롭게 진행할 수 있도록 가만히 둘 셈인 듯 보였습니다. 민주당이 낮에는 의회에서 우리에 대한 노골적인 거짓말을 하고 밤에는 그 모든 내용을 케이블 뉴스로 옮기고 있을 동안, 우리는 그저 고개를 끄덕인 채 아무 말도 하지 않기로 서로 의견을 모았습니다. 하지만 미안하게도, 내가 일하는 방식은 조금 달랐습니다. 수사가 진행되는 내내, 나는 TV와 트위터를 통해 애덤 쉬프가 나에 대해 했던 모든 거짓말을 다 끄집어냈습니다. 거의 하루 종일 그 일에만 매달리다시피 했고, 그렇게 나는 내 아버지를 백악관에서 끌어내리려는 사람들에게 즉각적인 반격을 가했습니다.

충격적인 말일 수도 있지만, 사실 모두가 내 전투적인 대처방식을 좋아하진 않았습니다. 어느 날 오후, 러시아 사건을 담당하고 있던 내 변호사들이 내게 다가와서 이렇게 말한 적도 있습니다.

"돈[1], 소셜미디어를 조금 자제하는 게 좋을 거 같아. 최소한 지금처럼 공격적이어서는 안 돼." 물론 나는 정중히 거절했습니다. 그 직후 트위터의 왕이자, 140개 캐릭터의 셰익스피어라 불리는 나의 아버지 도널드 J. 트럼프는 나에게 내 소셜미디어가 '조금 과열될 조짐'이 있다고 말했습니다.

나는 그를 존경하고, 이제껏 살면서 그가 내게 했던 조언의 99.9%를 다 지켰습니다. 그런 내가 아버지의 말을 따르지 않았던 적은 아마 이때가 처음이었을 겁니다. 적어도 내가 관심을 가진 부분에 대해서 만큼은, 소셜미디어에 '과열'이란 단어가 어울리지 않음을 그도 나만큼 잘 알고 있었습니다. 나도 뒤에서 남의 험담을 하는 일에 꽤 자신 있는 편이거든요.

게다가 러시아 문제가 발생했을 때의 상황을 나는 너무 잘 알고

[1] '돈(Don)': 이 책의 저자인 트럼프 주니어의 별칭 이다.

있었습니다. 상원과 하원의 얼간이들, 그리고 매일같이 나를 공격하던 에릭 스왈웰민주당 하원의원과 테드 리우민주당 하원의원 같은 그들의 광대들이 함께 모여, 만약 할 수만 있었다면 어떻게든 나를 감옥에 던져 넣으려 했다는 사실을 말이죠. 그들은 수사나 진실을 밝히는 일에는 전혀 관심이 없었습니다. 그저 내 아버지를 퇴임시키고, 나와 내 가족을 시작으로 그를 지지하는 모든 사람에게 벌을 주고 싶었을 뿐입니다.

그래서 나는 과감히 고개를 가로저었습니다. 그냥 자리에 앉아서 침착하게 상황을 지켜볼 때가 아니었습니다. 그렇게 할 수 없었고, 하기도 싫었습니다.

러시아 관련 문제를 조사하는 내내, 의회의 모든 민주당원은 단 하나의 목적을 위해서만 존재하는 사람들처럼 보였습니다. 도널드 트럼프와 그의 아들을 구석으로 몰아서 공처럼 웅크리게 만든 다음 결국 죽게 만드는, 오직 그것만이 그들의 유일한 목적이었습니다.

지금 생각해보니까 아마도 그들이 공모나 결탁의 증거를 찾아냈다면, 그런 일이 실제로 일어났을 가능성도 있었겠군요. 내 변호사들은 언제든 내게 그들의 얼굴이 붉어질 때까지 열변을 쏟아낼 태세였고, 실제로도 그렇게 했지만 나는 계속해서 같은 태도를 유지했습니다. 왜냐하면, 반격을 가해야 했으니까요. 그것이 바로 우리가 해야 할 일이었습니다.

마침내 수사는 종결됐고, 뮬러의 보고서가 세상에 공개됐습니다. 이제 모든 사람이 진실을 알게 됐습니다. 내게 열변을 쏟아내던 변호사들이 갑작스레 태도를 바꿔 민주당에 대해 처음부터 그런 강경한 태도를 유지했던 내 판단이 옳았다는 말을 했을 때도, 나는 전혀 놀랍지 않았습니다. 그들의 회의적인 자세를 비난하지도 않았습니다. 그들 중 누구도 실제로 '공모의 현장'에 있던 사람은 없었으니까요.

그곳에 있었던 사람은 바로 나였습니다.

다른 가족들과 마찬가지로 나도 트럼프 선거본부에서 일했습니다. 예비선거를 며칠 앞뒀을 때의 상황이 지금도 기억납니다. 전 세계가 우리와 대립하고 있었고, 우리는 쟁쟁한 후보들이 즐비한 공화당에서 경쟁하기 위해 고군분투하고 있었습니다. 이미 여러 번 언급했듯이, 공모는 치즈버거를 주문하는 것처럼 간단히 할 수 있는 종류의 일이 아닙니다. 하물며 외국의 힘을 빌려 스파이 선거운동을 하는 건 더더욱 그렇습니다.

특히 선거 초반, 트럼프 선거캠프는 정치 초짜들로 가득 차 있었습니다.[1] 우리 중 대부분은 정치 이외의 분야에서 온 사람들이었고 이는 곧, 우리가 실제 생계현장에서 일하는 삶에 익숙했다는 뜻입니다. 다른 선거본부들이 여론조사자료를 수집하고 스텝 개편으로 시간을 낭비하고 있는 동안, 우리는 절차를 최대한 간소화하고 가능한 한 많은 유권자에게 직접 다가갈 방법을 찾고 있었습니다. 우리 중 누구도 외국 정보원에 연락해서 도움을 청할 시간 따위는 없었습니다. 정말 솔직하게 하나 말해볼까요? 내가 원치 않게 받았던 이메일 하나에는 이런 내용이 있었습니다. '클린턴 선거캠프에서 상대 후보를 분석하기 위해, 돈을 주고 외국 공작원을 고용했다.' 보시다시피 이는 엄청난 차이입니다.

[1] 지금 나는 그 단어가 가진 가장 좋은 의미를 표현한 것입니다

만약 당신이 2017년도 초반에 자유주의자였다면, 러시아 공모 사건은 당신이 매달릴 수 있는 거의 전부였을 겁니다. 이 의혹은 당신과 당신의 후보자를 선거패배에 대한 모든 책임에서 면제시켰으며, 선거결과에 불복할 수 있는 완벽하고 합리적인 이유가 됐습니다. '거대 악惡' 러시아의 갑작스러운 등장으로 인해 도널드 트럼프는 일순간 '불법을 저지른 대통령'으로 전락했고, 선거결과 자체에 대한 엄청난 의심이 일기 시작했습니다. 그들은 결과를 뒤집기 위해 필사적이었습니다. 민주당은 계속 자신들의 후보가 패배하지 않은 것처럼 행동

할 수 있었을 뿐 아니라, 그의 동료와 친구 그리고 가족에 이르는, 도널드 J. 트럼프와 관련된 모든 사람을 무너뜨릴 수 있는 무한한 자유를 갖고 있었습니다.

내가 이 모든 내용을 어떻게 아는지 한 번 물어봐 주시겠습니까? 내 말은, 이미 나는 버락 오바마가 미트 롬니에게 "1980년대^{냉전시대}에 전화를 걸어 당시의 외교정책이 다시 돌아오길 바라는 것 같군요."라고 말하며, 그를 조롱했던 때를 기억할 만큼 충분히 나이 든 어른이란 뜻입니다. 하지만 오늘날, 마치 기적처럼 러시아는 기억 속의 희미한 존재에서 민주주의의 수호자를 자처하는 민주당원들을 공격하는 악당으로 다시 등장했습니다. 민주당은 이렇듯 항상 서로 반대되는 두 가지 방법 모두를 양손에 하나씩 쥐고 필요에 따라 사용해 왔습니다.

하지만 다행히 지금 우리는 그들이 만든 러시아 사기극의 정 반대편에 서 있습니다. 보고서는 작성되었고, 증언들은 매일같이 쏟아졌으며, 이제는 모두가 진실이 무엇인지 알고 있습니다. 공모는 없었고, 어떤 부정도 없었습니다. 이 문제는 내 아버지나 선거캠프의 최측근 보좌관들에게 있어서 주차위반 벌금만큼의 걱정거리도 되지 않았습니다. 그리고 마침내, 이제 좌파 측 언론들조차 그 이야기를 포기했습니다.

아니라고요? 네, 맞습니다.

그들은 환멸을 느낀 추종자들에게 현재 더 많은 증거가 나오고 있고, 더 많은 인터뷰가 공개되고 있으며, 아직 조사가 더 이뤄져야 한다는 확신을 심어주면서 여전히 자신들의 망상을 계속 유지해왔습니다. 로버트 뮬러는 계속 그들에게 입 다물고 보고서를 읽으라고 말했지만, 내 아버지가 정확히 지적했듯이 그들은 마치 정복 전쟁의 영웅이라도 되는 것 마냥, 뮬러의 이름을 끊임없이 외쳤습니다. 심지어는 그를 국회로 끌고 와서는 그가 더듬고 횡설수설하는 것도 아랑곳하지 않은 채 5시간 동안 증언을 하도록 했습니다. 지금도 나는 여전히 아담 쉬프가 지난 2년 동안 비밀에 부쳐왔다고 주장하는 모든 증거가 다 공개되기를 기다리고 있습니다. 그는 매일 밤 TV에 나와서 자신이 공모의 증거를 직접 '목격'했다고 주장하는 것처럼 보였거든요.

로버트 뮬러가 국회에 나와서 증언하는 동안, 나는 그에 대해 거의 연민에 가까운 감정을 느낄 뻔했음을 인정할 수밖에 없었습니다. 만약 내 이름이 지난 몇 해 동안 그 남자의 살생부 2순위에 오르지 않았더라면, 실제로 그를 동정했을 것입니다. 사실 나는 연륜 있는 사람들을 싫어하지 않습니다. 오히려 어른으로서 그들을 존경해 왔습니다. 그러나 국회에서 민주당 의원들이 그에게 달려들어 하나둘씩 의문을 제기하면서 자신들이 그렇게나 간절히 원했던 스모킹건[1]을 찾아내려 애쓰는 모습은 마치, 산타클로스가 실존 인물이 아니라는 사실을 알게 된 한 무리의 아이들을 보는 것 같더군요.

몇 해 동안, 그들은 필터버블[2]과 에코챔버[3] 속에서 살아왔으며, 단 한 명도 사실을 직시하지 않은 채로 뮬러 보고서에 대한 거짓된 주장을 퍼뜨려 왔습니다. 그들은 자신이 가진 모든 평판과 명예를 그 혐의가 사실이라는 주장을 입증하는데 전부 쏟아부었습니다. 민주당 측에서 뮬러를 선택한(또는 심지어 이용한) 이유는, 그는 비난받을 만한 이유가 없을 뿐만 아니라 내 아버지를 비롯한 그 어떤 사람도 감히 공격하기 어려운 사람이기 때문이었습니다. 비록 지금은 검사이지만, 전직 FBI 국장이자 해병대 훈장을 받은 인물이었으니까요. 하지만 우리는 곧 그가 좌파들이 만든 쇼의 꼭두각시에 지나지 않는다는 사실을 깨달았고, 그의 화려한 이력은 모두 다 무너져 내렸습니다.

뮬러는 단지 그들의 이야기에 딱 들어맞는 텅 빈 양복 그 이상,

[1] 어떤 범죄나 사건을 해결할 때 나오는 결정적 증거

[2] 이용자의 관심사에 맞춰 필터링 된 인터넷 정보로 인해 편향된 정보에 갇히는 현상

[3] 같은 성향을 가진 사람들끼리만 의견을 주고받으면서 점점 고립되고 특정 성향이 강화되는 현상

그 이하도 아니었습니다. 그리고 이제 트럼프를 파괴하려는 자신들의 히스테리로 인해 민주당은 최악의 선택을 하게 됩니다. 그들은 지난 2년간 자신들이 직접 치켜세웠던 그 남자를 국회에 출석하도록 강요했고, 뮬러는 그 자리에서 자신과 모든 MAGA 측 사람들이 모두 다 알고 있는 사실을 증언했습니다. 뮬러는 그가 만든 보고서의 '명목상'의 작성자에 불과했습니다. 보고서의 핵심인물 그리고 트위터를 통해 그 이야기를 관심 있게 지켜본 사람이라면 누구나 알 수 있는 날짜에 대한 질문조차, 그는 계속해서 "잘 모르겠습니다. 확인해봐야 할 거 같아요", "그 사람이 누군지 모릅니다", "그건 제 권한 밖에 있습니다"와 같은 짧은 대답만을 반복했습니다.

정말 그렇습니까, 미스터 뮬러? 글쎄요, 당신이 만든 보고서 45페이지에 해당 내용이 그대로 적혀 있는 걸 보니, 실상은 조금 다른 것 같더군요. 이 보고서를 작성한 당사자가 본인임에도, 당신은 내게 그 안에 어떤 내용이 들어있는지 조금도 말해줄 수가 없는 거군요? 내 아버지에 대한 정보를 캐내기 위해 DNC민주당 전국위원회가 고용한 야당 측 리서치 회사Fusion GPS에 대해서도 정말 아는 것이 하나도 없나요? 그들이 이 모든 검찰수사와 FISA해외 정보 감시법 영장 발부의 시발점이었다는 사실을 정녕 몰랐습니까? 미안하지만, 나는 그 말을 믿을 수가 없습니다. 정말 지난 2년간 약 500억 원에 가까운 돈을 쓰고도, 이 일이 어떻게 시작됐는지조차 전혀 파악하지 못했나요? 미국 국민을 대상으로 저지른 가장 큰 사기극의 시작점이 '당신의 권한'밖에 있는 일이라고요? 터무니없는 소리 하지 마세요!

만약 당신이 길거리에서 나를 만난다면, 지금 당신이 읽고 있는 이 책에 관한 무엇이든 자유로이 물어봐도 좋습니다. 비록 나는 FBI 전(前) 국장이나 뭐 그런 대단한 사람은 아니지만, 적어도 내가 직접 쓴 내용 정도는 다 기억할 수 있으니까요.

그가 보고서를 넘어선 증언을 하도록 만들려는 필사적인 시도를 통해, 민주당 측 의원들은 실제로 이 우스꽝스러운 이야기의 신빙성을 그 어느 때보다 훨씬 더 떨어뜨리고 있었습니다. 그들 모두에게 이 말을 꼭 해주고 싶네요. 고맙습니다!

하지만 만약 당신이 국회 앞에 모습을 드러낸 뮬러의 실패와 같은 작은 일로 민주당을 막을 수 있을 것으로 여긴다면, 다시 한번 생각해 보길 바랍니다. 그들은 지금 집착하고 있습니다. 자신들이 이미 믿고 있는 내용을 확인시켜 주는 것은 무엇이든 받아들일 것이고, 거짓이라 믿고 있는 것들과 그와 반대되는 내용 또한 그게 무엇이든 상관없이 다 받아드릴 작정입니다.

만약 당신이 이 모든 바보짓의 시작점을 찾기 원한다면, 2016년 대선 당일을 한번 잘 살펴보기를 바랍니다. 혹시 그날 밤, 자정을 넘어 새벽 6시경이 다 되었을 무렵 미국 좌파의 광기 어린 날개가 영원히 꺾여버린 그 순간을 기억하고 있습니까? 도널드 J. 트럼프는 그 날 이후로 단 한 푼의 임대료도 내지 않은 채로 그들의 머릿속에 줄곧 머물고 있으며, 그것은 이 게임에서 그가 할 수 있는 최고의 부동산 플레이였습니다.

마침내 방송국들이 새로운 대통령의 선출을 알렸고, 자유주의 진영의 언론들과 클린턴 캠프가 자신들의 패배를 설명할 만한 무언가를 찾아 헤매기 시작한 건 그로부터 몇 시간이 지난 후였습니다. 그들에게 있어서 내 아버지의 승리는, 실현 가능한 가장 최악의 상황이었습니다. 그리고 바로 이어진 결과분석은 이번 선거를 마치 세상이 다 끝난 것으로 이해한 듯 보였습니다. 한 언론인은 "세계에서 가장 찬란했던 민주주의의 빛이 어둠 속으로 사라졌다"라는 말을 하기도 했습니다. 뉴욕타임스의 칼럼니스트 폴 크루그먼은 주식시장이 급락하고 있으며, 아마도 결코 회복되지 못할 것이라고 썼더군요.

정말 그렇게 됐나요? 몇 주 후 제프 주커 CNN 사장은 트럼프 측 선거집회를 그렇게 많이 방영하지 말았어야 했다며 자신을 비난했습니다. 그 말이 맞아요, 제프. 당신은 새해 전날, 앤더슨 쿠퍼[1]의 재방송으로 온 영공을 다 채울 수도 있었겠지요. 하지만 여전히 내 아버지가 승리했을 겁니다. 내 생각에 요즘 CNN은 어떤 희생을 감수하더라도 반(反)트럼프 언론이 되기로 선택했던 그 결정에 대한 대가를 치르고 있는 듯 보입니다. 특히 시청률 부분에서 말이죠.

전문가들은 우리가 이미 알고 있던 사실을 그들 스스로 다시 증명했습니다. 온통 거짓으로 가득 차 있던 본인들의 실체를 말입니다. 이제 모든 일은 다 어그러졌고, 그들은 이를 은폐할 무언가가 필요했습니다. 그리고 비록 어리석은 일임이 분명했지만, 이제 그들은 자신들의 실패를 덮어줄 진귀한 사건을 하나 발견하게 됩니다.

좌파가 스스로를 불쌍히 여긴 시간은 그리 길지 않았습니다.

그들은 한발 앞서 러시아 첩보 요원의 이야기를 입수했고, 망연자실한 채로 어떤 이야기라도 들을 준비가 된 기자들에게 그 내용을 전달했습니다.

그리고 만약 힐러리가 선거에서 이겼을 경우, 트럼프 지지자들이 할 행동이라며 우리에게 말했던 그 모든 것들을 했습니다. 한 번 생각해봅시다. 선거를 앞둔 몇 주 동안, 우리는 계속해서 도널드 트럼프가 패배할 경우 그의 지지자들에 의해 자행될 모든 끔찍한 일에 관한 이야기를 듣고 있었습니다. '도널드 J. 트럼프 측은 자신들의 눈앞으로 다가온 이 기정사실화된 패배를 받아들이지 않을 것이다.' 뉴욕타임스와 워싱턴포스트의 편집위원회는 곧 일어날 혼란에 대해 경고하는 수많은 기사를 실었습니다. 여론에 의하면 트럼프의 지지자들은 거리에서 폭동을 일으키고 선거결과를 승복하지 않은 채 정당하게 선출된 대통령 힐러리 클린턴에 대한 일종의 언더그라운드

[1] CNN 앵커

쿠데타를 일으킬 것이라고 하더군요. 두 번째 내전이 벌어지고, 거리는 온통 무정부 상태가 될 것이란 내용도 있었습니다.

그리고 지금, 민주당이 원하는 데로 일이 진행되지 않자 과연 어떤 일이 벌어졌습니까?

어디 한 번 봅시다. 먼저 그들은 거리에서 폭동을 일으켰습니다. 그리고 선거결과에 대한 승복을 거부했죠. 자신들의 집단 망상을 유지하기 위해 내가 들어본 가장 이상한 스파이 영화 이야기를 만들어 내기도 했습니다. 더욱이 그들은 '저항'이란 이름으로 뭉친 온라인 키보드 전사들로 구성된 언더그라운드 그룹을 조직해서, 각자가 멍청한 해시태그를 만들어서는 내 아버지를 쓰러뜨리는 일에 전념했습니다. 저명한 언론인, 자유주의 운동가, 그리고 배우들 또한 모두 트위터를 통해 자신들이 '저항'의 자랑스러운 일원임을 밝혔습니다. 내가 온라인상에서 격분한 폭도들의 공격을 받을 때, 이런 사람들의 목소리는 대개 가장 크게 들리곤 합니다.

온라인과 오프라인 시위를 통해 촉발된 증오는 직접적인 싸움으로 이어졌습니다. 그러니까 내 말은, 제3세계 국가에서나 흔히 볼 수 있는 진짜 폭력 말입니다. 농담하는 게 아닙니다. 평화, 관용, 포용력을 설파하던 바로 그 정당이 이제는 증오와 폭력, 그리고 자유 언론을 억압하는 정당이 되었습니다.

소위 말하는 극좌파 운동가들은 안전한 그들의 은신처를 박차고 거리로 나와, 대개는 검은색 하키 패드를 입고 손에는 무기를 들고 다녔습니다.

[1] 극우파(Antifa)에 맞서는 극좌파를 지칭

[2] 만약 당신이 소이라떼와 채소버거만 먹고 산다면 그렇게 될지도 모르겠군요

[3] Ku Klux Klan - 백인 우월주의, 반유대주의, 인종차별, 반(反) 로마 가톨릭교회, 동성애 반대 등을 표방하는 미국의 극우 비밀 결사 단체

그들은 때때로 스스로를 반反파시스트, 또는 안티파[1]라 부르기도 하지만, 사실 대부분은 자신이 왜 거기에 있는지도 몰랐으며 심지어는 무엇을 믿고 있는지조차 잘 몰랐습니다. 그들이 아는 건 단지 증오와 분노뿐이었습니다. 그리고 이제는 자신들에게 동의하지 않는 목소리들은 몇 번이고 차단하려 합니다. 거리에서 기자들을 공격하며, 자신들이 믿는 뒤틀린 사회정의와 평등을 따르지 않는 모든 사람을 위협합니다.

물론 그들이 세상에서 가장 육체적으로 강인한 사람들은 아니지만,[2] 그 숫자가 주는 순전한 힘의 크기는 가히 충격적입니다. 그들은 인권 운동의 시절 이후, 우리가 이제껏 보지 못한 크기의 증오가 퍼져나가는 상황을 그대로 허용했습니다. 당신이 혹시 잊었을 경우를 대비해 잠시 말하자면, 인권 운동이 있던 그 시절에 KKK[3]를 창당해서 남부 지역 전반에 걸쳐 린치 폭도들과 저항시위를 조직했던 정당이 바로 민주당입니다. 그리고 당시 그들이 했던 대부분의 활동은 끔찍한 폭력사태로 귀결됐습니다.

이 사람들은 비이성적이고, 히스테릭할 뿐 아니라 잔뜩 화가 난 상태로 적들을 찾아다녔습니다.

물론 잘 알고 있습니다. 2016년 11월 16일을 기준으로, 나 역시 그들의 주요 목표물 중 하나가 됐다는 사실을요. 선거 전에 나는, 그저 가끔 TV에 출연하고, 직장에 출근하며, 일과가 끝나면 집으로 돌아와 아이들과 함께 시간을 보내던 평범한 남자였습니다. 물론 그때도 단지 내가 부잣집에서 태어나는 복을 받았다는 이유로, 나를 얼간이 취급하던 사람들도 아마 몇 명 있었을 겁니다. 하지만 그들 중 수상한 가루를 집으로 보내거나, 생일축하를 위해 가족들이 함께 모인 식당에서 내게 고함을 지른 사람은 한 명도 없었습니다. 누구도 내 목숨에 직접적인 위협을 가하진 않았었죠. 하지만 선거가 끝난

후, 나는[1] 전국에서 두 번째로 많은 살해위협을 받는 사람이 됐습니다. 그 명단에는 상원의원과 전직 대통령, 몇 번에 걸친 전쟁으로 피폐해진 국가의 대사들도 포함돼 있었습니다. 당시 내 아내와 비밀경호국 직원을 병원으로 실려보내야만 했고, 파우더로 가득 찬 폭발성 편지에는 다음과 같은 말이 적혀 있었습니다. "넌 정말 끔찍한 사람이야. 그래서 사람들은 너를 싫어하지. 이건 마땅히 받아야 할 대가야. 그러니 그냥 입 닥치고 있어."

자유주의 운동가이자 엘리자베스 워렌의 후원자로 밝혀진 그 사람에게 나는 아무 짓도 하지 않았다는 사실을 꼭 기억해주길 바랍니다. 나는 일평생 그런 미친 사람들과 실제적인 물리적 대치를 한 적이 없었습니다. 내 일은 그저 연설을 하고, 의견을 제시하는 동시에, 사업을 운영하며 우연히 내 아버지가 되어 버린 미국 대통령을 지지하는 것뿐이었습니다. 단지 그 이유만으로, 지금 나는 이 나라에서 두 번째로 많은 생명의 위협을 받게 된 것입니다.

상황은 점점 더 나빠져만 갔습니다.

2017년 6월, 소총과 9mm 권총으로 무장한 한 좌파 운동가가 연례행사인 국회야구경기 연습장에 걸어 들어와서는, 공화당 의원들을 향해 무차별 총격을 가했습니다. 사건 전 그는 트위터에 '트럼프와 그의 일당을 파괴할 때가 됐다'라는 글을 남겼더군요. 그로 인해 내 친구이자 공화당 원내총무인 스티브 스컬리스는 심한 부상을 당했고, 거의 죽을 뻔했습니다. 로비스트이자 전 입법 보조원이었던 매트 미카프 또한 중상을 입어 수술대에 올랐습니다. 입법 보좌관 잭 바스는 종아리에 총을 맞았으며, 국회의사당 경찰관인 데이비드 베일리와 크리스탈 그리너는 총을 쏜 사람을 제압하기 바로 직전에 부상을 입었습니다.

현재 누구든 내 아버지를 지지하는 사람은 다 표적이 되고 있습니

[1] 비밀경호국에 따르면, 아버지 다음으로

Chapter 2. 역습(COUNTER PUNCH) • 23

다. 트럼프 반대 혁명이 막 시작될 무렵, 국회에서 아버지와 가장 가까운 동맹 관계였던 랜드 폴 상원의원은 스스로 좌파임을 자인한 그의 이웃에게 무자비한 공격을 받았습니다. 그 남자는 추진력을 얻기 위해 가파른 언덕을 달려 내려와서는 헤드폰을 낀 채로 등을 돌리고 있던 폴 위원을 불시에 습격했습니다. 폴은 이 남자가 자신을 향해 돌진하는 상황을 전혀 인지하지 못했으며, 덕분에 갈비뼈가 6개나 부러지고 폐에 피가 고이는 중상을 입었습니다.

그를 치료한 의사들은 주먹에 맞은 것이 아니라 흡사 교통사고를 당한 환자의 부상과 더 일치한다고 말했습니다. 그가 회복하는 동안 좌파 측은 이를 기념하는 축제를 벌였고, 이 축하행사는 좌파 중에서도 가장 냉소적이고 멍청한 사람들 사이에서 계속 이어졌습니다.

몇 달 전 코미디언 톰 아놀드는 트위터에 이런 글을 남겼습니다. "랜드 폴의 이웃이 되어 잔디 깎는 일에 대해 투덜대는 헛소리를 하면서, 겁쟁이처럼 둥그렇게 누워있는 그를 어떻게 다룰 것인지 한 번 상상해보자. 그 남자가 완전히 뚜껑이 열린 것은 사실 당연한 일이다." 그리고 몇 초 뒤 일한 오마르 하원위원은 그런 습격이 발생했다는 사실에 기뻐하며 해당 글을 리트윗 했습니다. 참 멋진 일이 아닐 수 없습니다. 그렇지 않나요? 그들은 도널드 트럼프를 향해 천박한 사람이라고 말하지만, 오마르가 불법 입국을 위해 자신의 친오빠와 결혼했다는 의혹에 대해서는 아무런 말도 하지 않습니다. 유부남인 직원과 불륜을 저질렀다거나, 아니면 누군가 내 인스타그램 피드에 익살스레 논평한 "그녀는 이교도infidel를 불륜infidelity으로 몰아넣는다"와 같은 의혹에 대해서도 일절 언급하지 않더군요. 의혹이 사실이든 아니든, 그녀가 언론이 말하는 그런 도덕적인 권위자가 아닌 것만큼은 확실해 보입니다.

좌파는 그 자체가 위선적인 캐리커처[1]에 지나지 않습니다. 새터데이 나이트 라이브[2]의 클립 영상들은 끔찍할 정도로 잘못되어 있습니다.

표적이 된 인물들은 정치인만이 아닙니다. 그들[좌파]에게 동의하지 않는 사람들은 누구나 그렇습니다. 이 책을 쓰고 있을 무렵, 내 동생 에릭이 시카고의 한 술집을 방문했을 때 식당의 웨이트리스가 그의 얼굴에 침을 뱉은 일이 있었습니다. 상황이 더 악화되기 전에 경호원들이 그녀를 밖으로 끌어내야만 했었죠. 사람들은 트럼프를 만나면 자신의 분노를 폭발시킵니다. 작년에는 아버지의 오랜 언론 비서인 사라 허커비 샌더스[3]와 그녀의 가족이 단지 대통령 밑에서 일한다는 이유만으로 워싱턴 DC의 한 식당에서 쫓겨난 일도 했습니다. 장소를 옮긴 또 다른 식당에서도 안티파 폭도들에 의해 몇 분 만에 자리를 떠나야만 했었죠.

미국의 민주사회주의자들은 식당에서 키어스천 닐슨 전 국토안보부 장관, 스티븐 밀러 백악관 고문, 미치 맥코넬 공화당 상원 원내대표를 위협했으며, 맥코넬 상원 위원의 경우 "그의 심장을 찔러라!"라는 외침과 함께 자신의 집에 난입한 좌익극단주의자들의 사례를 포함, 여러 차례 표적이 됐습니다. 그 후에 맥코넬 위원이 이 사건의 영상을 소셜미디어를 통해 게시했을 때, 그는 트위터에서 완전히 고립되고 맙니다. 좌파에 의해 습격당하는 자신의 집을 본인이 직접 공개했다는 이유만으로 그들은 온라인 공간에서 그를 완전히 포위해 버렸습니다.

심지어 부통령조차도 반복적인 공격에 시달려야만 했습니다. 뮤지컬 해밀턴[4]의 전 출연진은 커튼콜을 받는 대신, 무대에 선 채로 부통령 당선자인 마이크 펜스를 훈계했습니다. 그 날 펜스 부통령은 그들의 공개적인 적개심에 화가 난 자신의 딸, 그리고 그녀의 사촌들과 함께 그 자리에 있었습니다.

[1] 어떤 사람의 특징을 과장하여 우스꽝스럽게 묘사한 그림이나 사진

[2] 미국의 텔레비전 코미디 및 버라이어티 쇼 프로그램

[3] 미국 백악관 전 대변인

[4] 미국 건국의 주역인 알렉산더 해밀턴의 일생을 다룬 뮤지컬

하지만 부통령은 당신이 지금까지 만났을 그 누구보다 관대한 모습으로, 자신의 딸에게 "이것이 바로 민주주의의 소리인 것 같구나"라고 말하며 출연진의 무례함을 용서했습니다. 비록 좌파는 우리에 대해 그렇게 생각하지 않는다 할지라도, 모든 사람은 자신의 의견을 가질 권리가 있습니다. 그러나 그런 의견들을 표현할 때도 시의적절한 시간과 장소가 있는 법입니다.

잘 모르지만, 최소한 내 기준에서 볼 때 몇 십만 원짜리 공연 티켓을 구매해서 극장에 앉아 있는 한 남자와 그의 가족들 앞에서 소리치는 이 출연진들은 분명히 적절한 시간과 장소를 선택한 것 같지는 않았습니다. 아니, 오히려 대부분의 미국인에게 지금 이 좌파들이 얼마나 미개하고 정신 나간 사람들인지를 보여주는 행동이었습니다.[1]

작년에 나는 몇몇 친구들과 함께 어느 한 레스토랑에서 내 여자친구 킴벌리 가일포일의 생일을 축하하고 있었습니다. 그런데 갑자기 한 남자가 우리가 있는 테이블로 와서는 "부끄러운 줄 알아!"라며 소리를 질렀습니다. 테이블에 우리와 함께 앉아 있던 친구 세르지오 고르는 그 남자에게 당신이 싫어하는 트럼프 대통령의 정책을 하나만 말해달라고 요청했습니다. 하지만 대답 대신, 그 남자는 이제 세르지오를 타겟으로 삼아 비이성적인 고함만을 계속 질러댈 뿐이었습니다.

"환경에 대한 겁니까?" 세르지오가 물었습니다.

남자는 이제 더 알아듣기 어려운, 거의 비명에 가까운 말을 하고 있었습니다.

"시민권인가요?"

시끄럽고, 말도 안 되는 소리가 다시 귓가를 때렸습니다.

"아니면 세금?" 세르지오가 다그쳤습니다.

"당신에게 그걸 말해 줄 의무 따윈 내게 없어!" 남자는 마지막으로 소리를 지르며 가버렸습니다.

---

[1] 내가 지금까지 계속 민주당과 그 지지자들을 '좌파'란 단어로 지칭했지만, 사실 그들 모두가 좌파인 것은 아닙니다. 좋은 사람들 또한 아주 많으며, 심지어 그들 중에는 내 아버지에게 투표를 한 사람들도 있습니다. 하지만 불행하게도 그 당은 현재 길을 잃었고, 현재 좌파와 사회주의자들에 의해 움직이고 있습니다.

이 상황은 트럼프 발작 증후군의 전형적인 모습입니다. 그는 자신이 왜 화가 났는지 그 이유를 전혀 몰랐습니다. 그저 본인이 화가 났다는 사실만 알고 있을 뿐이었죠.

우리에 대한 이런 공격들은 무작위적으로 발생한 사건이 아닙니다. 그것은 급진적인 좌파에 동의하지 않는 사람들을 침묵으로 몰아넣기 위해 조직화 된 음모의 일부입니다. 안티파는 그저 테러조직에 지나지 않으며, 이제 우리도 그들을 그렇게 다루기 시작할 때가 됐습니다.

확실한 것은 그들의 구성원이 지금도 충분히 급진적이란 사실입니다. 그들은 스스로를 용감하고 빈틈없이 조직된 '안티파시스트' 무리의 일부라고 생각합니다. 아마도 자기 자신을 제2차 세계대전 당시 베티노 무솔리니의 지지자들과 맞서 싸우고, 독일에서 아돌프 히틀러를 반대했던 사람들의 후손쯤으로 여기는 것 같더군요. 하지만 실제로 그들은 그저 비디오 게임을 너무 많이 한 바보들일 뿐입니다. 그들은 인생에서 어떤 진짜와도 대면할 기회를 얻지 못한 사람들이기 때문에, 현실 세계에서 등을 돌린 채 그렇게 악의 축인 파시스트들과 싸우는 선한 사람들이 있는 환상의 세계로 들어가 버렸습니다. 아, 그리고 이 조그마한 환상의 세계에서는 그들에게 동의하지 않는 누구든, 그러니까 남성, 백인 그리고 그들이 시위할 때 우연히 반경 15m 내에 있었던 모든 사람은 다 파시스트가 됩니다.

사실 나는, 안티파가 파시즘을 제대로 이해하고 있는지조차도 잘 모르겠습니다. 오히려 그들은 매일같이 그 빌어먹을 파시스트들의 전략을 사용하길 원하는 것처럼 보이니까요. 어쩌면 그들이 자신들을 안티파가 아닌, 안티를 제외한 그냥 '파'라고 부르는 게 더 어울릴지도 모르겠습니다. 최소한 내가 본 바로는 그들은 '안티'파시스트가 아닌 파시스트 쪽에 훨씬 더 가까웠습니다.

2017년 4월, 캘리포니아 버클리에서 열린 평화로운 애국기념일 Patriots' Day의 '자유토론' 집회에 검은색 닌자 마스크와 스키 마스크를 쓰고, 선글라스를 낀 채 칼과 곤봉 그리고 메이스[1] 캔을 손에 든 안티파 폭도들이 들이닥쳤습니다. 다른 곳도 아닌, 자유를 외치던 '60년대 히피' 십자군들의 근거지였던 바로 그 장소를 말입니다. 안티파 폭도 중 한 명이 대형 자전거 자물쇠로 사람들의 머리를 때리기 시작했습니다. 그는 몰래 다가가 뒤에서 사람들을 공격했는데, 정말 내가 본 최악의 겁쟁이였습니다. 그의 일격에 무려 11명의 사람이 쓰러졌으며, 한 남자는 너무 심하게 다쳐서 상처를 봉합하기 위해 두개골에 여러 개의 스테이플을 박아야만 했습니다.

그리고 얼마 후, 경찰은 에릭 클랜턴을 이 범죄의 용의자로 체포했습니다. 그는 낮에는 디아블로 밸리 대학의 '윤리학' 교수였지만, 밤이 되면 트럼프와의 전쟁에 참전하는 좌파폭력배로 변신했습니다.[2] 그리고 이 윤리학 교수는 그 범죄의 형벌로 단지 3년의 보호관찰을 선고받게 됩니다. 만약 이 형량이 너무 가볍게 느껴졌다면, 아직 당신은 정상인 게 맞습니다. 살인미수죄에 보호관찰 3년이 과연 적절한 형량일까요? 아마도, 정의의 저울이 그가 서 있는 쪽으로 조금 더 기울어져 있었던 모양입니다. 글쎄요, 이 사건을 맡은 법원은 캘리포니아 앨러미다 카운티에 있었는데, 이 도시는 클린턴의 지지율이 80%에 육박했던 곳입니다. 이게 어떤 의미일지 당신이 한 번 내게 말해주지 않겠습니까?

2019년 6월 말에는, 안티파 폭도들이 오리건주 포틀랜드의 어느 거리에서 퀼레트[3]의 편집자인 앤디 응오를 공격하는 사건이 있었습니다. 지난 몇 년 동안, 앤디는 오리건주와 기타 여러 지역에서 소위 말하는 이 '억압받는 사람들'에 의해 자행된 일련의 가짜 증오범죄에 관한 훌륭한 보도를 해왔습니다. 뉴욕포스트지에 실린 그의 보도기

---

[1] 호신용 스프레이에 쓰이는 자극성 물질

[2] 아무래도 모순이란 단어는 좌파들에게 별 감흥이 없는 것 같군요

[3] Quillette- 호주 언론인 클레어 레만이 설립한 온라인 잡지. 이 잡지는 주로 과학, 기술, 뉴스, 문화 및 정치에 중점을 두고 있음

사 중 일부는 내가 말하고자 하는 바와 같이, 인종적 비방과 외설적인 그림을 자신의 집에 그려놓고 트럼프 지지자들을 비방하면서, '스몰 레트'[1]를 저지르는 몇몇 사람들에 대해 폭로하고 있습니다. 보도 내용에는 술에 취해 쓰러진 여성이 그때 입은 상처를 백인우월주의자의 탓으로 돌린 사례도 있었습니다. 앤디는 이러한 보도들로 인해 포틀랜드 지역 자유주의 게슈타포[2]들의 적이 됐으며, 앤디를 대상으로 한 그들의 끔찍한 공격들은 오히려 그의 모든 이야기가 다 사실임을 반증해 주고 있습니다.

앤디의 보도를 접한 포틀랜드의 좌파 단체들은 과거 자신들의 위선을 지적받을 때마다 늘 그래왔듯이 이번에도 매우 격앙된 반응을 보였습니다. 6월 29일, 앤디는 포틀랜드 시내에서 벌어지고 있는 시위를 촬영하려 했고 바로 그때, 안티파 군중들은 그가 있는 쪽을 향해 방향을 돌렸습니다. 그들은 앤디의 머리에 밀크쉐이크를 던지고, 주먹으로 얼굴을 때렸으며, 집에서 가지고 나온 온갖 종류의 무기들로 그의 온몸을 구타했습니다. 병원응급실로 실려 간 앤디는, 의사들의 말에 따르면 결국 뇌 손상을 입게 됩니다. 물론 이 공격에 대한 반발도 있었지만, 오직 좌파편향적인 쓰레기 같은 신문들만큼은 유일하게 앤디가 그들이 요구하는 타입의 사람이 아니란 이유 하나만으로 그를 다치게 해도 된다고 생각하는 듯 보였습니다.

만약 이 사건들이 모두 독립적으로 일어난 일이었다면, 그냥 그걸로 끝이었을 겁니다. 하지만 현실은 그렇지 않습니다. 현재 좌파들은 전국에 걸쳐 가두시위를 조직하고, 연설가들의 입을 틀어막으며, 자신들의 뜻대로 일이 풀리지 않을 시에는 끔찍한 폭력 행위를 저지르고 있습니다. 언론들은 그들의 이러한 극악무도한 행동을 있는 그대로 드러내는 대신, 무시하거나 오히려 응원하는 듯 보입니다. 뉴욕타임스는 대선이 끝난 뒤 사방에 만연했던 시위들을 폭력이 아닌 '평화

[1] 자유주의자가 자신들의 권리를 구축하고 미국에서 더 많은 인종 분열을 일으키기 위해 스스로 증오범죄를 저지르는 행위

[2] 옛 나치 독일의 비밀 국가 경찰

의 행진'으로 지칭했습니다. 반대로 트럼프의 지지자들이 그들과 비슷한 이유, 비슷한 숫자를 가지고 모여 있다면, 그곳이 어디든 상관없이 우리는 바로 '백인우월주의자', '혐오와 공포를 퍼뜨리는 사람fear monger'으로 불립니다. 악하기 때문도 아니고 확립된 정치 질서를 어지럽혔기 때문도 아닙니다. 우리는 그저 좌파들이 듣기 싫어하는 말을 했을 뿐이고, 트럼프 시대에서는 이처럼 누군가를 자극하는 것 자체가 가장 큰 범죄가 되었습니다.

그들은 최근 몇 년간 똘똘 뭉쳐 이러한 특정 단어들을 폭력이라 규정했고, 이는 조직의 구성원들이 마음속으로 자신들이 동의하지 않는 상대에게 실제적 폭력을 행사하는 일에 완벽한 당위성을 부여하게 됩니다.

그들은 사람들이 앞으로 더는 언급해선 안 되는 주제들이 있다는 결정을 내렸으며, 이제 그중 하나를 입 밖으로 내는 순간 당신 또한 그들의 적이 될 것입니다.

하지만, 말은 폭력이 아닙니다. 그저 말일 뿐이죠.

Chapter
3.

기초의 균열(CRACKS IN THE FOUNDATION)

　대학을 졸업한 지 4, 5년밖에 되지 않았을 무렵, 나는 트럼프 그룹의 부사장으로서 첫 번째 주요 프로젝트를 수행하게 됩니다. 그전에 이미 뉴욕시에서 소규모 프로젝트들을 진행하면서 사업에 대한 많은 것들을 배웠지만, 이것은 차원이 다른 일이었습니다. 그리고 현재, 해당 프로젝트의 결과물인 98층 높이의 트럼프 인터내셔널 호텔&타워는 시카고 강 유역에 자리하고 있습니다. 프로젝트를 처음 시작할 때, 다행히도 나는 이 사업을 가장 재능 있는 남녀 직원들과 함께할 수 있었습니다. 우리는 프로젝트를 위해 거의 5년 동안을 밤낮없이 일했고, 함께 회사에 헌신했습니다. 그 결과 우리는 모든 일을 적시에, 그리고 정해진 예산에 맞춰 처리할 수 있었습니다.

　2008년 호텔 가假오픈 당시, 나는 서른 살이 됐고 이 프로젝트를 처음 시작했을 때보다 50배는 더 많은 경험이 쌓여 있었습니다. 그리고 그 일을 진행하면서 배운 교훈은 오늘날까지도 내게 고스란히 남아있습니다. 특히, 그중에서도 가장 근본적인 내용은 아마도 다음의 한 문장일 겁니다.

　'기초를 튼튼히 세워야만 한다.'

　비록 눈에 보이진 않지만, 기초는 건물 전체의 무게를 지탱하는 중요한 역할을 합니다. 훌륭한 건축가라면 누구나 알고 있듯이, 콘크리트 바닥에서 단 몇 센티미터만 정렬이 어긋나더라도 구조물이 기울어지거나 가라앉을 수 있기 때문입니다. 내 말을 믿지 못하겠다면 샌프란시스코 밀레니엄 타워를 한 번 보시기 바랍니다. 2008년에 완공된 이 건물은, 41cm에 이르는 구조물 침하를 겪었으며, 현재 5cm나 기울어져 있습니다. 현재는 사람들에게 '샌프란시스코의 기울어진 타워'라 불리고 있으며, 수리에만 약 1,200억 원 규모의 비용이 들어갈 것으로 보입니다. 그리고 이는 이미 매입 후 거의 5억 원에 가까운 손해를 본 구매자들에게 결코 좋은 소식은 아니었습니다. 우리 삶의 대부분이 그렇듯이, 높은 건물들은 반드시 견고한 기초 위에 지어져야만 합니다.

나는 현재 민주당을 보면 잘못된 기초가 자꾸만 떠오릅니다. 그들은 짐 크로우[1] 스타일의 인종차별, KKK단과 노예제도에 대한 지원, 에이브러햄 링컨에 대한 단호한 반대라는 기초 위에 자신들의 정당을 만들었습니다. 그리고 수십 년에 걸쳐 한 번씩 그 기초 위에 한 층, 한 층 건물을 올리기 시작했습니다. 각각의 층에는 광범위한 복지국가, 크고 작은 기업에 대한 규제 등이 더해졌으며 그리고 마침내 정치적 공정성차별적인 언어 사용·행동을 피하는 원칙, 소련식 사회주의, 안티파 등이 여기에 포함되기에 이릅니다. 그들은 의존의 정당이고, 이런 것들이 없다면 아무것도 할 수 없는 존재들입니다.

이렇게 세워진 정당이 지금까지 유지되고 있는 건 사실 기적에 가깝습니다.

하지만 지난 몇 년 동안 이들에게는 모든 것을 다 허물고 다시 지을 수 있는 몇 번의 기회가 있었습니다. 나는 2016년 내 아버지가 힐러리를 무너뜨리고 민주당의 세상을 바라보는 방식이 가진 명백한 결함이 만천하에 드러났을 때, 그들이 새롭게 다시 모여 그전보다 조금은 덜 급진적인 방향으로 자신들의 경로를 재설정할 방법을 충분히 찾아낼 수 있었다고 생각합니다. 하지만, 그들은 그렇게 하지

---

[1] 짐 크로우는 시골의 초라한 흑인을 희화화한 캐릭터이다. 1838년 짐 크로우는 '니그로'(깜둥이)를 뜻하는 경멸적인 표현이 되었고 흑인을 겨냥한 인종 분리 정책이 19세기에 시행되었을 때 이를 '짐 크로우법'이라고 불렀다.

않았습니다.

2016년 대선 이후 민주당은 좀 더 깨어있는 의식을 갖는 대신, 이전보다 더 왼쪽으로 치우쳐서는 미치광이 극단주의자들을 전면에 내세우기 시작했습니다. 최근 몇 년 동안 민주당은 자본주의와 민주주의의 원칙을 거의 완전히 포기해 버렸습니다. 대신 그들은, 사회주의, 집단주의, 계급투쟁, 공포와 분노의 정치 등 인류 역사상 최악의 사상들을 받아들이기 시작했습니다. 가장 최근에 했던 제안 중 일부는 마치 공산당 선언에서나 나올 법한 내용이었습니다. 이처럼 그들은 2016년의 선거결과를 두 눈으로 직접 봤음에도 불구하고, 대부분의 합리적인 사람들이 했을 법한 것과 정반대되는 행동을 했습니다.

혹시 당신은 우리가 미국 대통령이 연두교서를 하는 동안 일어서서는, "우리는 결코 사회주의 국가가 될 수 없습니다."라고 선언해야만 하는 나라에 살게 될 거란 생각을 해본 적이 있습니까? 하지만 그것이 바로 지금 우리 앞에 놓인 현실입니다.

매년 몇 달씩 우리와 함께 시간을 보내는 나의 외할머니에게 있어서, 아버지가 그은 경계선은 더할 나위 없는 안도감으로 다가왔습니다. 내 외할머니에게 이것은 개인적인 문제였습니다. 그녀와 그녀의 남편, 즉 내 외할아버지는 공산주의 최악의 시대 아래 있던 체코슬로바키아에서 자랐습니다. 브루클린 출신에 스타벅스를 즐기는 대부분의 신세대 사회주의자들과는 달리 그들은 국영경제가 가져오게 될 참상을 잘 알고 있었으며, 사회주의에 대한 상처 또한 그녀의 기억 속에 선명하게 남아있었습니다. 2016년 선거를 앞두고 CNN을 통해 버니 샌더스 등의 신사회주의자들을 거의 매일 지켜보던 그녀와 이야기를 나눈 기억이 지금도 생생합니다.[1]

"돈, 이 사람들 전혀 이해를 못 하는 거니?" 그녀가 떨리는 목소리로 내게 물었습니다. 내 외할머니는 어린 시절 나치를 피해 농가

[1] 우리는 이제 그녀를 그만 CNN 열차에서 내리게 하려고 노력 중입니다. 만약 체코 공화국 시절로 되돌아가면 마치 마약 중독자처럼 다시 CNN을 먼저 찾을지도 모르지만, 이제 곧 그녀도 제정신을 가진 다른 사람들처럼 폭스를 시청하게 될 겁니다.

지하에 숨어 수십 년 동안 공산주의의 지배를 받으며 살아왔던 여성입니다. 현재 93세인 그녀는, 여전히 강하고 굳센 사람입니다. 하지만 그녀는 자신의 손자들과 증손자들이 자신이 과거에 경험했던 것과 같은 일들을 똑같이 겪게 될까 봐 두려워했고, 이런 생각들이 그녀를 몹시 겁먹게 했습니다.

"저 사람들은 그게 얼마나 나쁜 일인지 모르고 있어. 제발 뭐라도 좀 해 봐. 저들 모두 다 이게 전부 거짓말이란 사실을 정말 알지 못하는 거니?"

대부분의 사람들은 아마 알지 못할 겁니다. 그들은 사회주의, 특히 민주당이 밀어붙이고 있는 이 새롭고 세련돼 보이는 버전의 사회주의가 모두 겉만 번지르르한 거짓말에 불과하다는 사실을 전혀 모르고 있습니다. 오히려 그저 현재 민주당이 밀고 있는 장밋빛 그림을 살 수 있음에 행복한 듯 보입니다. 민주당이 그들에게 자신들이 제안하는 것은 '원색적인 사회주의'가 아니라고 말할 때, 그들은 여전히 기쁘게 찬성표를 던집니다. 그러나 사회주의는 지난 수십 년 동안 미국 정치 체제의 왼편에 잠복해 있었으며, 선거 주기마다 수면 위로 등장해 마치 기초에 생기는 균열처럼 몇 cm씩 그렇게 점점 더 넓게 퍼져나갔습니다.

존 F. 케네디 대통령의 대통령직과 암살의 여파로 미국 정치에는 신좌파가 등장하게 됩니다. 버니^{버니 샌더스}의 추종자들과 마찬가지로 신좌파는 대학 캠퍼스에서 그 힘을 발휘했고, 민주사회학생회[1]와 같은 단체들이 이 운동에 함께 참여했습니다.

한편, 워싱턴에서는 린든 B. 존슨이 베트남 전쟁의 실패를 은폐하기 위한 목적으로 사회주의 의제들을 이용해서 신좌파에 대한 회유를 시도했습니다. 그가 내세운 정책들에는 1964년 급식쿠폰, 1965년 메디케이드^{저소득층 의료 보장 제도}, 1968년 총기 규제법 등이 있었습니다.

[1] Students for a Democratic Society - 미국의 학생운동으로, 미국 신좌파의 주요 갈래 중 하나였다. 1960년대 중반에 급팽창했다가 1969년 해산되었다.

1970년대 초반, 신좌파의 히피들은 자신들이 내세운 평화의 기치를 '치켜든 주먹' 그리고 '테러리스트 조직'과 맞교환했으며, 그중에는 2,000여 건의 국내 폭탄테러를 일으킨 웨더 언더그라운드도 있었습니다. 대초원의 불이라 일컬어지는 웨더 언더그라운드 선언문에는 다음과 같은 내용이 있습니다.

"혁명적 반제국주의 정치는 로버트 케네디의 암살자인 시르한 시르한에게 바치는 헌사이다." 그 후 1970년대에는 뉴욕시에서만 6명, 총 17명의 경찰을 살해한 심바이어니즈 해방군[1]이 등장합니다. 그리고 이 스펙트럼의 다른 한 극단에는 폭력적인 백인우월주의를 설파한 아리안네이션[2]의 전신인, 미국기독교민병대연합[3]이 있었습니다. 미국에 대한 공격을 주도한 존재는 바로 이와 같은 국내 테러단체들이었습니다. 당시 한 여론조사 결과, 300만 명 이상의 미국인이 이러한 혁명을 선호했다고 합니다.

1980년 로널드 레이건이 대통령으로 선출됐고, 자본주의의 힘을 통해 지난 수십 년간 이어진 사회주의의 광기는 종식된 듯 보였습니다. 심지어 빌 클린턴조차도 이 흐름을 타고자 했었죠. 1996년 그는 자신이 서명한 '개인책임 및 근로기회조정법'을 통해 복지에 제한을 두어 빈곤의 순환과 싸우고자 했습니다. 그러나 표면 아래에서, 민주당의 기초에 생긴 균열은 계속 커져만 갔고 더 깊어졌습니다.

그 틈을 통해 숨어있던 사회주의자들이 다시 하나둘씩 등장하기 시작했습니다.

예를 들어 1988년 버니 샌더스가 소련으로 가서 그가 '존경하는' 당 지도자들을 만났을 당시, 과연 그 문제에 관심을 기울인 사람이 있었는지 사실 잘 모르겠습니다. 어쨌든, 어떻게 사람들은 결국 그 사실을 다 알게 됐을까요? 그 당시 우리의 버니 '동지'는 여전히 버몬트주 벌링턴의 히피 시장에 불과했고 아무도 그를 진지하게 받

[1] 1970년대 초에 미국 캘리포니아주를 중심으로 활동하던 좌익 과격파 조직

[2] 반유대주의, 네오 나치, 백인 우월주의 테러조직

[3] United States Christian Posse Association

[1] This Land Is Your Land
미국의 가장 유명한 포크송 중 하나로, 1940년 원래 있던 멜로디에 가수 우디 거스리가 노래말을 붙이면서 만들어진 곡이다.

[2] 미국의 비영리 케이블 TV의 공중 통신망

아들이지 않았는데 말이죠.

여행 나흘도 채 되지 않아 그는 러시아 사우나에서 땀에 젖은 채로 맨가슴의 공산주의자들과 함께, '이 땅은 너의 땅[1]'을 노래하고 있는 자신을 발견하게 됩니다. 악몽처럼 들릴지 모르지만, 이 모든 이야기는 정말 지나치다 싶을 정도로 현실 그 자체입니다.

버니가 입을 열기 시작했을 때 대부분의 사람들, 심지어는 다른 정신 나간 자유주의 성향의 민주당원들까지도 그를 자신과 다른 시각을 가진 인물로 바라보는 건 흔히 볼 수 있는 모습이었습니다. 2000년대 초 C-SPAN[2]에 두 대의 카메라를 하나의 화면에 잡을 수 있는 컴퓨터 프로그래밍이 존재했는지는 알 수 없지만, 만약 있었다면 아마도 당신은 정신 나간 버니가 빈 국회 회의실로 달려가서는, 청소부가 들어와 책상 바닥에 붙은 껌을 긁어내는 동안 의료사회화 제도에 대해 쉬지 않고 이야기하는 모습을 목격할 수 있었을 겁니다.

그를 국회에 두지 않는 것 다음으로, 그를 혼자 두는 것이 아마도 그 남자를 다루는 가장 좋은 방법일 겁니다. 어쩌면 우리는 그를 좀 더 진지하게 여겼어야 했을지도 모르겠군요.

2016년 샌더스가 대통령 선거에 출마했을 때, 상당수는 이를 농담으로 여겼습니다. 그러나 무료 대학, 모두를 대상으로 한 무상의료혜택, 더 높은 최저임금, 소득재분배 등 자본주의로부터 사람들의 마음을 빼앗는 그의 정신 나간 사회주의 사상으로 인해 그는 민주당의 대통령 후보로 거의 지명될 뻔했습니다. '모든 것을 공짜로'라는 구호에 맞선다는 건 결코 쉬운 일이 아니었습니다. 비록 그 구호는 그저 몽상에 불과했을지 모르지만, 공짜란 존재하지 않는다는 사실을 깨닫지 못하거나 깨달을 생각이 없는 사람들에게는 충분한 호소력을 발휘했습니다. 그는 23명의 후보자가 참여한 예비선거에서 1,320만 표와 1,865명의 대의원 표를 얻었습니다. 아쉽게도 조작된 선거로 인해 결국 힐러리에게 패배하긴 했지만, 그의 성공은 만약 자신들이 권력을 잡을 방법을 찾기만 한다면 민주당과 더 나아가서 이 나라를 장악하겠다고 위협하는 새로운 세대의 사회주의자들을 탄생시켰습니다.

버니가 소련에서 휴가를 보내기 몇 년 전, 나는 태어나서 처음으로 프라하로 향하는 비행기를 탔습니다. 당시 다섯 살이었던 나는, 할아버지와 함께 체코슬로바키아 공화국에 있는 그의 집으로 갔습니다. 두 살 때 이미 한 번 가본 적이 있었지만, 이번 여행은 부모님 없이 오는 첫 여행이었습니다.

돌이켜 보면, 어머니가 자란 곳으로 떠난 그 여행에는 두 가지 목적이 있었던 것 같습니다. 첫째, 나의 부재를 통해 두어 달 동안 부모님께 약간의 평화와 여유로움을 선물했고 둘째, 5번가 펜트하우스 밖에서의 삶을 직접 볼 수 있었습니다. 내 부모님은 특권을 누리는 어린 시절이, 한 인간으로서 내가 발전하는 데 도움이 될 것이라고 믿지 않았습니다. 실제로 아버지는 할아버지와의 대화를 통해, 내가 다른 세상을 볼 필요가 있다는 의견에 동의했습니다.

외할아버지는 다른 가족들 못지않게 나를 키우는 일에 헌신하셨습니다. 체코 출신인 나의 외할아버지 데도는 키가 크고 잘생겼으며, 수영을 통해 갈고 닦은 날렵한 몸매의 소유자였습니다. 할머니의 말에 따르면, 할아버지께서 10대 시절 체코의 국가대표 수영선수였다고 하는데 사실 그에 대한 자세한 이야기를 들은 적은 없습니다. 검은 머리카락과 내 얼굴을 덮을 만큼 크고 거친 노동자의 손을 갖고 있었던 그는 체코슬로바키아에서 블루칼라 전기공으로 일했으며, 자신이 하는 모든 일에 있어서 주체성을 가지고 움직이는 사람이기도 했습니다.

어린 시절 내내, 데도는 내게 열심히 일하고 스스로 인내할 수만 있다면 원하는 것은 무엇이든지 얻을 수 있는 나라인 미국에서 사는 것이 얼마나 행운인지 말해주곤 했습니다. 그렇습니다. 나는 그가 평생에 걸쳐 갈망했던 바로 그 자유를 갖고 있었습니다. 그러나 그는 또 내게 부유한 환경에서 성장하는 것의 의미와 그로 인해 내가 얼마나 쉽게 현실에 안주할 수 있는지에 대해 충고하는 것도 잊지 않았습니다.

좌파 쪽에서 당신에게 나를 '황금으로 도배된 화장실에서 배변훈련을 받은 사람'이라 소개할 것을 고려해보면, 그가 말하고자 하는 요점이 무엇인지 알 것 같습니다.

즐린[1]은 프라하에서 차로 세 시간 정도 떨어진 거리에 있었습니다. 내 조부모님들이 살던 집은 회색의 단조로운 건물로 콘크리트와 금속으로 만든 12층짜리 빌딩이었는데, 돈이나 건축적 주목이 아닌 단순 현상유지를 목적으로 구소련 방식으로 설계된 건물이었습니다. 침실은 하나였는데, 건물 내 모든 아파트가 다 같은 구조였습니다. 가족은 말할 것도 없고, 부부 둘이서 생활하기에도 충분하지 않은 크기였죠. 그 건물에 엘리베이터가 있었는지는 잘 기억나지 않습니다. 그 당시 나는 10층에 살고 있던 친구를 사귀었고, 우리는 서로를 만나기 위해 계단을 오르내리곤 했습니다.

조부모님의 고향을 방문하는 것은 마치, 1960년대로 떠나는 시간 여행과도 같았습니다. 그곳에 사는 사람들은 대부분 뒷마당에 닭을 길렀는데, 나는 내 친구들이 닭을 잡아서 도살하는 과정을 돕기도 했습니다. 내 어린 시절의 기억으로는 아마 수백 마리의 닭을 잡았던 것 같습니다. 우유는 밀봉된 유리병에 담겨 판매됐으며, 아파트는 도시 중심이 아닌 변두리에 위치해 있었습니다. 집에서 약 250미터 정도 떨어진 곳에는 우리가 '나무들'이라고 부르던 작은 숲으로 향하는 나뭇길이 있었습니다. 아침 식사를 하고 나무를 자른 뒤, 데도는

[1] 체코 남동부 모라바 지방에 위치한 도시

'나무들'을 가리키며 이렇게 말하곤 했습니다. "저기 나무들이 보이는구나. 다녀오도록 해라. 이따 저녁에 보자꾸나." 그러면 나는 숲에서 거의 하루를 다 보내면서 할아버지가 내게 알려 준 활과 공기총을 쏘는 방법과 불을 피우고 도끼를 휘두르며 칼을 던지는 방법 등을 익히기 위해 애를 쓰곤 했습니다. 그리고 그 숲에는 수로 터널이 있었는데, 나와 내 친구들은 집에서 소나무 수액을 이용해 직접 만든 횃불을 들고 그곳을 탐험하며 다녔습니다. 어린 시절의 이러한 경험들을 통해 나는 자연을 사랑하는 법을 배웠고, 이는 오늘날 내 삶 속에 여전히 깊이 자리잡고 있습니다.

나는 이 멋진 야외활동을 소중히 여겼지만, 체코어로 말하는 일에는 처음부터 그다지 열성적이진 않았습니다. 물론 어머니와 조부모님께서 너무 일찍부터 내게 체코어로 말하기 시작한 덕분에, 나는 세 살이 될 무렵 이미 유창한 체코어를 말할 수 있었습니다. 때때로 체코어와 영어 모두를 자연스럽게 구사할 수도 있었죠. 다만 뉴욕에 돌아와서 내가 우연히 체코어를 말했을 때, 내 친구들이 나를 놀렸었던 사실은 지금도 기억이 납니다. 어느 날 밤, 외할머니집 부엌에 혼자 앉아서 있는 힘껏 "네치 믈루비트 체스키!"라고 외쳤던 기억도 여전히 생생합니다. 체코어로 "나는 체코어로 말하기 싫어!"라는 뜻인데, 사실 나조차도 내가 왜 그런 행동을 했는지 전혀 이해할 수 없었습니다.

덧붙여 말하자면, 만약 누군가 내가 체코어로 말하는 것을 들었다면 민주당 측 사람들은 틀림없이 그 사실을 내가 러시아와 공모했음을 보여주는 일종의 증거로 받아들일 것입니다. 그리고 실제로 나는 TV에 나온 전문가들이 나의 제2외국어를 내가 '모국 러시아'를 사랑할 수밖에 없는 증거로 제시한다는 말을 들은 적이 있습니다. 이건 정말 터무니없는 소리입니다. 체코어는 러시아어와는 완전히 다를

뿐만 아니라, 체코인들은 러시아를 사랑하지 않습니다. 만약 이 정신 나간 사람들이 두 나라 사이의 역사를 조금만 공부했다면, 소련이 제2차 세계대전 직후부터 베를린 장벽이 붕괴될 때까지 체코슬로바키아를 점령했다는 사실을 금방 알아챌 수 있었을 겁니다. 러시아는 그 나라의 많은 것들을 파괴했습니다. 그러니 적어도 내게 그들에 대한 잃어버린 사랑 따위는 없습니다. 하지만 요즘은 꾸며낸 이야기가 사실을 지배하는 세상입니다.

즐린에서의 삶은 내게 위로가 됐습니다. 그곳에서 나는 모닥불을 피우고 서로 함께 둘러앉자 오늘날까지 지켜 온 놀라운 우정을 쌓을 수 있었습니다. 손에 잡히는 물질보다 더 소중한 친구의 가치에 대해 배울 수 있었던 시간이었죠. 스스로 견뎌내야 했던 많은 어려움에도 불구하고, 그곳에 있는 모든 이들은 자신들이 소중히 여기는 훌륭한 관계와 가족들을 간직하고 있었습니다. 짐작건대, 아마도 그들은 자신들이 가진 이러한 가치를 공산당의 눈을 피해 어느 정도 숨겨야만 했을 것입니다. 현재 동유럽인들은 미국에서 손에 꼽힐 정도로 열심히 일하는 사람들입니다. 그리고 체코슬로바키아에서 그들이 잃은 것은 바로 일에 대한 동기부여였습니다.

내 조부모님들은 사실상 모든 삶을 정부에 의존하는 사람들 곁에서 일생을 살았습니다. 체코 시민들은 새로운 집을 원할 때면, 정부와 이야기를 나눴습니다. 새 직장이나 승진을 원할 때도, 그들은 항상 정부에게 말을 걸었습니다. 국가로부터 제공되는 의료보험과 요양보험 그리고 퇴직연금은 미국과 비교했을 때 모두 현저히 그 질이 낮았으며, 체코슬로바키아에서는 정부가 국민의 생활에 필요한 모든 것을 직접 제공하는 대신, 소량의 노동력을 요구했습니다. 사람들은 현상유지 및 국가를 위한 일만을 했고, 노동의 대가는 모두가 똑같이 나눠 가졌습니다. 더 열심히 일한다고 해서, 더 많은 돈을 받을 수 있는 사람은 아무도 없었습니다. 성과에 따른 보상이 없었기 때문에 경제 또한 성장하지 못했습니다. 돈을 가진 사람들 대부분은 공산당 최고위층과의 연줄이 닿는 이들이었으며, 그들이 가진 돈은 대부분 부정하거나 누군가로부터 도둑질한 돈이었습니다.

만약 공산당에 가입하지 않았다면, 상황은 더 어려워집니다. 내 할아버지는 공산당에 가입하지 않았고, 전기 기술자로서의 전문성 때문에 그들을 멀리했습니다. 이러한 비당파적 행동으로 인해, 조부모님들은 항상 모든 일에 있어서 마지막 순서여야만 했습니다. 정부가 급식쿠폰을 발행했을 때도, 내 할머니의 차례가 됐을 무렵에는 남은 것이 하나도 없었습니다. 할아버지 역시 오렌지를 받기 위해 8시간이나 기다려야만 했고, 비어있는 옷가게의 진열대를 바라보며 할머니는 우리 어머니의 옷을 직접 손으로 만드셔야만 했습니다.

그 나라를 방문했을 때, 나는 빵과 가난을 직접 경험했습니다. 내가 사회주의가 왜 나쁜지에 대해서 하는 말은, 그저 단순히 내가 그와 관련된 기사를 보았거나 사람들이 트위터에서 하는 말을 들었기 때문이 아닙니다. 나는 사회주의 체제 국가를 직접 다녀왔고, 왜 실제로 이 시스템 아래서 살았던 사람들 가운데 어떤 누구도 그들을 옹호하지 않는지 그 이유를 잘 알고 있습니다.

내 할아버지는 당에 가입하지 않았기 때문에, 할머니와 함께 사회주의의 숨 막힐듯한 통제를 누구보다 더 많이 경험했습니다. 체코슬로바키아가 소비에트 연합에 속해 있던 동안, 그들은 끊임없는 감시를 받아야만 했습니다. 확신하건대, 만약 당의 기록보관소를 한 번 둘러볼 수 있다면 당신은 분명 이와 관련된 각각의 기록들을 다 확인할 수 있을 겁니다. 만약 당시 나의 조부모님이 미국에 우리를 보러 오셨다면, 그들은 체코슬로바키아로 귀국할 때마다 항상 광범위한 많은 질문을 받아야만 했겠죠.

그래서 나는 나와 내 아버지만 그런 게 아니란 생각이 들었습니다. 사실상 우리 집안 사람들 모두가 여러 세대에 걸쳐 정부로부터 감시를 당하고 있었습니다.

그 시절 체코의 공항에 처음 발을 디뎠을 때, 나는 철의 장막 뒤에 숨겨진 그들의 진짜 삶을 마주할 수 있었습니다. 세관의 줄은 길었고 느릿느릿 움직였습니다. 당시 체코슬로바키아의 공산당원들은 현재 미국의 자유주의자들만큼이나 쉽게 불쾌감을 느꼈으며, 세관 직원들은 군인처럼 옷을 입고 입국자들의 모든 것을 수색했습니다. 만약 당신에게서 그들이 모욕감을 느낄만한 무언가가 발견되면 체포되거나 아니면 나처럼 질책을 받았을 겁니다.

그 당시 나는 미국 국기에 있는 문양과 같은 파란색과 흰색의 별들이 뒷면에 새겨진, 내가 가장 좋아하던 재킷을 입고 있었습니다. 잘 기억이 나진 않지만, 아마도 어머니께서 사주셨던 것 같군요. 내 차례가 되자, 세관원들은 마치 내가 작은 간첩이라도 되는 것처럼 그렇게 나를 노려봤습니다.[1]

"여기선 그런 걸 입으면 안 돼." 그들 중 한 명이 내 재킷을 가리키며 말했습니다. 나는 그의 말을 알아들을 수 있었지만, 내가 무슨 잘못을 했는지는 전혀 알 수 없었습니다. 그 재킷이 공산주의 국가에서 볼 때, 너무 미국적이란 사실을 전혀 깨닫지 못했던 것이지요.

나는 방을 쭉 돌아보며 체코 시민들이 순진무구한 나를 대신해 얼마나 두려워했는지를 두 눈으로 마주했던 그 순간을 지금도 기억하고 있습니다. 그들은 분명 사건의 주인공이 다섯 살짜리 아이가 아니었을 때, 이와 비슷한 시나리오가 다르게 전개된 장면을 목격한 적이 있을 겁니다. 할아버지는 내게 재킷을 벗으라고 말한 다음, 세관원에게 무언가 말을 건넸습니다. 뭐라고 말했는지 나는 알지 못했지

---

[1] 아무래도 내 모습에 뭔가 문제가 있었던 것 같습니다.

만, 다행히 그를 설득하기에는 충분한 듯 보였으며 우리는 그곳을 무사히 빠져나올 수 있었습니다. 그리고 집으로 가는 차 안에서 나는 할아버지에게 왜 그 남자가 내 재킷을 좋아하지 않았는지 물었습니다. "이곳은 미국이 아니란다." 그가 대답했습니다.

나는 체코슬로바키아에서 조부모님과 보낸 모든 시간을 사랑스럽게 되돌아보는 만큼, 그 재킷과 관련된 사건 또한 어린 시절 기억 중 하나로 지금까지도 간직하고 있습니다. 내 생각에 그 일은 어떤 상황이 갑자기 얼마만큼 심각해질 수 있는지에 관한 문제였습니다. 심지어 모든 즐거웠던 기억이 다 사라진다고 할지라도, 나는 여전히 그때 나를 바라보던 세관원의 시선이 준 그 느낌만큼은 절대 잊지 못할 겁니다.

체코슬로바키아의 모든 것이 얼마나 무미건조하고 비슷한 모습을 하고 있는지 알아차리는 데는 그리 오래 걸리지 않았습니다. 어렸을 적 여러 번 올라갔던 트럼프 타워의 옥상에서 바라본 풍경을 기준으로 비교하면, 뉴욕은 아이맥스 영화였고 체코슬로바키아는 흑백 사진이었으니까요. 새롭게 세워진 건물들은 모두 회색 콘크리트로 지어졌으며, 옷들도 모두 같은 색깔, 같은 스타일이었습니다. 할머니의 부엌에 있는 가전제품들도 전부 단조로웠으며 동일한 제조라인에서 만들어진 것처럼 보였습니다. 텔레비전에는 두 개의 채널만 방영됐는데, 한쪽에서는 매일 밤 저녁 식사 시간에 방영되는 "베체르체르크"라는 어린이용 만화만을 방영했고, 다른 하나는 성인들을 위한 뉴스 채널이었습니다.

나는 곧, 두 나라를 양분해서 바라보기 시작했습니다. 그리고 곧 맨해튼의 높은 건물들과 반짝이는 불빛들 속에 현재 소련이 가지고 있지 않은 잃어버린 조각 하나가 있음을 느낄 수 있었습니다. 바로 맨해튼의 그 모든 것들을 작동하게 해주는 '엔진' 말입니다. 시간이 좀 더 흐른 뒤, 나는 그 엔진의 이름이 '자유경쟁시장'이란 것과 소련에 없던 그 잃어버린 조각이 '자본주의'였다는 사실을 알게 됐습니다.

1989년 베를린 장벽이 무너지고 소련의 공산당 정부가 무너지기 시작했을 당시, 내 나이는 열한 살이었습니다. 그리고 그 변화는 조부모님의 고향에도 빠르게 다가왔습니다. 1992년 체코슬로바키아는 체코 공화국이 되었고, 정부는 민주주의와 자본주의의 원칙을 수용하기로 했습니다. 이제 체코 사람들은 열심히 일하고 세계 무대에서 경쟁할 수 있는 경제를 건설해야 하는, 전혀 예상치 못한 새로운 시대를 맞이하게 된 것입니다. 그것은 매우 높은 요구였고, 모두가 행복한 것은 아니었습니다.

체코 공화국에 있는 내 친구들은 국가가 규칙을 만들고 시민들에게 최소한의 것들만을 요구했던 계획경제에서, 자신이 일한 만큼의 대가를 얻고 정부지원금은 줄어든 시장경제로 전환하는 것이 얼마나 어려운 일인지를 내게 말해주었습니다. 미국의 복지에 의존하는 사람들과 마찬가지로, 다수의 체코 공화국 사람들 또한 일하지 않고 모든 것을 공짜로 받는 것에 익숙해져 있었습니다. 그들에게 사업을 시작하고 스스로 돈을 벌 수 있도록 가르치는 일은, 상상 그 이상으로 훨씬 더 어려웠습니다. 그러나 일할 능력과 의지가 있는 사람들에게 이는 곧 무궁무진한 가능성이었습니다.

쉬운 변화는 아니었지만, 좋은 변화임은 분명했습니다. 사회주의와 국가에 대한 무임승차 그리고 정부 보조금에서 벗어나 자유시장을 향해 계속 나아가는 한, 그 나라는 언제나 발전할 것이고 더 잘살게 될 것입니다.

민주당의 경우 체코슬로바키아의 상황과는 오히려 정반대입니다. 그들은 자본주의를 받아들이는 대신, 자신들이 사회주의의 후손임을 자처했습니다. 사회주의 정책을 추진하고 있는 사람들이 사회주의가 무엇인지, 그 안에서 살아야 했던 사람들이 얼마나 끔찍한 일을 겪었는지에 대해 조금이라도 알고 있다면 물론 이 또한 충분히 나쁜 일이겠지만, 만약 그들이 이런 사실을 전혀 모르고 있다면 상황은 훨씬 더 심각해집니다. 하지만 버니 샌더스와 국회에 있는 그의 추종자들은 이런 문제들을 전혀 상관하지 않는 것처럼 보이며, 이는 그들의 행동을 더욱 악화시켰습니다.

사회주의자들은 위기 때마다 자신들의 정책을 홍보하고, 젊은이들에게 사회주의가 그들의 모든 것을 다 책임질 수 있다고 설득하기 위한 마케팅에 수십억 원을 쏟아부었습니다. 하지만 그거 아십니까? 버니 샌더스 혼자만 해도 집이 세 채가 있습니다. 그리고 그는 자본주의 아래에서 자본주의 반대에 미친 사람처럼 강연을 다니며, 수십억 원에 달하는 돈을 벌어들였죠. 그를 '사회주의적 자본주의자'라고 부르는 건 어떨까요? 버니와 같은 사람들은 사회주의가 학자금 대출을 갚아주고 보편적인 기본 소득을 제공할 수 있으며, 심지어 무상 대학과 의료보험까지 제공해 줄 수 있다고 말합니다. 2016년 유고브[1]의 여론조사에 따르면, 현재 16세에서 19세 사이의 청소년 중 44%가 미국과 같은 자본주의 국가가 아닌, 사회주의 국가에 사는 편이 더 낫다는 응답을 했다고 합니다. 그리고 마치 이 정도로 두려워하기엔 아직 이르다는 듯, 그들 중 33%의 사람들만이 사회주의라는 단어가 무엇을 의미하는지 정확하게 설명할 수 있었다는 결과가 나왔습니다. 버니 샌더스가 원했던 방식이 바로 이겁니다. 거짓을 몇 년에 걸쳐 계속 밀어붙인 다음, 결국 대다수의 많은 사람을 그 거짓말에 속을 만큼 무지하게 만드는 것 말이죠.

나는 사회주의자들이 꽤 그럴듯해 보이는 사업 모델을 생각해냈다는 것을 인정할 수밖에 없었습니다.

[1] 영국에 본사를 둔 시장 조사 및 데이터 분석회사

[1] 거래시작을 알리는 벨

[2] 대통령 임기 중에 실시되는 선거로 상원의원 3분의 1, 하원의원 전부, 주지사 일부를 다시 선출함

만약 민주당이 몇 년 전 그들의 구성원 중 가장 정신 나간 사람처럼 보이는 이들을 통제하기 위한 어떤 조치라도 취했더라면, 아마도 그들은 자신들이 가진 문제를 해결하고 어느 정도 정상궤도로 돌아올 수 있었을지도 모릅니다. 하지만 오늘날, 그런 일이 일어날 가능성은 이제 버니가 뉴욕증권거래소의 오프닝 벨[1]을 누를 가능성과 별반 다르지 않은 상황이 됐습니다. 어쨌든, 근거 없는 러시아 공모 수사로 인해 부당한 영향을 받은 2018년 중간 선거[2]는 하나의 전환점이 됐으며, 새롭게 탄생한 사회주의자들이 국회 건물 안으로 굴러 들어온 그 순간부터 화해의 희망은 창밖으로 내던져져 버렸습니다.

이제 민주당은 좌파 측으로 너무 많이 기울어져 버렸고, 언제라도 무너질 수 있는 위협을 받고 있습니다. 현재 민주당 내에 남아있는 대권 주자들을 한 번 살펴볼까요? 엘리자베스 워런은 국세청을 무장시켜 이 나라에서 가장 부유한 사람들을 처벌하기를 원하고 있습니다. 그들이 열심히 일해서 돈을 벌었으며, 많은 일자리를 창출했다는 사실은 그녀에게 그리 중요하지 않습니다. 워런은 돈이 정부의 소유라고 믿거든요. 하지만 물론 그 사실이, 그녀가 하버드에서 고작 수업 하나를 가르치면서 1년에 거의 6억 원에 가까운 돈을 버는 것을 막지는 못했습니다. 대학 등록금이 천정부지로 치솟은 이유를 이제야 알 것 같군요.

카말라 해리스는 현재의 모든 개인의료보험을 전부 없애고 정부가 운영하는 단일 의료보험시스템으로 대체하기를 원합니다. 아무래도 미국 정부가 이미 사회보장제도와 의료보험 등과 관련된 미지급 부채 14만 조 2,000억 원(122조 달러)을 빚지고 있다는 사실이 그녀를 당황시키기에는 불충분한 듯합니다. 빚더미에 더 많은 빚을 던져버리고 싶다면, 다음 세대의 우리 아이들이 그 돈을 어떻게 갚아야 할지도 함께 생각해내길 바랍니다.

그리고 미래의 사회주의당 지도자들, 그러니까 내 말은.. 민주당의 미래 지도자들이 있습니다. 알렉산드리아 오카시오-코르테스, 일한 오마, 러시다 털리브 그리고 아이아나 프레슬리. '더 스쿼드'[1]란 이름으로 더 잘 알려진 이들은, 마오쩌둥의 왼편 어딘가에 서 있는 사람들입니다. 그리고 이들의 급진적인 믿음은 현재 현실 세계의 결과로 이어지고 있습니다.

기억하시겠지만, 몇 년 전 세계 최대의 인터넷 유통회사인 아마존이 새로운 본사를 찾기 시작했다는 발표를 했습니다. 이는 큰 뉴스였고 커다란 파장이었죠. 거의 모든 도시가 아마존 신 본사의 보금자리로 선정되길 원했고, 대부분은 아마존 측에 수조 원에 달하는 세금혜택과 보조금의 지급을 제안했습니다. 심지어 어느 작은 도시 하나는 그 도시 이름을 아마존으로 바꾸고, CEO 제프 베조스를 왕으로 선포하겠다는 약속을 하기도 했습니다.[2] 어찌 됐건 이러한 제안을 받은 아마존 본사는 고임금 기술 일자리 5만 개를 창출하는, 미국 역사상 가장 큰 규모 중 하나의 기업 투자를 약속했습니다.

아마존은 14개월 동안 장소를 물색한 뒤 한 곳이 아닌 두 곳을 최종 후보지로 선정했습니다. 행운의 승자는 북버지니아와 뉴욕 퀸즈 인근의 롱 아일랜드 시티였으며, 전국의 대다수 도시들은 실망했지만 퀸즈와 뉴욕시 입장에선 복권당첨과도 같았습니다. 이는 곧, 수익이 절실히 필요한 지역에 2만 5천 개의 고임금 일자리와 서비스 사업 일자리가 생길 뿐만 아니라 막대한 현금이 지역 경제에 유입된다는 것을 의미했기 때문이죠. 어떤 식으로 보든, 적어도 좋은 거래의 뜻이 무엇인지 아는 사람들에게 있어서 이는 분명 좋은 거래가 확실했습니다.

하지만 불행히도 알렉산드리아 오카시오-코르테스는 그런 사람이 아니었습니다. 우리 민주당의 사회주의 공주님께서 다음과 같은 말

[1] 진보적인 성향을 가진 1선 의원들의 모임

[2] 만약 내 생각을 묻는다면, 조금 과해 보이긴 하지만 실제로 이를 비난할 순 없을 겁니다

씀을 하셨더군요. "만약 우리가 이 거래에 사용될 세금 약 3조 6천억 원을 기꺼이 기부할 수 있다면, 이 지역에 그 돈을 고스란히 다 투자할 수 있습니다. 더 많은 선생님을 채용할 수 있고, 지하철도 전부 재정비할 수 있는 돈이지요."

분명히 알렉산드리아는 뉴욕시가 아마존에 3조 6천억 원에 대한 수표를 발행할 것이라 믿고 있었을 겁니다. 그녀는 세제 혜택이 무엇인지, 그것이 어떤 역할을 하는지 전혀 몰랐습니다. 아마존이 3조 6천억 원의 세금을 절약하면, 그 돈은 건설 및 노동자의 임금으로 흘러갈 것이며 결국에는 세금으로 다시 돌아와 도시와 지역사회에 약 36조 원에 가까운 수익을 가져다줬을 겁니다. 하지만 아마존은 알렉산드리아 등이 뿜어내는 사회주의자의 악취를 맡자마자, 버니 샌더스가 머리를 빗는 시간보다도 더 빠르게 계약을 철회해 버렸습니다. 어..음.. 글쎄요, 아마 그곳에 있는 사람들은 아마존이 퀸즈에 본사를 짓는 것 말고는 다른 선택의 여지가 없다고 생각했나 봅니다. 200개가 넘는 다른 도시들이 이미 세금 감면 혜택을 손에 든 채로 나란히 줄을 서 있었는데 말이죠. 2019년 2월 14일 아마존은 공식적으로 계약을 철회했습니다.

비록 발표된 내용에 알렉산드리아의 이름을 직접 언급하지는 않았지만, 누구를 지칭하는지는 꽤 명확했습니다. 발표문의 한 단락을 잠시 읽어보자면 다음과 같습니다. "다수의 주 그리고 지역 정치인들이 우리의 존재를 반대했으며, 롱아일랜드 시티에서 우리와 다른 많은 이들이 구상했던 프로젝트를 함께 진행하는데 필요한 유형의 관계를 구축하는 것을 거절했습니다."

지금 나는 아마존이 그 거래의 붕괴에 있어서 무고한 방관자였다고 말하는 것이 아닙니다. 오히려 그들은 당신이 반감을 갖고 사회주의자가 되도록 부추길 만한, 필요 없는 여러 관행을 가진 무자비한 기업입니다. 그들은 퀸즈의 사람들에게 두 번의 기회를 주지 않았고, 바로 등을 돌려버렸습니다. 자유 언론의 챔피언으로 추정되는 제프 베조스는 퀸즈 사람들에게 있어서 마피아 살인 청부업자만큼이나 냉혹한 존재였습니다.

그러나 이 이야기의 메인 빌런^{악당}은 바로, 당선 당시 정부 부처 세 곳의 이름도 대지 못하고 세제 혜택에 관한 기본 경제학도 알지 못했던 그 국회 신입생이었습니다.

퀸즈의 아마존 유치와 같은 그런 거래들을 중단시키는 사회주의자들이 더 큰 유익을 위해 일한다고 믿는 사람들은 완전히 거꾸로 생각하는 것입니다. 알렉산드리아는 오히려 자신이 대표하는 사람들의 이익에 반대되는 일을 하고 있습니다. 그녀는 거의 혼자 힘으로 이웃 지역에는 수만 개의 일자리를, 자신이 대표하는 도시에는 수조 원의 경제적 이익을, 그리고 세계에서 가장 큰 기술기업의 본사를 퀸즈에 가져다줄 수 있는 이 거래를 완전히 망쳐버렸습니다.

그러나 이는 단지 시작에 불과했습니다.

그린뉴딜정책에 대한 아이디어는 최근에 대학을 졸업한 환경운동가들이 월가 시위[1]와 블랙라이프매터[2]로부터 영감을 받아 시작된 '선라이즈 무브먼트'라는 조직에서부터 비롯됐습니다. 어떤 사람들은 심지어 그들의 뿌리가 솔 앨린스키[3]로부터 시작됐다고 말하기도 합니다. 당신도 기억하겠지만, 앨린스키는 1971년 <급진주의자를 위한 규칙>이란 책에서 루시퍼를 급진주의 운동의 아버지로 인용한 적이 있습니다. 그리고 버락 오바마와 힐러리 클린턴은 모두 앨린스키를 우상처럼 여겼습니다.

선라이즈 무브먼트의 일부 회원들은 낸시 펠로시[4]의 사무실에서 농성을 벌이면서 유명세를 타기 시작했습니다. 또한, 이들은 다이앤

[1] 2011년 빈부격차 심화와 금융기관의 부도덕성에 반발하면서 미국 월가에서 일어난 시위

[2] 아프리카계 미국인을 향한 폭력과 제도적 인종주의에 반대하는 사회운동

[3] 미국의 운동가이자 작가

[4] 연방하원의회 의장

파인스타인 상원의원이 7살 정도된 어린아이들을 야단치는 모습을 담은 유명한 유튜브 영상의 보급을 책임지고 있는 단체이기도 합니다. 하지만 사실 그 영상에 나오는 아이들은 이 단체^{선라이즈 무브먼트}에 의해 그린뉴딜정책의 홍보수단으로 동원된 것이었고, 다이앤 상원의원이 해당 정책을 지지하도록 압력을 가했습니다.

"나보다 더 잘 알고 있구나, 그러니 언젠가 네가 국회에서 일하게 된다면, 그때 지금 생각한 그 방법대로 한 번 해보는 건 어떻겠니?" 파인스타인 의원이 아이들 중 한 명에게 말했습니다.

"좋아요", 아이가 대답했습니다. "그렇게 할게요"

그때가 바로 알렉산드리아가 선라이즈와 힘을 합쳐 그린뉴딜정책이 추진력을 얻게 된 시점이었으며, 메사추세츠주 출신의 민주당 의원인 에드워드 J. 마키 상원의원과 함께 알렉산드리아는 국회에 터무니없는 결의안을 제안하게 됩니다.

제안서의 세부내용이 익숙하지 않다면, 몇 가지 요점만 간략히 설명하겠습니다. 우선 미국의 납세자들은 약 12만 조 원,^{100조 달러} 좀 더 정확히 말하면 10만 조원^{93조 달러}에 달하는 세금을 내야 합니다. 현재 미국 정부의 연간 세수는 대략 7천 2백조 원^{6조 달러}정도이며, 이 수치를 고려해 볼 때 결국 그녀와 그녀의 사회주의 친구들은 소들이 방귀 뀌는 것을 막고, 항공여행을 없애고, 캘리포니아에서 하와이까지 지하터널을 공사하고, 일하기 싫어하는 사람들에게 돈을 주는데 거의 15년 치에 해당하는 미국 정부의 세금을 쓰고자 하는 것입니다.

만약 우리가 국방비를 한 푼도 쓰지 않고, 정부의 재정 지원도 중단하고, 교육조차 하지 않은 채로 오직 방귀 뀌는 소에만 집중한다면, 우리는 15년 안에 알렉산드리아의 그린뉴딜정책에 대한 비용을 지불할 수 있을 겁니다.

하지만 그러는 동안 미국 경제는 만신창이가 될 것이며, 실제로 환경을 정화하는데 필요한 일들은 거의 하지 못할 겁니다. 이 결의안은 수억 평이 넘는 땅을 풍차와 판넬로 덮을 것을 요구하고 있는데, 이는 연방법에 따라 야생동물보호구역으로 지정된 땅에 돌이킬 수 없는 피해를 주게 됩니다. 그리고 또한 해당 결의안은 미국의 탄소 배출량만을 다루고 있으며, 이는 중국과 인도가 가지고 있는 10년 동안의 탄소 배출권은 전혀 생각하지 않은 것으로 보입니다. 나는 과학자는 아니지만, 중국의 더러운 공기가 미국 상공으로 몰래 들어오는 것까지는 아마 막을 수 없을 겁니다.

하지만 나는 경제학에 대해선 꽤 잘 알고 있는 편으로, 경제학자들은 이런 종류의 사고방식을 가진 사람들을 이렇게 부르곤 합니다. '빌어먹을 바보'.freaking stupid 알렉산드리아는 지구 온난화 때문에 그녀 나이 또래의 사람들이 아이를 갖는 것을 다시 생각해봐야 한다는 말을 한 적이 있는데 혹시 상상이 가십니까? 나는 이 어처구니없는 성명에 대한 가장 좋은 대답으로 내 친구 제리 폴웰 2세가 한 말을 잠시 소개하고자 합니다. "만약 알렉산드리아 같은 사람들이 이 나라를 책임져야 한다면, 그녀 나이 또래의 사람들은 아이를 갖는 것을 다시 한번 생각해봐야 할 겁니다."

그러나 이 모든 일에도 불구하고 민주당 대통령 후보들은 단 한 명의 예외도 없이 알렉산드리아가 운전대를 잡은, 이 정신 나간 기차의 갑판 위로 뛰어들었습니다. 아무래도 그들은 낸시 펠로시가 말한 'D'[1]가 새겨진 물잔 하나만 들고 있어도 승리할 수 있는 지역에서 선출된, 정부 부처 세 곳의 이름도 대지 못하는 이 새내기 국회의원 한 명에게 모든 걸 맡겨 줄 생각이 없었던 것 같습니다.

오히려 그녀는 그들이 과감히 맞서야 할 대상이 아니었을까요? 그 방에는 어른이 필요했지만, 애석하게도 그런 사람은 단 한 명도 존재하지 않았습니다.

[1] Democrat 민주당의 첫 글자

물론 그들 역시 대부분의 동료 정치인들과 마찬가지로 각자의 동기를 감추고 있었습니다. 그린뉴딜정책은 사실 화석연료 감소에 관한 것이 아니라, 자유주의자들이 크리스마스에 받고 싶은 선물의 목록을 담아 산타에게 보내는 '자유주의자의 편지'로써 갖는 의미가 더 큽니다. 만약 그들이 알렉산드리아에게 맞설 수 없다면, 부디 중국과 북한에게는 보다 더 잘 맞설 수 있는 행운이 있기를 빕니다.

작가이자, 안티-트럼프 페미니스트이며 알렉산드리아의 지지자인 그리고 캐나다인인 나오미 클라인은 인터셉트[1]에 쓴 자신의 글에서, 이 정책을 주관하는 특별위원회 설립에 대한 접근방법을 다음과 같이 설명하고 있습니다. "위원회에 의료보험, 생활임금, 일자리 보장, 인종과 성차별에 맞서 싸울 권한뿐 아니라 에너지, 교통, 주택과 건설을 하나로 연결할 수 있는 전적인 권한을 위임한다면, 그린뉴딜정책은 우리 삶에 지대한 영향을 끼치게 될 변화의 그림들을 정확히 그려나가게 될 것입니다."

맙소사, 그녀가 정말 이 모든 것을 다 언급했나요? 어디 한 번 봅시다. 모두를 위한 의료보험? 있습니다. 최저임금? 있군요. 경찰개혁, 투표권, 성과와 관계없는 평등한 급여? 있고, 있고, 있습니다. 일할 수 없거나, 할 의욕이 없는 모든 이들을 위한 경제적 보장? 확실히 있군요.

이 정책에서 새내기 의원의 순진한 말들을 모두 제거하고 나면, 사실상 그린뉴딜정책은 할리우드식 퍼블리시티 스턴트[2]에 지나지 않습니다. 솔 앨린스키는 이런 글을 남겼었죠. "위협은 보통, 실존하는 문제 그 자체보다 더 무섭다." 그러나 미치 맥코넬이 "좋습니다. 그러면 그린뉴딜정책안을 국회로 가져와서 한 번 투표해봅시다."라고 말했을 때, 그들의 가식은 모두 폭로되었습니다. 실제로 투표가 진행되자 민주당 측에서 유일하게 투표에 참석한 의원은 서버지니아

[1] 적대적 저널리즘을 지향하는 온라인 매체

[2] 어떤 쟁점을 부각시키기 위해, 조직이 의도적으로 특정한 상황을 연출하는 것을 의미

주의 조 맨친, 애리조나주의 키어스틴 시너마, 앨라배마주의 더그 존스 등 총 3명이 전부였고, 그들 모두 무소속인 메인주의 앵거스 킹 상원위원과 마찬가지로 해당 결의안에 대한 반대표를 행사했습니다. 맥코넬 원내대표는 그저 자신이 할 일을 했을 뿐인데, '정치극'에 참여했다는 비난을 받아야만 했습니다. 한 번 상상해봅시다! 그들에게는 자신들이 만든 법안에 대한 표결을 허용하는 일이 일종의 정치극이었던 셈입니다.

민주당에게 있어서 그들이 무슨 말을 하는지 아는 것은 자신이 무슨 말을 하는지 '아는 것처럼' 보이는 일만큼 중요하지 않아 보였고, 때로는 그럴듯해 보이게끔 꾸미는 것조차 크게 신경 쓰지 않았습니다.

지구를 구하는 일과 관련된 그녀의 모든 말과 함께, 알렉산드리아는 '부유한 자유주의자'라는 단어에 대해서도 새로운 기준을 제시했습니다. 뉴욕포스트의 한 기사에 따르면, 그녀는 우버[1] 앱을 미친 듯이 이용한다고 합니다. 물론 다른 이동수단이 없다면, 이는 나쁘지 않은 선택일 겁니다. 하지만 퀸즈의 일부와 브롱크스를 포함하는 그녀의 지역구에는 현재 약 5~6개의 지하철 노선이 지나고 있습니다.

그녀는 이 기사에 대해 전형적인 위선의 말로 이렇게 답했습니다. "지금 우리가 현실 세계에서 살아간다는 사실이, 더 나은 미래를 위해 일하는 것에 대한 논쟁거리가 될 순 없습니다."

이봐, 친구, 잘 들어요. 만약 당신이 계속 우버를 이용하고 싶다면 그냥 그렇게 하면 됩니다. 하지만 지금처럼 계속 사람들에게 세상의 종말이 다가온 것처럼 말하고 싶다면, 그냥 지하철 교통카드를 들고 다니는 것을 생각해보는 게 좋을 겁니다.

그리고 맥신 워터스가 있습니다. 2019년 4월 하원의 금융서비스위원회 청문회에서, 위원회의 민주당 의장인 워터스는 은행 CEO들에

[1] 스마트폰 애플리케이션(앱)으로 승객과 차량을 이어주는 서비스

게 학자금 대출 채무 불이행에 대한 그들의 역할에 대해 질책했습니다. "이 문제를 어떻게 해결할 계획인가요?" 그녀가 CEO 중 한 명에게 물었을 때, 그는 당혹스러워하며 잠시 멍하니 앉아 있다가 마침내 이렇게 대답했습니다. "우리 은행은 2007년부터 학자금 대출을 중단했습니다." "그러면 더 이상 학자금 대출을 하지 않는 건가요?" 워터스가 큰 소리로 물었습니다. 은행가는 그녀의 반응에 당황한 듯, 고개를 가로저었습니다. 어쩌면 당연한 반응입니다. 사실 오바마 정부 동안, 모든 학자금 대출은 연방정부에 의해 인수되었으니까요. 그래서 확실히 해두자면, 지금 이 상황은 학자금 대출을 감독하는 위원회의 의장인 그녀는 자신이 일했던 정부에서 모든 학자금 대출을 담당하고 있었다는 사실을 전혀 알지 못했음을 보여줍니다. 이제야 왜 아버지가 그녀를 두고 아이큐가 낮은 사람이라고 말했는지 알 것 같군요.

그린뉴딜정책의 규모와 그 뻔뻔함이 훤히 들여다보이는 정책안을 계속 붙들고 있는 그들의 무지함은, 안 좋은 일들만을 발생시켰고, 압박을 당할 때 민주당은 그 정책안을 옹호할 수조차 없었습니다. 그들이 할 수 있는 유일한 일은 우파를 향해 손가락을 치켜들고, "너는 지구를 사랑하지 않아."와 같은 터무니없는 말을 하는 것이 전부였습니다. 정말 그게 전부냐고요? 네, 정말 그게 다입니다.

비록 어떤 사람들은 알렉산드리아를 일시적 현상 또는 그저 반짝 스타일 뿐이라며 무시하기도 하지만, 그렇게 해서는 안 됩니다. 현재 그녀는 5백만 명 이상의 트위터 팔로워와 300만 명 이상의 인스타그램 팔로워를 가진 사회주의자들의 스타입니다. 6개 주요 잡지의 표지 모델이기도 하죠. 만약 사람들이 그녀와 그녀가 내세운 이 사회주의적 개혁안이 마치 아무 일도 없었다는 듯 조용히 사라질 것으로 생각한다면, 그건 오산입니다. 그들은 분명 다른 무언가를 가지고 다시 등장할 겁니다.

현재 그녀는 오늘날 많은 사회주의자 및 사회주의 성향 민주당원들의 리더입니다. 그녀의 사회주의 분대는 이민세관단속국과 국토안보부, 그리고 선거인단을 폐지하는 동시에, 다수의 자유주의자를 포진시키기 위한 목적으로 대법원장을 9명에서 15명으로 확대하고, 최저임금을 15달러로 올리며,[1] 불법 이민자들에게 의료보험을 제공하는 문제 등을 다루는 의제들을 추진하고 있습니다. 그리고 이는 그들이 계획하고 있는 파괴적 발상의 일부에 불과합니다.

예를 들어, 그들은 이스라엘에 대한 경멸을 거의 숨기지 않고 드러냅니다. 우리는 아마 그들의 이름을 '하마스 코커스'[2]로 바꿔야 할지도 모릅니다. 오마르는 최근에 한 패널 토론에서 "나는 외국에 대한 충성을 지속하는 것이 괜찮다고 하는 이 나라의 정치적 영향력에 대해 이야기하고 싶습니다."라고 말했습니다. 그녀의 추측에 따르면, 국회의 유대인 의원들은 현재 미국보다 이스라엘에 더 충성하고 있습니다. 또한, 오마르는 트위터를 통해 유대인들로부터 받은 정치자금 때문에 정치인들이 이스라엘을 지지한다는 내용의 글을 남기기도 했는데, 하원 국회에서는 그녀의 발언에 대한 대응으로 반유대주의를 규탄하는 투표를 진행했었습니다. 일한 오마르와 러시다 털리브는 모두 팔레스타인이 주도하는 BDS 운동^{이스라엘 불매운동}의 지지자들입니다. 현재 미국 민주사회주의자들의 지지를 받는 BDS 운동은 경제계 리더들에게 이스라엘에 대한 지원을 철회하고 이 노예의 후손들^{팔레스타인}에 대한 배상을 지지하라고 압력을 가하고 있습니다.

그들 중 가장 면밀하게 조사하지 않은 프레슬리 또한 더 나을 것은 없었습니다. 그들은 물론 어떤 상황에서든 인종 차별이라는 카드를 재빨리 사용하지만, 그중에서도 특히 프레슬리는 동일인종 간의 차

[1] 이는 대략 400만 개의 저임금 일자리를 빼앗아갈 것입니다.

[2] 이스라엘에 저항하는 팔레스타인 무장단체의 간부라는 뜻으로 5명의 반이스라엘 여성 민주당 의원을 지칭

별문제에 관여하면서 유색인종들이 사회주의 노선을 따를 것을 요구합니다. 민주당 전당대회에서 그녀는 다음과 같은 말을 했습니다. "지금 우리에게 황인의 목소리가 되고 싶지 않은 황인의 얼굴, 흑인의 목소리가 되고 싶지 않은 흑인의 얼굴은 더 이상 필요치 않습니다." 그렇다면 황인과 흑인에게는 오직 하나의 목소리만 존재해야 합니까? 그들도 서로 다른 자신만의 의견을 갖고 있지 않을까요? 일단 적어도 급진주의자들이 보기에는 그렇지 않은 것 같습니다.

이러한 미사여구와 그들의 견해는 일반 사람들이 보기에는 급진적으로 보일지 모르지만, 그들은 이미 민주당의 주류에 진입해 있습니다. 지난 중간 선거에서는 미국의 민주사회주의자들이 지지했던 32명의 후보 중 21명이 당선됐으며, 퓨 리서치 센터(비영리 사회연구기관)의 조사에 따르면 공화당의 84%가 사회주의에 대해 부정적인 견해를 갖고 있는 반면, 민주당의 경우 거의 3분의 2에 해당하는 65%가 긍정적인 견해를 가지고 있는 것으로 드러났습니다.

현재 사회주의자들은 미국의 젊은이들을 주요 목표로 삼고 있습니다. 잡지 틴 보그는 프로파간다[1]를 퍼뜨리고, 10대 소녀들에게 사회주의적 영향력을 끼치고 있습니다. 칼 마르크스와 버니 샌더스를 돋보이게 만드는 프로필과 함께 말이죠. 자본주의를 비판하고, 매춘을 선택직업으로 장려하며, 항문성교에 관해 기술한 기사를 잡지에 싣기도 했습니다. '국경과 보스 그리고 2진법이 없는 세상 No Borders, No Bosses, No Binary'이라는 슬로건을 내세워 지난 2019년 시카고에서 열린 '2019 사회주의 컨퍼런스'가 해당 잡지를 패널로 초청해 함께 토론을 벌인 일도 있었습니다.

1960년대 후반 신좌파의 무장화와 마찬가지로, 오늘날의 급진좌파는 테러리즘에 의존해 왔습니다. 앞으로 안티파에 대한 이야기를 많이 하겠지만, 일단 지금은 알렉산드리아와 그녀의 분대가 이 조직

[1] 특정 사상의 노선이나 당파적인 의도에 따라 대중들의 사회적 태도에 영향을 미치는 정보나 이론

과 관련된 치명적인 폭력을 전혀 문제 삼지 않는다는 사실을 기억해 주기 바랍니다. 지난 7월, 워싱턴 타코마의 한 이민세관단속국 시설에 안티파 조직원이 소총과 소이탄으로 무장한 채 나타난 사건이 있습니다. 그는 화염병으로 시설 옆 프로판 탱크를 폭파하려 시도했고, 워싱턴주 순찰대는 즉시 그를 사살했습니다. 일요일 아침 뉴스에서 알렉산드리아와 그의 분대를 향해 테러 공격을 비난하느냐고 묻자, 그들 중 누구도 이 질문에 대한 답을 하지 않았습니다. 그러고 보니 일한 오마르는 2001년 11월 11일에 있었던 테러리스트의 공격과 관련하여, "어떤 사람들이 무언가를 했다"라고 말하며 그 사건을 일축한 적도 있더군요.

이 사람들이 과연 누구의 편인지 당신이 내게 한번 말해주지 않겠습니까? 오마르와 같은 이들은 문자 그대로 미국에 의해 구조되었지만, 지금 그녀는 자신을 안전하게 보호해 준 군인들을 모욕함으로써 그 보답을 하고 있습니다. 트위터에서 말했듯이, 나는 장담합니다. 분명 오마르는 블랙호크다운[1]을 볼 때, 소말리아군을 응원할 겁니다.

트럼프 대통령은 다른 누구보다 더, 특히 정치권에 있는 어떤 사람들보다도 기초가 가지는 의미를 훨씬 더 잘 알고 있는 사람입니다. 그는 자신의 첫 임기 동안 미국이 다시 도약할 수 있는 튼튼한 기초를 구축하였고, 과거 우리가 누렸던 영광의 시대를 재현해내고 있습니다. 또한, 튼튼한 기초는 사회주의의 '적'이며, 아마도 민주당은 내 아버지의 국가재건을 방해하기 위해 자신들이 할 수 있는 모든 것을 다 할 것입니다. 그리고 우리는 벌레처럼 자꾸만 안으로 기어들어 오려는 그들을 반드시 막아내야만 합니다.

[1] 1993년 소말리아 모가디슈에서 벌어진 미군과 소말리아 무장세력 간의 실제 전투를 영상화한 리들리 스콧 감독의 전쟁영화

Chapter
4.

계급투쟁(CLASS WARFARE)

아마 당신도 짐작했겠지만, 어린 시절 나는 아버지와 뒷마당에서 캐치볼을 하는데 많은 시간을 보내진 않았습니다. 집의 뒷마당이 5번가 도로의 번잡한 곳일 때, 캐치볼을 하는 것은 쉬운 일이 아닙니다. 맨해튼의 보행자들은 날아오는 물건에 머리를 얻어맞는 일에 친절히 반응해주지는 않으니까요.

대신 주말과 여름방학 동안, 아버지는 나와 내 동생들을 건설현장으로 데려가서는 할아버지가 그에게 했던 것처럼 우리도 자신의 뒤를 따라다니게 했습니다. 준비가 한창인 이른 아침에 도착한 우리는, 아버지와 함께 콘크리트 기초와 금속계단을 점검했습니다. 그것이 골프코스이든 빌딩이든 우리는 그 모든 곳을 직접 걸어 다녔습니다. 아버지는 시멘트의 품질에서부터 캐비닛에 보관할 수 있는 접시의 양과 모래 구덩이(벙커)의 깊이에 이르기까지, 세세한 부분들 하나하나를 놀라울 정도로 자세히 살폈습니다.

만약 어떤 미비점 또는 결함이 있다면, 그는 그 크기와 중요성에 상관없이 바로 알아차릴 것입니다. 또한, 그에게는 정부가 크게 신경 쓰지 않는 듯 보이는 저비용 고효율을 추구하는 방법을 찾아내는 능력이 있었습니다. 그는 하루종일 현장에서 시간을 보낸 다음, 그래도 혹시 빠뜨린 것이 있는지 확인하기 위해 다음 날 다시 그곳을 방문하곤 했습니다. 짙은 색 양복과 긴 외투를 입은 그의 모습[1]은

[1] 아마 당신도 사진을 통해 봤을 겁니다.

공사현장과는 그리 잘 어울리지 않았습니다. 하지만 아버지는 그곳에서 집보다 더 오랜 시간을 보냈습니다. 그는 자신이 가진 모든 것을 가능하게 해준 사람들과 대화하는 걸 좋아했었죠. 그리고 현재 그 사람들은 모두 오늘날 트럼프 타워의 고위직이 됐습니다. 내게 망치 휘두르는 법을 가르쳐줬던 바로 그 사람들이, 이제는 내가 새로운 프로젝트에 대한 중요한 결정을 내리는 일을 도와주고 있습니다.

점심시간에는 도급업자와 배관공들이 식사하는 동안 우리도 그들 옆에 앉아 있곤 했습니다. 우리는 스포츠와 그날 있었던 일을 주제로 이야기를 나눴고, 나와 내 동생은 우리가 생각할 수 있는 모든 전동공구와 건설장비에 대해 질문을 했습니다. 건설 중장비는 언제나 내게 놀라움의 대상이었고, 실제로 불도저와 크레인을 조종하는 법을 배우기도 했습니다. 나는 항상 에릭과 내가 D-10 캐터필러를 운전하고 전기톱을 다룰 수 있는 거의 유일한 재벌 2세라고 말하곤 했습니다. 우리는 자동차를 운전하는 것보다 이런 것들을 먼저 배웠습니다. 물론 합법적인 범위 내에서 말이죠.

오후에는 아버지가 디자인과 개발을 담당하는 직원들과 함께 대화를 나누는 소리를 옆에서 같이 들었습니다. 물론 서로의 대화 가운데 긴장감이 흐르던 순간들도 있었습니다. 특히 마감일이나 예산에 관련된 내용이 있을 때는 더욱 그랬었죠. 하지만 반대로 웃음소리가 들릴 때도 있었습니다. 아버지는 건설사업에 관한 이야기를 할 때, 항상 정확성과 유연성을 강조했습니다. 그리고 이사회실에 앉아 사람들이 읽어주는 스프레드시트를 보는 것이 아닌, 실제 일이 진행되는 현장에 있어야 한다고 늘 말씀하셨습니다. 그는 사무실에 틀어박혀 하루종일 모니터만을 바라보는 사람이 아니었습니다. 그는 언제나 현장에 있었습니다. 그리고 이는 분명 건설업과 인생 모두를 위한 좋은 조언인 동시에 국가를 운영하는 일에 대한 훌륭한 조언이기도 합니다. 국가의 운영 역시 저비용과 고효율을 추구해야 합니다. 더 적은 돈으로 더 나은 일을 해야만 하는 것이죠. 로널드 레이건의 표현을 빌리자면, 타인의 돈을 쓸 때 이런 방법은 훨씬 더 중요해지곤 합니다.

내가 튼튼한 기초를 쌓기 원하셨던 아버지는, 형과 내가 직접 도구를 다룰 수 있을 정도의 나이가 되자마자 우리가 일할 수 있는 자리를 만들어 주었습니다. 그는 우리를 그의 충실한 직원인 브라이던 보드로와 비니 스텔리오에게 맡겼습니다. 브라이언은 내가 아직 어렸을 때 나를 학교에 데려다주곤 했던 사람으로, 아버지와 함께 일하기 시작할 당시만 해도 건설업에 대한 경험이 거의 없었습니다. 하지만 아버지는 글로 채워진 그의 이력서 너머에 있는 무언가를 발견한 듯 보였습니다. 이처럼 도널드 J. 트럼프는 항상 사람들을 그들의 성격, 경험으로 갈고 닦은 실전 지식과 직업윤리 그리고 2016년 공화당 전당대회 연설에서 내가 말한 바 있는, 상식적 판단에 대한 이해를 토대로 승진시켜 왔습니다. 브라이언은 줄곧 라스베가스에 있는 우리 호텔의 건설 프로젝트를 주도했으며, 금융위기의 한 가운데서도 모든 일을 적시에 그리고 예산에 맞춰 처리해왔습니다. 이제 그는 호텔의 운영진이 되어, 수십 년 동안 그 일을 해 온 사람들보다 더 훌륭히 자신의 업무를 수행하고 있습니다.

아버지의 보디가드로 처음 일을 시작한 비니 스텔리오는 현재 트럼프 그룹의 가장 신뢰받는 고문이 됐습니다. 그는 때때로 우리를 학교까지 태워다 주곤 했습니다. 이들은 모두 똑똑한 사람들이었지만, 거의 모든 사업에서 좋은 출발을 하는데 요구되는 자신의 이름 뒤에 붙일 적절한 학위나 호칭은 없었습니다. 아마 다른 대부분의 임원이었다면 그들에게 반나절의 시간조차 주지 않았을 것입니다. 하지만 도널드 J. 트럼프는 달랐습니다. 그는 그들의 재능과 직업윤리, 경험을 통해 습득한 실전 지식을 알아보았고, 그들에게 각자가 가진 모든 역량을 충분히 펼칠 수 있도록 기회를 주었습니다.

사업에 관한 배움 또한 내게 자연스럽게 다가왔습니다. 우리 집안의 남자들은 여러 세대를 걸쳐 건설업을 해왔습니다. 앞서 말했지만, 내 외할아버지는 공산주의 체코슬로바키아의 전기 기술자였으며 그 지역에 있는 허름한 회색 건물의 전기가 들어오게 하거나, 최소한 깜빡거릴 수 있게끔 만드는 일을 했습니다. 매일 식탁에 가족들이 먹을 음식을 올려놓고, 그 도시의 작은 아파트를 임대하기에 충분한 돈을 받는 직업이었죠. 그는 내 삶에 엄청난 영향을 미쳤습니다. 체코슬로바키아의 내 조부모님은 나의 개인적 성장 그리고 정치적 성장에 매우 중요한 역할을 했습니다.

물론, 아버지 쪽에서는 내 아버지가 나에게 그러한 것처럼, 아버지에게 큰 의미가 되는 그 유명한 프레드 트럼프가 있었습니다. 나는 일생에 걸쳐, 그가 내 아버지에게 알려준 직업윤리와 사업의 통찰력에 관한 빛나는 사례들을 들어왔습니다.

그래서 나 역시 직업을 구할 때가 되었을 때, 내 손으로 직접 무언가를 하는 일을 하게 될 것으로 생각했습니다. 그 당시 나는 일반 원형 톱과 왕복형 톱인 Sawzall에서 나는 소리의 차이를 구분할 수 있었습니다. 시트락[1]을 매달고, 콘크리트를 붓고, 벽에 박힌 필립스 헤드 나사를 별 어려움 없이 빼내기도 했습니다. 나는 당신이 저녁 파티에서 어떤 포크를 사용하는지는 잘 모를 수 있지만, 당신이 사용하고 있는 테이블을 만드는데 어떤 사포[2]를 썼는지는 잘 알고 있습니다.

비록 10대 초반 코네티컷에서 잔디 깎는 일을 하긴 했어도, 내가 진짜 나의 첫 번째 일을 시작한 것은 15살 때였습니다. 그해 여름 나는 애틀랜틱시티 마리나[3]에 있는 아버지 소유의 카지노에서 일을 했습니다. 밖에는 선착장이 있었고, 항구에 정박시킨 아름다운 사람

[1] 종이 사이에 석고를 넣는 석고 보드

[2] 종이 또는 천 등 유연한 소재의 겉면에 숫돌입자를 붙인 것

[3] 유람선을 위한 정박지 또는 중계항으로서의 시설 및 관리체계를 갖춘 곳

들이 여름내내 나를 바쁘게 했습니다. 어느 날은 선착장의 직원이 되어 보트에 밧줄을 던져주는 일을 통해 많은 팁을 받기도 했습니다. 한동안은 즐거웠습니다. 예쁜 여자들과도 어울려 놀고, 친구들도 많이 사귀고, 돈도 많이 썼었죠. 그러다가 몇 년 후 승진이라고 할 수 있는 무언가를 하게 됐고, 마침내 나는 손에 체인톱을 든 채 숲속으로 들어갔습니다.

개발을 위한 땅을 개간하면서, 나는 부두에서 경험했던 세계와는 완전 다른 세상을 마주하게 됐습니다. 갑자기 예쁜 여자들이 눈앞에서 사라졌고, 팁을 받을 수도 없었으며, 눈에 보이는 사람이라고는 땀에 젖은 작업화를 신고 있는 남자들이 전부였습니다.

사실 그건 우리가 일반적으로 승진이라 부르는 것과는 조금 달랐습니다. 하지만 그곳에서 나는 육체노동에 관한 모든 것을 배웠고, 남자들과 함께 단체로 일하는 것과 관련된 규범을 전부 체득할 수 있었습니다. 특히, 나와 같은 환경에서 자란 많은 아이들이 영화에서 보는 것과 같은 그런 안하무인의 길을 갔기 때문에, 나는 스스로 일하고 돈 버는 것을 매우 좋아했습니다. 리무진으로 등교하고, 뉴욕의 클럽에서 파티를 하고, 봄방학 때 비싼 리조트로 여행을 가는 그 모든 생활에서 벗어나 있던 매년 여름의 이 시간은 내게 정말 소중한 순간들이었습니다. 아마도 오늘날, 에릭과 나는 만약에 우리가 원한다면 맨해튼에서 D-10 캐터필러를 주차할 수 있는 거의 유일한 재벌 2세일 겁니다. 우리는 어린 시절, 여름내내 그 일을 했었거든요.

그러나 바로 그 '승진' 기간 동안, 내가 가장 먼저 배운 교훈은 바로 협상에 관한 것이었고 이는 내 아버지 도널드 J. 트럼프로부터 비롯됐습니다. 돌이켜 보면, 그 상황은 당신이 생애 첫 픽업 농구게임[1]을 마이클 조던과 함께 하는 것과 조금 비슷한 느낌일 수 있습니다.

---

[1] 비공식 농구경기

내 아버지는 심지어 자녀들과 거래를 할 때도, 진심으로 협상을 하셨고 지금도 그건 물론 마찬가지입니다. 그는 절대 우리의 사정을 봐주지 않았습니다. 우리는 그렇게 배웠습니다. 어려운 방법이었죠. 처음에는 이렇게 생각했습니다. "좋아, 그래도 나는 아들인데, 조금 다르지 않겠어? 분명히 다른 사람들보다는 좀 더 쉽게 내 말을 들어줄 거야."

하지만 내 예상은 완전히 빗나갔습니다.

이야기는 이렇습니다. 작업현장을 서성거리던 어느 날, 나는 간단한 수학[1]을 좀 해봤습니다. 생각해보니 예전에는 자외선 차단제와 소금물 냄새만 풍기면서도 팁으로 몇백 만 원을 벌곤 했는데, 지금의 나는 그보다 훨씬 적은 돈을 벌고자 진흙과 톱밥이 무릎까지 차고, 눈가에 묻는 먼지를 닦아내면서 땀에 흠뻑 젖은 남자들과 함께 일하고 있었습니다. 그래서 나는 그 날 저녁 식사 후 아버지에게 내 월급에 대해 내가 깨달은 사실을 말하기로 했습니다. 그때까지만 해도 나는, 그가 즉시 내 월급을 올려주고, 나처럼 일하는 사람들에게 현재의 급여시스템이 얼마나 불공평한지를 깨닫게 해줘서 고맙다는 칭찬을 들을 것으로 생각했습니다.

간단히 말하자면,

실제로 일어난 일은 내 예상과는 크게 달랐습니다. 하지만 나는 오늘날까지도, 그 일을 감사하게 생각하고 있습니다. 그 순간 내 머릿속에 수많은 전구가 빛을 반짝이는 것 같았으니까요. 일이 어떻게 진행됐는지를 전부 보여드리기 위해, 그 당시 상황을 그대로 재연한 짧은 단막극 하나를 써봤습니다.[2]

---

[1] 어린 시절 내가 제일 잘하던 과목은 아니었지만, 돈에 관한 것이라면 이야기는 조금 달랐습니다.

[2] 보시면 알겠지만, 이 연극의 주인공은 내가 아닙니다.

[집 내부, 저녁 식사 테이블, 도널드 J, 트럼프는 상석에 앉아있다.]
[길게 기른 머리에 카고 반바지, 카무플라주 티셔츠를 입은 도널드 주니어, 안으로 들어온다.]

도널드 주니어 : 아버지, 잠시 생각해봤는데 현재 제가 직장에서 하는 일에 비해 상대적으로 적은 월급을 받고 있다는 사실을 알게 됐어요. 왜 월급을 올려주지 않으시는 거죠?

아버지 : 글쎄, 일단 네가 나한테 돈을 더 달라고 하지 않았고 그렇다면 굳이 내가 먼저 나서서 돈을 더 줄 이유가 없겠지. 세상이 돌아가는 방식이 다 그런 거다. 내가 왜 굳이 네가 하는 일보다 더 많은 돈을 주겠니? 그건 아주 멍청한 짓이야.

도널드 Jr : 그러니까.. 저는.. 어..

아버지 : 그럴 이유가 전혀 없잖니. 혹시 그저 네가 착한 사람이라는 이유만으로 사람들이 네게 더 많은 돈을 줄 거라고 생각하는 거야? 절대 그렇지 않아 도니. 원하는 것은 무엇이든 직접 나가서 네 손으로 가져와야만 해. 네가 요구하지 않은 그 어떤 것도 너는 얻을 수 없다는 사실을 꼭 기억해야만 한다.

[장면 끝]

그리고 몇 분 동안, 내 생각에 나는 급여의 소급인상을 두고 아버지와 협상을 시도했던 것으로 기억합니다. 심지어 내 카고 반바지에서 원그래프 차트를 몇 장 꺼내서 보여주기도 했습니다. 아버지는 이를 흥미롭게 바라보았지만, 전혀 꿈쩍도 하지 않았습니다.

그 날 나는 절대 잊지 못할 몇 가지 교훈을 배웠습니다. 첫째, 인생에서 본인이 하지 않은 일에 대한 대가를 얻을 것으로 기대해서는 안 된다. 둘째, 요구하지 않았다면, 기대하지도 말아야 한다. 그리고 셋째, 누군가 공짜를 말한다면, 그를 절대 믿어서는 안 된다. 대부분 그 사람은 거짓말쟁이이거나, 아니면 바보일 것이다.

또는 좌파일 수도 있고, 아니면 둘 다에 해당할 수도 있습니다.

그리고 이 교훈은 트럼프 타워 이사회 회의실뿐만 아니라, 선거유세현장에서도 똑같이 적용됩니다. 2016년에 나는 몇 번이고 이 사실을 다시 배웠습니다. 만약 누군가 당신에게 투표하기를 원한다면, 직접 그 표를 얻기 위해 움직여야만 합니다. 마찬가지로 기부를 받기 원한다면, 그 돈을 어디에 쓸지 왜 필요한지를 설명해야 합니다. 누구의 지지도 당연하게 생각해선 안 되며 지지를 얻은 다음에는, 투표권을 가진 그 사람들이 자신들의 선택을 자랑스러워할 만한 정책을 만들어 내야만 합니다.

덧붙여 말하면, 나는 이 책 전반에 걸쳐서 사냥과 중장비 운전, 그리고 친구 집 소파에서 잠을 잤던 에피소드 등 내가 '일반인'으로서 경험한 모든 이야기를 할 겁니다. 물론, 분노폭발로 행복을 느끼는 좌파 측 사람들이, 그런 나를 향해 가식적인 모습을 버리라고 비난할 것도 잘 알고 있습니다. 하지만 솔직히 말하면, 나는 그들이 어떤 말을 하든 전혀 신경 쓰지 않습니다. 다만, 지금 이 책을 읽고 있는 당신과 여러 충실한 독자들에게 잘못된 인상을 심어주고 싶지는 않습니다. 비록 나는 체코슬로바키아의 숲에서 어린 시절을 보냈고, 캐터필러를 운전하는 법을 배웠지만, 동시에 여느 재벌 2세 아이들과 같은 삶도 여전히 함께 누렸던 것이 사실이니까요.

나는 트럼프 타워 꼭대기의 3층 구조 아파트에서 자랐고, 1년 중 많은 시간을 코네티컷주 그리니치에서 보냈습니다. 실제로 집 거실에서 축구를 할 수 있었고, 아파트 창문을 통해 맨해튼 전체를 한눈에 볼 수 있었죠. 하루는 내 동생 이방카가 그리니치에 있는 우리 집 거실에서 비치볼을 하다가, 커다란 샹들리에를 산산조각낸 적이 있었습니다. 거실 사방에 온통 유리 조각이 가득했습니다. 어머니가 들어와서 난장판이 된 거실을 보자마자, 이방카는 내가 그랬다며 잘못을 모두 떠넘겼습니다. 난 그때 거기 있지도 않았는데! 그날 나는 영문도 모른 채 어머니께 엄청 두들겨 맞았습니다.[1] 나중에 이방카가 머뭇머뭇하면서 어머니께 자신의 잘못을 자백했지만, 그녀는 이미 너무 피곤하고 지쳐서 아무것도 할 수 없었습니다. 그렇게 언제나처럼 이방카는 처벌을 받지 않고 무사히 넘어갔습니다. 하지만 나는 그때부터 지금까지 계속 복수를 계획하고 있습니다. 이방카! 만약 이 책을 보고 있다면, 네가 전혀 예상하지 못한 타이밍에 꼭 복수하고 말겠어. 기대하라고!

아침마다 나는 차를 타고 사립학교로 등교했습니다. 우리를 돌봐주는 보모도 있었죠. 그리고.. 아! 겨울에는 마르 아 라고[2]에도 자주 갔었습니다.

아버지는 1980년 말, 그 거대한 저택을 구매했습니다. 아마 팜비치에서 기록된 거래 중 가장 큰 규모의 거래였을지도 모릅니다. 이곳은 인트라코스탈 워터웨이[3]에 자리한 20에이커 규모의, 미국 전체에서 가장 비싼 우편 주소를 가진 저택 중 하나입니다. 메인하우스는 58개의 침실과 33개의 욕실, 천장 높이가 12m나 되는 1,167㎡의 거실로 구성되어 있었습니다. 아버지는 이 대저택을 약 87억 원에 연방정부로부터 구매했는데, 이는 원래 소유주인 마조리 메리웨더 포스트가 이 집을 짓기 위해 지불한 가격과 거의 같은 금액이었습니다. 제시가격도 물론 만족스러웠지만, 이 대저택이 가진 잠재적 가치를 계산했을 때 이는 그보다도 훨씬 더 좋은 거래였습니다. 포스트 여사는 유럽의 성들을 포함, 전 세계에서 골동품 가구들을 수집했는데 아름답고 매우 고가의 제품들임은 분명했지만 그리 실용적이지는 않았습니다. 아버지는 그 가구들을 거의 다 처분했고, 그 수익금으로 마르 아 라고 매입금액 대부분을 지불했습니다.

비록 아버지의 사업가 정신이 발동하여 결국 그곳은 리조트가 되

---

[1] 내 기억이 정확하다면, 내 엉덩이를 때리다가 아마 나무 막대기가 부러졌을 겁니다.

[2] 미국 플로리다주에 위치한 리조트 및 역사적인 상징물

[3] 대서양 해안을 따라 보스턴에서 플로리다 만까지 2,000km에 이르는 내륙 수로

었지만, 처음 이사했을 때만 해도 마르 아 라고는 우리의 겨울철 고향이나 다름없었습니다. 당시 나는 일곱 살이었고, 이방카와 에릭은 각각 네 살, 두 살이었습니다. 우리에게 그곳은 마치 영화 '박물관이 살아있다'와 같았죠. 우리는 그 대저택의 구석구석을 탐험했습니다. 거실은 다 자란 야자나무를 놓을 수도 있을 정도로 넓었는데, 마치 우리만을 위한 개인 실내 경기장 같았습니다. 부모님이 파티를 할 때면 나는 건포도를 손에 한 움큼 들고선 거실 입구 너머의 서까래[1]로 올라가곤 했습니다. 그곳에서 나는 손님들이 아래로 지나갈 때마다 건포도를 던져 그들이 손에 든 음료수에 넣으려고 했습니다. 손님들은 몇 번이고 칵테일을 쳐다보며, 천장에서 거미가 떨어지는 줄 알았습니다.

솔직히 말하자면, 나는 거실에서 다른 사람들과 함께 있는 것보다 서까래에 있는 게 훨씬 편했습니다. 다른 재벌 2세 아이들과 달리 풍요로운 생활방식을 그리 선호하지 않았으니까요. 하지만 그건 내가 아버지의 돈을 경멸했기 때문은 아니며, 실제로 그렇지도 않았습니다. 어린 시절 나는 부와 풍요로움이 도널드 J. 트럼프를 상징하는 브랜드라고 생각했고, 그가 하는 일의 일부분으로 보았습니다. 그리고 시간이 지난 뒤, 나는 그것이 바로 내 아버지가 처음부터 성공할 수 있었던 이유란 사실을 깨닫게 됐습니다. 그가 가진 순금과 같은 이미지가 없었다면, 오늘날 전 세계에 걸친 트럼프 가의 부동산은 아마 존재하지 않았을 겁니다. 그리고 그 부동산들은 모두 다 현재 세계에서 가장 뛰어난 품질을 자랑하고 있으며, 이는 그냥 하는 칭찬이 아닌 명백한 사실입니다.

아버지의 삶과 일터 주변을 가득 채운 부유한 사람들 주변에 있을 때면, 나는 왠지 모를 불편함을 느끼곤 했습니다. 심지어 아버지가 종종 유명인사를 집으로 초대할 때도 나는 항상 한 발짝 멀리 떨어진

[1] 목조 건축물에서 지붕을 받쳐주는 갈비뼈 모양의 구조물로서 지붕을 이루는 가로대

곳에 있곤 했지만, 다행히 그들 중 일부와는 친구가 될 수 있었습니다. 아버지가 구단주로 있는 북미풋볼리그USFL 뉴저지 제너럴스의 선수이자, 하이스먼 트로피[1]의 수상자인 허셜 워커를 포함해서 말이죠. 여섯 살 때 나는 허셜과 그의 가족들과 함께 디즈니 월드로 여행을 갔었습니다.

그는 그리니치에 있는 우리 집에 자주 방문했는데, 당시 그의 아내도 내 모터크로스 자전거를 타다가 부딪혀서는 큰 부상을 입기도 했습니다. 다행히 우리는 지금까지도 여전히 좋은 친구로 남아있습니다. 아, 트럼프 타워에 살면서 함께 비디오 게임을 했던 마이클 잭슨도 빼놓을 수 없겠군요.

하루는 아버지께서 에릭의 방에서 우리와 함께 닌텐도 닌자 거북이 게임을 어린아이처럼 신나게 하고 있는 마이클을 보며, 그 게임기를 집으로 가져가도 좋다고 말했습니다. 내 게임기였는데 말이죠! 지금까지도 에릭은 자기 방에 있었기 때문에 본인의 것이었다고 말하지만, 나는 그게 누구의 것인지 정확히 알고 있습니다.

왜냐하면, 나는 그 게임기를 사기 위해 여름 내내 열심히 일했으니까요! 근데 당시 억만장자였던 마이클 잭슨이 그걸 그냥 가져가 버린 겁니다. 잭슨에 대한 최근의 폭로는 내게 매우 충격으로 다가왔는데, 왜냐하면 내가 직접 경험한 마이클은 현재 그가 받는 어떤 비난에도 어울리지 않기 때문입니다. 그리고 만약 정말로 내 아버지가 현재 그를 지칭하는 여러 수식어, 그중에서도 특히 '인종차별주의자'가 맞다고 한다면, 본인의 아들이 흑인 남자와 함께 휴가를 보내도록 하거나, 마이클 잭슨과 어울려 다니게 하는 게 좀 이상해 보이지 않습니까? 만약 그가 정말 인종차별주의자라면, 본인이 해야 할 일을 그리 잘하는 사람 같지는 않군요.

솔직히 나는 사회적 지위가 있는 사람들 또는 유명인들에게 깊은

---

[1] 전미대학체육협회(NCAA) 미식축구 최우수선수상

인상을 받지 못했다는 말을 하고 싶었고, 시간이 지나면서 그 느낌은 보다 분명해졌습니다. 하지만 어쩌면 그 진짜 이유는 본능적인 것이었을지도 모릅니다. 사실 나는 아버지를 위해 일하는 사람들과 함께 있는 시간이 훨씬 편했습니다. 트럼프 타워의 경비원들과도 친하게 지냈는데, 그들 대부분은 뉴욕시의 전직 경찰이었습니다.

나는 지금도 여전히 그들과 친밀한 관계를 유지하고 있으며, 가끔 몇몇 사람들과 함께 사냥을 나가기도 합니다. 물론 그들이 내게 해주는 비밀 이야기들은 언제나 그보다 더 흥미로웠습니다. 하지만 어쩌면 내가 가장 생산적인 관계를 맺었던 이들은, 부모님이 고용한 요리사들일지도 모르겠습니다. 항상 세계 최고의 요리사들이 우리를 위해 요리를 만들어 줬는데, 그들이 나를 위해 요리를 해주는 먹기만 하는 것이 마냥 편하지만은 않았습니다.

몇 년이 지나지 않아서, 나는 양파를 캐러멜로 만들고, 직접 수플레를 만들었으며, 심지어는 주방을 완전히 장악한 다음 나만의 방식으로 설거지를 했습니다. 어린 시절 내내 나는 세계 최고의 셰프들과 함께 요리를 만들었고, 그 과정을 통해 평생에 걸쳐 사용할 수 있는 기술들을 배웠습니다. 그 결과, 현재 나는 꽤 인상 깊은 요리를 만들 수 있게 됐으며, 내 아이들에게도 똑같이 가르치고 있습니다. 심지어 주州 북부에서 캠프파이어를 할 때 우리가 요리해서 먹는 프라이드 에그와 베이컨조차도 나는 요리사들에게 검증받은 특별 향신료를 첨가합니다. 또한, 바쁘지 않을 때면 좀 더 중요한 이벤트를 돕기 위해 힘을 보태곤 했는데 예를 들어, 찰스 왕자가 마르 아 라고를 방문했을 때 나는 그에게 멋진 머랭쿠키를 만들어줬습니다.[1]

그리고 할 수 있는 한 할아버지와 함께 많은 시간을 보냈습니다. 체코슬로바키아에 계신 조부모님은 일 년의 절반은 미국에서 보내셨고, 나는 마르 아 라고에서 내 할아버지 데도가 낚시를 하고 담배를

[1] 만약 당신이 아직까지 이 책을 즐기고 있다면, 2024년에 나올 예정인 나의 자기계발/요리책 《요리를 통한 트럼프 주니어와의 '공모'》를 기대하셔도 좋습니다.

[1] 전갱이의 일종

피우는 방파제를 자주 찾아갔습니다. 우리는 나란히 앉아, 양동이에 폼파노와 잭[1]이 가득 찰 때까지 몇 시간이고 함께 시간을 보냈습니다. 그 시절 할아버지는 내게 큰 감명을 주었는데, 그는 항상 남자는 누구에게도, 어떤 것에도 의존해서는 안 되며 또한 그것에 익숙해져서도 안 된다는 사실을 늘 알려주었습니다. 점점 더 많은 것을 얻게 될수록, 나는 내게 인생에서 가장 중요한 것이 무엇인지 알려주었던 데도의 그 말들을 항상 되새기곤 합니다.

1980년대 초, 아버지는 코네티컷주 그린위치 해상에 있는 약 48,000㎡의 집을 매입했습니다. 플로리다의 여름이 너무 뜨거워지면, 우리는 종종 그곳에서 시간을 보냈습니다. 8개의 침실과 실내외 수영장, 지하 볼링장이 있는 매우 멋진 집이었죠. 그곳에서 나는 데도와 함께 스즈키 오토바이와 산악 바이크를 타고 주변을 돌아다녔고, 활과 공기총도 쏘면서 그렇게 함께 시간을 보냈습니다. 또한, 할아버지는 작은 소형 보트 한 척을 갖고 계셨는데, 우리는 그걸 타고 함께 롱아일랜드 해협의 블루 피쉬[2]와 줄무늬농어를 낚시하곤 했습니다. 배에 모터가 있었지만, 그와 함께 바다로 나갈 때면 보통 노를 저었습니다. 데도는 내게 낚시와 사냥에 필요한 모든 것을 알려줬었죠. 우리는 함께 훈제장을 만들어 우리가 잡은 물고기들을 훈제시켰습니다. 할아버지와 있을 때면, 항상 웃음이 끊이질 않았었죠. 아, 가끔은 내가 그 웃음의 희생양이 된 적도 있었습니다.

[2] 고등어의 한 종류

여섯 살 또는 일곱 살일 무렵, 나는 어느 날 밤 코네티컷주의 우리 집을 벗어난 곳에서 야영을 하기로 결심했습니다. 스스로 보기에 나는 이미 훌륭한 야영전문가였기 때문에, 아무런 문제도 없을 것으로 생각했습니다. 데도는 내가 집에서 약 300미터 정도 떨어진 곳에 텐트를 칠 수 있도록 도와주었습니다. 체코슬로바키아에서 야영할 때는 친구들과 함께였지만, 이곳 코네티컷에서는 나 혼자 밤을 보내야 했습니다. 텐트를 친지 불과 몇 분 만에, 나는 짐승이 울부짖는 소리를 들었습니다. 일곱 살의 나는 그리니치에서는 오직 월가에만 늑대들이 있다는 사실을 알기엔 너무 어렸었죠. 알고 보니 짐승이 울부짖는 소리는 할아버지 입에서 나온 소리였고, 그는 내가 달리기 신기록을 경신하며 쏜살같이 집으로 달려가던 모습을 지켜보면서 껄껄대며 웃고 있었습니다. 아마 당신은 300미터 거리를 그때의 나처럼 빨리 달린 사람을 본 적이 없을 겁니다.

1990년 데도가 체코에서 갑작스러운 심장마비로 사망했다는 전화를 받았을 때, 그 소식은 내게 이루 말할 수 없는 큰 충격으로 다가왔습니다. 물론 의학적으로 보면 그리 놀랄 일은 아닐지도 모릅니다. 그는 평생을 하루에 두 갑씩 담배를 피우며 살았으니까요. 하지만 감정적으로 볼 때, 그 당시 나는 마치 타이슨에게 맞은 것보다 두 배는 더 큰 충격을 받았습니다. 장례식은 체코에서 진행됐고, 온 가족이 다 참석했습니다.

할아버지가 돌아가신 그날부터, 나는 세상이 뭔가 뒤죽박죽이 된 것 같은 기분이 들었습니다. 그것은 마치 인생의 절반은 체코슬로바키아의 숲에, 나머지 절반은 맨해튼의 격자무늬 거리와 호화로운 아파트에 닻을 내리고 살아온 내 삶에서, 절반에 해당하는 한 축이 무너져 내린 것과 같았습니다. 그리고 데도의 죽음으로는 충분하지 않다는 듯, 그 당시 부모님은 이혼 관련 문제로 뉴욕타블로이드 1면에 오르내리는 힘든 나날을 보내고 있었습니다. 매일 그들에 대한 새로운 이야기나 소문이 나돌고 있는 것 같았습니다. 내가 어렸을 때 만약 트위터가 있었다면 어땠을지 그저 상상만 할 따름입니다.

부모님의 이혼에서 긍정적인 면을 단 하나라도 꼽아본다면, 그건 아마도 나와 동생들 간의 더욱 깊어진 유대감일 겁니다. 우리는 서로 매우 달랐지만, 언제나 좋은 관계를 유지했던 훌륭한 팀이었습니다.

부모님의 이혼 후, 우리는 서로 힘을 합쳐 우리 앞에 놓인 모든 문제를 함께 헤쳐나갔습니다. 오늘날까지도, 나와 이방카 그리고 에릭은 서로를 친근하게 놀려대곤 합니다. 내가 계약서에 서명한 직후 이 책에 대한 소식이 전해졌을 때, 자유주의 진영의 트위터는 나에게 꽤 잔인했습니다. 하지만 내 여동생은 그 덕분에 조금 즐거운 듯 보였습니다.

@IvankaTrump: #DonJrBookTitles이 트위터 트렌드에 올랐네요... @EricTrump @LaraLeaTrump @TiffanyATrump @kimguilfoyle 덕분에 아주 기분이 좋습니다!

나는 리트윗을 통해 그녀의 스캔들을 담은 비밀 몇 가지를 이 책에 포함시킬 거라고 답했습니다. 사실 이방카의 10대 시절에 대한 자료는 아주 많이 있지만, 솔직히 말하면 폭로할 만한 내용은 별로 없습니다. 내 여동생은 언제나 도널드 트럼프의 자녀로서, 파파라치와 가십 그리고 내가 결코 흠 잡을 수 없는 우아함과 차분함을 바탕으로 살아왔습니다. 그 시절, 아버지 주변의 모든 사람이 단 1초의 망설임도 없이 자신의 딸들이 자라서 이방카처럼 되길 바란다고 말할 정도였죠. 이 책의 후반부에서 가짜뉴스와 내 아버지, 그리고 우리 가족들을 반대하는 의제에 관해 이야기할 때, 나는 이방카가 견뎌내야만 했던 것들이 무엇이었는지 보여줄 겁니다. 언론의 끊임없는 맹공격은 믿을 수 없을 만큼 불공평하고 잔인했지만, 그녀는 단순한 복수를 넘어 더 높은 곳을 오를 수 있는 사람이었습니다. 그러니까 혹시 이 책을 읽고 있다면 너무 걱정하지 않아도 돼 이방카! 네 비밀은 안전하게 지켜줄게. 네가 남자친구 중 한 명을 여행 가방에 넣고, 힘껏 던진 어.. 아니, 조심스레 굴렸던 이야기도 쓰지 않을 거야. 우선 다음에 있을 트위터 공격에 대비해서 나 혼자 잘 간직하고 있을게.

그 끔찍했던 시간 속에서 발견한 또 하나의 좋은 점은 바로 기숙학교였습니다.

1990년 또는 1991년에 부모님은 내게 펜실베니아에 있는 시골 학교로 진학하도록 기회를 주셨고, 나는 그 기회를 놓치지 않았습니다. 그리고 그때 나는, 가끔은 최악의 상황에서 최고의 결정이 내려질 때도 있다는 사실을 배웠습니다. 그렇게 힐스쿨은 비록 처음은 아니었지만, 몇 가지 매우 중요한 방법들을 통해 내 인생을 바꿔주었습니다.

해군사관학교와 웨스트포인트의 피더스쿨[1]인 힐스쿨은 문자 그대로 매우 보수적인 학교였으며, 내가 도널드 트럼프의 아들이라는 사실은 그곳에서는 전혀 중요하지 않았습니다. 사실, 오히려 나는 뉴욕에서 온 부자라는 이유로 평균보다 더 많이 혼났습니다. 하지만 혹시 그거 아십니까? 나는 그곳에서 많은 것들을 구타를 통해 배웠습니다. 선배들에게 각각 12만 원(80파운드)씩 나눠준 적도 있었는데 물론 공정한 일은 아니었지만, 그들은 내게 그런 존재였습니다.[2] 내 입은 신체의 다른 부분들보다 더 빨리 어른이 돼야만 했고, 부모님의 이혼에 관한 이야기는 매일같이 뉴욕포스트의 피플 & 페이지와 같은 슈퍼마켓 간행물에 실렸습니다. 부모님과 함께 학교에 처음 도착한 날, 우리는 기숙사 방에 필요한 물건들을 사기 위해 K마트[3]에 잠시 들렀습니다. 그날 누군가 가게 앞에 우리 셋이 서 있는 모습을 사진으로 찍었고, 그 사진은 곧바로 지역신문에 실렸습니다. 또 우리는 타코벨[4]에도 들렀습니다. 그곳에서 어머니는 나를 위해 샤르도네 와인 한 잔을 주문해 주셨는데, 그것은 이 낯선 자리에 어울리려고 애쓰는 한 남자에게는 정말, 정말 최고의 선물이었습니다. 하지만 학교 사람들이 이와 관련된 내용을 글로 읽었을 때, 상황은 내 바람처럼 그리

[1] 같은 지역의 특정 상급 학교에 학생들을 보내는 역할을 하는 학교

[2] 아마 당신은 이 말을 듣고 충격을 받았을지도 모르겠군요.

[3] 미국의 할인체인점

[4] 캘리포니아, 얼바인에 본사를 둔 패스트푸드 체인

쉽게 흘러가지만은 않았습니다.

다행히 힐스쿨의 학장인 고든 맥알핀은 내 편이 되어주었습니다. 학교는 조그마한 소수경 소총 사격연습장 하나와 캠퍼스 외곽에 위치한 스키트사격[1] 연습장 하나를 보유하고 있었습니다. 나는 할아버지와 함께 공기총을 쏴본 적은 있었지만, 진짜 총으로 사격을 해본 적은 없었는데 맥알핀 학장님은 그런 나를 처음으로 사격장에 데려간 분이셨습니다. 대부분의 학생들은 그곳을 호기심으로 한 두 번 가고 말았지만, 나는 조금 달랐습니다. 처음 간 순간부터 그 장소에 완전히 매료되어 버린 나는, 가능한 한 자주 사격장을 찾았습니다. 당신은 야외활동에 관한 한 고든 맥알핀보다 더 좋은 멘토를 찾을 수 없을 겁니다. 그는 뛰어난 야외활동가로 41구경 펌프 연사식 윈체스터 모델 42로 스키트 사격 만점을 쏠 정도의 실력을 갖춘 남자였으니까요. 그리고 나는 곧, 내가 사격에 재능이 있다는 사실을 깨닫게 됐습니다.

어느 토요일 학교에서 맥알핀 학장님은 내게 최대한 옷을 따뜻하게 입고 오라며, 다음 날 오전 6시에 주차장에서 만나자고 했습니다. 오늘날과 같은 극성 육아(helicopter parenting)의 시대에서는 찾아보기 힘든 일이지만, 당시 내게는 정말 멋진 경험이었습니다. 나보다 두 학년은 높은 다른 학생들과 함께 나는 그의 차에 올라탔고, 우리는 새를 쏘기 위해 캠퍼스 밖으로 약 1시간 정도를 달렸습니다. 그렇게 도착한 숲속에서, 나는 그 순간을 세상에서 가장 멋진 일이라고 생각했던 것을 기억합니다. 그날 이후로 나는 사냥에 관한 모든 책을 섭렵했고, 가능한 모든 기회를 활용하여 총을 쏘고 사냥을 했습니다. 맥알핀 학장님은 내게 사냥꾼 안전코스를 수료할 수 있도록 주선해주셨고, 덕분에 나는 면허를 취득할 수 있었습니다. 우리는 펜실베니아 사슴 시즌 개막일에 맞춰 함께 사냥을 나갔고, 그곳에서 나는 전형적인

---

[1] 클레이 사격의 일종으로 사수(射手) 좌우에 있는 높고 낮은 두 곳에서 동시에 방출되는 하나 또는 두 개의 클레이 피전(clay pigeon)을 명중시키는 경기

미국의 사냥을 경험할 수 있었습니다. 그날 나는 구형 30-30 레버액션 소총을 들고, 미국인들의 아웃도어 활동의 토대가 되는 국유지를 밟고 서 있었습니다. 그리고 이는 내가 오늘날까지 미국의 국유지와 그 생활방식을 유지하기 위해 그렇게나 열심히 싸우는 이유이기도 합니다.

또한, 힐스쿨의 선생님 중 한 분은 내게 플라이캐스팅[1]의 기본동작을 알려 주셨고, 나는 L.L. Bean[2]의 초급자용 세트에서부터 시작했습니다. 처음 몇 년 동안은 어떻게 해야 하는지 방법을 잘 몰랐기 때문에, 스트리핑[3] 대신에 릴링릴에 줄을 되감아 올리는 것만을 연습했습니다. 하지만 시간이 지남에 따라 스스로 방법을 터득하게 된 나는, 이제는 꽤 능숙한 낚시꾼이 됐습니다.

내가 첫차를 샀을 때의 나이는 열일곱 살이었던 것으로 기억합니다.[4] 힐스쿨에서의 마지막 2년 동안, 나는 혼자서 사냥과 낚시여행을 떠나곤 했습니다. 여름방학 첫 두 달 동안은 아버지 회사에서 일하다가, 이후에는 지프를 타고 펜실베니아주와 뉴욕주 그리고 뉴잉글랜드주까지 차를 몰았었죠.

학교를 졸업하던 해 여름에는, 록키산맥이 있는 서쪽으로 차를 몰았습니다. 그때가 사냥철이 아니어서, 하이킹을 하고 낚시를 했던 기억이 나는군요. 나는 관광객들 근처에 머무르고 싶지 않아서 지도상으로 볼 때 현재 위치에서 약 22km 정도 떨어진 곳에 위치한 경치 좋은 산악 호수를 찾았습니다.[5] 하지만 나는 할아버지로부터 오리엔티어링[6]을 배웠기 때문에, 지도와 나침반이면 충분했습니다.

목적지에 도착하면 나는 짐을 던져놓고 그곳에서 며칠씩 머무르곤 했습니다. 가끔 방향을 잃고 완전히 다른 곳으로 나와서 지프로 돌아가는 길을 히치하이킹해야 할 때도 있었습니다. 그리고 다시 또 어디론가 차를 몰고 가서 다른 강이나 호수에서 낚시를 하며 시간을 보냈

[1] 플라이 낚싯대와 굵은 낚싯줄을 사용해 낚시하는 인위적인 낚시 방법

[2] 100년의 역사를 가진 미국의 클래식 스타일 및 아웃도어 브랜드

[3] 플라이라인을 라인 핸드로 조종하여 플라이를 유영시켜 오는 것

[4] 처음에는 지프를 탔고, 그 이후에는 연속해서 두 대의 닷지 듀랭고를 탔는데, 나의 20년 운전경력 대부분을 이 친구들과 함께 보냈습니다.

[5] 요즘 젊은 친구들의 시선으로 보면, 우리가 길을 찾던 방법은 아마도 공룡이 여전히 지구를 돌아다닐 때 사용하던 방법처럼 보일지도 모릅니다.

[6] 지도와 나침반만 가지고 정해진 길을 걸어서 찾아가는 스포츠

습니다. 그렇게 2주 남짓한 시간을 트럭 뒷좌석에서 생활했으며, 아무도 만나지 않고 며칠을 보낸 적도 있습니다. 가끔은 우연히 마주친 누군가와 함께 하루 이틀 동안 함께 캠프를 하기도 했었죠.

나는 대학 시절 내내 계속 서쪽으로 여행을 다녔습니다. 혼자서 네다섯 번 정도 전국을 횡단하기도 했습니다. 와이오밍, 몬타나, 콜로라도, 애리조나 그리고 뉴멕시코까지 전부 돌아봤고, 서부 로키산맥에서 낚시가 잘 되는 곳이라면 어디든 하이킹을 했습니다.

힐스쿨에 다니는 동안, 도널드 J. 트럼프가 정중히 가르쳐 준 교훈도 함께 배울 수 있었습니다.

나는 1학년을 마칠 때까지는 매우 평범한 학생이었습니다. 그런데 내 성적표를 확인한 아버지께서, 나를 불러 자리에 앉히셨습니다.

부모님은 두 분 모두 엄격한 규율을 강조했지만, 서로 정반대의 성향을 가지고 있었습니다. 어머니의 경우, 보수적인 동유럽 사상을 바탕으로 우리를 훈육했고 우리가 뭔가를 잘못했다고 생각되면, 말보다는 회초리를 먼저 꺼내곤 하셨습니다. 반대로 아버지는 좀 더 심리적인 기술을 잘 사용하곤 했습니다. 그는 우리와 직접 마주 앉아서 문제에 대해 함께 대화를 나눴으며, 마지막엔 항상 우리가 저지른 잘못이 세상에서 가장 어리석은 일이라고 생각하도록 만든 다음 그 자리를 떠났습니다. 그는 죄책감을 아주 잘 다루는 사람이었습니다.

"이 정도 성적이면 충분하다." 그가 말했습니다. "만약 네가 평범하게 살고 싶다면 말이지."

아버지는 내게 동기를 부여하는 방법을 정확히 알고 있었고 다시 학교로 돌아갔을 때, 나는 마치 그가 내 엉덩이에 로켓을 꽂아 놓은 듯한 느낌을 받았습니다. 그전에는 시험준비를 위해 한 시간 정도 벼락치기 공부를 했다면, 이제 나는 보통 8시간 정도를 공부하게 됐습니다. 시험을 위해 거의 30시간 정도를 투자했고, 결국 나는 보통 학생에서 거의 모든 과목에서 A학점을 받는 학생이 됐습니다. 학교 문예지와 졸업앨범의 편집장도 맡게 됐고, 선배가 됐을 때는 다른 학생들의 멘토가 되기도 했습니다. 성적도 반에서 가장 좋았습니다. 아마 당신은 내가 펜실베니아 대학교의 와튼스쿨에 입학할 수 있었던 유일한 이유가 아버지의 기부 덕분이었다는 기사를 읽은 적이 있을 겁니다. 비록 모든 기부는 내가 그 학교에 입학한 다음에 이뤄졌지만, 어쩌면 그것이 내 입학과 관련이 있다고 생각할 수도 있을 것 같습니다. 그러나 마음속으로 이미 나는 내가 도널드 J. 트럼프의 아들이 아니더라도, 와튼스쿨에 들어갈 만한 충분한 성적을 갖추었다는 사실을 잘 알고 있습니다.

힐스쿨에서 배운 마지막 큰 교훈은 사실 학교와는 전혀 관련이 없습니다.

힐스쿨의 캠퍼스는 러스트 벨트[1] 동쪽 끝에 자리하고 있었습니다. 캠퍼스 근처에는 펜실베니아 주 포츠타운 인근에 위치한 폐쇄된 파이어스톤 타이어공장이 있었고, 차로 한 시간 정도 떨어진 곳에는 내가 졸업한 직후 문을 닫은 베들레헴 스틸이 있었습니다. 상당수가 실직상태에 놓인 블루칼라 노동자들의 수수한 집들로 둘러싸인 언덕 위에 부유한 기숙학교가 솟아있는 그 대조적인 풍경은 지금도 잊을 수가 없습니다. 그때는 몰랐습니다. 지금은 폐쇄됐지만, 한때는 그곳에서 가족의 미래를 걸고 일했던 이 사람들이 이후에 전국에서 열리게 될 트럼프 집회에서 내가 만나게 될 바로 그 사람들이었단 사실을 말이죠. 그들은 내 아버지가 와서 자신들이 듣기 원하는 바로 그 메시지를 전해주길 기다리며, 내게 본인의 삶과 가족에 관한 이야기를 들려주곤 했습니다. 나는 그들과 함께 살았고, 그 지역 친구들이 있었으며, 그곳의 여자들과 데이트를 했습니다. 어느 순간부터는 내

[1] 미국의 대표적 공업지대로, 제조업이 쇠퇴하면서 철강·석탄·방직 등 사양산업 지대로 전락한 미국 중서부와 북동부 지역

가 뉴욕이 아닌 펜실베니아 출신인 것처럼 느껴졌고, 나는 그것이 자랑스러웠습니다.

1990년 내가 기숙학교에 처음 들어갔을 무렵, 이미 전 세계에 아메리칸 드림이 수출되기 시작했습니다. 그와 동시에, 한때는 인종과 종교적 신념, 성별에 상관없이 열심히 일하는 모든 미국인의 몫이었던 일자리들이 우리의 가치에 큰 의미를 부여하지 않는 나라들에 넘겨지게 됐습니다. 이는 곧 국가의 최대 수출품이 되었고, 어떤 경우에는 우리의 용기와 결단력을 싫어하는 나라에 일자리를 보내기도 했습니다. 물론 이후에 우리는 그에 대한 대가를 치러야만 했습니다. 힐스쿨에 머무는 동안, 나는 이미 내 주변에서 조금씩 쌓여가는 불안과 절망을 직접 확인할 수 있었습니다.

그리고 내가 3학년이 됐을 때, 빌 클린턴은 미국 역사상 가장 비참한 무역협정에 서명을 했습니다. 민주당은 북미자유무역협정NAFTA이 미국 경제의 황금기를 열 것이라고 약속했지만, 사실상 그와 정반대되는 결과를 초래했습니다. 그 협정은 엄청난 무역적자를 기록했고, 디트로이트를 폐허로 만들었으며, 미국 기업들은 값싼 노동력을 확보하기 위해 서둘러 해외로 눈길을 돌려야만 했습니다.

고통은 러스트 벨트만의 몫이 아니었습니다. 미국의 농부들 또한 그와 동일한 고통을 겪어야만 했습니다. 자유무역협정이 체결되기 전, 그들은 멕시코와 캐나다와의 무역수지에서 약 2,500억 원2억 달러의 흑자를 기록했습니다. 하지만 협정이 체결된 지 몇 년이 지난 후, 그들의 무역수지는 약 1조 8천억 원15억 달러의 적자로 돌아서게 됩니다. 어쩌면 그보다 더 나쁜 소식은 우리가 수입하는 작물이, 이 땅에서 재배되는 작물을 대체하고 있다는 사실일지도 모르겠습니다. 아보카도, 딸기, 토마토와 같은 농작물들이 아무런 관세나 한도 그리고 식품안전에 대한 규제 없이 수입되어 현재 시장에 넘쳐나고 있습니다.

어떤 식으로 보든 NAFTA는 재앙이었고, 우리 모두 그 사실을 잘 알고 있습니다. 선거 캠페인을 진행하는 동안, 아버지는 훌륭하고 근면한 미국인들이 어리석고 뻔뻔한 민주당의 결정 때문에 일자리를 잃고 고통을 당하고 있음에도 불구하고, 우리의 경쟁자들에게 아메리칸 드림을 수출하는 모습을 계속 지켜보는 것이 이제는 지겹고 지쳤다고 거듭해서 말했습니다.

미국, 멕시코, 캐나다 무역협정USMCA은 그동안 우리가 잃어버린 꿈의 대부분을 되찾아 올 것입니다. 이 협정은 미국의 자동차부품생산을 증가시킬 것이며, 이는 멕시코 기업들이 그들의 노동자들에게 적어도 시간당 몇 달러의 임금을 지불하도록 압력을 가하고 미국 내 공장을 유지하는데 도움을 줄 것입니다. 그리고 캐나다 시장을 미국의 낙농업자들에게 개방할 것입니다. 하지만 어찌된 일인지 현 시점에서 민주당은 계속해서 이 협정의 비준을 늦추고 있습니다.

왜일까요? 그것은 바로 그들이 미국 노동자들을 사랑하는 것보다 내 아버지를 더 싫어하기 때문입니다. 미국 노동자가 입게 될 부수적인 피해는 전혀 신경도 쓰지 않은 채 말이죠. 지난 몇 년 동안, 민주당은 다른 나라에 제조업 기반을 구축하기 위해 많은 역할을 했습니다. 그렇다면 미국에선 어땠을까요? 그리 많지 않았습니다. 그들은 그저 손을 맞잡은 채로 자리에 앉아서는, 파이어스톤과 U.S스틸과 같은 상징적인 제조업체들의 공장이 텅 비고 녹이 슬어가는 모습을 지켜보고만 있었습니다. 그리고 아마 지금 당장은 낸시 펠로시가 이 무역협정을 표결에 부치지는 않을 것 같습니다. 왜냐하면, 그녀는 내 아버지가 어떤 점수도 얻는 것을 원치 않거든요. 그 모습이 상상이나 되십니까? 도널드 J. 트럼프의 성공에 대한 질투로 인해 그녀는 계속해서 아메리칸 드림의 목을 졸라댈 것입니다. 민주당은 마치 미국이란 배의 키를 잡고 있는 트럼프의 성공보다는 미국의 실패를 보는 것이 더 낫다고 생각하는 듯 보입니다. 내 아버지는 민주당이 미국의 노동자들을 해치지 못하도록 그가 할 수 있는 모든 노력을 다했습니다.

이런 이유로 나는 이 책의 후반부에서 그가 블루칼라 출신 억만장자라는 것에 관한 이야기를 하려 합니다. 내 아버지는 노동자를 이해하고 있으며, 문자 그대로 그들의 일자리를 빼앗는 무역거래에 노동자들을 볼모로 삼지 않았습니다. 민주당은 당신에게 세상에 존재하는 모든 화두talking points를 던져 줄 수 있고, 그들이 저지른 범죄의 공범인 자유 언론은 민주당 측을 지지하기 위한 이야기를 할 것입니다.[1]

하지만 그저 듣기 좋은 정치적 미사여구는 정책이 될 수 없습니다. 효과적인 어구는 될 수 있을지 모르지만, 그 자체로는 미국 근로자에게 도움을 줄 수도, 일자리를 되찾아 올 수도 없습니다.

아메리칸 드림을 다시 미국으로 되돌릴 수 있는 존재가 있다면, 그건 아마도 '그만하면 충분해!'라고 말할 배짱이 있는 사람이 될 것입니다. 누군가 "우리가 동네북 노릇하던 시절은 이제 끝났어."라고 말할 수 있다면, 그는 아마도 거래의 기술[2]을 아는 사람일 겁니다.

선거 캠페인 동안, 아버지는 미국 노동자들에게 자신이 대통령으로서 가장 먼저 할 일 중 하나는 바로 그들의 요구를 무시한 무역협정을 재협상하는 것이라고 약속했습니다. 그리고 이 약속이야말로 바로 그가 1980년 로널드 레이건 이후 누구도 이루지 못한 업적인, 펜실베니아, 위스콘신, 미시간에서의 승리를 가져올 수 있었던 이유였습니다. 내가 당신에게 전적으로 자신 있게 말할 수 있는 한 가지는 바로, 도널드 J. 트럼프는 미국의 노동자들을 위해 싸우는 일을 결단코 멈추지 않을 것이란 사실입니다. 그는 미국 노동자들의 희생을 요구하는 민주당에 절대 굴복하지 않을 것입니다. 그리고 반드시 아메리칸 드림을 이 나라에 다시 가져다줄 것입니다.[3]

---

[1] 자유 언론에 흔들려선 안 됩니다. @realDonaldTrump 및 @DonaldJTrumpJr의 트윗을 읽으세요. 바로 이곳에 여과되지 않은 진실이 있습니다.

[2] The art of the deal-도널드 트럼프의 저서

[3] 이 번역서 발간일 기준, USMCA가 비준되어 집행되고 있다.

Chapter 5.

갭 이어(GAP YEAR)[1]

뉴욕병원의 간호사들이 내 출생신고서에 '도널드 존 트럼프 주니어'라는 이름을 적었을 때부터, 당신은 아마도 내가 내 아버지의 발자취를 따라 왔다고 말할 수도 있을 것입니다. 나는 그 의미를 몰랐을 때도 그리고 대부분 모른 채 살아왔지만 그의 버릇을 따라서 하고, 그의 교훈을 배웠으며 그가 보여준 삶의 본보기를 따라 살기 위해 노력했습니다.

내가 태어난 순간을 예로 들어보겠습니다. 그때는 1977년 12월 31일 새해를 알리는 종소리가 울리기 불과 몇 시간 전이었습니다. 나는 포대기에 꽁꽁 싸맨 채로 분만실 침대에 누워있었고, 창문 밖에서는 폭죽이 터지고 있었습니다. 거리는 온통 샴페인 코르크 터뜨리는 소리로 가득했고, 지붕을 타고 나오는 음악은 요란스레 울려 퍼졌으며, 타임스퀘어를 가득 메운 사람들은 목이 터지도록 소리를 지르고 있었습니다.

내가 아는 한, 트럼프의 등장에 이보다 더 어울리는 장면은 아마 없을 것입니다.

그 후 몇 년 동안 나는 내 정확한 출생시간이 그때였던 게, 결코 우연이 아니라는 농담을 하곤 했습니다. 아버지는 1977년 세금신고에 나를 자녀세액공제 대상으로 삼기 원했고, 따라서 어머니에게 자정이 되기 전까지 나를 낳든지, 아니면 택시를 타고 아파트로 돌아가든지 해야 한다는 말을 했다고 합니다.[2] 나는 또한 그가 다른 사람

---

[1] 흔히 고교 졸업 후 대학 생활을 시작하기 전에, 일을 하거나 여행을 하면서 보내는 1년

[2] 물론 두 번째 문장은 완전히 농담입니다. 하지만, 세금신고에 관한 문제에 대해서는 누가 알겠습니까. 문제로 삼으려면 삼을 수도 있겠죠. 하지만 우리에겐 그저 몇 년간 가족들끼리 주고받는 농담일 뿐입니다.

이, 심지어 자신의 장남조차도 본인과 완전히 같은 이름을 갖는 것을 그리 좋아하지 않았다는 사실도 잘 알고 있습니다. 어머니가 처음으로 아버지에게 내 이름을 도널드 트럼프 주니어로 짓고 싶다는 본인의 생각을 말했을 때, 소문에 따르면 아버지는 "안돼, 만약 이 아이가 실패자가 되면 어떻게 하려고 그래"라고 대답했다고 합니다. 그가 정말 실제로 이런 말을 했는지는 알 수 없지만, 왠지 귓가에 아버지의 목소리가 들리는 듯한 기분이 드는군요.

도널드 트럼프의 아들이 되면, 이런 종류의 유머에 익숙해지게 됩니다. 아마 당신도 알다시피, 내가 그를 통해 배운 많은 것들 가운데 하나이죠. 그러나 믿기 힘들겠지만, 내게는 대부분의 사람들이 아버지와 내가 매우 닮았다는 사실에 동의하지 않았을 시기가 있었습니다. 내가 그의 모교에 진학하고, 같은 과목을 공부하고, 부동산 업계에서 내 경력을 시작할 준비를 하고 난 후에도 나는 내가 진심으로 가업에 뛰어들기 원하는지 스스로 확신할 수 없었습니다. 그래서 나는 대학 졸업 후, 지프에 몸을 싣고 로키산맥으로 향했습니다.

갭이어에 대해서 말하자면, 나는 이것이 일종의 특권과 같은 개념이라고 생각합니다. 사실 모든 사람이 취업 전이나, 고등학위를 받기 전에 유럽으로 배낭여행을 가기 위해 1년을 쉴 수 있는 여유가 있는 것은 아닙니다.

그러나 나의 갭이어는 그리 많은 특권을 부여받지 못했습니다. 나는 대학 졸업 후의 1년을 바텐딩을 하고 근사한 아웃도어 활동을 하며 보내기로 결심했고, 이를 아버지께 전화로 설명했습니다. 통화 중에 그가 했던 말을 그대로 다 말해주고 싶지는 않지만, 음.. 뭐, 그렇게 좋은 말은 아니었습니다. 어쨌든 나는 이제 바에서 일하는 유일한 와튼스쿨 졸업생이 될 참이었습니다. 통화는 끝났고, 우리는 내가 원하는 것을 자유롭게 해도 좋다는 결론을 내렸습니다. 단, 그 결정에 뒤따르는 모든 비용도 전부 다 내가 책임져야 한다는 조건으로 말이죠. 아버지는 정확히 선을 그으셨고, 나는 콜로라도 아스펜에 있는 작은 집에 룸메이트 몇 명과 함께 방을 빌렸습니다. 만약 부모님이 내가 가지고 있던 모빌카드를 기억했다면 아마도 예산은 더욱 빠듯했을 겁니다. 그 카드 덕분에 나는 지프에 기름을 가득 채울 수 있었고, 가끔 식사 거리를 살 수도 있었거든요.

우리는 가족끼리 모여서 아스펜을 여러 번 방문했었는데, 대개 크리스마스와 새해를 그곳에서 보내곤 했습니다. 나는 그곳에서 스키강사로 취업할 수 있을지 모르겠단 생각을 했습니다. 어머니는 체코의 스키 국가대표팀 출신이셨고, 트럼프 가의 아이들은 걸음마를 뗄 때부터 스키를 탔으니까요. 하지만 나는 결국, 여덟 살짜리 아이들에게 스노플라우[1]를 가르치고, 부유한 이혼녀들에게 스키타는 법을 가르치는 일을 하지 못했습니다. 대신 그 당시 나에게 가장 완벽한 다른 직업을 얻었습니다.

티플러는 1980년대와 90년대 유명인사들의 단골 술집이었으며, 잭 니콜슨과 실베스터 스텔론 같은 스타들이 자주 방문하곤 했습니다. 그러나 2000년 봄, 내가 그곳의 바텐더로 일하기 시작했을 무렵에는 그저 그런 싸구려 술집으로 그 위상이 많이 떨어진 상태였습니다.

사실 나는 처음에는 그 일을 별로 좋아하지 않았습니다. 대학 시절 나는, 꽤 좋은 성적을 받았음에도 불구하고, 계속 나 자신을 몰아붙이곤 했습니다. 일단 한번 시작하면, 나를 멈추기는 쉽지 않았습니다. 그리고 이는 학창시절에는 어떤 일을 해낼 수만 있다면, 그리 큰 문제가 되지 않았습니다. 하지만 일단 학교 밖으로 나와 직업과 삶에 대해 생각하기 시작하면, 그때부터는 문제가 됩니다. 솔직히 말해서, 나는 술을 적당히 마시는 방법을 몰랐습니다. 전형적인 모 아니면

---

[1] 플스케이트의 뒤꿈치를 반대편 방향으로 밀면서 행하는 정지 동작

도의 사람이었죠. 나를 아는 사람들에게 물어봐도 좋습니다. 물론 이러한 강박적인 행동은 해야 할 일이 있고 그것을 처리하는 과정에서는 긍정적인 효과를 주지만, 나쁜 습관의 경우에는 전혀 도움이 되지 않았습니다.

나는 술이 내게 좋지 않을 거란 사실을 진작 알았어야 했는데, 우리 가족에게는 그와 관련된 분명한 경고표시가 있었습니다.

아마 들어보셨겠지만, 내 아버지는 평생 술을 한 잔도 마시지 않았습니다. 그는 43세의 나이에 알코올 중독으로 사망한 형 프레드 트럼프 주니어의 모습을 늘 곁에서 지켜봤습니다. 아버지는 형을 사랑했고, 프레디 삼촌의 죽음은 그에게 큰 영향을 미쳤습니다.

덕분에 나의 갭이어는 몇 가지 측면에서, 내게 일종의 전환점이 되었습니다. 아스펜에서 지내는 시간 내내 계속해서 파티를 열었지만, 스키 리조트를 둘러싸고 있는 그 산속에서 나의 '모 아니면 도' 성격에 더한 술이 나에게 재앙이 될 것이란 사실을 깨달았습니다. 우리 트럼프 가의 특징 중 하나는 의지력이 뛰어나다는 점입니다. 나는 술을 자제하는 것보다 아예 무시하는 편이 더 쉽다는 사실을 알게 됐고, 결국 영원히 술을 끊게 됐습니다.

아스펜에서 내가 경험한 또 하나의 깨달음은 사실 이미 내가 알고 있던 것이었습니다.

콜로라도 스키 리조트를 둘러싼 산과 호수는 미국에서 최고로 손꼽히는 플라잉 낚시와 엘크 사냥의 명소입니다. 티플러가 주중에는 늦게 문을 여는 관계로, 나는 플라이 로드[1]나 소총 또는 활을 가지고 산에서 사나흘을 연속으로 보낸 적도 있습니다. 그리고 나는 단순히 서부에 있는 주들에만 머무는 것이 아니라, 며칠 쉬는 날이 되면 어디든 상관없이 차를 몰고 다녔습니다. 그해에 나는 28일 연속으로 엘크 사냥을 나갔습니다. 숲속에서는 아무도 내가 도널드 트럼프의

[1] 플라이 낚시를 하기에 충분히 유연하고 길며, 속이 빈 섬유 유리나 스플릿 대나무 낚싯대

아들이란 사실을 몰랐고, 아마 알았더라도 누구도 신경 쓰지 않았을 겁니다. 나중에 알고 보니, 내게 필요했던 건 바로 그것이었습니다.

그해를 지나면서, 잠시 아스펜에 좀 더 머무르면 어떨까 생각이 내 머릿속을 스쳐 지나갔습니다. 밤에는 바텐더, 낮에는 스키 타는 부랑자이자 야외에서 사는 사람으로 말이죠. 그 당시 함께 생활했던 친구들은 지금도 계속 서쪽 외곽지역에 살고 있으며, 여전히 그때처럼 지내고 있습니다. 그리고 오늘날, 선거와 관련된 행사나 유세 연설을 위해 아이오와 몬태나를 여행할 때마다 나는 늘 그랬듯 그 친구들 집의 소파나 객실에서 잠을 자곤 합니다. 하지만 그 시절의 내가 야외생활에 대한 열정적인 마음만을 가지고 그 일에 평생을 바칠 수는 없다는 사실을 깨닫기까지는 그리 오랜 시간이 걸리지 않았습니다.

내 앞에는 또 다른 길이 놓여 있었고, 사업과 자본주의, 자립으로 향하는 그 길은 사실상 내 DNA에 새겨져 있었습니다. 나는 훨씬 많은 것을 원했습니다. 더 많은 전투와 더 많은 도전 말입니다. 돌이켜보면, 바로 그것이 내가 정치 캠페인에 그렇게 쉽게 합류하게 된 이유였던 것 같습니다.

내 친할아버지 프레드 트럼프는 우드헤븐이라고 불리는 퀸즈의 노동자계층에서 성장했습니다. 그는 어린 시절, 한 부당 반 센트(약 5원)를 받고 지역신문을 파는 일을 했고, 골프가방을 들 수 있을 만큼 성장한 후부터는 인근에 있는 포레스트 파크 골프장에서 캐디를 했습니다. 그의 건축경력은 10대 초반부터 시작됐는데, 처음에 그는 목수의 조수로 일했습니다. 1920년대 우드헤븐은 호황을 누리고 있었습니다. 새로운 제조업은 많은 일자리를 제공했으며, 교통수단의 개선은 도시로 들어오는 통근자들에게 매력으로 다가왔습니다. 집들이 수백 채씩 세워졌고, 할아버지는 그 현장에서 건설업의 모든 것을 하나하나 배웠습니다. 다행히도 일은 꾸준히 있었습니다. 그러나 그의 나이 13살이 되던 해, 갑작스레 돌아가신 아버지로 인해 프레드는 한 집의 가장이 됐고 가족들의 생계는 이제 고스란히 그의 몫이 되었습니다.

내가 어렸을 때, 부모님은 우리를 한 달에 한 번 자메이카 에스테이츠에 있는 할아버지 댁에 데려다주곤 했습니다. 아버지가 자란 그 집에서 할머니는 푸짐한 일요일 저녁 식사를 만들어 주셨었죠. 가끔 우리가 방문할 때면, 할아버지께서는 우리를 데리고 건설현장을 함께 방문하거나, 본인이 소유한 임대주택들의 임대료를 징수하는 일에 함께 데려가기도 하셨습니다. 건설현장 일은 재밌었지만, 임대료를 받는 일은 그렇지 않았던 기억이 나는군요. 할아버지는 엄격한 게르만식 사고방식을 갖고 계셨으며, 13살에 한 집안의 가장이 됐기 때문인지 삶을 바라보는 관점이 일반 사람들과는 달랐습니다. 그는 오늘날 많은 사람이 갖고 있지 않은 관점을 가지고 있었는데, 이는 그의 좌우명 "은퇴는 곧 죽음이다To retire is to expire"에도 잘 나타나 있습니다. 또한, 그는 잘 노는 법을 정말 몰랐습니다. 심지어는 알츠하이머병에 걸린 90대 후반까지도 사무실에 계속 출근했으니까요. 일이야말로 그가 유일하게 알고, 사랑했던 존재였습니다.

내가 어렸을 때 그와 함께 보낸 시간을 충분히 즐겼는지 물어본다면, 사실 잘 모르겠습니다. 어린 시절, 할아버지와 친밀감을 쌓는 일은 조금 힘들었습니다. 그러나 나는 그 시절, 그에게서 발견했던 일에 대한 추진력과 직업윤리를 진심으로 존경하고 또 감사하고 있습니다. 어린 나이에 떠맡아야만 했던 생존 그 자체의 문제는 그를 영원히 바꿔 놓았고, 그것은 내가 상상할 수 있는 어떤 것과도 달랐습니다.

프레드 트럼프는 고등학교 때 이미 자신만의 건설사업을 시작했습니다. 한 남성을 위해 차고를 짓는 일이었는데, 그는 경쟁자들보다 더 좋게, 더 싸게 그리고 더 신속하게 일을 마무리했습니다. 그러고는 곧바로 또 다른 차고를 지었습니다. 일이 끝나면 다시 또 다른 차고로 옮겨갔었죠. 그의 빠른 작업속도는 마치 헨리 포드의 모델 T 조립라인의 생산량을 따라잡으려는 듯 보였습니다.

그는 회사명을 E. Trump & Son이라고 지었는데, 이는 어머니 엘리자베스 트럼프의 이름을 딴 것으로 그녀는 그가 법적으로 성인이 될 때까지 회사의 회계장부를 대신 관리했습니다. 성인이 됐을 무렵, 이미 그는 스무 채의 건물을 짓는 등 사업을 잘 운영하고 있었습니다. 그가 만든 건물들은 화려하지는 않았지만, 아주 말끔하고 깔끔한 외관을 갖췄으며, 기능적이고, 견고하게 지어졌습니다. '나온 지 얼마 안 된 반짝거리는 새 돈과 같은 상태Mint condition'는 그가 자신의 건물들을 묘사할 때 자주 사용하던 표현입니다. 아버지도 그런 사소한 것들 하나하나에 똑같이 주의를 기울였습니다. 다만 프레드 트럼프, 즉 내 할아버지의 경우에는 그와는 달리 사치품에는 큰 관심이 없었습니다. 덕분에 그는 브루클린에서 가장 큰 부동산 개발업자 중 한 명이 될 수 있었죠. 그의 삶은 노력과 결단력 그리고 기회로 이어지는, 자수성가로 성공한 사람의 전형적인 이야기 그 자체였습니다.

내 아버지도 어린 시절, 할아버지를 따라 건설현장을 방문하곤 했습니다. 내가 두 사람 모두와 함께 그랬던 것처럼 말입니다. 그 시간이 결국 내 미래를 결정했다고 말해도 무리는 아닐 겁니다.

하지만 도널드 J. 트럼프의 버전 2.0이 되는 게 나의 운명은 아니었습니다. 그와 같은 남자는 오직 그 한 사람만 존재할 뿐이니까요. 하지만 그렇다고 해서 내가 트럼프 그룹에서 일하지 않을 거라는 생각 역시, 터무니없는 이야기일 겁니다. 비록 내가 그 사실을 깨닫기까지 1년이란 시간이 걸렸지만 말이죠. 시기가 문제였을 뿐, 뉴욕으로 돌아갈 것인지는 내게 질문의 대상이 아니었습니다.

그 '시기'는 2001년 9월 둘째 주 화요일9.11 테러 당일에 찾아왔습니다. 그날 양궁시즌에 맞춰 아침 일찍 엘크 사냥을 나섰던 나는, 인디펜던스 등산로[1]를 넘어 마을로 돌아오는 도로 위에서 라디오를 통해 그 뉴스를 들었습니다. 많은 사람이 그랬듯, 나 역시 비행기가 세계무역센터로 돌진했다는 소식을 처음 들었을 때만 해도 그냥 작은 경비행기의 충돌 정도로만 생각했습니다. 내가 직접 타곤 했던 비행기 중 하나처럼 너무 작아서 조종하기 힘든 그런 조그마한 비행기를 상상했었죠. 하지만 그 충돌이 테러리스트의 공격이었고, 타워의 붕괴로 인해 거의 3,000명에 가까운 사람들이 사망했다는 사실을 알게 됐을 때, 내 온 마음은 이미 그곳을 향해 있었습니다.

하루 이틀이 지난 뒤, 나는 지프에 짐을 싣고 집으로 향했습니다.

대학 졸업 후 부동산사업과 관련해 처음 맡은 내 업무는, 현재 허드슨 강 유역에 자리하고 있는 약 30만m² 규모의 트럼프 플레이스 프로젝트였습니다. 나는 아버지의 사업 파트너인 허드슨 워터프론트 어소시에이츠와 함께 이 건물에 관한 일을 진행했습니다. 한때 뉴욕 센트럴 철도의 부지였던 이곳은, 맨해튼의 마지막 남은 미개발 지역이었으며 고급 콘도와 임대 아파트가 합쳐져 있는 프로젝트였습니다.

건설과 함께 마케팅과 임대에 대해서도 배웠습니다. 2년 후에 나는 파크 애비뉴에 있는 75년 된 기존 건물을 사서 고급 콘도로 바꾸는 다음 임무를 맡게 됐고, 이는 첫 번째 임무와는 완전히 다른 종류의 공사였습니다. "사람들은 자신이 예전에 했던 것과 똑같은 방식으로 건물을 짓지 않는다."는 옛 격언은 당신의 생각과 항상 그 의미가 일치하진 않습니다. 그 건물은 델모니코 호텔이었는데,

[1] 미국 콜로라도주에 있는 높은 산악길

그곳에는 건물도면과 일치하지 않는 바닥과 벽을 가진 임대료통제[1] 아파트가 있었습니다. 또한, 우리는 GE연금신탁을 비롯한 몇 명의 파트너와 협업을 진행했습니다. 따라서 해야 할 일이 참 많은 상황이었죠. 그 당시 나는 어렸고 또 순진했기 때문에, 아무도 하기 싫어하는 일들을 도맡아서 했습니다.

나는 그 프로젝트에 참여한 모든 사람이 각자 자신이 하기 싫어하는 일을 10%씩은 가지고 있다는 사실을 알고 있었습니다. 그래서 처음 1년 동안은 그들에게서 그 10%를 빼앗아 오는 것을 내 사업으로 삼았습니다.

예를 들어 임원진이 너무 바빠서 건설이나 마케팅의 어떤 측면을 직접 다룰 수 없다면, 나는 기꺼이 그 또는 그녀의 품에서 그 일을 가져왔습니다. 일과 배움에 대한 의지를 통해, 나는 프로젝트 매니저에서 시작해 전체 업무프로세스의 모든 측면에 대한 기본적인 소유권까지 가질 수 있었습니다.

또 다른 오래된 격언 중에는 "책임감이란 주어지는 것이 아니라, 받아들이는 것이다."라는 말이 있는데, 이는 내 가슴에 깊이 새겨져 있는 말이기도 합니다.

다음으로 내가 맡게 된 일은 시카고의 트럼프 인터내셔널 호텔 앤 타워였습니다. 다시 한번 말하지만, 이 프로젝트는 다른 일들과는 전혀 다른 성질의 것이었습니다. 프로젝트의 계획은 내게 시카고 강 유역에 레스토랑과 스파를 포함한 호텔과 콘도 그리고 소매상점들을 모두 갖춘 98층 높이의 타워를 지을 것을 요구하고 있었습니다. 예전에 시카고 선타임즈 빌딩이 있었던 부지에 지어질 이 타워를 위해, 우리는 세계적인 건축가 아드리안 스미스와 함께 멋진 디자인을 고안해 냈습니다. 선타임즈 빌딩은 오랫동안 아름다운 강변의 미관을 해치는 흉물스러운 건물로 여겨졌으며, 우리가 그 건물을

---

[1] 집주인이 세입자에게 받을 수 있는 임대료의 인상률 수준에 대한 제한

철거할 때 단 한 사람의 반대도 없었습니다. 그리고 이는 내가 맡은 프로젝트 중 누구의 기분도 상하게 하지 않은 유일한 경우였습니다.

아이들이 자라고, 일주일에 두세 번씩 시카고로 통근하던 나는 워싱턴DC에서 무슨 일이 일어나고 있는지 자세히 살펴보고 있지는 않았습니다. 정치에 대한 나의 관심은 대부분 지역적인 동시에 재정적으로는 보수적이었으며, 주로 사업의 관점을 통해 접근했습니다. 나는 몇몇 특정한 행사들에 참석해서, 우리의 모든 프로젝트에 도움이 될 것으로 판단되는 특정 정치인들을 후원하곤 왔습니다. 반드시 그 사람의 정치를 믿거나, 내가 만난 정치인들 모두를 사랑할 필요는 없었습니다. 영화 <대부>에서 마이클 꼴레오네가 동생 소니에게 했던 "그건 사적인 것이 아니야. 엄격한 비즈니스지"라는 대사처럼, 대부분은 그렇게 일을 진행했습니다. 하지만 때로는, 개인적으로 일을 처리하는 정치인을 마주하는 순간도 있었습니다.

80년대 중반, 아버지가 웨스트사이드야드[1] 개발 프로젝트를 처음 계획했을 무렵 그 지역의 한 지방의회 의원은 마치 개인적인 복수를 하는 것처럼 우리의 프로젝트를 반대했습니다. 더욱 흥미로웠던 점은 프로젝트를 반대하는 그의 입장이 전혀 말이 안 됐다는 사실이었습니다. 당시 그 땅은 황량하고 범죄가 만연했던 눈엣가시와도 같은 그런 공간이었습니다. 그리고 이제 내 아버지 도널드 J. 트럼프는 그 지역을 아름답고 호화로운 주상복합단지로 바꿀 계획이었습니다. 아버지는 그 의원과 다른 사람들을 달래기 위해 심지어 프로젝트의 규모를 축소하기까지 했지만, 전혀 소용이 없었습니다. 그 후 1993년, 해당 의원은 맨해튼의 서쪽에 있는 10번 지구의 대표로 선출되었고 도널드 트럼프에 대한 적대감을 그대로 가진 채 워싱턴으로 향했습니다. 그 프로젝트에는 웨스트사이드하이웨이 West Side Highway의 이전계획이 포함돼있었는데, 이를 위해서는 연방정부의 승인과 자금지

---

[1] West Side Yard
뉴욕시 맨해튼의 서쪽에 있는 Metropolitan Transportation Authority가 소유한 레일야드

원이 필요했었죠. 그리고 뉴욕의 서쪽에서 워싱턴으로 날아온 어떤 국회의원은 내 아버지가 단 한 푼의 자금지원도 받지 못하도록 자신이 할 수 있는 모든 일을 다 할 작정이었습니다.

자신이 대표하는 사람들을 섬기는 것이 직업인 정치인이 어째서 본인이 속한 지역구의 환경을 개선하고자 하는 개발자와 그렇게나 많은 시간과 에너지를 소비하면서까지 지루한 싸움을 지속하는지는 사실 이해가 잘 안 되는, 참으로 수수께끼와도 같은 일이었습니다. 아, 물론 그 정치인의 이름이 제리 내들러[1]라는 사실을 알기 전까지 말이죠.

국회의원이 된 첫날부터 어떤 이유에서인지 모르겠지만 아마도 질투심 때문일 겁니다, 내들러는 내 아버지를 싫어했습니다. 그는 도널드 J. 트럼프가 현재 미국의 망가진 부분들을 고치기 위해 애쓰는 것과 마찬가지로 그 당시 황폐해진 뉴욕을 재건하려고 애쓰는 동안, 계속해서 그의 앞을 가로막았습니다. 그리고 오늘날까지도 그는 도널드 J. 트럼프가 하는 일이라면, 그것이 무엇이든 상관없이 자신이 할 수 있는 모든 방법을 동원해서 그 앞을 막아서려 하고 있습니다.

1988년, 내들러는 하원의 사법위원회 위원이었으며 현재는 의장을 맡고 있습니다. 케네스 스타를 잘 아실 겁니다. 그는 탄핵 절차로 이어진 클린턴 대통령의 조사를 담당했던 특별검사였죠. 그리고 내들러는 아마 스타 리포트가 공개됐을 때, 이를 가장 강력히 반대했던 사람일 겁니다. 그는 자신의 반대이유를 '품위의 문제'라고 불렀습니다.

"여기 대배심[2]자료가 있습니다. 그리고 이 안에는 여러 증인의 말이 사실일 수도 있고, 아닐 수도 있음을 나타내는 진술들이 들어있습니다." 그가 말했습니다. "외설스러운 자료들, 그리고 공개됐을 때 공정성을 해칠 수 있는 온갖 종류의 자료들 말입니다."

위선계의 베이브루스[3] 제리 내들러는 오늘날 뮬러 보고서에 기록

[1] 2013년 이후 뉴욕 10차 의회 지구의 미국 대표로 활동하는 민주당 소속의 미국 정치인

[2] 미국 형사사건에서 기소 여부를 결정하기 위해 약 20명으로 구성된 집단

[3] 메이저 리그 베이스 볼의 전설적인 홈런왕

된 대배심 증언의 공개 여부를 두고도 여전히 위와 같은 말을 반복하며 지루한 싸움을 지속하고 있습니다.

트럼프 그룹에 있어서 한 가지 다행이었던 것은, 1990년대와 2000년대 내내 뉴욕시의 시장들이 비즈니스에 우호적이었다는 사실입니다. 1993년 뉴욕의 시장이 된 루디 줄리아니는 민주당의 데이비드 딩킨스로부터 전쟁터와 같은 뉴욕을 이어받게 됩니다. 1990년 뉴욕시에서는 2,200건이 넘는 살인사건이 발생했는데, 이 숫자가 얼마나 심각하냐면 오늘날 미국에서 가장 살인율이 높은 도시인 시카고에서도 일 년에 발생하는 살인사건의 숫자가 700건에 지나지 않습니다. 타임스퀘어는 그저 X등급의 구덩이에 불과했으며, 비즈니스와 건설은 거의 맥을 못 추고 있었습니다. 1991년 크라운 헤이츠[1]에서 발생한 인종폭동은 뉴욕을 분열시킬 것이라고 위협했으며, 당시 뉴욕포스트의 헤드라인 문구였던 "데이브데이비드 딩킨스, 뭐라도 좀 해봐!"라는 말은 이 모든 상황을 대변해 주는 듯 보였습니다. 그리고 바로 그때, 위기에 빠진 뉴욕을 구하러 루디가 등장했습니다. 그는 타임스퀘어를 깨끗이 청소했고, 범죄율의 급격한 감소를 관리 감독했으며, 건설업자들의 좋은 파트너가 되어 줬습니다. 9.11 세계무역센터 테러 이후에 그가 보여준 리더십은 가히 영웅적인 모습이었습니다. 그가 시장으로 재임하던 시절, 몇 년 만에 사람들이 다른 도시에서 뉴욕으로 이주해오기 시작했고 트럼프 그룹과 같은 기업들은 그곳에 마천루와 같은 건물들을 세웠습니다.

2002년에 새롭게 시장에 당선된 마이클 블룸버그는 루디가 시작한 일의 바통을 그대로 이어받았습니다. 블룸버그는 사업가로서 건설업자들과도 매우 좋은 관계를 유지했는데, 그는 우리를 '위대한 트럼프 그룹'이라 부르기도 했습니다. 그러나 내 아버지가 대통령

[1] 브루클린의 뉴욕시 자치구 중앙부에 위치한 지역

선거에 출마했을 때, 그에 대한 블룸버그의 태도는 완전히 달라졌습니다. 이번에도 아마 질투가 원인일 것입니다. 아버지는 블룸버그가 간절히 원했지만 가질 수 없는 직업을 가졌으며, 보수주의자로서 그런 일을 하기 위해서는 우선 배짱이 필요합니다. 하지만 대부분의 사람들, 심지어는 뛰어난 이들조차도 필연적으로 받을 수밖에 없는 비난을 감당하기 싫어서, 또는 감당할 수 없어서 그저 옆에서 돌을 던지고 있을 뿐이죠.

시카고 타워와 호텔이 완공된 2008년 무렵, 우리는 브랜드 사업을 시작했고 전 세계의 개발업자들에게 우리의 이름과 전문지식, 그리고 가치공학과 마케팅 역량을 제공했습니다. 우리가 처음 한 거래 중 하나는 플로리다의 써니 섬에서 이루어졌는데, 그것은 매우 성공적이었습니다. 그 무렵 우리는 훨씬 더 넓은 시장에 대한 밝은 전망을 볼 수 있었습니다. 플로리다에서 마이클과 길 데저와 함께 두어 차례 성공적인 벤처사업을 진행한 우리는, 현재 우리가 전 세계에 팔릴 무언가를 가지고 있다고 믿기 시작했습니다. 그것은 또한 내게도 첫 번째 기회였지만, 이방카와 에릭에게도 마찬가지였습니다. 우리는 스스로 국제적으로 거래를 시작할 기회를 얻었습니다. 그리고 그 후 10년 동안, 나는 전 세계에 걸쳐 많은 거래를 해왔고, 비즈니스 관련 전공서적을 집필하기도 했습니다.

그 기간을 지나는 동안, 국가 정치는 마치 풍경처럼 내 주변의 어딘가를 계속 맴돌았습니다. 만약 내가 워싱턴을 좀 더 자세히 관찰했다면, 공화당의 기득권층에 의해 운영되는 정부의 모습을 볼 수 있었을 겁니다. 아마 당신은 내가 민주당을 꽤 잘 때리고 있다는 걸 눈치챘을지도 모르는데, 사실 나는 그들이 이런 공격을 받아 마땅하다고 생각합니다. 하지만 워싱턴을 망치는 정당은 그들만이 아니었습니다. 도널드 J. 트럼프가 당의 대선후보가 됐을 때, 기성 공화당원들은 오히려 민주당원들이 그랬던 것처럼 그가 힐러리에게 패배하기를 원했습니다.

그들이 아버지의 입후보를 방해하기 위해 사용했던 방법 중 하나는 보수 언론을 이용하는 것이었습니다. 이 책의 후반부에서 나는 편향적인 자유주의 언론과 가짜뉴스에 대해 챕터 하나를 통째로 할애할 예정이지만, 공화당 역시 마찬가지로 독자적인 선전기관을 소유하고 있었습니다. 그중에서도 가장 주목할 만한 인물 중 한 명이 바로, 실패한 논평지인 위클리 스탠다드의 편집자 빌 크리스톨입니다. 한때는 보수정치의 사자로 일컬어지던 크리스톨은, 내 아버지를 공격한 최초의 쥐 중 한 마리였습니다. 그 일에 그가 관련되어 있다는 사실이 믿기 어려웠지만, 어쩌면 그것이 바로 우리가 항상 졌던 이유일지도 모릅니다.

크리스톨과 함께 워싱턴포스트의 제니퍼 루빈, 뉴욕타임스의 브렛 스티븐스, 내셔널리뷰의 조나 골드버그와 같은 기관 칼럼니스트들 또한, 트럼프 열차의 탈선을 바라는 칼럼을 맹렬히 써 내려갔습니다.

티파티[1]에 대해 잠시 말하자면, 아마도 사라 페일린은 권력층과 이를 컨트롤하는 언론 간의 관계를 처음으로 언급한 사람일 것입니다. 그녀는 자신의 페이스북에 "1970년대에는 로널드 레이건과 대립하고 오늘날에는 일반 대중의 티파티 운동과 계속해서 대립각을 세우고 있는 주류 공화당은, 언론과 개인파괴정치[2]를 이용해 상대를 공격하는 이른바 좌파전략을 채택해오고 있다."라는 글을 남기기도 했습니다.

맞아요, 그녀가 옳았습니다.

그러나 주류 언론과 마찬가지로 기관언론 역시도 도널드 J. 트럼프의 반격을 심각하게 과소평가했습니다. 그는 그 모든 것들의 무의미

[1] 정부의 건전한 재정 운영을 위한 세금감시 운동을 펼치는 미국의 보수단체

[2] 반대 측에 선 사람들을 악마로 만드는 전략

함을 계속해서 외쳤습니다. 지상에서 어떤 일이 일어나고 있는지 전혀 알지 못한 채 그저 높이 떠 있는 거품 속에 살고 있던 그들은, 현재의 상태를 유지하려는 정책을 옹호하거나 지루하기 짝이 없는 또 다른 정쟁 속으로 우리를 몰아넣으려 했습니다. 한편, 지상의 현실 세계에서는 중산층이 줄어들고, 국경이 활짝 열리며, 우리의 공장들이 녹스는 동시에, 미국이 무역에서 고립되는 상황을 지켜보는 수많은 사람들이 살고 있었습니다.

언론을 다루는 데 있어서, 내 아버지는 논쟁의 여지가 없는 헤비급 챔피언입니다. 사실 그건 전혀 공정한 싸움이 아니었습니다.

기관언론이 도널드 J. 트럼프를 얼마나 혹독하게 몰아붙였는지를 보여주는데 빌 크리스톨보다 더 좋은 예는 아마 없을 겁니다. 애석하게도 그의 화려한 경력은 곧 쿵하는 소리와 함께 나락으로 떨어졌지만요. 오늘날, 당신은 일요일 오후 시간이면 MSNBC를 통해 그의 모습을 볼 수 있는데, 그 방송보다 시청률이 낮은 프로그램은 아마 일요일 아침에 방송되는 주름 크림에 대한 해설식 광고밖에는 없을 것입니다.

하지만, 공화당의 기득권 정치세력과 미디어 그리고 산업단지를 한꺼번에 모두 없애는 일은 여전히 참나무 한 그루를 뿌리째 땅 밖으로 끌어내는 것과 같았습니다. 2010년 초에 열린 티파티는 공화당 기득권층에 상당한 충격을 주었고, 랜드 폴, 테드 크루즈, 마크 메도스, 짐 조던, 마이크 허커비, 사라 페일린이 그 혁명을 이끌었습니다. 하지만 사실 그 일을 주목할 만한 사건으로 만든 사람은 바로 도널드 J. 트럼프였습니다.

만약 당신이 선거 캠페인이 시작될 무렵을 기억한다면, 주류 공화당이 스스로를 '트럼프 결사반대자'라고 불렀다는 사실을 아마 잘 알고 있을 겁니다. 명목상 공화당원RINOs과 거액의 기부자들 그리고 다양한 이해 집단으로 구성된 그들의 명단은 존 케리의 얼굴만큼이나 깁니다. 2016년 3월, 122명의 '공화당 국가안보공동체' 회원들은 아버지의 입후보를 비난하는 서한에 서명했습니다. 그리고 다음 해 8월에는 50명의 '공화당 국가안보공무원'이 어떤 상황에서도 트럼프에 투표하지 않겠다고 발표한 두 번째 서한에 서명했었죠. 지난 7월 워싱턴포스트지에 따르면, 이들 중 많은 사람이 현재 트럼프 행정부에서 일자리를 찾고 있다고 합니다. 마치 마법과도 같은 도널드 J. 트럼프의 외교정책은 그들의 눈에 꽤 근사해 보였을 겁니다.

아버지가 대통령에 당선된 후, 몇몇 기성 의원들도 그와 함께 백악관으로 향했는데, 그들은 트럼프 대통령이 벼랑 끝으로 내몰리는 것을 막기 위해 '방안의 원로들', 즉 '가드레일'로서의 역할을 해야만 했습니다. 맞습니다. 도널드 J. 트럼프가 올라탄 미국이란 차는, '델마와 루이스'[1]가 탔던 바로 그 차와 같았습니다. 벼랑 끝을 향해 내달리던 차에 올라탄 그는, 있는 힘껏 브레이크를 밟았습니다. 우리를 다시 고속도로로 안내해 준 사람도 바로 그였습니다. 도널드 J. 트럼프는 우리가 가드레일 또는 과속방지턱이라 불렀던 장애물들을 하나씩 없애기 시작했습니다.

임기 3년이 채 되지 않은 시점에, 아버지는 솔직히 말해 거의 소멸 직전에 있던 공화당을 사실상 거의 완전히 재구성했습니다. 또한, 그는 첫 번째 임기가 다 지나기도 전에 50년 넘어 구축되어 온 기득권 구조를 허물었습니다. 오늘날, 대부분의 기성 공화당원들은 정치계에서 거의 또는 전혀 의미가 없습니다. 한 가지 확실한 것은, 최소한 도널드 트럼프에 반대하는 사람들은 명백히 그렇다는 사실입니다. 어떤 이들은 자신의 방식이 잘못됐다는 걸 깨닫고는 트럼프 팀에 합류했지만, 다른 선택을 한 사람들은 말 그대로 땅으로 곤두박질쳤습니다. 오늘날, 밥 코커와 제프 플레이크는 재선되지 못했고, 폴

---

[1] 리들리 스콧 감독이 제작하고 수전 서랜던과 지나 데이비스가 주연한 1991년작 미국 영화

라이언은 자신의 떨어진 정치 감각에 당혹감을 느끼며 은퇴를 선택했습니다. 내 아버지를 이해하지 못하는 공화당원들 중에서도 특히 폴 라이언은 단연 가장 큰 혼란을 느낀 인물입니다. 솔직히 속이 다 후련하더군요. 직접적인 관련이 있건 없건 간에, 대부분의 공화당원은 이제 트럼프 행정부야말로 몇 세대에 걸친 민주당 정권과 구(舊)공화당 정권의 잘못을 바로잡을 일생일대의 기회라는 사실을 깨닫고 있습니다. 그렇지 않은 사람들은 아마 곧 실업자가 될 겁니다.

아버지가 대통령 선거 출마를 발표하기 전까지, 정치입문이란 내게는 채식주의자가 되는 것만큼이나 그저 먼 나라의 이야기였습니다. 그러나 가끔은 상황이 앞으로 가야 할 길을 안내할 때도 있습니다. 당신이 기억할지 모르겠지만, 사실 언론과 정치계는 처음에는 아버지의 선거운동을 그리 심각하게 받아들이지 않았습니다. 그들은 우리의 선거 캠페인을 기껏해야 2주 정도 지속될 일종의 퍼블리시티 스턴트[1]처럼 바라보았었죠. 그런 믿음이 만연해 있었고, 이는 우리가 필요한 인재를 채용하는 일에 전혀 도움이 되지 않았습니다. 따라서 소위 전문가라 불리는 사람들 없이 우리는 직접, 우리의 방식대로 해야만 했습니다. 정치 전문가의 존재 없이, 우리는 가족으로서 항상 해오던 일을 했습니다. 즉, 우리는 서로의 빈틈을 함께 메웠습니다. TV출연 경험이 있었던 나는, 실제 대리인으로 임명되기 전부터 대리인으로 활동했으며, 트럼프 그룹에 대한 책임감은 여전히 간직한 채 가능한 한 많은 일을 돕기 위해 노력했습니다. 다른 가족들 또한 마찬가지였습니다. 우리는 그저 더 많이 움직이고 잠을 조금, 아니 전보다 훨씬 더 많이 줄였을 뿐입니다.

카메라 앞에 서는 것 외에도 내가 선거 캠페인에 도움을 줄 수 있는 일이 있었습니다. 다른 모든 후보와 마찬가지로, 우리 역시 대통

[1] 어떤 쟁점을 부각시키기 위해, 조직이 의도적으로 특정한 상황을 연출하는 것을 의미

령 예비선거의 첫 번째 관문인 아이오와 코커스에 초점을 맞췄었고, 그 순간 나는 아이오와에서 보냈던 지금까지의 내 삶이 바로 지금 이 순간 아버지의 선거 캠페인을 대비하기 위한 것이었단 사실을 깨닫기 시작했습니다.

2014년 1월, 당시 아이오와주의 주지사였던 테리 브랜스타드는 아이오와주 센터빌에서 매년 열리는 사슴 사냥에 나를 초대했습니다. 이 사냥은 센터빌에 위치한 나이트 라이플스가 후원하는 행사였고 그곳에서 나는 더그 헐리라는 자원봉사 가이드를 만나게 됩니다. 더그는 지난 25년 동안 아이오와주 공공안전부의 마약부서에서 특수요원으로 근무했었는데, 그와 나는 첫 만남에 서로 통했었죠.

사냥 당일, 캐나다에서 온 극지방의 소용돌이가 아이오와 주변으로 내려왔습니다. 그냥 추웠다는 말로는 설명이 안 되는 날씨였습니다. 더그는 아마도 그날 억만장자의 아들이 체감온도 영하 10도의 추위에 사냥을 나갈 리가 없다고 생각했던 것 같습니다. 내가 나타나서 떠날 준비를 했을 때, 그는 꽤 놀란 듯 보였거든요.

우리는 5시간 동안 바람을 맞으며 산비탈에 서서 사슴이 지나가기를 기다렸습니다. 더그는 상록수에 매달려 있었고, 나는 엄호를 위해 울타리 기둥에 숨어있었습니다. 그렇게 그날의 모든 일정이 다 마무리될 무렵, 더그는 내게 다가와 주먹으로 가슴을 치며 말했습니다. "이봐 뉴욕 샌님! 난 네가 이 일을 정말로 해낼 줄은 생각조차 못했어!"

그 이후로 더그와 계속 연락을 해오던 나는, 아이오와 코커스를 앞두고 그에게 전화를 걸었습니다. 그리고 새벽 한 시쯤 디모인[1]으로 날아간 나는, 그의 집이 있는 아파누스 카운티를 향해 차를 몰았습니다.

친절하게도 그는 내가 4~5일 동안 지하실 소파에서 머물 수 있도

[1] 미국 아이오와주 중부에 있는 아이오와 주의 주도이며, 포크 군의 군청 소재지

록 배려해 주었고 나는 아침에 일어나면 가장 먼저 라디오를 틀었습니다. 그리고 남은 하루 동안 우리는 사냥을 하러 가거나 그의 친구들과 함께 어울리며 함께 시간을 보냈습니다. 주지사가 주관하는 사슴 사냥이 마침 그 주에 있었는데, 우리는 그곳에서 다시 또 함께 사냥을 했습니다.

몇 주의 시간이 흐른 뒤, 나는 다시 더그와 함께 꿩 사냥을 나섰고, 타임스의 매기 하버만과 다른 몇 명의 기자들도 우리와 동행했습니다. 그 당시 아버지는 테드 크루즈와 마르코 루비오그 외 약 100명 정도의 후보와 팽팽한 접전을 벌이고 있었는데 비록 편향적이긴 했지만, 언론은 우리의 캠페인 곳곳에 걸쳐 몰려있었습니다.

매기와 그녀의 친구들이 무엇을 기대했는지는 잘 모르겠습니다. 어쩌면 그들은 내가 내 발을 쏘거나, 또는 딕 체니[1]처럼 실수로 내 친구를 쏘길 바라고 있었던 것 같기도 합니다.[2] 어느 순간, 기자 중 한 명이 내가 진짜 사냥꾼인지 어떻게 구별할 수 있느냐고 물었습니다. 그 말인즉, 내가 얼굴에 미소를 띤 채 새로 산 장비를 들고 사진만 찍고 가는 정치인들과 다르다는 사실을 어떻게 알 수 있냐는 겁니다.

"새들이 몇 마리나 위로 날아간 것 같습니까?" 내가 물었습니다.

"아홉 마리요" 그들이 대답했습니다.

"그럼 내가 총을 몇 발 쐈는지 기억하십니까?"

"아홉 발이요" 그들이 대답했습니다.

"그럼 지금 내가 잡은 새는 총 몇 마리입니까" 내가 물었습니다.

"아홉 마리"

"혹시 더 궁금한 게 있으신가요?" 내가 웃으며 말했습니다.

"젠장, 너는 진짜 총을 꽤 잘 쏜단 말이야." 더그가 한 마디 덧붙이더군요.

더그와 그의 친구들이 내 주변에 함께 있다는 이 용이성은 우리의

[1] 미국 공화당의 정치가

[2] 딕 체니는 부통령으로 재직 중이던 2006년 2월11일 텍사스주의 한 목장에서 사냥을 하던 중 새 사냥용 산탄총을 잘못 쏘아 함께 사냥하던 해리 위팅튼 변호사를 맞히는 오발 사고를 냈다

캠페인을 상상도 하지 못한 방법으로 확대시키기 시작했습니다. 자, 이제 나는 내가 어프렌티스[1]에 출연한 덕분에 유명인사가 된 것도, 내 아버지가 던지는 메시지가 그의 지지자들에게 사막의 물과 같다는 것도 아주 잘 알고 있었습니다. 그들은 정말 그것을 갈망했으며, 나는 다른 후보들이 할 수 없는 방법으로 행사에 참석한 사람들과 함께 이야기를 나눌 수 있었습니다.

나는 젊은 시절의 대부분을 러스트 벨트에서 보냈습니다. 매우 현실적인 의미로, 이들은 내 사람들이나 다름없었습니다. 많은 뉴욕 사교계 사람들과 달리 나는 그들과 가까워지기 위해 특별한 노력을 기울이지 않아도 됐습니다. 왜냐하면, 나 역시 그들 중 하나였으니까요. 그들은 내가 냉정한 엘리트주의자가 아니란 사실을 잘 알고 있었으며, 우리 사이에는 끈끈한 유대감이 존재했습니다. 그들은 내가 사냥꾼이라는 것과 유머 감각이 뛰어나다는 점을 좋아했습니다. 이를 종합해본 결과, 나는 내가 우리 팀 누구도 할 수 없는 일을 하고 있다는 사실을 깨달았습니다. 그때는 미처 몰랐지만, 바로 그로 인하여 나는 이 역사상 가장 위대한 정치 캠페인의 창끝 역할을 감당해야만 했죠. 뭔가 특별한 일이 일어나고 있음을 느끼기 시작했던 그 순간을 지금도 분명히 기억하고 있습니다. 우리보다 며칠 앞서 힐러리가 연설을 했던 콜로라도 웨스턴 슬로프의 체육관 강당에서 단독 행사를 준비하고 있을 때의 일입니다. 캠페인 담당자로부터 한 통의 전화가 걸려왔습니다. "돈, 지금 당장 행사장소를 옮겨야 할 것 같아요." 나는 순간 그가 사람들이 충분히 모이지 않았다는 말을 하는 줄 알았습니다.

"300명이 모일 것으로 예상했는데, 참석자가 이미 2,400명을 넘었어요!"

"잠깐만요, 여기 온 사람이 도널드 트럼프 주니어란 사실을 다들

[1] 도널드 트럼프가 진행했던 리얼리티 TV 쇼

알고 있는 건가요?" 내가 물었습니다.

"물론이죠." 그가 대답했습니다. "홍보물에 당신 사진이 나와 있잖아요."

"좋습니다." 내가 말했습니다. "하지만 나는 허위마케팅으로 고소를 당하고 싶진 않아요. 사람들이 이를 트럼프의 구식 허위상술이라고 생각하지 않았으면 합니다."

힐러리의 행사가 끝날 무렵 단지 150명의 사람만이 그 자리에 남았다는 사실을 알게 됐을 때, 나는 놀라서 거의 뒤로 넘어갈 뻔했습니다. 사람들이 유세장에 와서 나를 돕기 시작했을 때도 그와 비슷한 기분을 느꼈던 기억이 납니다. 선거 캠페인 내내, 나는 항상 멋지게 오프닝을 열었습니다. 마크 '오즈' 가이스트의 등장도 그중 하나였죠. 은퇴한 해병인 마크는 벵가지에 있는 별관경비대의 일원이었고, 생존자로서 우리에게 그때의 이야기를 전해주고 있습니다. 마크는 미국 전역을 돌면서 나와 함께 선거 캠페인을 했는데, 그는 수많은 참전용사와 현역 군인들에게 우리의 캠페인을 소개했습니다. 진정한 애국자인 마크는, 당신이 전투에서 옆에 함께 있고 싶은 바로 그런 사람입니다.

나는 곧, 선거 캠페인에 관한 한 아버지와 내가 같은 장소에 있을 필요가 없다는 사실을 알게 됐습니다. 우리가 같은 도시에 있는 것은 그저 자원낭비일 뿐이었으며, 혹시 당신이 아직 몰랐을 수도 있지만, 도널드 트럼프는 어디를 가든지 항상 모든 시선을 자신에게 집중시키는 그런 사람이었습니다. 그가 말을 할 때면, 아무도 그곳에 다른 사람은 누가 있는지 신경 쓰지 않았습니다. 아버지는 개성이 매우 강한 사람이었고, 특정한 부류의 사람만이 그의 조력자가 될 수 있었죠. 그리고 이는 선거 캠페인의 러닝메이트를 결정할 때 우리가 직면한 딜레마이기도 했습니다. 우리는 마이크 펜스 그리고 그의 가족들과 함께 멋진 아침을 먹었는데, 그 시간을 통해 펜스의 삶에 대한 접근 방식이 우리와 많이 닮아있다는 사실을 알게 됐습니다. 그와 그의 가족들은 자신들을 위해 모든 것을 대신해주는 요리사와 가정부를 두는 대신, 평범한 가족처럼 매일 밤 함께 저녁 식사를 하는 삶을 살고 있었습니다. 우리가 함께한 아침 식사의 장소가 인디애나 주지사의 저택이었단 사실을 명심해야 합니다. 펜스는 수십 명의 보좌관들과 직원들을 통해 그들의 모든 필요에 부응하도록 할 수 있었지만, 그렇게 하지 않는 방법을 선택했습니다.

하지만 이와 동시에, 우리는 뉴트 깅리치를 선택 가능한 하나의 대안으로 고려하고 있었습니다. 그리고 어쨌든 뉴트는 하원의장으로서 선거 캠페인 초기에 아버지를 대변하는 훌륭한 지지자였습니다. 인디애나에서 펜스를 방문했던 당시, 뉴트 깅리치는 호텔 방에서 우리를 만났습니다. 하지만 대화가 시작된 지 얼마 지나지 않아, 나는 뉴트가 이 모든 일에 대해 주저하고 있음을 알 수 있었습니다. 마침내 나는 모두 알지만 말하지 않는 문제를 이야기하기로 했습니다.

"의장님" 약간의 어색함을 느끼며 내가 말했습니다. "이런 질문을 드려서 죄송하지만... 정말 진심으로 이 일을 하기 원하십니까?"

뉴트는 그 질문에 매우 친절히 대답했지만, 결론은 그렇지 않은 듯 보였습니다. 그는 몇 분에 걸쳐 우리에게 만약 자신이 부통령직을 제안받으면 그 일에 자신의 110%를 쏟아부을 것이며, 기꺼이 자원하는 마음으로 그렇게 할 것이라고 말했습니다. 그러나 그는 또한 정치적 파문에 대한 걱정 없이, 그가 원하는 만큼 충분히 담대하고 거침없이 우리를 돕기 위해서는 자신이 외부에 있는 것이 더 좋을 수도 있다는 말을 함께 덧붙였습니다. 결론부터 말하자면, 우리는 그가 내린 결정에 매우 행복했습니다. 왜냐하면, 우리는 이미 한 명의 해적을 배에 태웠고, 그 자리에 두 명의 해적은 필요하지 않았으니까요.

그렇지만 전달할 수 있는 메시지가 없다면 군중들을 끌어들이는 것은 아무런 의미가 없다는 사실 또한 부인할 수 없습니다. 그리고 나는 확실한 하나의 메시지를 갖고 있었습니다.

공화당 전당대회 연설에서 나는 수백만의 사람들에게 그 메시지를 전했습니다. 그리고 그날 밤, 심지어 아버지와 나의 팬이 아닌 정치인들조차도 "어쩌면 새로운 정치 스타가 탄생했을지도 모른다"라는 말을 남겼습니다. 정말 그랬는지는 잘 모르겠지만, 그날 뭔가가 시작됐다는 사실만큼은 분명했습니다. 전당대회의 연설은 내 정치 생활에 불을 지피는 일종의 불꽃과도 같았습니다. 하지만 내가 한 일은 그저, 나는 알지만 다른 사람들은 잘 모르고 있는 내 아버지에 관한 진실을 진심을 담아 말로 전달한 것뿐이었습니다. 그 일을 위해 연설문을 쓸 필요도 거의 없었습니다.

좌파 측의 권위자들과 가짜뉴스들은 아마도 당신에게 내 아버지가 단지 사람들의 관심을 끌기 위해 선거 유세장에서 자극적인 공약들을 내세운다고 말해왔을 겁니다. 그러나 그렇게 말하고 글을 썼던 이들은 지금 실망과 좌절, 그리고 충격을 경험하고 있습니다.

Chapter
6.

모호해진 자유의 여신상
(NOT EXACTLY THE STATUE OF LIBERTY)

당신을 위해 옹기종기 모인 이 대중들을 우리에게 주세요. 아, 당신의 갱단과 마약도 함께 말이죠.

미국의 국기제정기념일과 자신의 생일 이틀 후인 2015년 6월 16일은, 내 아버지 도널드 J. 트럼프가 미국 대통령 선거에 출마하기로 선언한 날입니다. 그리고 지금으로부터 50년 후, 우리는 아마도 아버지가 멜라니아와 함께 타고 간 에스컬레이터에 관해 이야기하게 될 것입니다. 도널드 J. 트럼프가 가진 많은 재능 중 하나는 바로, 자신이 언제 등장해야 할지를 확실히 알고 있다는 점입니다. 하지만 사람들은 그가 등장하기 전 무대 뒤에서 일어나는 일들에 대해서는 잘 모르고 있습니다. 내 아버지가 가장 예언적인 발표를 한 것도 바로 그 무대 뒤 공간이었습니다.

멜라니아와 바론, 이방카와 그녀의 남편인 재러드, 에릭과 그의 아내인 라라, 내 아이들인 카이와 도니 그리고 당시 내 아내였던 바네사와 나는 모두 함께 아버지의 사무실로 모였습니다. 우리는 함께 엘리베이터를 타고 그와 함께 1층의 아트리움으로 내려갔습니다. 사람들은 내게 당신이 들은 것과 마찬가지로, 가족들이 그곳에 모두 함께 앉아서 후보자의 출마 여부를 함께 '의논'했는지 물어보곤 했습니다. 하지만 트럼프 가문에서 그런 일은 일어나지 않습니다. 도널드 J. 트럼프는 누군가의 동의를 구하는 사람이 아닙니다. 그가 결정을 내렸다면, 우리는 그저 그를 돕기 위해 우리가 할 수 있는 모든 것을 할 뿐입니다. 아트리움의 문이 열리기 직전, 아버지는 내게로 몸을 돌리며 이렇게 말했습니다. "이제 우리의 진짜 친구가 누군지 한 번 알아보자."

내 아버지가 인종차별주의자라는 증거로 지금도 여전히 사용되고 있는 그의 발표 연설이, 처음부터 언론에 큰 반향을 불러일으킨 건 아니었습니다. 그날 그가 했던 거의 모든 발언, 심지어 가장 많은 논란을 일으켰던 발언조차도 전부 다 그의 머리로부터 계산되어 나온 말들이었습니다. 양복 재킷 주머니에 몇 개의 메모가 휘갈겨진 종이 한 장이 있긴 했지만, 실제로는 한 번도 보지 않았습니다. 좌파 측이 격분하여 폭발하게 된 건 며칠 후의 일이었습니다. 힐러리 클린턴이 흑인교회에 걸어 들어가 9명을 총으로 쏴 죽인 미치광이 딜런 루프의 행동으로 인해 내 아버지를 비난한 것도 바로 그때였죠. 이는 민주당의 공통된 주제였습니다. 총기 난사와 같은 끔찍한 일이 생기면, 그들은 곧 그 모든 원인을 내 아버지 도널드 트럼프에게로 돌리곤 했습니다. 그것은 정말 정신 나간 짓이자 모욕적인 행동이었습니다.

그리고 바로 그 순간, 두 가지 일이 동시에 발생했습니다. 첫째, 이때부터 대통령 선거는 본격적으로 힐러리 클린턴과 도널드 J. 트럼프 사이의 경쟁이 됐습니다. 둘째, 언론이 앞으로 거짓말의 눈사태가 될 예정인, 내 아버지에 관한 인종차별적 이야기들을 꾸며내기 시작했습니다.

아버지가 불법 이민이 불러온 재앙에 관련된 유명한 선언을 한 지 1년이 조금 지난 후, 나는 선거 캠페인 도중 몇 시간 정도 잠시 눈을 붙이기 위해 콜로라도주 덴버 외곽의 호텔에 잠시 들렀습니다. 그 무렵 힐러리와 아버지 사이에는 본격적인 대선 레이스가 펼쳐지고 있었고, 양측의 캠페인은 한 치의 양보도 없는 선거운동에 돌입했으며, 그 열기는 점점 더 뜨거워졌습니다.[1]

나는 디트로이트에서 우리가 했던 유세일정이 얼마나 미친 짓이었는지 깨달았습니다. 때는 오후 9시 30분이었고, 나는 당시 늦은 밤 션 해니티의 TV쇼에서 꽤 좋은 반응을 얻었기 때문에 그 시간을 정확히 기억하고 있습니다. 우리는 이미 두어 차례의 집회를 가진 뒤, 이슬람 음식점과 대학 캠퍼스에 들렸습니다. 나는 대학 졸업 후 뉴욕에 있을 때부터 함께 한 나의 친구, 토미 힉스를 잠시 바라봤습니다. 그는 나와 함께 선거 캠페인에 참여하기 위해 가족 사업과 경제적 안정감을 줄 수 있는 직장을 버리고 이 모든 일의 시작부터 우리와 함께 지내왔습니다. 토미는 우리에게 생명의 은인과도 같은 사람이었는데, 그는 공화당 전국위원회가 우리를 지지하는 일에 최선을 다하지 않았던 시기에 군중 통제에서부터 기금 모금에 이르는 모든 일들 가운데 항상 우리를 도왔습니다.

"토미, 나 배고파" 내가 말했습니다.

그는 나를 돌아보면서 마치 정신 나간 사람을 바라보듯이 이렇게 말했습니다. "당연히 배가 고플 수밖에 없지. 왜냐하면, 우린 어제 아침 이후로 아무것도 먹은 게 없거든."

마지막 식사를 한 지 거의 40시간이 지났지만, 나는 한 번도 밥 먹을 생각을 하지 않았습니다. 물론 그건 나뿐만이 아니었습니다. 가족들과 소수의 대변인을 포함한 우리 모두는 집회에서 연설하고, 회의에 참석하고, 사진을 찍고, 라디오와 TV 방송에 출연하고, 지역축제카운티 페어에 참여했으며 모금행사 또한 진행했습니다. 즉, 우리가 몇 표라도 더 얻을 수 있는 일이라면 그것이 무엇이든 했으며, 이

---

[1] 당시 도널드 J. 트럼프는 메인 집회를 포함, 매일 여러 군데의 행사를 동시에 다녔으며, 그가 들르는 모든 곳에서 수천 명의 사람이 손을 흔들며 열렬한 환호를 보냈습니다. 힐러리 클린턴은 이를 단기간에 따라잡으려 노력하다가, 완전히 탈진하여 SUV에서 쓰러지고 말았었죠.

귀중한 시간을 식사하는 일에 빼앗길 순 없었습니다. 만약 당신이 믿었던 주류 언론의 말처럼 우리의 패배가 확실하다면, 우리가 해야 할 일은 명확했습니다. 끝까지 맞서 싸우는 것, 바로 그것이었습니다.

콜로라도의 호텔 로비가 활기를 띠기 시작했습니다. 시간은 아마 새벽 6시 정도 됐던 것 같군요. 프런트 데스크에는 아직 사람의 손을 타지 않은 신문들이 차곡차곡 쌓여 있었고 이는 곧, 아버지에 대한 뜬 소문들과 자유주의 언론의 장황한 비난이 아직 사람들에게 전파되지 않았다는 사실을 의미합니다. 나는 그 고요함이 감사했습니다. 2016년 도널드 J. 트럼프의 대선 캠페인에 참여한 이들 중 대부분은 여전히 경계태세를 늦추지 않았습니다. 우리는 매주 수만 명의 지지자를 만났지만, 비방꾼hater들, 그리고 진실을 속이고 기만하는 가짜 뉴스를 믿는 사람들도 여전히 많이 있었습니다.

그러나 지금 내가 있는 이곳 로비의 다소 고독한 분위기 속에서 나는 드물게 잠시 심호흡할 기회를 얻었습니다. "커피를 한 잔 마셔 볼까?" 하지만 고요함 속에서 누리던 나의 평온함은 커피숍에서 나를 노려보는 직원의 눈빛을 느낀 바로 그 순간, 산산조각으로 깨지고야 말았습니다. 그녀의 눈썹은 마치 장황한 연설을 할 준비가 된 것처럼 아치형으로 휘어져 있었으며, 나는 순간 이민자들에 관한 아버지의 입장과 관련된 일임을 짐작했습니다. "아마 커피는 다 떨어졌겠군." 내가 이렇게 생각한 바로 그때, 그녀가 미소를 지으며 카운터 너머로 나를 향해 몸을 기울였습니다.

"그거 아세요?" 그녀는 목소리를 낮추어 주변을 둘러보며 속삭이듯 이렇게 말했습니다. "어제 남편과 저는 사전투표에서 당신 아버지에게 투표했어요."

그녀는 최근 그녀의 남편과 함께 이민에 필요한 모든 서류를 작성하고 적법한 경로를 통해 미국으로 이주해 온 에티오피아 출신의 이민자였으며, 자신들이 한 일이 자랑스럽다고 말했습니다.

"당신 아버지의 말이 옳아요." 그녀가 말했습니다. "일단 미국에 오기만 하면 자신들이 원하는 모든 것을 다 얻을 수 있다고 생각하는 그런 사람들이, 나와 같은 이들을 훨씬 더 어렵게 만들고 있어요."

그녀의 진심 어린 미소와 따뜻한 악수를 통해 나는, 지난 몇 달 동안 우리가 받았던 모든 중상모략과 비난을 거의 다 보상받은 것만 같았습니다.

"감사합니다." 내가 말했습니다. "지금 이 말이 나에게 얼마나 큰 의미인지 아마 당신은 모를 겁니다."

선거 캠페인 동안 그리고 선거가 끝난 후에도, 모든 국적과 모든 사회계층의 사람들이 나를 찾아왔습니다. 그리고 자신들이 합법적으로 미국에 온 것이 얼마나 자랑스러운지 내게 말해주었습니다.

이들은 모두 자유주의자들이 언급하지 않는 사람들입니다. 그들은 합법 이민자와 불법 이민자 사이에 차이가 없는 것처럼 주장합니다. 다시 말해, 10파운드의 헤로인을 싣고 불법 입국하는 사람들과 의사가 되기 위해 미국에 온 사람들이 모두 동등한 권리를 가져야 한다는 것입니다. 정말 말도 안 되는 논리가 아닐 수 없습니다. 우리가 지원해야 할 사람은 미국 땅에 오자마자 법을 위반하는 게 자신들의 첫 번째 행동인 범죄자들이 아니라, 이 나라의 법과 규칙을 잘 따르고자 하는 사람들입니다.

다른 많은 미국인과 마찬가지로, 나 역시 이민자 가족 출신입니다. 앞서 언급했듯이, 내 어머니는 체코슬로바키아의 작은 마을에서 자랐습니다. 그녀는 공산주의 사상에서 벗어나기 위해 캐나다를 통해 합법적으로 미국에 건너왔으며, 현재 많은 자유주의 엘리트들의 지지를 받고 있습니다. 내 아버지의 어머니, 그러니까 내 친할머니인

메리 앤 맥레오드 트럼프는 10남매 중 막내였는데, 대공황 때 스코틀랜드 해안의 작은 섬에서 미국으로 이주해 왔습니다.

사실 내가 가장 좋아하는 우리 가족의 이민 이야기는 프레데릭 트럼프에 관한 일화입니다. 1885년, 내 증조할아버지는 16살의 나이에 여분의 옷 몇 벌만 들어있는 작은 여행 가방을 들고 독일에서 미국으로 건너왔습니다. 그는 자신보다 1년 앞서 미국에 정착한 여동생 그리고 그녀의 남편과 함께 뉴욕에서 살았습니다. 그 당시에는 오늘날과 같은 사회 안전망이 없었고, 설사 있었다 할지라도 아마 이를 활용하지는 못했을 겁니다. 그가 의지할 만한 사회시스템은 전혀 없었습니다. 유일한 방법은 일을 통해 생존하는 길뿐이었습니다. 그래서 그는 일주일에 7일, 하루 12시간 동안 그 도시에서 이발사로 일했습니다. 그와 동시에 손님들이 하는 말을 들으며 영어를 익혔고, 돈을 모았습니다. 그렇게 충분한 시간이 흐른 뒤, 내 증조할아버지 프레데릭은 다른 많은 이민자와 마찬가지로 아메리칸 드림을 쫓아 독립하기로 마음을 먹었습니다.

1890년대 초, 그는 이발소 일을 통해 모은 600달러를 가지고 시애틀로 이주하여 그 도시의 홍등가에 레스토랑을 오픈했습니다. 왜냐하면, 그곳이 장사가 잘 되는 곳이란 말을 들었기 때문입니다. 1892년, 그는 미국 시민이 되었고 그해 있었던 대통령 선거에서 자신의 첫 번째 투표권을 행사했습니다. 그리고 비슷한 시기에 북서쪽에서는 금빛 돌풍이 불기 시작했습니다. 그는 과감히 거센 비바람을 뚫고 유콘[1]으로 향했습니다. 다만, 그는 금을 채취하는 것보다는 자신이 할 수 있는 일을 하길 원했고, 처음에는 텐트에서, 나중에는 목재로 만든 건물에서 채굴자들을 대상으로 한 레스토랑을 오픈했습니다. 그는 유콘 준주(州)의 화이트호스[2]에 거주 중인 채굴자들의 수없이 많은 식사를 책임졌습니다.

---

[1] 캐나다의 북서쪽 끝에 있는 준주(州)

[2] 유콘 준주의 가장 큰 도시

우리 가족은 지금 이 자리까지 오기 위해 자신의 모든 것을 걸었으며, 미국 사회의 주류가 되기 위해 계속된 위험을 무릅써 왔습니다. 하지만 우리의 이야기는 특별하지 않으며, 수백 만개가 넘는 이와 비슷한 사례를 얼마든지 보여드릴 수 있습니다. 왜냐하면, 이는 미국을 위대하게 만든 모든 이들의 이야기이기 때문입니다. 다시 한번 분명히 말하지만, 나는 이민자 가족 출신입니다. 내 여자친구인 킴벌리 길포일은 아일랜드인 아버지와 푸에르토리코인 어머니 사이에서 태어났습니다. 또한, 내 주변에는 이민자 출신의 좋은 친구들이 많이 있습니다. 나는 위대한 국가에 재정적으로, 사회적으로, 그리고 교육적으로 헌신해 온 수천 명이 넘는 이민자들을 만나왔습니다. 하지만 너무나도 많은 대부분의 불법 이민자들은 여기에 해당 사항이 없습니다.

좌파들은 오늘날의 이민자들이 각자 자신이 맡은 일에 최선을 다한다고 주장하지만, 진실은 전혀 다른 이야기를 우리에게 들려줍니다. 1800년대 후반과 1900년대 초반의 이민자들은 가파른 산업화 과정을 지나고 있는 미국에 합법적인 절차를 통해 입국했습니다. 그때는 비숙련직 일자리에 대한 엄청난 수요가 있었고, 우리 조상들은 기꺼이 그 일을 맡아서 했습니다. 하지만 오늘날에는 그런 일자리가 존재하지 않습니다. 그래서 지금은 근면함과 감사로 가득 찬 노동자들 대신, 법을 피하고, 세금을 최소한으로 내거나 혹은 아예 내지 않으며, 그저 살아남기 위해 정부지원금에 의존하는 사람들이 그 자리를 대신하고 있습니다. 솔직히 말하자면 그들의 이와 같은 침략은, 나와 같은 사람들에게는 사실 전혀 위협이 되지 못합니다. 나는 개인의료보험이 있으며, 내 아이들은 모두 좋은 학교에 다니고 있습니다. 정말로 다치는 사람들은 경제 사다리의 하단에 있는 사람들입니다. 그들은 보험이 적용되지 않는 불법 이민자들에 의해 시스템의 과부하가 생길 때 발생할 의료서비스 질의 저하를 직접 경험하게 될 것입니다. 또한, 한 반에 너무 많은 학생이 배정됨에 따라 자녀들이 받는 교육의 질이 저하되는 상황을 겪게 될 사람들이기도 합니다.

이제 나는 미국에 오려고 애쓰는 불법 이민자들을 비난하지 않습니다. 이 나라가 주는 이 모든 것들을 원하지 않을 사람이 누가 있겠습니까? 그러나 오늘날의 불법 이민자들과 이 나라를 세운 사람들을 동일 선상에 두고 비교한다는 건 너무 터무니없는 일입니다. 사실, 오늘날의 이민자들은 50여 년 전 민주당이 지켜내고 통과시킨 법안 때문에 우리 조상들과 같은 아메리칸 드림은 꿈꿀 수조차 없습니다.

1963년 존 F. 케네디 대통령이 댈러스에서 암살된 후, 케네디 대통령의 가족들 그중에서도 특히 메사추세츠 출신의 초선 상원의원이었던 그의 형제 테디는 전 국민의 위로를 받았습니다. 만약 그때, 테드 케네디가 모든 남성이 새끼 고래가 그려진 분홍색 바지를 입도록 하는, 그런 말도 안 되는 법안을 발의했어도 의회는 아마 그것을 통과시켰을 겁니다.

이 젊은 케네디는 의심할 여지 없이 똑똑한 사람이었으며,[1] 미국의 인구가 계속 증가하고 번창한다는 사실을 잘 알고 있었습니다. 그리고 이는 민주당 측에 반드시 도움이 되는 상황만은 아니었습니다. 제2차 세계대전에서 돌아온 병사들은 집을 구매하고, 사업을 시작했으며, 공화당에 투표하기 시작했습니다. 왜냐하면, 민주당은 더 높은 세금을 부과하고 효과 없는 정부프로그램에 더 많은 돈을 쓰는 것 외에는 그들에게 줄 수 있는 게 없었으니까요. 응? 혹시 이거 어디서 많이 듣던 말 아닌가요?

그래서 케네디 상원의원은 새로운 유권자들을 확보하기 위한 계획을 세웠습니다. 쉽게 말해서, 그들에게는 영어를 거의 하지 못하면서

[1] 체펴퀴딕섬에서 술에 취한 채로 운전대를 잡았던 순간을 제외하면 말입니다.

민주당이 미국민들에게 팔고 있는 대규모 복지 프로그램을 이용하기 원하는, 그런 가난한 사람들이 필요했습니다. 그리고 그 해, 그는 안정적이고 미국에 우호적인 나라 출신의 이민자들에게 동등한 비중을 두기 위해 오랜 기간 유지되어 온 이민할당제도를 폐지하는 법안을 제안했고, 제3세계 국가의 사람들을 위해 이민의 문을 활짝 열어젖히게 됩니다. 그 결과 가난한 나라의 이민자들이 우리의 해안으로 밀려 들어왔으며, 그들은 곧 정부 사회복지사업의 주요고객이 됐습니다. 또한, 테드의 계획으로 인해 오늘날 우리가 '연쇄 이주[이민]'라 부르는 것을 시작으로, 그들은 여러 세대를 걸쳐 자신의 가족들 또한 미국으로 데려올 수 있었습니다.

그런데 사실, 우리의 사회 안전망을 고갈시킬 이민자들을 원치 않는다는 생각은 새삼스러운 것이 아니었습니다. 내 절친 중 한 명이 최근 엘리스섬[1]을 여행했는데, 그곳에는 1882년 제정된 이민법에 관한 이 인용문이 전시되어 있었습니다.

'공적 부담[2]의 대상이 될 수 있다'라고 간주 되는 모든 이민자는 미국입국을 거부당했습니다. 엘리스섬의 이민 조사관들에게, 1882년부터 미연방 이민정책의 초석이 되어 온 이 조항은 스스로를 부양할 능력이 없어 보이는 사람들, 즉 사회에 부담이 될 것으로 보이는 사람들을 의미했습니다. 가난한 이민자들의 원조요청이 주체할 수 없을 정도로 쏟아지고 있음을 주장하는 미국 복지기관들의 영향을 받아, 엘리스섬의 조사관들은 신규이주의 가능성 특히, 이 나라에 이미 와 있는 남편과 아버지들에게로 오고자 하는 여성과 아이들의 이민 가능성을 신중히 고려했습니다.

이민이 진정 이 나라를 위대하게 만들었던 시기에는 이런 말들이

---

[1] 허드슨 강 하구에 있는 섬이다. 1892년 1월 1일부터 1954년 11월 12일까지 미국으로 들어가려는 이민자들이 입국 심사를 받던 곳으로 유명하다

[2] 이민 조사관이 생활비를 주로 정부 보조금에 의존하는 사람들을 가리킬 때 사용되는 용어

충분한 힘을 발휘했습니다.[1]

당신은 그를 인정해야만 합니다. 테디는 아주 긴 호흡의 게임을 하고 있었으며, 민주당이 권력을 유지하려면 가난한 이민자가 필요하다는 사실과 복지국가의 함정이 그들을 기다리고 있다는 사실을 모두 다 잘 알고 있었습니다. 일단 이민자들이 시스템에 의지하기 시작하면, 그들은 영원히 민주당의 일원이 될 가정을 꾸리게 될 것입니다. 이는 민주당이 당신에게 말하지 않은 진실이고, 많은 이들의 분노를 자극할 일이기도 합니다. 그들은 이민자들이 자신들이 만든 복지에 의존하기를 원합니다. 한 사람도 빠짐없이, 요람에서부터 무덤까지 온 일생을 정부만 바라보며 살기를 원하는 것이죠. 경제적 지위 상승 따위는 잊어야만 합니다. 정작 테드 케네디 본인은 개인 요트와 호화로운 파티를 누리고 있으면서, 그는 영원히 민주당에 표를 던져 줄 종속 계급을 구상하고 있었습니다. 사람들이 큰 정부에 의존하지 않는다면, 민주당은 그들에게 제공해 줄 수 있는 건 아무것도 없었습니다. 종속과 의존은 그들의 원동력이었고, 자급자족과 독립은 그들의 크립토나이트[2]였습니다. "어떤 남자에게 낚시를 가르쳐 보라. 그는 여전히 본인에게 공짜로 생선을 주는 사람에게 표를 던질 것이다." 나는 이 격언이 사실이라고 믿습니다.

테드와 '우연히' 미국의 법무장관으로 일하게 된 그의 형 로버트 케네디는[3] 해당 법안의 초안을 작성했습니다.

그 법안을 사이에 둔 격렬한 논쟁이 몇 달 동안 계속됐지만, 결국 과반이 넘는 지지를 확보했고 법안은 통과됐습니다. 1965년 린든 존슨[4]이 법안에 서명했을 때, 테드 케네디는 미국 국민들에게 "우리가 사는 도시에 연간 백만 명의 이민자들이 몰려들지는 않을 것"과 "미국의 노동자들이 자신의 일자리를 잃는 일은 없을 것"을 호언장

[1] 그리고 나는 이 책이 출간되고 5분 정도만 지나면 그 흔적은 이제 완전히 사라질 것이라 확신합니다. 정말 가슴 아픈 사실입니다!

[2] 슈퍼맨의 고향 크립톤 (Crypton)에서 유래 한 녹색의 결정 성 물질로, 슈퍼맨을 약화시키는 특이한 방사선을 방출

[3] 이 부분은 누군가 트럼프 백악관을 두고 '족벌주의'라고 말할 때마다, 내가 늘 상기시켜 주고 싶은 내용이기도 합니다.

[4] 미국의 36대 대통령

Chapter 6. 모호해진 자유의 여신상 · 113

담했습니다. 하지만 그건 전혀 사실이 아니었죠.

이민연구센터에 따르면 이 법안의 결과는 약 1,800만 명 이상의 합법적 이민자들과 '헤아릴 수 없을 정도로 많은 숫자의' 불법 이민자들을 미국으로 끌어들인, 근대역사상 가장 중요한 이민의 흐름으로 이어지게 됩니다.

그 당시 이민자들은 상당수가 가난한 제3세계 국가에서 왔습니다. 영어를 읽고 쓸 줄 아는 이민자는 거의 없었습니다. 그리고 이 게임에 뒤늦게 추가된 조항은 아직 시작단계인 '연쇄 이주'를 장려했는데, 이는 곧 미국에 도착한 이민자들과 합류하길 원하는 그들의 온 가족이 줄지어 기다리고 있음을 의미합니다. 후속연구들에 따르면 이 법안은 시민권자와 비시민권자 간의 교육 격차를 50% 가까이 증가시켰으며, 고국으로 돌아간 이민자들의 수는 오히려 감소시키는 결과를 가져왔습니다. 다시 말하지만, 나는 민주당의 후손들이 우리를 향해 비난의 화살을 쏟아내는 그런 영구적인 복지국가를 합법적으로 가능케 한 케네디 형제들에게 심심한 감사를 표하는 바입니다.

오늘날 미국인들이 부담하는 불법 이민 관련 비용은 믿기 어려울 만큼 어마어마합니다. 실제로, 좌파편향적 기관으로 추정되는 미디어 감시기관인 '페어니스 앤드 어큐러시 인 리포팅FAIR'의 최근 보고서에 따르면 현재 미국의 납세자들은 125만 명의 불법 이민자들과 그들의 자녀 420만 명으로부터 발생하는 비용을 충당하기 위해 약 150조 원1,349억 달러에 달하는 돈을 내고 있다고 합니다. 실제로는 약 300조 원2,500억 달러에 달할 것 입니다.

결론적으로 말하면, 불법 이민에 소모되는 비용을 지금과 같이 계속 쓸 수는 없습니다. 그리고 무엇보다 사회복지서비스로 인한 부담은 우리가 불법 이민에 대해 지불하는 대가의 일부에 불과합니다. 이로 인해 가장 상처받는 이들은 부유하고 힘 있는 사람들이 아닙니다. 솔직히 말해서 그들은 오히려 저임금 노동자들로부터 이익을 얻을 때가 더 많습니다. 바로 매일매일 열심히 일하는 근면한 미국인들이 그 비용을 부담하고 있습니다.

이민연구센터CIS에 따르면, 불법 이민자에게 지급된 메디케이드[1] 펀드의 비중은 2007년 6%에서 2017년 17%로 증가한 반면, 미국 시민권자들의 메디케이드 가입 증가율은 그 절반 이하인 것으로 나타났습니다.

[1] 저소득층 의료 보장 제도

CIS의 독립 공공정책 분석가인 제이슨 리치와인은 다음과 같이 말했습니다. "평균적인 이민자 가정은 평균적인 미국민 가정보다 현금복지 33%, 식량지원 57%, 메디케이드 지원금 44% 이상 더 많이 소비하고 있습니다."

게다가, 불법 이민과 그에 따르는 부작용이 우리로부터 빼앗아 가는 것은 그저 돈에 국한되지 않습니다. 그보다 더 심각한 문제는 불법 이민이 가져온 악영향이 우리 아이들의 생명을 앗아가고 있다는 사실입니다. 국무부에 따르면 현재 미국에서 소비되는 헤로인의 약 90%가 멕시코에 있는 서너 개의 도시로부터 유입된 것이라고 합니다. 현재 미국에서는 오피오이드(약물남용) 위기로 인한 사망자 수가 연간 72,000명을 넘어섰다고 합니다. 마약을 생산하고 판매하는 사람들, 멕시코 카르텔 그리고 그들의 충성스러운 군대의 폭력성을 고려할 때, 지금은 반드시 무언가 행동을 취해야 할 때입니다. 국경 너머로부터 마약이 쏟아질수록, 중독자는 점점 더 늘어날 것이고 헤로인과 다른 약물에 대한 수요 또한 증가하게 될 것이며 이 잔혹한 집단의 힘은 더더욱 강력해질 것입니다.

작년 멕시코에서는 기록적인 유혈사태와 사망자가 발생했는데, 그 대부분이 미국 남부국경에서 몇 시간도 채 걸리지 않는 거리에 있는 장소에서 벌어졌습니다. 민주당의 방치와 무無 대책으로 인해 그 중 상당수는 무시해도 될 정도의 경계선에 지나지 않았습니다. 만약 그곳이 사막이었다면 말이죠. 멕시코 내무부는 2017년 한 해 동안 멕시코 내에서 총 29,168건의 살인이 발생한 것으로 추정하고 있으며, 그중 대부분은 마약 카르텔 조직원들이 저지른 일이었습니다. 하지만 이는 표면적으로 드러난 숫자에 불과할 뿐, 정부가 미처 발견하지 못한 채 비밀리에 행해진 살인사건의 수는 이루 헤아릴 수 없을 정도에 이릅니다. 이런 카르텔의 잔혹성에 관해 말하자면, 사실 통계에는 그들의 끔찍함이 모두 나와 있지 않으며 부패한 관리들과 범죄자들은 이미 한 몸이나 다름없습니다.

마약과 다른 밀수품을 미국으로 운송하는 권리를 누가 갖느냐를 놓고 전쟁을 벌이는 대여섯 개의 카르텔이 존재했는데 총기와 기타 군용무기를 소지한 이들의 전투는 공공장소에서 주기적으로 발생했으며, 온 거리로 뒤덮였습니다. 멕시코 도시의 많은 거리들이 온통 피로 흥건했으며, 시날로아 카르텔과 관련된 최근의 변화로 인하여 이 싸움은 점점 더 격렬해지고 있습니다. 그리고 이보다 더 심각한 것은 바로 그들이 미국으로 점점 더 퍼져나가고 있다는 사실입니다.

이 카르텔의 조직원들은 지역 민주당 행정부에 의해 수립된, 심각한 결함을 가진 '사면'과 '이민자 보호도시'[1] 정책을 포함한 불법적이고 위법적인 방법으로 미국으로 건너옵니다. 얼마 전 앨라배마주 헌츠빌에서는 시날로아 카르텔의 병사들이 마약 밀거래에 연루된 자신의 할머니를 흉기로 찔러 죽이는 장면을 목격한 13세 소녀를 참수시킨 끔찍한 일도 있었습니다. 시날로아 카르텔은 MS-13 갱단의 일원을 고용하여 미국에서 이른바 '암살'을 하는 것으로 알려져 있습니다. 아마 당신도 기억하겠지만, MS-13은 엘살바도르와 같은 중미 국가에서 미국으로 건너온 피에 굶주린 폭력배들이 모인 악명

[1] 주로 미국이나 캐나다에서 불법체류자들이 거주하거나 일할 수 있도록 허용된 도시

높은 조직입니다. 로스앤젤레스를 본거지로 하는 MS-13은 불법 이민자가 많은 다른 도시들로 퍼져나갔고, 그들 중 상당수는 '보호자가 없는 미성년자' 신분으로 미국에 들어왔습니다. 이들은 모두 오바마 행정부 시절, 미국 정부가 법률적으로 그들을 인도해서 가야 했던 국경에 혼자 보내진 아이들이었습니다. 오바마 행정부에 따르면, 정부가 직접 미성년자들을 데리고 가서 그들에게 무료 식량과 피난처를 제공하지 않는 것은 심각한 인권침해였을 거라고 합니다.

2015년부터 남부국경지대에 출몰하기 시작한 '보호자 없는 미성년자'의 수는 급격히 증가하는 추세입니다. 연구 결과, 이들 중 상당수는 미국에 연줄이 있었으며, 이 제도를 이용하고자 하는 친척들에 의해 먼저 미국으로 보내진다고 합니다. 그리고 이 아이들은 대부분은 보호자를 자청하는 폭력적인 갱 조직원들의 볼모가 됩니다. 결국, 그들 대부분은 이미 중앙아메리카에서 건너온 이민자들이 매우 많이 거주하고 있는, 헌팅턴역 그리고 브렌트우드와 같은 롱 아일랜드 지역의 마을에 정착하게 됩니다. 이는 곧, 이 아이들이 영어를 배우거나 새로운 공동체에 동화될 필요가 없다는 것을 의미합니다. 왜냐하면, 그들에게는 이미 자신들이 소속될 새로운 소사회sub community가 있으니까요. 갱 활동 전문가의 여러 연구에 따르면, 이들과 같이 새롭게 미국 땅을 밟은 미성년자들은 MS-13의 신규조직원이 될 수 있는 최고의 예비 인재들이었습니다.

갱단원들은 종종 롱아일랜드 고등학교 복도에서 새로 이민 온 학생들에게 접근하여 그들에게 소속감과 보호를 약속하고 자신들의 아지트로 데려오곤 합니다. 이 새로운 아이들은 MS-13의 정체나 미국 내에서 종종 더러운 일을 하는 멕시코 마약조직의 피비린내 나는 역사를 알 길이 없습니다. 예를 들어, 그들은 MS-13이 마체테[1]를 사용해서 여성과 아기를 죽인다는 사실을 모르고 있습니다. 롱아

[1] 날이 넓고 무거운 칼. 무기로도 쓰임

일랜드의 나소 카운티의 한 정신병원 옆에는 MS-13 조직원들에 의해 그곳에 유기된 시신들이 많아서 '킬링필드'라고 알려진 장소가 있을 정도였으며, 지난해 롱아일랜드 뉴스데이는 경찰이 나소 카운티에서 활동 중인 조직원 약 500명의 신원을 확인했다고 보도했습니다. 그리고 나소 카운티 바로 동쪽에 자리한 서퍽 카운티에도 300명의 조직원이 현재 활동하고 있습니다. 이들은 잘못된 이민정책으로 인해 미국의 가장 안전한 지역사회에 침투할 수 있도록 허락받은 것이나 다름없는 범죄조직이었습니다.

이런 추세가 계속 이어진다면, 멕시코 마약 조직원들은 이제 곧 자신들의 나라가 아닌 바로 이곳, 미국의 거리에서 싸움을 벌이게 될 것입니다. MS-13의 모토가 무엇일까요? 살인, 강간, 통제? 그들의 조직원들은 이런 잔인무도한 행동의 전문가들입니다. 희생자들의 목을 자르고 가슴을 찢어버리죠. 어때요? 정말 멋지지 않습니까?

하지만 내 아버지가 그들을 향해 짐승 같은 놈들이라 소리쳤을 때, 어찌 된 영문인지 좌파 측은 거의 정신이 나간 듯 보였습니다. 그의 발언에 낸시 펠로시는 우리가 모두 신의 자녀임을 상기시켰고, 그가 진정 '신의 불꽃'을 믿는지 의문을 제기했습니다.

빌어먹을! 잠깐 흥분을 좀 가라앉혀야겠군요.

오늘날, 미국 의회는 이 나라의 국경 보안을 완전히 가로막는 마지막 장애물이나 다름없습니다. 민주당은 존재하지도 않고 입증되지도 않은 음모론에 대한 수사를 중단하고, 그 대신 멕시코나 엘살바도르와 같은 먼 곳의 폭력사태가 우리가 사는 이 나라에 도달하지 못하도록 함으로써 모든 미국민의 안전을 지키고 그들이 밤에 편안히 잠자리에 들 수 있도록 하는 일에 집중해야만 합니다. 하지만 유감스럽게도, 대부분의 민주당 의원들은 아름답고 큰 문으로 둘러싸인 집에 살고 있으며 수십 명의 무장 경호원들이 매일 같이 지키고 있는 건물에서 일하고 있습니다. 그들은 불법 이민으로 인해 위험에 처한 국민의 삶, 불법 이민자들에 의해 야기된 의료시스템의 부담, 그리고 불법 이민자들이 차지하는 일자리에 관해 이야기하는 것을 별로 좋아하지 않습니다. 대신 그들은 주류 언론을 통해 동맹국들과 함께 자신들의 토론 내용을 재구성합니다. 다시 말하자면 내 아버지 도널드 J. 트럼프가 남부국경에서의 비상사태에 관한 이야기를 할 때, 민주당은 그에게 인종차별주의자, 냉혈한 또는 둘 다에 해당하는 사람이라는 낙인을 찍어버립니다.

민주당원들과 미디어에 종사하는 그들의 지지자들은 항상 이런 식으로 상황을 몰아갔습니다. 불법 이민자가 범죄를 저지르거나, 미국에 수백 킬로그램의 헤로인을 몰래 들여오거나, 불법 투표를 하는 등의 사건이 발생하면, 우리 저명한 민주당원들께서는 웬일인지 그에 관해서는 그저 침묵을 지키며 소가 방귀를 뀌는 것이 오존층을 어떻게 해치는가와 같은 '중요한' 문제로 논점을 옮기는 걸 선호합니다. 한 보수주의자가 MS-13에 의해 목숨을 잃은 무고한 아이의 죽음을 애도하며 현재 이 나라의 불법 이민에 문제가 있을 수 있다고 지적한 뒤 얼마 지나지 않아 자유주의 기계들이 작동하고, 수십 명의 의원이 공화당을 향해 일제히 그 말이 얼마나 인종차별적이고 사악한지 아느냐며 소리를 지르기 시작합니다. 이 나라에서 실질적인 이민 논쟁은 아마 없을 겁니다. 민주당은 이러한 논쟁을 원천봉쇄하기 위해 지금까지 그동안 아주 훌륭한 일들을 해왔으니까요. 다만, 그 반대편에서는 매일 200명이나 되는 미국의 어린이들이 약물 과다복용으로 죽어가고 있다는 사실만큼은 꼭 기억하기 바랍니다. 하루에 무려 200명입니다.

이 위기는 특히 펜실베니아를 거의 마비 상태에 이르도록 만들었는데, 이 지역의 약물 과다복용 비율은 전국 평균의 거의 두 배 가까이 치솟았습니다. 미국 전역을 기준으로 보면 일부 지역에서는 오피오이드 관련 사망자가 약간 줄어든 반면, 힐스쿨이 있는 몽고메리 카운티에서는 최근 이 비율이 급증했습니다. 이 불행은 민주당이 그 지역 주민들의 일자리를 해외로 보낸 그 시점부터 시작됐습니다. 일자리를 잃은 부모들은 그저 자리에 앉아서, 부모로서 해야 할 어떤 역할도 하지 못한 채 그렇게 전례를 찾아보기 힘들 만큼 많은 아이들을 땅에 묻을 수밖에 없었습니다.

민주당이 잘하는 것이 하나 더 있는데 그게 뭔지 혹시 아십니까? 바로 '위선'입니다.

2013년 낸시 펠로시, 척 슈머 그리고 다른 거의 모든 민주당 상원의원들은 약 1,100km의 국경장벽의 설립을 포함한 법안에 투표했습니다. 오바마 대통령은 이 법안에 서명하는 데 동의했고, 이 법안에 대해 "나와 다른 많은 이들이 반복적으로 제시한 상식적 개혁의 핵심 원칙과 일치한다"라고 말했습니다. 한 번 더 말해볼까요? 오바마는 국경장벽의 건설을 '상식적 개혁'이라고 불렀습니다.

그리고 2016년, 오바마 전 대통령은 다음과 같이 말했습니다. "테러범들이 국경을 위협하는 시대에 살고 있기에, 우리는 아무에게도 들키지 않은 채 몰래 입국하는 사람들, 허가증이 없는 사람들, 통제되지 않는 사람들이 미국에 쏟아져 들어오는 것을 허락할 수 없습니다. 미국인들이 더 나은 국경 보안과 이민법의 강화를 요구하는 건, 당연한 그들의 권리입니다. 자, 그러면 지금 이 시점에 와서 보이는 민주당의 이 모든 히스테릭한 반응들은 어떻게 해석해야 할까요? 보시다시피 시작은 오바마 대통령이 먼저 했습니다. 그런데 어떻게 된 영문인지 자유주의자들은 이 사실을 너무 쉽게 잊어버린 듯 보입니다.

2014년, 우리의 연로하신 힐러리께서는 이런 말을 했습니다. "우리는 분명한 메시지를 보내야만 합니다. 당신의 아이가 국경을 넘었다고 해서 무조건 이곳에서 살 수 있는 것은 아닙니다. 우리는 이 나라의 법에 반대되는 메시지를 보내는 것을 원치 않으며, 더 많은 아이들이 그런 위험한 모험을 하도록 장려하고 싶은 마음도 없습니다." 내 아버지가 했던 말과 비슷하지만, 어찌 된 영문인지 힐러리가 그렇게 말했을 때는 전혀 문제 될 것이 없습니다.

아마 당신은 민주당에 대체 무슨 일이 일어난 건지 궁금할 것입니다. 글쎄요, 쉽게 말하면 내 아버지가 대통령으로 선출됐고, 이제 그들은 미국을 보호하고자 하는 것보다 그를 싫어하는 것이 더 중요하다는 결정을 내렸습니다. 그래서 주류 언론의 도움을 받아 그들은 국경장벽을 인종 차별로 둔갑시켰습니다. ABC 뉴스와 워싱턴 포스트의 여론조사에 따르면 오바마 대통령 시기에, 이미 미국인의 거의 3분의 2가 국경 지역에 장벽이나 울타리를 세우는 것을 지지했지만 현재 그 숫자는 50% 미만으로 떨어졌습니다. 그리고 그 이유는 오직 한 가지, 잘못된 정보와 민주당 정치인들의 거짓말, 그리고 이를 가짜 뉴스로 만들어 퍼뜨리고자 했던 공동의 노력 때문입니다.

낸시 펠로시는 국경에 대한 내 아버지의 행동을 '야만적'이라고 불렀지만, 나는 그녀가 국경을 경계로 아이들을 부모와 갈라놓고, 그들을 텐트 시티[1]에 가두는 것과 250만 명의 이민자들을 추방하는 내용이 포함된 오바마 정부의 이민정책에 대해서는 그렇게 말하는 모습을 본 적도, 들은 적도 없습니다. 이 위기를 일으킨 장본인이 누군지 우리는 똑똑히 기억해야 합니다. 좌파 측에서 이런 내용을 언급하는 사람이 단 한 명도 없다는 사실이 참 재밌지 않습니까?

민주당 의원 딕 더빈도 빼놓을 수 없는 인물인데 그는 단지 '연쇄이주이민'란 용어를 사용했다는 이유만으로 내 아버지를 인종차별주의자라고 불렀습니다. 그러나 그는 자신이 상원 원내연설에서 그와 똑같은 용어를 사용하는 비디오가 발견됐을 때, 사과해야만 했죠.

[1] 텍사스주 휴스턴의 동쪽 35마일 지점에 있는 실업자 마을

지난 1월 개빈 뉴섬이 캘리포니아 주지사로 선출됐을 때, 그는 주州 전체를 불법 이민자들을 위한 피난처로 만들 것을 맹세했고, 심지어 그들을 위한 메디케이드가 적용되는 주州를 만들기로 약속하기도 했습니다. 더 말해볼까요? 낸시 펠로시의 고향인 샌프란시스코에서는 불법 이민자들이 지방선거에서 투표권도 행사할 수 있습니다.

하지만 아버지가 불법체류자들을 이민자 보호 도시로 보내자는 제안을 했을 때, 민주당원들은 뭔가 큰일이라도 난 것처럼 야단스럽게 비명을 질러댔습니다. 6,000명의 민주당 대선 후보 중 한 명인 전 샌안토니오의 시장 줄리안 카스트로는 이 제안을 '무자비'한 제안이라 말했고 낸시 펠로시의 대변인 또한 마찬가지였죠. 하원 위원회 의장인 제럴드 네이들러와 엘리야 커밍스는 당장이라도 수사를 시작하길 원했습니다.

민주당 측의 위선자 중 가장 유명한 사람은 아마 셰어[1]일 겁니다. 지난 2017년, 그녀는 자신의 모든 할리우드 동료 스타들에게 집을 오픈해 하나의 작은 이민 도시처럼 만들어서 이민자들을 보호할 것을 촉구했습니다. 하지만 이후 2019년 4월 그녀는 자신의 도시 로스앤젤레스에서 다음과 같은 내용의 트윗을 게시했습니다. "이 땅의 주인이 충분한 돌봄을 받지 못하고 있는 것은 아닌가? 만약 내가 있는 이 주州가 이곳의 주민들을 돌보지 않는다면, 어떻게 더 많은 이들을 돌볼 수 있겠는가."

내 대답은 다음과 같습니다.

도널드 트럼프 주니어
놀랍고, 또 놀랍군요. 아무래도 좌파는 다른 사람에게 엄청난 부담을 주고 싶을 때만 불법을 지지하나 봅니다.

---

[1] 미국의 가수 겸 배우이다. 영화 감독, 프로듀서로도 활동하고 있음

민주당은 서로 대척점에 있는 이 둘 모두를 원합니다. 불법 이민자들을 향해 양팔을 벌리며 환영하는 동정심 많은 정당으로 보이길 원하지만, 그들을 직접 돌보는 사람이 되고 싶지는 않습니다. 돈은 땅에서 그냥 솟아나지 않으니까요.

국경장벽과 관련된 모든 히스테릭한 반응들을 다 걷어내고 보면, 그들의 이런 행동들이 동정적 이민전략의 일부임을 쉽게 확인할 수 있습니다. 미국은 오늘날의 이민자들이 겪는 문제들을 모두 해결할 수 없습니다. 아버지가 멕시코를 강하게 대하는 것은 분명 옳은 일입니다. 이민자들의 문제는 그들의 본국에서 다뤄져야 합니다. 불법 이민 문제에 대한 해답은 미국이 아니라 남쪽의 이웃 국가들에 있습니다. 도널드 J. 트럼프가 많은 나라에 대한 원조를 중단했을 때, 심지어 좌파의 일부 정직한 지도자들조차도 그것을 두고 현명한 조치라고 말했습니다. 우리가 그 나라들에 보낸 돈의 대부분은 실제로 그것을 필요로 하는 사람들에게 돌아가지 않았습니다. 대신 독재자와 비뚤어진 정치인들이 그 돈을 빼돌렸을 뿐이었죠.

테디 케네디 이후로 민주당원들은 이민에 대해 잘못 인식하고 있습니다. 그들의 전략은 가난한 나라들을 계속 가난하게 만들었고, 도움이 필요한 절망적인 사람들을 미국으로 몰려들게 했습니다. 그 결과, 우리는 지금 숙련된 노동자들은 부족한 반면, 재정적 지원이 필요한 미숙련 이민자들은 너무 많은 상황을 마주하고 있습니다.

설령 당신이 이 논쟁의 도덕적 측면 즉, 세상을 더 좋게 만들고 모든 사람을 돌보는 것이 우리의 임무라는 사실을 무시한다고 할지라도, 이는 정말 말도 안 되는 일입니다. 지금 우리는 일련의 비참한 경제적 상황들을 직면하고 있습니다. 자국민들을 돌볼 여력도 없는 상황에서 세계를 돌보기 위해 돈을 지불할 여유 따위는 더더욱 없습니다. 나는 선거 유세장에서 아버지가 연설했던 재향군인회 병원

시스템의 슬픈 현실에 대해 한탄하며 내게 다가온 사람들을 셀 수 없을 만큼 많이 보았습니다. 아버지는 불법 이민자들의 식권구입을 돕거나 불법 체류 중인 학생들의 대학 진학 비용을 지불하기 전에, 단돈 천 원까지도 우리의 퇴역군인들을 위해 먼저 사용해야 한다고 굳게 믿고 있습니다.

어떻게 그게 논란이 될 수 있나요?

그렇다면 이민을 모두 차단해야만 하는 걸까요? 물론 아닙니다. 커피숍에서 만났던 나의 에티오피아 친구처럼 미국에 대한 진정한 존경과 존중을 보여주고, 이 나라를 더 좋게 만들기 위해 노력하는 사람이라면, 우리는 얼마든지 미국으로 건너온 이민자들을 환영하고 그들이 거주하도록 도울 것이며 일자리를 얻을 수 있도록 허용할 것입니다. 이민자 개개인에게 특정 기간[1] 동안 체류할 수 있는 비자를 주는 제도가 현재 시행되고 있습니다. H-1B 비자는 의학이나 공학 등 전문 분야에서 뛰어난 역량을 갖춘 외국인을 선호합니다. 이를 통해 우리는 다른 나라의 유능한 전문가들로 도시를 채울 수 있으며, 그중 일부는 외부의 전문지식이나 다른 관점을 이 나라에 가져다주게 됩니다. 지난 수십 년 동안, 해당 비자를 통해 전 세계의 수많은 의사와 외과의들이 미국에 들어왔고, 이들은 불법 이민자들의 무게로 인해 의료시스템이 무너질 위기에 처한 미국이 여러 도시에 절실히 필요한 구제책을 제공해 주었습니다.

이 비자 시스템은 멕시코 국경에서 북쪽으로 불과 몇 마일 떨어진 텍사스주 브라운스빌과 같은 도시들에 특히 큰 도움이 됐습니다. 브라운스빌의 주민들은 질병에 걸릴 확률이 평균보다 2배나 높았는데, 그들을 치료하는 거의 모든 의사와 간호사들은 해당 비자를 발급받아 이곳에 머무는 사람들이었습니다. 하지만 히스테릭한 좌파에게 이런 '최고로 똑똑한' 비자는 그저 인종차별적이고 배타적인 제도일

[1] 일반적으로 직업을 갖거나 대학을 진학할 계획이 있는 경우는 1~2년 이상

뿐입니다. 트럼프 행정부에 있어서 아버지는 최근 현재 시행되고 있는 '연쇄 이주' 시스템 대신 '성과기반' 시스템을 사용해서 이민정책을 정비하는 아이디어를 도입했습니다. 그러자 왼쪽, 그리고 심지어 오른쪽의 일부 사람들조차도, 그를 향해 마치 국경에 기관총 포탑을 설치하고 싶어 안달 난 사람이라는 듯한 반응을 보였습니다.

나에겐 다섯 명의 아이들이 있습니다. 성장함에 따라, 아마도 이 아이들은 성과기반 시스템을 기반으로 자란 이들과 직접적인 경쟁에 놓이게 될 것입니다. 오히려 이론적으로 바라보면, 나는 이 시스템을 부정적으로 생각해야 할지도 모릅니다. 하지만 결론부터 말하면, 사실은 그렇지 않습니다. 경쟁은 좋은 겁니다. 그것은 부모와 학생들이 그리 실용적이지 않은 쉬운 과목의 박사학위를 받기 위해 약 3억 5천만 원 가까이 되는 돈을 빚지지 않는 등, 여러 현명한 선택을 하도록 이끌어 갈 것입니다. 배움에 낭비란 있을 수 없다고 생각할지 모르지만, 만약 당신이 배운 그 지식이 직업으로 이어져서 빚을 갚을 수 없다면 그것을 달리 뭐라고 불러야 할지 사실 나는 잘 모르겠습니다.

세심한 검토와 긴 신청 절차에도 불구하고, 말썽꾼들이 아무런 경보도 울리지 않은 채 우리의 비자 안전장치를 지나치는 일은 너무 쉽습니다. 그리고 ISIS[1] 조직원과 같은 테러리스트들은 이런 느슨한 경계를 충분히 활용할 수 있습니다. 이상적인 세계였다면 이는 미국 정부가 그들이 발급한 모든 비자, 그리고 그보다 더 중요한 비자를 소지하고 있는 사람들을 현존하는 최고의 기술력을 동원해 추적할 수 있는 충분한 이유가 됩니다. 그리고 불행하게도, 오늘날 이민관세청ICE이 사용하고 있는 기술은 닌텐도 만큼 오래된 기술일 뿐 입니다. 나는 개인적으로 자금을 지원받는 전국적인 캠페인을 진행해온 경험이 있기 때문에, 개인에 관한 상세한 정보를 보관하는 기술을 손에 넣는 것이 얼마나 쉬운 일인지 잘 알고 있습니다. 연방정부가 민간기

[1] 2014년부터 2017년까지 이라크의 북부와 시리아의 동부를 점령하고 국가를 자처했던 극단적인 수니파 이슬람 원리주의 무장단체

업이나 정치 캠페인이 보유한 기술력 중 극히 일부를 취득할 수 있다면, 100만 명의 비자 신청자 명단에서 잠재적 테러리스트를 찾아내는 것은 엘리자베스 워렌[1]을 인디언 보호구역에 데려다 놓는 것보다 더 쉬운 일이 될 겁니다. 그리고 민주당이 백악관에 대한 통제력을 상실한 이후부터 급격히 감소하고 있는 이곳 미국 땅에 대한 이슬람 테러의 사례는 거의 틀림없이 더 적어질 것이며, 우리는 똑똑하고 유능한 이민자들이 비자를 얻을 수 있도록 그 저변을 계속 넓혀나갈 수 있습니다.

하지만 우리 정부는 그런 시스템에 접근할 수가 없습니다.

ICE에서 현재 미국에 머무르고 있는 외국인 현황을 확인하고자 할 때, 현재 전체 데이터베이스는 27개의 서로 다른 데이터베이스로 구성되어 있으며 이 모든 정보는 구식 컴퓨터시스템과 그 사용법을 잘 모르는 직원들에 의해 운영되고 있습니다. 그 결과 매년 일, 공부, 망명을 이유로 임시 비자를 받은 70만 명의 사람들이 시스템에서 사라지고 있으며, 최종기록된 주소지에서 벗어나 연방정부의 감시망을 수월하게 피하고 있습니다.

그래서 ICE가 어둠 속으로 사라진 비자 소지자를 찾으려면, 수십 개가 넘는 오래된 데이터베이스를 검색하고, 인터뷰를 진행하고, 그 한 사람을 찾기 위해 이웃을 샅샅이 뒤지거나 그조차 안 되면 어떤 끔찍한 일이 일어나지 않기를 기도하면서 포기해야 하는 상황에 직면해 있습니다. 그리고 이는 ICE가 게슈타포[2]가 될 수 있다고 믿는 의회의 히스테릭한 민주당원들로 인해 훨씬 더 악화됐습니다. 도널드 J. 트럼프가 대통령에 선출되어 ICE에 더 많은 자금을 제공하여 보다 더 효율적인 임무 수행이 가능하도록 하겠다는 약속을 했을 때, 대부분 불법 이민이 가져올 재앙에 영향을 받지 않은 지역의 거리에서 이를 반대하는 시위들이 일어났습니다. 민주당 대선후보

[1] 민주당 소속의 매사추세츠주 상원의원

[2] 옛 나치 독일의 비밀 국가 경찰

중 세 명은 ICE를 폐지하거나 해체하기를 원합니다. 민주당의 상원의원인 카말라 해리스[1]는 이렇게 말했습니다. "우리는 아마 모든 것을 처음부터 다시 시작하는 방안에 대해 생각해야 할지도 모릅니다." 그리고 또 한 사람, 엘리자베스 워렌은 그 기관을 완전히 폐쇄하길 원합니다.

[1] 바이든 대통령 후보자의 러닝메이트

한 가지 좋은 소식은 미국인들이 이민과 관련된 일에 대해 깨어있다는 사실입니다. 민주당의 미사여구와 가짜뉴스는 일부 사람들을 잠시 속일 수 있을지 모르지만, 영원히 그럴 수는 없습니다. 맨해튼의 부동산사업처럼 시장은 항상 모든 것을 파악하고 있습니다. 미국 사람들은 현재 국경에 문제가 있다는 것을 알고 있으며, 그곳을 넘어 이 땅으로 오는 모든 사람이 다 우리의 친구가 아니란 사실도 잘 알고 있습니다. 그들은 오늘날 많은 이민자가 추구하는 것이 아메리칸 드림이 아닌, 손쉽게 필요한 모든 것을 공급받는 삶이라는 것 또한 물론 알고 있습니다. 그리고 내가 만난 에티오피아 친구의 말처럼, 이 모든 것들은 합법적으로 이 땅에 오는 사람들을 더 어렵게 만듭니다. 오늘날 미국인들은 좌파의 모든 거짓말을 꿰뚫어 보고 있습니다.

기억하십시오. 시장은 언제나 모든 것을 알고 있습니다.

Chapter
7.

당신 할아버지 시대의 민주당은 이제 없습니다.
(NOT YOUR GRANDFATHER'S DEMOCRAT PARTY)

지난 몇 년 동안 나는 정치에 대한 몇 가지 교훈을 배웠습니다. 예를 들어 이런 겁니다. 절대 여론조사를 믿지 말라. 신문에서 읽은 내용을 그대로 믿지 말라. 그리고 절대로, 절대로 미시간, 펜실베니아, 오하이오주에 사는 사람들을 과소평가해서는 안 된다. 듣고 있나요, 힐러리? 하지만 그중에서 내가 배운 가장 중요한 교훈은, 그저 돈을 받고 자리를 채우는 사람들, 무료 커피와 도넛을 받으러 오는 사람들과 함께 보내는 시간이 절대로 도로에 나와 실제 시민들과 악수하는 일을 대신할 수 없다는 사실입니다. 캠페인 행사장 밖의 주차장에서 보내는 1시간 또는 지역 주유소에서 보내는 시간을 통해서 나는, 캠페인 본부에서 백여 차례의 전략회의를 할 때보다 더 많은 것들을 배울 수 있었습니다. 선거 캠페인 첫 순간부터 에릭과 나는 항상 참석한 모든 사람과 악수를 하기 전에는 그 자리를 떠나지 않는다는 원칙을 세웠습니다. 사진찍기, 모자에 사인하기, 참석자들의 말 경청하기 등도 모두 마찬가지였습니다.

우리의 좌우명은 "누군가 자리에 남아있다면, 우리도 그 자리를 떠나지 않는다"였습니다. 아버지는 선거 캠페인 첫 시작부터 이를 실천했습니다. 그는 사람들의 박수 소리를 여론조사의 방법으로 삼곤 했는데, 청중이 얼마나 환호하는가를 기준으로 하면 어떤 정책이 효과를 발휘하는지 파악할 수 있었습니다. 그에게는 자신이 남들보다 앞서고 있는지 확인하기 위한 별도의 데이터 과학팀이 필요하지 않았습니다.

물론 이 원칙을 따르기 위해, 좀 더 많은 잠과 좀 더 많은 식사를 포기해야 했지만, 내 아버지가 백악관에 입성하는 과정에 도움이 되는 방법임은 분명했습니다. 일종의 좋은 거래였던 셈이죠.

2016년 어느 날 아침, 나는 그날 예정된 여러 개의 단독 캠페인 행사 중 하나를 몇 분 앞두고 위스콘신주의 큰 행사장 밖 안전선 주변을 둘러보고 있었습니다. 나는 당신에게 선거 캠페인 동안 우리가 위스콘신 지역에서 힐러리 클린턴보다 더 많은 군중을 모았다고 말하고 싶지만, 아쉽게도 그건 힘들 것 같습니다. 왜냐하면, 그녀는 단 한 명의 군중도 끌어들이지 못했으니까요. 그녀는 단 한 번도 그 주를 방문한 적이 없었습니다.[1] 그날 내 연설은 선거를 불과 며칠 앞둔 상황에서 진행된 것으로, 나는 고작 100칼로리의 에너지[2]와 약 2시간의 수면을 통해 마치 기름을 부은 듯 순수한 아드레날린의 힘으로 달리고 있었습니다. 돌이켜보면, 항상 선거 캠페인의 마지막 몇 주는 이렇게 아주 긴 하루처럼 그렇게 흘러갑니다. 아, 물론 불평하는 건 아닙니다. 당신이 상상하는 바와 같이 꽤 흥미진진한 시간이었고, 나는 그 모든 움직임과 투쟁을 좋아했습니다. 트럼프 기차에 올라타면 경험할 수 있는 한 가지 특징은, 그 여행이 절대 지루하지 않다는 것입니다.

안전선 너머로, 행사에 참가하기 위해 기다리는 줄의 앞쪽에는 오렌지 색 조끼와 더러워진 목수용 청바지를 입은 남자들이 소란스럽게 모여 있었습니다. 몇몇은 노란색 모자를, 나머지 사람들은 고전적인 빨간색의 MAGA 모자를 쓰고 있었죠. 맨해튼의 저녁 파티에서는 자주 볼 수 없는 그런 종류의 모임이었습니다. 다시 말해 지금

---

[1] 나는 이번에는 민주당 쪽에서 태도를 고칠 것이라 확신합니다. 그들이 원해서가 아니라 꼭 방문할 수밖에 없기 때문이죠. 아버지 덕분에 이제 그들은 표를 받는 것이, 당연하지 않다는 사실을 잘 알게 됐습니다.

[2] 대부분 레드불에서 나온

내가 발견한 이들은, 내게 자신들이 현재 어떤 기분을 느끼는지, 또 어떤 생각을 하고 있는지 정확하게 말해줄 수 있는 사람들입니다. 그래서 나는 몇 분의 시간을 내어 그 자리를 찾아갔습니다. 그들은 더없이 친절했고, 한동안은 일반적인 이야기들이 오고 갔습니다. "우리는 당신이 미국을 다시 위대하게 만들기를 간절히 바라고 있어요!!" "당신의 아버지가 옳아!" "우리는 힐러리를 아주 싫어해!" 등등의 말들이 오고 갔으며, 모두 미소를 짓고 있었습니다. 그들은 전부 노조에 가입된 목수들로 내게 아버지의 모든 말들을 사랑한다고 했습니다. 사진 몇 장을 찍으려고 포즈를 취한 다음 무대 뒤로 돌아가려고 하는 그때, 옆자리에 앉은 한 남자가 내 눈에 들어왔습니다.

그는 다른 목수들과 비슷한 옷을 입고 있었지만, 트럼프에 대한 자부심이 다른 이들보다는 크지 않은 듯 보였고, 그 자리에 있는 것이 그다지 행복해 보이지 않았습니다. 솔직히 말하면 다른 친구들에 의해 그곳에 억지로 끌려온 사람처럼 보였습니다. 다가가 악수를 청했지만, 그는 고개를 저으며 웃었습니다. "미안해요" 그가 말했습니다. "만약 내가 공화당에 투표할 거라는 사실을 내 할아버지가 아신다면, 아마 깜짝 놀라서 무덤에서 나오다가 굴러떨어지실 겁니다."

나는 그의 걱정을 충분히 이해할 수 있었습니다. 내 외할아버지와 친할아버지 두 분은 모두 나의 영웅이셨고, 나 또한 그들의 모습을 염두에 두고 평생을 살아왔으며 정치에 대한 견해 또한 그들의 성향과 상당히 비슷했으니까요. 다른 노조원들로부터도 이와 비슷한 말을 들었습니다.

"그냥 궁금하군요." 내가 말했습니다. "어떤 이유로 그렇게 생각하는 건가요?"

내 질문에 방금 만난 나의 새 친구[1]에 따르면 그와 그의 친구들이 모두 같은 지역 출신으로 내 아버지의 연설을 듣기 위해 100마일이

---

[1] 그의 이름을 러스티라 부르겠습니다

넘는 긴 거리를 달려왔습니다. 특히 러스티는 대부분이 위스콘신 출신 목수들과 전기기술자들로 구성된 노조원들과 함께 이곳에 왔는데, 그들은 모두 같은 삶의 길을 따라가는 사람들이었습니다. 그들은 목재를 깎을 때 나는 냄새가 가득 풍기는 작은 마을에서 자랐으며, 자신들의 아버지가 소속된 팀으로부터 일자리를 얻었습니다. 그리고 18번째 생일이 되자 본인의 이름이 새겨진 조합원카드를 받았고, 이와 함께 자신들의 첫 투표권을 민주당에 행사했습니다.

러스티의 할아버지가 지지하는 민주당은 아마도 노동조합의 실질적 창시자이자, 미국 노동자 계급을 대공황으로부터 구원해준 프랭클린 D. 루스벨트를 의미할 것이고, 적어도 그 당시에는 민주당에 대한 그의 투표가 어느 정도 타당했다고 주장할 수 있습니다. 하지만 그의 아버지는 존 F. 케네디나 린든 B. 존슨의 시대를 살았을 것입니다. 그리고 이런 가족의 전통에 따라 러스티는 지역사회의 구성원이 되자마자, 대공황 이후 어떤 대통령보다 블루칼라 노동자의 급여에서 많은 돈을 걷어간 버락 H. 오바마에게 첫 번째 투표를 했습니다. 분명히 러스티는 자신이 가진 투표권을 본인의 이익을 위해 행사하지 못했습니다. 하지만 그건 그의 잘못이 아닙니다. 피셔프라이스 망치와 장난감 못을 가지고 놀던 어린 시절부터, 그의 아버지 그리고 할아버지는 민주당이 어째서 노동자 계급을 위한 유일하고 진정한 정당인지에 대해 그에게 말해왔을 겁니다. 그가 들어온 말에 따르면, 민주당이 노동자의 임금과 복지에 신경 쓰고 있을 때, 공화당은 기업과 회사 임원진의 주머니를 채우는 데만 신경을 썼다고 합니다. 그렇다면 왜 러스티는 그들의 말을 믿지 않는 걸까요? 그때까지 이 남자의 삶은 마치 초창기 밥 딜런의 긴 노래와 같았습니다. 그에게 편견의 시선을 심어준 건 그의 할아버지와 아버지만이 아니었습니다. 텔레비전 뉴스와 할리우드 영화의 대본에서도 가난한 노동자들을 착취하는 뚱뚱한 공화당원들의 모습이 반복적으로 등장했고, 그 모습은 매일 진보성향 신문들의 지면을 가득 채웠습니다. 나는 늘 말했듯이 매일 생계를 꾸리기 위해 바쁘게 일하고 남는 시간을 통해 진실된 뉴스를 찾으러 전 세계를 샅샅이 뒤질 수 없다면, 다시 말해 매일 그렇게 바쁜 일상을 살고 있다면, 무엇이 진실이고 무엇이 거짓인지 판단하는 일은 매우 어려울 수밖에 없습니다.

그리고 사실 그의 할아버지와 아버지는 거짓말을 하지 않았습니다. 20세기 대부분의 시간 동안, 실제로 민주당은 노동조합과 블루칼라 노동자들의 정당이었습니다. 이는 의심의 여지가 없습니다. 물론 처음에는 민권법안에 반대하기도 했고, 흑인들이 실제로 노조에 가입하는 과정에서 꽤 큰 문제도 있었지만, 미국의 노동자계층이 빈곤에서 벗어나는 데 많은 도움이 된 것은 부인할 수 없는 사실이었습니다. 덕분에 우리는 주당 40시간 근무와 주2일 휴무를 보장받았으며, 근로자들을 위한 혜택을 받고 있습니다. 만약 당신이 1930년대 백인 남성에 흑인 친구가 없는 전기공 또는 배관공이었다면, 민주당에 투표하는 것은 합당한 선택이었을 것입니다. 그러나 20세기 후반 어딘가부터 자유주의자들은 노동자 계급 유권자들에 대한 그들의 입장을 바꿨습니다. 린든 존슨 행정부 당시, 민주당은 민권개혁에 찬성하는 '척'하는 것이 계속해서 정권을 유지하기 위한 좋은 방법이란 사실을 깨달았고, 그들은 노동자들에 대한 그들의 지원을 복지 시스템으로 대체하기 시작했습니다. 세금을 줄이고 기업을 성장시킬 수 있는 자원을 모으는 대신, 민주당 집권 하의 연방정부는 공공 지출과 막대한 복지 프로그램을 홍보하기 시작했습니다. 미국 근로자들의 임금이 상승할 수 있도록 친기업 정책을 제정하는 대신, 그들은 그 재원을 근로자들을 위한 복지에 투입했습니다. 그런 다음 급식쿠폰과 연방정부 차원의 주택기금 지원 등과 같은 점점 비대해지는 프로그램을 유지하기 위해 세금을 인상하여 가난한 이들을 계속 가난한 상태로 머물게끔 하고 있습니다. 민주당은 대중들에 의존했고, 지금도 여전히 그렇게 하고 있습니다. 그렇게 그들은 '의존의 정당'이 됐습니다. 의존이 없다면, 과연 그들이 무엇을 제시할 수 있었을까요?

이 논리는 기만적이었을지는 모르지만, 확실한 건 어리석지는 않았습니다. 오늘날의 민주당처럼, 그 당시의 자유주의자들도 사람들이 자신들에게 의존할 때, 투표소에 가서 본인들에게 투표할 가능성이 훨씬 더 크다는 사실을 이미 잘 알고 있었으니까요. 단순한 기본 심리학일 뿐입니다. 노동자들에게 돈을 주고 그들이 스스로 결정권을 내리도록 하는 것은 민주당에 최선의 이익은 아니었습니다. 만약 그들이 그렇게 한다면, 낭비적인 지출 프로그램을 만들고, 실직한 석탄 광부들에게 급식쿠폰을 나눠주는 워싱턴 체제는 쓸모없게 될 뿐 아니라, 그들이 투표소에 가서 내년 11월에 민주당에 투표할 이유 또한 없을 겁니다. 또한, 민주당은 노동조합의 지도자들과 실제 회원들 사이에 분열을 만들기도 했는데 노조 지도부의 부패가 그 원인의 큰 부분을 차지하고 있습니다. 현재 노조 지도부는 그 어느 때보다도 워싱턴 체제의 일부가 된 반면, 실제 노동자들은 동일 임금과 높아진 세금, 그리고 얼어붙은 경제성장을 통해 계속해서 크게 고통받고 있습니다. 그리고 이런 와중에도, 노조 간부들은 자신들이 아무 일도 하지 않은 채 노조원들의 보조금을 전액 지급 받으면서 회원들의 대표로 계속 자리할 수 있다는 사실을 잘 알고 있었습니다. 그렇게 그들은 자신들을 위해 아무 일도 하지 않는 정당 뒤에 서서 열렬한 지지를 보냈습니다. 말 그대로, 그들은 이제 애초에 자신들을 보호하기 위해 만들어진 아메리칸 드림이 해외로 수출되는 상황을 적극적으로 돕고 있습니다.

조니 도허티[1]를 예로 들어보겠습니다. 이 글을 쓰고 있을 무렵,

[1] 필라델피아의 유명한 노동 지도자로, 국제전기노동자협회 98개 지역의 사업 관리자

필라델피아 빌딩건설협회와 국제전기노동자협회 98개 지역의 대표인 그는, 현재 약 7억 원 이상의 조합자금을 횡령한 혐의를 담은 116건의 연방기소에 대한 재판을 기다리고 있습니다. 월스트리트저널에 따르면 도허티는 노조원들에게 자신의 집 앞 인도를 청소하고, 토마토 정원에 물을 주고, 스포츠 배팅을 하도록 했습니다. 조니는 지난 15년 동안 필라델피아와 그 인근 지역에서 민주당을 실질적으로 운영해온 인물로서, 필라델피아 웰스파고 센터에서 열린 2016년 민주당 전당대회에서 자신이 있는 지역의 노조원들을 결집하여 민주당 속으로 깊숙이 파고들었습니다. 선거 캠페인 기간에는 힐러리 클린턴을 직접 만나기도 했었죠. 도허티는 영화 <워터프론트>의 시대 속에서나 존재할 법한 사람처럼 보이지만, 사실 그가 이례적으로 유독 부패한 사람인 것은 아닙니다. 전국의 노조 지도부에는 이미 부패가 만연해 있었으니까요. 미국 노동부가 공개한 자료에 따르면 2001년부터 노동관리기준국은 노조 회비 1,200억 원 이상을 횡령한 노조 지도자들을 조사하고 기소했다고 합니다. 또한, 노조 지도부는 버니 샌더스 연설의 요점처럼 들리는 의제[1]를 지지하면서 힐러리 클린턴의 선거운동을 돕기 위한 1,200억 원의 회비를 지출하기도 했습니다.

솔직히 말해서, 러스티는 아마 나보다 이 모든 일을 더 잘 알고 있을 겁니다. 그는 그저 자신이 이미 알고 있는 내용을 대신 말해줄 누군가가 필요했을 뿐이었죠. 내가 연설을 위해 행사장 안으로 들어갔을 때, 그는 며칠 후 본인이 해야 할 투표에 대해 조금 더 안전함을 느낀 듯 보였습니다.

내가 러스티에게 사회주의적 의료정책에서부터 수백만 명이 넘는 불법 이민자들의 사면에 이르는 민주당의 정책 중에서 당신의 할아버지가 지지했을 법한 내용이 있는지 물어봤을 때, 그는 대답할 수

[1] 이민 개혁, 기후 변화, 그 외 기타 민주당의 관심사

없었습니다. "당신이 열심히 일해서 번 돈을 더 많이 챙겨가는 게 더 좋지 않습니까?" 내가 말했습니다. "혹시 정부가 당신의 돈을 더 많이 챙겨가길 바라는 건가요?" 러스티는 고개를 저으며 말했습니다. "전혀요. 그렇지 않습니다." "이봐요, 러스티." 나는 미소를 지었습니다. "나는 전통을 이해합니다. 그리고 당신의 가족 모두가 민주당원이 되는 것을 당연히 여길 수밖에 없었던 모든 상황도 다 알고 있어요. 하지만, 오늘날의 민주당은 당신의 할아버지가 알고 있는 그 민주당이 아닙니다." 바로 그 순간, 나는 그의 눈에서 나오는 빛을 확인할 수 있었습니다. 손을 내밀었고, 그는 내 손을 잡았습니다. "공화당에 온 걸 환영합니다." 내가 말했습니다. "당신과 함께할 수 있어서 매우 기쁩니다."

그 뒤로도 나는 여러 번 이런 이야기를 나누었고, 앞으로도 계속 그럴 것이라 확신합니다.

블루칼라 노동자 출신 억만장자

선거 후, 소위 TV 속의 전문가들과 천재들은 아버지가 노조에 속한 유권자들로부터 전례를 거의 찾아보기 힘든 수준의 높은 지지를 받았다는 사실에 큰 충격을 받았습니다. 사실, 노조로부터 이보다 더 큰 득표율을 얻은 공화당 대선 후보는 1984년 선거의 로널드 레이건이 유일했습니다. 몇 주 동안, 논평가들과 데이터 저널리스트들은 공화당이 대통령 선거에 출마해 온 그 모든 세월 끝에, 마침내 무너져 가는 시골의 노조 노동자의 지지를 얻은 후보가 5번가 고층 건물의 꼭대기 층에 사는 억만장자였다는 것에 적잖이 당황한 모습이었습니다. 그리고 이 모든 현상을 설명할 방법을 찾기 위해 내 아버지의 인생 이야기를 차근차근 연구하기 시작했습니다. 그들은 유권자들이 모든 정보를 다 갖고 있지 않았을 수도 있으며, 단지 '정규대학교육을 받지 않은 사람'이라는 이유만으로 트럼프의 뒤를 따랐거나, 또는 워싱턴 정치에 대한 염증과 이로 인한 분노만으로 이런 선택을 했을 수도 있다고 말하면서 이 모든 현상을 다 설명해 줄 방법을 찾기 위해 애쓰고 있었습니다.

아이비리그에서 언론학 학위를 가진 바보들이 보지 못한 진실을 한눈에 명확하게 볼 수 있는 곳이 있습니다. 내가 자주 언급했던 것처럼, 한 번 직접 지칠 때까지 도널드 J. 트럼프를 따라 그의 건설현장을 둘러보길 바랍니다. 내 아버지는 단순히 건설 프로젝트의 확인을 위해 그곳을 방문하지 않습니다. 하루 종일 현장에 머물다가 다음날 돌아오곤 하셨죠. 집에 돌아올 때쯤이면, 이미 그는 그곳에 있는 대부분의 근로자 이름과 그들이 직면한 모든 문제, 그리고 정확히 얼마의 예산이 소요됐는지를 다 파악하고 있었습니다. 트럼프 그룹은 수년간 수천 명의 노조원과 목수 그리고 전기 기술자를 고용해왔습니다. 아버지 덕분으로 그들 중 많은 이들이 오랜 기간 계속 일을 했고, 집을 샀으며 아이들을 대학에 보냈습니다. 민주당은 자신들이 미국 노동자계층을 대표하는 정당인 '척'은 할 수 있지만, 이 남성과 여성들은 거기에 쉽게 속아 넘어가지 않습니다. 러스티와 같은 유권자들에게 이 5번가의 억만장자는 그저 자신들과 같은 블루칼라 노동자일 뿐입니다.

결국에는 얼굴에 달걀을 맞은 채로 TV에 나오는 바보들은 부끄러움을 느껴야만 하겠죠. 물론, 이 바보들을 고용한 임원진도 마찬가지입니다. 2016년 대선에서 본 것처럼, 오직 가짜뉴스의 세상에서만 누군가 잘못된 소식을 퍼뜨린 후에, 다음날 다시 돌아와서는 마치 아무 일도 없었다는 듯 그렇게 행동할 수 있습니다. 도대체 이들은 책임이라는 단어의 뜻은 알고 있는 걸까요? 머리는 쓰라고 있는 건데 말입니다. CNN이 무너지던 그 순간을 혹시 기억하십니까? 그들은 몇 주 동안 힐러리가 두 자릿수 차이 득표율로 이길 것으로 예측했지만, 마침내 영광스러운 새벽이 밝았고 그들의 거짓말은 모조리 탄로가 났으며 자신만만했던 이들은 결국 전부 달아나고야 말았습니다. 트럼프는 소위 전문가라고 불리는 사람들의 정체를 하나도 남김없이 다 폭로했습니다.

이 모든 일은 내가 선거 캠페인 초기에 떠났던 또 다른 여행을 생각나게 합니다. 스코틀랜드 글래스고에서 몇 마일 떨어진 곳에 위치한, 아버지의 골프코스와 컨트리클럽이 있는 트럼프 텐베리로 가는 여정이었죠. 우리는 1년 동안의 대대적인 개조 공사를 마친 후, 이제 막 그곳을 다시 오픈할 예정이었습니다. 그리고 내가 여행을 떠날 무렵, 영국 시민들은 그들이 유럽연합을 떠날 것인지 말 것인지에 대한 투표를 준비하고 있었습니다. 유명 골프 홀 중 한 곳의 리본을 자르는 동안, 나는 그 코스를 돌보는 몇몇 사람들 즉, 술집에서 술을 마시고 하루 종일 햇빛그리고 비을 맞으며 일하는 그 지역의 마을 사람들과 함께 어울렸습니다. 그들은 스코틀랜드인이었지만, 어쨌든 마찬가지로 내가 대부분의 시간을 함께 보낸 사람들이었습니다. 트럼프 그룹을 위해 텐베리에 간 몇 년 동안, 나는 그들과 많은 친분을 쌓았습니다.

몇 미터 떨어진 곳에는 한 무리의 기자들이 무대 주위로 모여들고 있었습니다. 대부분 아버지에게 대통령 선거 캠페인과 브렉시트에 대한 견해를 묻기 위해 온 사람들인데, 이는 그날의 큰 이슈였습니다. 그들 중 누구도 골프장에 대해서는 별로 신경 쓰지 않았습니다. 정비사들과 함께 서 있던 그 자리에서 우리는 TV 뉴스앵커들이 그 주 후반부로 예정된 국민투표에 대한 초기여론조사결과를 공개하는 내용을 들을 수 있었습니다. 대부분이 런던 또는, 다른 도시지역에 거주

중인 이른바 영국 인구의 1% 부분집합에 불과한 뉴스 앵커들의 말에 따르면, 자신의 동포들이 절대로 EU유럽연합탈퇴에 투표해서는 안 된다고 합니다. 그들은 이를 우스꽝스럽고 어리석은 일로 여기는 듯 보였습니다. 마치 현재 대서양을 가로질러 지금 현실로 일어나고 있는, 맨해튼에서 온 어떤 자신만만한 억만장자가 대통령 선거에 당선되는 일처럼 말이죠.

하지만 내가 직접 대화를 나눈 사람들 즉, 실제로 투표를 하고 그 결과에 영향을 받는 나머지 99%의 영국민들의 경우에는 전혀 다른 대답을 했습니다.

"우리는 무조건 탈퇴에 투표할 것입니다." 그들 중 한 명이 말했습니다. "100% 확신할 수 있어요. 우리는 유럽연합에서 나갑니다."

골프장 건너편에는 브렉시트에 관한 이야기를 찾는 기자들 수십 명이 있었습니다. 우리가 떠나기 전에 그들 중 한 명에게 나는 브렉시트와 관련하여 어떤 일이 일어날 것으로 예상하는지 물었고, 그는 지금 TV에 나오는 자신의 친구들과 똑같은 말을 했습니다. "우리는 남을 것에요. 누가 떠나려고 투표를 하겠습니까? 그럴 사람은 단 한 명도 없습니다."

만약 그가 탈퇴 의사가 있는 누군가를 만나고 싶었다면, 그저 몇 미터 정도 걸어가서 근처에 있는 다른 평범한 사람들과 이야기를 하면 됐을 겁니다. 하지만 그들 중 누구도 그렇게 하지 않았고, 영국 언론이나 미국에 있는 그의 동료들 역시 마찬가지였습니다. 그러다가 상상도 하지 못한 일이 현실이 됐고, 사람들이 자신이 진정 원하는 바를 세상에 드러내자 기자들은 모두 어리둥절했습니다. 어떻게 이런 상황이 일어날 수 있었을까요? 어떻게 그렇게까지 잘못된 확신을 하게 됐을까요?

그들은 유권자들과 직접 대화하지 않았기 때문에, 여론을 제대로 이해할 수 없었습니다. 그저 자신들이 원하는 결과를 예측해서 그에 따라 글을 썼을 뿐이죠. 하지만 그 문장과 말들이 그들에게 남들보다 더 많은 발언권을 가져다주지는 못했습니다. 분명한 것은 그들은 스스로 더 많은 표를 만들어 낼 수 없다는 사실입니다.

반면, 내 아버지가 미국 정치에 대해 '혁명'을 일으킬 수 있었던 이유이자, 충분히 인정받을 만한 그의 가장 혁명적인 전략은 사실 꽤 간단했습니다. 그는 자신의 유권자들을 잘 알고 있었고, 그들의 말을 경청했습니다. 대통령 선거에서 승리를 보장해주는 다른 특별한 전략이 있었으면 좋겠지만, 바로 이것이 사실입니다. 아버지가 처음 이 무대에 발을 내딛던 그때, 그는 평생을 함께 일해온 사람들과 직접 대화를 나눴습니다.

그리고 그 경주의 다른 누구도 그렇게 할 수는 없었습니다.

2015년 초 아버지가 등장했을 때, 사람들은 모두 지역노조와 블루칼라 노동자의 지지가 힐러리 클린턴과 조 바이든 같은 민주당 측 후보의 몫이 될 것으로 예상했습니다. 사람들의 말에 따르면, 그들은 펜실베니아, 미시건, 오하이오주에서 강력한 지지를 받고 있으며, 흑인과 히스패닉계 사람들의 표 전체를 쉽게 가져갈 것으로 보였습니다. 그 누구도 왜 그게 당연한 건지, 왜 이제 더는 그래선 안 되는지에 대한 의심조차 하지 않았습니다. 적어도 내 아버지가 기성정치의 관념에 도전하고 공화당과 민주당에 의해 지난 수십 년 동안 무시당해 온 유권자들에게 직접 말을 걸기 전까지는 그랬습니다. 캠페인을 진행하면서, 우리는 모두 앉아서 사람들의 말을 듣고 그들의 우려를 해결할 수 있는 정책을 고안해 냈습니다.

정치에서 흔히 볼 수 있는 것처럼, 이는 단순하게 들립니다. 하지만 공화당은 내가 평생 해온 선거 내내 계속해서 그 일을 망쳐놨습니다. 큰 것을 잃고 중요한 문제를 무시하는 분야에 있어서 공화당보다 더 뛰어난 명성을 지닌 정당은 아마 없을 겁니다. 조지 W. 부시와 미트 롬니 휘하의 공화당은 아마 역사상 그 어떤 조직보다도 더 큰 승리의 문턱에서 좌절한 경험을 가진 집단일 겁니다. 몇 년 동안 그 정당은 미국 소도시의 노동자들과 대화하기를 거부해 왔으며, 결국 재선에 실패하고 말았죠. 그들은 큰 변화가 없이는 고칠 수 없는 진정한 고통이 이 나라의 중심부에 있다는 사실을 깨닫기에는, 더 많은 기부를 받거나 재선되는 일에 지나칠 만큼 몰두해 있었습니다. 이러한 과거 공화당과 비교했을 때, 우리는 거의 모든 범주에서 뛰어난 성과를 냈습니다. 그들은 그저 약속만 했을 뿐이지만, 우리는 사람들에게 실제적인 결과를 보여줬습니다.

러스티와 같은 사람들에게 다행인 점은, 내 아버지가 그들과 함께 해왔다는 사실입니다. 이제 미국의 남녀 노동자들은 모두 실제로 그들이 무엇을 필요로 하는지, 그리고 어떻게 그것을 얻을 수 있는지를 아는 누군가를 백악관에 둘 수 있게 됐습니다. 오늘날의 그 어떤 정치인이 노조를 다루고 직접 노동을 해야 하는 사업을 운영해 본 경험이 있습니까? 누가 노조원을 고용하는 수천 개의 일자리를 직접 만들었습니까? 많은 민주당 인사들이 그러했듯, 말로만 떠벌리는 리더십이 아닌 실제 노동자들과 함께 일해 온 사람은 누구입니까?

지난 수십 년 동안 민주당이 미국의 남녀 노동조합원들을 위해 실제로 한 일이 뭐가 있습니까? 있다면 한번 말해주길 바랍니다. NAFTA북미자유무역협정는 끔찍했으며, 민주당은 제조업 기반을 다지고자 하는 다른 나라들을 위한 훌륭한 일을 했습니다. 그런 와중에, 노조 지도부들은 민주당이 노조원들에게 좋은 일을 하는 것처럼 속이지 않았습니까? 이제 그만합시다! 앞서도 언급했듯이, 내 아버지는 NAFTA를 미국 노동자들에게 많은 이익을 가져다줄 새로운 거래,

USMCA미국·캐나다·멕시코협정로 재협상했습니다. 노동조합들은 그 새로운 거래에 박수를 보냈지만, 낸시 펠로시는 현재 하원에서 해당 안건을 표결에 부치는 것을 거부했습니다. 도대체 왜 그러는 걸까요.

　대통령이 되기 전, 아버지는 민주당이 아메리칸 드림을 경쟁국들에게 수출하는 반면 자국민들 즉, 훌륭하고 근면한 미국인들이 홀로 고군분투하고 있는 모습을 바라보며 마음 아파했습니다. 이 아메리칸 드림은 지난 수십 년 동안 우리의 유일한 수출품이나 다름없었습니다. 그는 미국의 미래가 민주당의 결정으로 인해 모두 수포로 돌아간 반면, 우리의 근성을 경멸하는 다른 나라들이 번영하는 모습을 지켜보는 것에 염증을 느꼈습니다. 그들은 우리 시민들이 고통받는 동안, 우리가 가진 자유와 가치를 경멸하는 사람들에게 아메리칸 드림을 수출하고 있었습니다. 도널드 J. 트럼프는 바로 그 아메리칸 드림을 원래 있어야 할 그 자리, 바로 이곳 '미국'으로 다시 되돌려 놓았습니다.

　아버지와 그의 행정부는 처음 3년 동안 노동자들을 위해 성취한 결과물들 즉, 세금 감면과 임금 인상 그리고 역사적으로 낮은 실업률 등을 봤을 때, 노동계급의 유권자들이 민주당을 지지하지 못하도록 직접 나서서 방어할 필요는 사실 전혀 없다고 해도 무방합니다. 민주당의 주류라 할 수 있는 조 바이든, 버니 샌더스, 코리 부커, 엘리자베스 워렌 등과 같은 이들이 사회주의와 개방된 국경과 같은 생각을 함께 교류함으로써, 노동자 계급의 구성원들에게 있어 미국은 그 어느 때보다 살기 어려운 나라가 됐습니다. 그들은 노동자들에게 투자하는 대신, 수많은 일자리를 해외로 옮기는 일을 도왔고, 이로 인해 미국의 노동자들은 수많은 일자리와 기회를 빼앗겨야만 했습니다. 또한, 그들은 수천 명의 불법 이민자들을 입국할 수 있도록 허용했는데, 이들은 너무나도 자주 우리의 제도를 벗어났으며 이 나라에 대해 아무런 기여도 하지 않았습니다. 우리 시스템에 전혀 비용을 내지 않는 부양가족의 증가로 인해 붕괴 위기에 놓인 과밀집된 학교와 과도한 의료복지시스템보다 미국의 발전을 파괴하는 더 좋은 방법이 있을까요? 오직 민주당만이 이를 좋은 생각이라 여기는 듯 보입니다.

Chapter 8.

학교로 돌아가자(BACK TO SCHOOL)

당신이 낸 수업료가 어떤 보상으로 돌아오는지 알게 된다면, 아마도 깜짝 놀라게 될 겁니다.

혹시 누군가와 다른 의견을 갖고 있나요?
축하합니다! 이제 당신은 세상을 더 좋은 곳으로 만들기 위한 공식적인 첫걸음을 내딛게 됐습니다. 이 나라에서 의견 불일치와 논쟁은 매우 중요한 두 가지 요소입니다. 특히, 정치 분야에서는 더욱 그렇죠. 애초에 미국을 위대한 국가로 만든 핵심이 바로 이 두 가지입니다. 만약 이 두 가지 요소가 우리 가운데 없었다면, 우리는 여전히 영국의 식민지가 되어 차를 마시며 군주에게 절하는 법을 배우고 있었을 겁니다.

하지만 애석하게도, 지금은 2019년입니다. 이제 당신은 어떤 누군가와 서로 의견이 맞지 않을 경우를 대비하기 위해, 의견 불일치와 논쟁의 기준이 예전과는 많이 다르단 사실을 알아야만 합니다. 예를 들어, 당신이 동의하지 않는 사람이 소수집단의 일원이고 당신은 그렇지 않다면, 아마도 그냥 조용히 입을 다물고 있어야 할 것입니다. 혹시 상대가 여자인데 당신은 그렇지 않습니까? 역시 아무 말도 하지 말아야 합니다. 아, 그리고 만약 동의하지 않는 상대보다 돈이 더 많다면, 아예 입도 뻥끗해선 안 됩니다.

좀 더 쉬운 설명을 위해, 앞으로 당신이 알아야 할 규칙들을 일종의 체크리스트로 한 번 작성해보겠습니다.

돈의 체크리스트

공포의 빈칸 채우기, '당신은 인종차별주의자 또는 여성 혐오자입니까?'

당신은,
☐ 백인입니까?
☐ 이성애자입니까?
☐ 남자입니까?
☐ 기독교인입니까?
☐ 시스젠더입니까?[1]

만약 당신이 위 질문 중 하나라도 '예'라고 답변했다면, 아마도 입을 닫고 지내야 할 수도 있습니다. 혹시 5개 항목 모두 해당한다면, 확실히 그렇습니다.

당신에게 해당하는 항목이 1~2개 정도라면 일단 잠시 기다리길 바랍니다. 아직 끝이 아니거든요. 체크리스트의 두 번째 부분은 다음과 같습니다.

당신이 동의하지 않는 상대방이,
☐ 아프리카계 미국인/아시아인/히스패닉/아메리카 원주민입니까?
☐ 여성입니까?
☐ 무슬림입니까?
☐ 민주당원입니까?
☐ 빈곤층입니까?
☐ 트랜스젠더입니까?
☐ 현재 많은 스트레스를 받는 상태입니까?

---

[1] 내가 알기로 이 단어는 우리가 출생 시 받은 생물학적 성과 본인이 느끼는 성 정체성이 일치하는지 확인할 때 사용하는 신조어입니다. 즉, 다시 말해 남자가 스스로를 남자로 느끼는지, 여자가 스스로를 여자로 느끼는지 확인하는 겁니다.

☐ 불법 이민자입니까?

불행하게도 이 체크박스들 중 당신에게 해당하는 사항이 하나라도 없다면, 역시 마찬가지로 입을 다물어야만 할 것입니다. 솔직히 말해서, 그냥 개 주둥이에 씌우는 입마개를 입에다가 하는 건 어떨까요? 요즘은 그게 이 나라의 급진적인 좌파를 행복하게 해줄 수 있는 유일한 방법인 것 같은데 말이죠. 이런 입마개는 꽤 오랜 기간 지속되어 왔지만, 대부분의 사람들은 뭔가 이상한 낌새조차 느끼지 못하고 있습니다. 좌파 측은 광장 공간의 대부분을 차지하고 있으며, 주요 뉴스매체 또한 대부분 그들 편에 서 있습니다. 소셜 또는 비소셜 미디어 역시 마찬가지입니다. 현재 그들은 모든 매체에 걸쳐 문자 그대로 '사회정의 전사'들의 군대를 보유하고 있으며, 심지어 차세대 유권자들의 세뇌를 목적으로 전국의 거의 모든 대학에도 포진해 있습니다. 부디 나는 캠퍼스 내에 1미터 남짓한 크기의 공간을 만들어 표현의 자유를 위한 안전부스로 삼은 다음, 그곳에서 내가 해야 할 일을 시작하지 않길 바랄 뿐입니다.

하지만, 만약 당신의 역할을 바꾼다면 과연 어떻게 될까요?

글쎄요, 아마 위에서 언급한 내용은 이제 당신에게 하나도 적용되지 않을 겁니다. 백인 남성을 비판하는 흑인 무슬림 여성이라면, 더할 나위가 없겠죠. 레이첼 매도 쇼[1]의 게스트로 나갈 수도 있을 겁니다. 그리고 그 시점에 이르게 되면, 이제 당신이 하는 말은 그게 무엇이든 상관없이 복음이 될 겁니다. 당신의 감정과 당신은 절대 틀릴 수가 없으니까요.

오늘날 왼쪽에 선 사람들은 결과가 없는 상태에서도, 그들이 원하는 것은 무엇이든 다 말할 수 있습니다. 누구에게든 질문할 수 있고,

[1] 2008년 9월에 신설된 미국 MSNBC의 평일 종합 시사 보도 프로그램

항의할 수 있으며, 상대가 누구든 그에 반대하여 폭동을 일으키는 것이 허용되지만, 어떤 대가도 치르지 않을 겁니다. 자유주의 언론은 그들을 영웅으로 포장할 것이며, CNN, 워싱턴 포스트, 뉴욕타임스는 안티파 폭력배들에게 '혐오 반대 시위대'라는 타이틀을 선물했습니다. 나는 일한 오마르, 러시다 털리브, 그리고 나머지 분대원들에게서 나온 극도로 위험한 발언들에 대해 언론이 나쁜 말을 하는 것을 들어 본 적이 없습니다. 반면, 보수주의자가 그들의 마음에 들지 않는 말이나 행동을 하면, 그 또는 그녀는 아마도 인종차별주의자이거나 성 차별주의자 또는 영혼이 없는 사람이 될 것입니다.

모든 것이 허용되고 누구의 통제도 받지 않는 대학 캠퍼스만큼 이 이중적 잣대가 분명한 공간은 없습니다. 2016년 선거 캠페인 동안, 나는 오늘날 우리 문화에 스며들고 있는 가장 위험한 이념들들 몇몇은 가장 진보적인 대학들의 강의실에서부터 비롯됐단 사실을 알게 됐습니다. 그곳은 자유주의자들이 사람들의 감정을 왜곡하고, 최악의 충동을 느끼도록 충동하며, 학생들의 두뇌가 기괴한 급진주의적 이론들로 뒤죽박죽되도록 만드는 공간입니다. 그들은 생각을 제외한 모든 것의 다양성을 원합니다. 반면, 보수주의자들은 입을 다문 채 그저 그림자 속에만 머물러 있으란 말을 듣곤 합니다. 대학 캠퍼스에서 수없이 많은 시간을 보내면서, 나는 학교에서 평범하고 환영받는 기분을 느끼게 해줘서 감사하다는 인사를 하러 내게 다가오는 보수주의적 학생들을 만날 수 있었습니다. 이건 정말 나쁘고 어딘가 단단히 잘못된 것이 분명합니다. 아래의 글은 예일 데일리 뉴스 스텝으로 있는, 어떤 한 학생의 논평 중 한 단락을 발췌한 것입니다.

공화당은 지금 독단적으로 예일 커뮤니티를 파괴하고 있으며, 우리 캠퍼스에 실질적으로 필요한 것을 제공하지 않는다. 그들은 모두 인종차별주의자인 동시에 편협한 동성애 혐오자이며, 도널드 J. 트럼프가 우리의 대통령이라는 달갑지 않은 사실을 상기시켜주는 존재일 뿐이다. 현재 우리 사이에 숨어있는 공화당 지지자들이 있다는 발상은 그 자체로 매우 충격적이고 또 불쾌할 따름이다. 나는 소수민족을 싫어하고 가부장제를 지지하는 사람들과 캠퍼스를 공유해야 한다는 현실에 진절머리가 난다. 예일대가 진정으로 학생들의 안전과 정신 건강을 걱정하는 진보적인 학교라면, 공화당을 받아들이는 것을 즉각 중단해야 할 것이다.

이러한 광기가 절정에 도달한 순간은, 아마도 벤 샤피로[1]라는 주류 보수주의자가 UC버클리에 연설자로 초대된 2017년 9월경이었을 겁니다. 그들이 얼마나 미쳐 있었는지를 알아차리는 데는 꽤 오랜 시간이 걸렸습니다. 나는 사무실에 앉아 뉴스를 보고 있었고, 상황은 무난해 보였습니다. 그러나 행사가 가까워지자, 시위자들이 행사장소로 몰려들었습니다. 군중들은 함께 "노 트럼프! 노 KKK! 노 파시스트 미국"이라는 구호를 외치기 시작했습니다.

[1] 미국의 보수적인 정치 논평가, 연설가, 저자 및 전 변호사

건물 주위에는 폭동진압 장비를 갖춘 경찰들이 배치돼 있었습니다. 아마 버클리대 행정팀이 자신들의 실수로부터 무언가를 배운 것이 분명했습니다. 몇 달 전 이곳에서는 보수주의적인 영국 정치평론가 밀로 이아노풀로스의 연설이 사회 정의를 외치는 마피아에 의해 폐쇄된 전례가 있었습니다. 학생운동가들과 안티파 조직원들은 흉기와 하키 패드를 들고 소란을 피울 준비를 마쳤고, 캠퍼스 경찰은 그런 종류의 폭력을 감당할 충분한 대비가 되어 있지 않았습니다. 그날 밤이 끝날 무렵, 시위대는 약 6억 원 상당의 피해를 입혔고, 수십 명의 사람들을 잔인하게 폭행했습니다.

다음에 누군가 당신에게 이 나라가 폭력의 위험 없이 자유로이 연설할 수 있는 그런 국가라고 말한다면, 그 또는 그녀에게 샤피로 행사에서와 마찬가지로 종종 SWAT팀 전체를 행사장에 배치해야 할 일이 생길 수 있다는 사실을 꼭 상기시켜주길 바랍니다. 나는 벤 샤피로를 단 한 번 만난 것이 전부이지만, 그의 작품을 몇 줄 읽어 본 사람은 누구나 즉시 그가 '파시스트'나 'KKK'단의 일원이 아니라고 분명히 말할 수 있습니다. 사실, 그는 이 나라에서 인종차별, 노예제도, KKK와 민주당 사이의 연관성에 관한 진실을 말하고자 하는 몇 안 되는 사람들 가운데 하나입니다. 정통 유대인이기도 한 벤은, 아마 나치가 되는 것도 힘들 것이며 더욱이 도널드 J. 트럼프의 지지자도 아닙니다.

그러나 이런 차이는 연설장에 나타나 항의하고, 물건을 태우며, 폭력을 행사하는 사람들에게는 그리 중요하지 않습니다. 그들의 세계관에는 그런 미묘한 차이가 존재하지 않기 때문이죠. 그들에게 있어서 당신의 존재는 자신들과 같거나, 아니면 반대이거나 둘 중 하나일 뿐입니다. 만약 그들의 반대편에 있다면, 당신은 악이 됩니다.

샤피로가 등장하기 전, UC 버클리대학교는 '법적인 의미를 넘어, 언론의 자유에 대한 우리의 헌신은 샤피로를 초대한 학생들이 그의 말을 듣기 원하는 사람들을 위해 행사를 주최할 수 있도록 할 것을 의무화한다'라는 메시지를 잘 표현했습니다.

다시 말해, 우리는 언론의 자유를 위해 헌신하고, 다른 의견을 관대히 받아들임으로써 이 행사가 계획대로 진행되도록 할 것입니다.

또한, 그렇게 하지 않으면 고소당할 위험도 있습니다.

해당 성명서에서 대학 측은 연설을 듣고 충격을 받거나 분노를 느낀 모든 사람에게 상담 서비스를 제공할 것이라고 발표했습니다. "일부 연사가 개인의 안전과 소속감에 미칠 수 있는 영향에 대해 깊이 우려하고 있습니다. 누구도 자신이 누구인지 그리고 무엇을 믿는지에 의해 위협을 느끼거나 괴롭힘을 당해서는 안 됩니다."

우리는 지금 의자에 묶인 채로 헤드폰으로 샤피로의 연설을 소란스레 듣고 있는 사람들에 관한 이야기를 하는 것이 아닙니다. 연설에 참석하지 않은 사람들 즉, 행사가 진행되는 동안 우연히 캠퍼스에 있을 사람들[1]에 관한 이야기를 하고 있습니다. 대학의 이메일 계정이 행사로 인해 폭발할 지경이 되지 않았다면, 아마 그들은 샤피로가 그곳에 있다는 사실조차 몰랐을 겁니다. 어떤 의미에서 보면, 마치 대학이 벤 샤피로를 얼마나 싫어하는지 분명히 밝히길 원하고, 어린 아이와 같이 화를 내지 않는 사람들은 도덕적 네안데르탈인과 같은 사람이라고 말하고 싶은 듯 보였습니다.

이것이 바로 대학들이 수동적 공격성을 전달하는 방법인 동시에, 언론의 자유를 억누르는데 공모하는 방법입니다.

그리고 그 일이 언론자유의 최후의 보루라 할 수 있는 버클리에서 일어났다는 사실은, 정말 말로 표현하기 힘든 아이러니였습니다.

1960년대 초 학생들이 시민권을 위한 행진을 하고 베트남 전쟁에 반대하는 조직을 만들기 위해 노력했던 바로 그 시절, UC 버클리는 자유 연설 운동의 성지와도 같은 곳이었습니다. 그때만 해도 특정 연사를 거부하고 자유로운 생각과 표현을 억압하려는 노력은 학생이 아닌 학교의 몫이었습니다. 결국, 학생들은 공격성이나 분노를 유발할 수 있는 그런 위험한 생각들을 표현할 권리를 지키기 위해 평화적 시위를 해야만 했습니다. 그들은 몇 시간 동안 앉아 있고, 체포되고, 조롱당하기도 했습니다. 그리고 그들은 이 모든 것들을 기꺼이 감수했습니다. 자유로운 발언권을 옹호하기 위해서 말이죠. 그 연설이 아무리 역겹고 선동적인 것이라 할지라도 말입니다.

버클리에서 있었던 자유 연설 운동 전에는, 캠퍼스에서 정치에

[1] 아마 그들은 의심의 여지 없이 스카프를 쓰고 프리스비를 던지는 사람들일 겁니다.

관한 토론이 거의 금지되다시피 했습니다. 대학이 허가하지 않는 한 집회나 행사를 할 수도 없었고, 대학 측의 판단에 너무 선동적이라 생각되는 그 어떤 것도 허가를 받지 못했습니다. 하지만 자유 연설 운동 이후 대학은 그들이 원래 그래야 했던 바로 그 모습이 됐습니다. 당신의 생각이 도전받고, 당신의 마음을 시험하고, 그렇게 모든 사람이 정신 나간 누군가가 할지도 모를 보복에 대한 두려움 없이 자신이 믿는 무언가를 있는 그대로 표현할 수 있는 바로 그 자유의 모습 말이죠.

하지만 안타깝게도, 그런 일은 이제 더는 일어나지 않는 듯합니다. 오늘날 자유 연설은 더는 '자유'가 아니며, 버클리는 샤피로의 보안을 위해 약 7억 원의 비용을 지불해야 했습니다.

선거 캠페인을 시작할 때, 사실 나는 대학 캠퍼스를 많이 방문할 계획이 없었습니다. 유세 연설은 주로 주차장이나 식당, 그리고 노동자계층의 유권자들이 여가를 보내며 이야기를 나누는 모든 장소에서 해야 한다고 생각했으니까요. 하지만 몇 번의 유세 연설 지원을 나간 이후 나는, 나를 보러 오는 사람들이 꽤 젊다는 사실을 확인할 수 있었으며 그들 중 몇몇은 아직 고등학교나 대학을 다니고 있는 학생들이었습니다. 소셜미디어를 활용해서인지, 아니면 나의 소년 같은 매력과 잘생긴 외모 때문인지는 모르겠지만, 몇 주 만에 나는 전국에서 가장 많은 캠퍼스의 초청을 받는 연사 중 한 명이 됐습니다. 캠페인을 위한 여정을 시작하고 하루에 몇 번의 연설을 하는 계획을 세울 무렵, 나는 이러한 현상의 원인이 무엇인지 알아내기 위해 몇 개의 캠퍼스를 계획에 추가하는 결정을 내렸습니다.

나는 2000년에 펜실베니아 대학교를 졸업한 이후로 대학 캠퍼스에 거의 돌아오지 않았는데, 사업과 부동산 분야에서의 경력에 대한 연설을 위해 가끔 와튼의 초청을 받는 경우에만 캠퍼스를 다시 방문하곤 했습니다. 그리고 다시 돌아온 캠퍼스에서 나는, 대체로 정신과 신체가 모두 건강한 대학생들과 함께 대화를 나눴습니다. 다른 건물들의 복도에 무엇이 숨어있는지 전혀 알지 못한 채로 말이죠. 예를 들면, 성 연구소, 상담센터, 마이크로어그레션[1] 방지장소 등 말입니다.

[1] 일상생활에서 이뤄지는 미묘한 차별

　캠퍼스에서 그런 일들이 진행되는 방식에 대해서는 거의 알지 못했고 굳이 말할 필요도 없었지만, 친구들과 뉴스를 통해 학생들이 완전히 변했다는 소식은 익히 전해 들었습니다. 전해 들은 이야기에 따르면, 그들은 이제 자신들이 동의하지 않는 모든 것에 항의하며 일부 훌륭한 고전문학을 포함하여 폭력성이 가미된 어떤 책도 읽으려 하지 않았습니다. 그리고 '위험하다'라고 판단되는 연사들의 초대를 반대했습니다. 나는 내가 무엇을 해야 하는지 전혀 몰랐기 때문에, '청년 자원봉사 프로그램'에 도움을 청하기로 했습니다.

　몇 달 전, 나는 찰리 커크라는 이름의 청년을 만났는데, 내 오랜 대학 친구가 그를 내게 소개해줬습니다. 서로 짧은 대화를 나누는 동안 살펴본 그는, 모든 일에 집중하는 밝은 젊은이였습니다. 겨우 18살의 나이에 자신의 정치조직을 설립한 찰리는, 자유주의자들의 편견과 전국의 대학들에서 일어나고 있는 보수주의자들에 대한 차별에 맞서 싸웠습니다. 이런 일들이 문제로 불거지기 훨씬 전부터 그는 이 힘든 싸움을 지속해 왔었습니다.

　내가 캠퍼스에서 마주친 모든 것들을 찰리는 이미 다 겪었으며, 그것들을 어떻게 다뤄야 할지도 정확히 알고 있었습니다. 그는 코카콜라부터 의자에 이르기까지 수년에 걸쳐 그에게 던져진 모든 물건을 다 간직하고 있더군요. 연설 중인 나를 시위자들이 끌어내리려고 할 때마다, 찰리는 그의 턴 포인트 서포터즈에게 "USA!, USA!, USA!"라는 구호를 외치도록 했습니다. 그리고 그들의 함성은 강당을 가득 채우고 안티파와 사회정의의 군대들이 의지를 상실할 때까지 계속됐습니다. 그는 또한 캠퍼스에 있는 모든 사람이 연설이 열리는 장소를 알 수 있도록 했고, 모든 행사가 순조롭게 진행될 수 있도록 도왔습니다. 더욱이 찰리는 내가 현재 이 나라의 대학들에서 발생하고 있는 위기를 이해하는데 있어서 큰 도움을 주었습니다. 만약 그가 없었다면, 그리고 실제 학생들로부터 이야기를 듣고 상황을 직접 목격한 경험이 없었다면, 나는 지금과 같은 이런 경각심은 아마 갖지 못했을 겁니다.

다행히 아직은 누군가 내 면전에 대고 나를 나치라고 부른 사람은 없지만, 확실한 건 내가 그 단어를 한 번 이상은 들었다는 사실입니다. 요즘은 찰리와 터닝포인트 USA의 다른 회원들이 설명하는 것처럼, 좌파에 동의하지 않는 사람들은 누구나 '나치'라 불립니다. 그리고 내가 들은 바에 따르면, 이것이 문제의 다가 아니었습니다.

한 대학에서, 시위자들은 내가 하는 말이 유색인종이나 LGBTQ[1] 커뮤니티 구성원들과 같은 캠퍼스 내 소외된 이들에게 '폭력'을 가할 것이라고 주장했습니다. 분명한 건, 그들은 이 단어를 비유적 표현으로 사용하지 않았습니다. 그들은 정말 어떤 주저함도 없이, 자신들이 동의하지 않는 의견을 들어야 하는 상황 자체를 '폭력적 행동'으로 규정하고 있었습니다. 그들에게 있어서 내가 하는 말은 얼굴에 주먹을 날리거나 자전거 체인으로 폭행을 당하는 것과 같은 의미를 담고 있는 듯 보였습니다. 그런데 저는 성 소수자나 유색인종에 대해 절대로 모욕적인 말 생각이 조금도 없었습니다. 그들에게 해를 끼치지 않을 것은 말할 필요도 없습니다.

하지만, 오늘날의 정서에서 볼 때 이 단어들은 그 본래의 의미를 완전히 잃어버렸습니다. 보수주의자들이 말하는 모든 것은 다 '폭력'이 되며, 자유주의자들이 사람들을 때리고 창문에 돌멩이를 던지는

[1] 성소수자 중 레즈비언, 게이, 양성애자, 트랜스젠더, 퀴어를 합쳐서 부르는 단어

식으로 연설에 반응하는 행동은 '자기방어'라 불립니다. 보수주의자들이 "미국은 좋은 나라다." 또는 "하나님이 미국을 축복하신다."라는 말을 하면, 그들은 이를 증오 연설이라 부릅니다. 하지만 뉴욕타임스의 사라 정 같은 자유주의자들이 "모든 백인은 멸종되어야 한다."라는 말을 할 때, 정말 아이러니하게도 그들은 이와 같은 언행을 '시위'라 부릅니다. 아무래도 자유주의자들은 자신들의 기분에 따라, 느껴지는 감정대로 폭력적인 행동을 구분하나 봅니다. 그 행동을 한 사람, 물론 대부분의 경우는 그 말을 한 사람이겠지만 그들이 실제로 폭력과 논쟁의 의도를 가지고 말과 행동을 했는지는 중요하지 않습니다. 중요한 건 의도가 아닌 감정이니까요.

우리가 현재 겪고 있는 이 상황을 이해하려면, 모든 요인을 확대해서 자세히 살펴볼 필요가 있습니다.

비록 수년 전으로 거슬러 올라가야 하지만, 이 문제는 아마도 2010년도부터 급증하기 시작한 듯 보입니다. 그 당시는 태어날 때부터 스마트폰과 함께 자라난 아이들이, 선반 위에 놓은 '참가상' 트로피를 손에 쥐고 대학에 입학했을 무렵입니다. 그들은 일평생을 헬리콥터맘[1]의 보호 아래 살며, 다른 무엇보다도 자신의 감정이 가장 중요하다고 배웠으며 그들이 좋아하지 않는 것에 노출돼서는 안 된다고 배워왔습니다. 밖에서 뛰어놀다가 무릎에 상처를 입는 그런 활동 대신, 이 아이들은 항상 소셜미디어와 함께 머물렀고 결국 24시간 내내 쓰레기 같은 뉴스와 분노에 노출될 수밖에 없었습니다.

그들이 부드럽지 못하고 사람다운 행동을 하지 못하는 건, 어쩌면 당연한 일일지도 모릅니다.

디 애틀랜틱[2]에 이 현상에 대한 글을 기고한 그렉 루키아노프와 조너선 하이트는, 헬리콥터 부모와 소셜미디어의 위험에 대해 경고한 바 있습니다. 이들의 말처럼, "오늘날 대학 캠퍼스로 들어오는

[1] 자녀의 일에 지나치게 간섭하며 자녀를 과잉보호하는 엄마

[2] 매사추세츠의 보스턴에서 1857년에 창간한 미국 잡지

Chapter 8. 학교로 돌아가자 • 153

학생들이 과거 세대보다 훨씬 더 보호에 대한 열망이 크며, 이념적으로 자신에게 반대하는 상대를 향해 더 적대적이란 사실을 짐작하는 것은 그리 어려운 일이 아닙니다. 소셜미디어는 그들을 아주 손쉽게 크루세이더[1]로 만들었고, 결속과 분노를 표현하며, 자신과 생각이 다른 이들을 배척하도록 유혹했습니다." 그렉 루키아노프와 조너선 하이트는 또한, 다음과 같이 지적했습니다. "소셜미디어는 근본적으로 학생들과 교수들 사이의 권력 구조를 완전히 바꿔버렸습니다. 이제 교수들은 학생들이 온라인에 있는 사회정의의 폭도들을 자극해서 자신들의 명성과 경력에 악영향을 미치지는 않을지 걱정하고 있습니다."

충분히 설득력이 있는 분석이었습니다. 일단 나에게는 말이죠. 만약 우리 세대에 트위터와 페이스북이 있었다면 내 대학 생활이 어땠을지, 그저 상상만 할 따름입니다. 오늘날 나는 정신을 차렸고, 그 당시의 내게 핸드폰과 소셜미디어 그리고 카메라가 없었던 것에 대해 신께 감사하고 있으며, 내 친구들 역시 모두 마찬가지였습니다. 그리고 내가 살아온 삶은 지금 시대의 학생들과는 조금 더 달랐습니다. 펜실베이니아로 이사한 첫날, 나는 기숙사에서 혼자 짐을 푼 유일한 학생이었으니까요.

그때 나는, 기숙학교에 입주하고 떠나는 과정을 한 다섯 번쯤 경험한 상황이었습니다. 고등학교 2학년 때 이미 6분이면 군대식 정밀함을 갖춘 침대를 조립할 수 있었죠.

하지만 지난 몇 년 동안 대학에 입학한 청년들의 경우에는, 상황이 매우 다릅니다. 일평생을 부모가 그들과 함께 따라다녔고, 만나는 친구들의 존재 역시 다 알고 있었습니다. 이제 막 대학에 들어선 그들은 지금껏 느껴보지 못한 불안정한 감정적 동요를 겪는 해를 지나는 중이었으며, 그들의 손끝에는 셀 수 없이 많은 청중이 모여

[1] (옳다고 믿는 것을 이루기 위한 장기적이고 단호한) 운동을 벌이는 사람

있었습니다. 그들은 그저 트위터를 하는 것만으로도, 전 세계를 자신들의 뜻대로 움직일 수 있었습니다. 그리고 이는 현재 당신의 나이가 어떠하든지에 상관없이 원한다고 해서 쉽게 가질 수 없는, 그런 종류의 힘이었습니다.

선거 캠페인을 하면서도, 나는 자유주의자들이 이 '손끝 전략'을 사용하는 장면을 몇 번이고 목격했습니다. 심지어 내가 목표가 아닐 때도, 나는 캠퍼스에서 쫓겨나는 연사들, 온라인 폭도들에 의해 '매장'당한 보수주의 교수들 그리고 이러한 온라인 '사회정의 전사'들의 군대들이 요구하는 정신 나간 제안들을 묵인하는 대학관리자들에 관한 소식을 전해 들을 수 있었습니다. 이에 관한 예들만으로도 한 권의 책을 따로 쓸 수 있을 정도이지만, 일단 한 가지 사례만 먼저 소개하고자 합니다.

2015년 할로윈을 앞두고 예일대 교수들은 학생들에게 다가오는 할로윈에 '불쾌감을 줄 수 있는' 의상을 입지 말라는 내용의 이메일을 보냈습니다. 여기에는 솜브레로[1]와 가짜 콧수염, 아시아 전통 드레스 등 '문화적으로 볼 때 적절해 보이는' 요소들도 포함되어 있었습니다. 그로부터 며칠 후 에리카 크리스태키스란 이름의 강사는 이메일을 통해 학생들에게 대학이 학생들에게 무엇을 입을 수 있고, 무엇을 입을 수 없는지를 통보하는 것이 옳은지에 대한 질문을 제기했습니다. 그녀는 어른들이 하는 것처럼, 학생들에게도 스스로 이 문제를 한 번 해결해보는 것이 어떻겠냐는 제안을 던졌습니다.

그렇다면 결국, 누가 '불쾌감을 줄 수 있다'라고 여겨지는 그 경계를 결정할 수 있는 걸까요? 불평하는 사람이 그렇게 말한다고 해서 불쾌함의 기준이 생기는 건가요? 만약 그렇다면 그 범위는 어디까지 규정될 수 있을까요? 아무도 모르는 것 같았습니다.

크리스태키스는 바로 그 문제를 알아차린 듯 보였고, 이를 지적하

[1] 멕시코·페루 등 라틴아메리카 국가에서 남녀가 함께 쓰는 챙이 넓고 춤이 높으며 뾰족한 모자

기 위해 자신이 할 수 있는 일을 했습니다. 그녀는 모든 학생의 조언자가 됐습니다. 이런 문제에 대해 그들을 지도해주는 것이 그녀의 일이었습니다.

"서로 한 번 이야기를 나눠보죠." 그녀는 이메일에 이렇게 적었습니다. "자유로운 토론과 반론을 견뎌내는 능력은 자유롭고 열린 사회의 특징입니다." 이처럼 이 이메일은 대화와 토론을 기반으로 작성된 매우 사교적인 내용의 글이었습니다. 그리고 분명히 그녀는 싸움을 시작할 의도가 전혀 없었습니다.

하지만 온라인에 도사리던 폭도들의 생각은 조금 달랐습니다. 그들이 이 사실을 알게 되자, 그녀는 일순간에 공격의 대상이 됐습니다. 그녀의 이메일은 트위터와 페이스북을 통해 걷잡을 수 없이 퍼져나갔고, 그녀와 그녀의 남편 니콜라스를 예일 캠퍼스에서 사임시키려는 사람들이 몰려들었습니다. 수백 명의 학생이 그녀의 집 앞에 모였고, 집에 분필로 악의적인 메시지를 적으며 소리를 질러댔습니다. 니콜라스가 학생들과 대화하기 위해 집 밖으로 나왔을 때, 그들은 그에게 사과를 요구했습니다. 그들은 그가 인류애를 빼앗고 폭력을 행사한다고 비난하며 '안전한 공간'을 요구했지만, 내가 생각하기에 그 요구사항에 불쾌감을 주는 할로윈 복장은 이미 안중에도 없는 듯 보입니다. 그들은 또한 니콜라스에게 그의 아내가 보낸 이메일에 대한 사과도 요청했지만, 그는 거절했습니다.

이러한 냉랭한 분위기를 깨고 그 무리의 선두에 서 있던 어떤 한 미친 사람이 그의 얼굴에 대고 소리를 지르기 시작했습니다. "빌어먹을. 대체 누가 너를 고용했지?!" 그녀는 이렇게 말했습니다. "너는 그 자리에서 물러나야만 해! 이 문제는 이 캠퍼스를 지적인 공간으로 만드는 그런 종류의 문제가 아니야, 아니라고! 예일이라는 우리의 집을 지키기 위한 투쟁이란 말이야! 너는 밤에 안전하게 잠자리에

들 자격조차 없어. 아주 역겨워!"

　예일 대학의 교수진들은 아무런 도움도 주지 못했습니다. 몇몇은 개인적으로 동정을 표했지만, 그들은 모두 에리카 크리스태키스를 지지하는 발언을 하기에는 열여덟, 열아홉의 학생들로 이루어진 폭도의 분노를 사는 것을 너무나 두려워했었죠. 결국, 그녀는 자리에서 물러났고 그녀의 남편은 안식년을 떠났습니다. 다시 한번, 폭도들이 승리했습니다.

　일리노이 대학의 한 수학교육과 교수는 수학이 실제로 인종차별적이라고 선언한 논문을 발표한 바 있습니다. "수학은 주로 백인들이 다루며, 실제로 수학 커뮤니티를 구성하는 사람들 대부분이 백인이다."

　얼마 전 오하이오주 오벌린 대학에서는 1,300명의 학생들이, C학점을 학교수업에서 받을 수 있는 가장 낮은 성적등급으로 만들자는 청원서에 서명했습니다. 청원서에 따르면 '어떤 학생'도 자신이 '평균'보다 낮은 위치에 있다는 느낌을 받아서는 안 된다는군요. 말도 안 되죠? 그러나 기억하기 바랍니다. 지금은 2019년이고, 현재 수학은 인종차별적 학문입니다. 또 다른 학생은 강간과 폭력을 포함한 그리스 고전 희곡 안티고네를 읽기 전에, 교수가 먼저 이 희곡에 내포된 폭력성에 누구도 트라우마를 입지 않도록 미리 경고를 해줘야 한다고 요구하고 있습니다.

　모두가 다 대학생들을 불편하게 만드는 이념들로부터 그들을 보호해야 한다는 생각을 받아들인 듯 보입니다. 이제 그들은 도전을 받기 위해 대학에 가는 대신, 자신이 좋아하지 않는 것들로부터 보호받기 위해 그곳으로 향합니다.

　그리고 이건 단순한 추론만이 아닙니다. 학생들 스스로가 이미 그 사실을 인정했습니다. 아버지가 대통령에 당선되고 캠퍼스의 열기가 최악으로 치달을 때인 2017년에 실시한 한 여론조사에서, 대학생의 58%가 '자신이 편협하고 모욕적인 생각에 노출되지 않는 캠퍼스 공동체의 일원이 되는 것이 중요하다'라고 답했습니다. 응답자를 자유주의 성향의 학생들로 한정하면 그 비율은 68%까지 늘어납니다. 그해 6월, 노스이스턴 대학교의 자유주의 성향의 교수 리사 펠드먼 배럿은 뉴욕타임스에 '언제 언어폭력이 발생하는가?'라는 제목의 논문을 실었습니다. 자, 아마 당신은 나처럼 이 논문을 단 두 단어로 정리할 수 있을 것입니다. "그렇지 않습니다It isn't." 하지만 배럿 교수는 이 두 단어를 약 800개의 단어를 가지고 설명했습니다. 그녀는 논문에서 이렇게 말했습니다. "만약 어떤 말이 스트레스를 유발할 수 있고 그 스트레스가 계속되어 신체에 해를 끼칠 수 있다면, 최소한 특정한 종류의 말들은 폭력의 한 형태가 될 수 있는 것처럼 보인다."

배럿과 같은 교수들과 그들의 이런 헛소리들을 기꺼이 인쇄해주는 출판사를 곁에 둔 학생들이 점점 더 아이처럼 되어가는 것은 어쩌면 당연한 일일지도 모릅니다.

1975년에서 2008년 사이, 캘리포니아 대학 전임 교원의 수는 11,614명에서 12,019명으로 거의 증가하지 않았습니다. 성장의 측면에서 볼 때, 이는 실제로 저조한 편이었죠. 그러나 대학 행정관의 수는 약 3,000명에서 12,183명으로 통제가 어려울 만큼 급증했습니다. 이 증가의 상당 부분은 학생들이 불쾌감을 느끼지 않도록 하고 그들이 '마이크로어그레션'에 노출되지 않도록 하는 것이 주 업무인 '다양성 보호관경찰관'의 몫이었습니다.

만약 당신이 이런 것들에 대해 들어본 적이 없다면, 그런 당신을 위해 내가 '마이크로어그레션'을 정의하도록 허락해 주길 바랍니다. 1970년대 후반 하버드대 교수에 의해 만들어진 이 용어는 그 의도는 순수하고 친절했지만, 실상은 아시아계 미국인이나 아프리카계 미국인 같은 특정 소수집단 구성원들에겐 모욕이 될 수 있는 악의 없는 질문과 진술을 의미합니다. 여기에는 "그러니까 어디에서 왔니?" 라 던가 "학교생활 잘해야 한다."와 같은 말들도 포함이 됩니다. 듣자 하니 이런 질문과 진술은 소수 그룹 구성원들로 하여금 '다름'과 '소외'를 느끼게 하고, 이와 같은 종류의 질문을 하거나 진술을 하는 사람은 인종차별주의자의 한 부류가 되는 듯 보입니다. 그러니까 내 말은, 한 번 같이 생각해봅시다. 이런 종류의 질문 없이 대화를 시작할 수 있습니까? 내가 어렸을 때 받았던 이런 질문들은 그저 예의상 하는 말들이었습니다. 그러나 지금은 상식과 마찬가지로, 예의 역시 창밖으로 던져진 세상입니다. 엘리베이터에 누군가와 함께 타게 됐을 때, 당신은 적막한 분위기를 깰 방법을 빠르게 찾기 시작할 것이고 그때 이런 종류의 질문들은 분명 도움이 됩니다. 하지만 자유주의자들의 생각은 좀 다른 것 같습니다. 그들은 이제 당신이 다른 피부색을 가진 누군가와 함께 엘리베이터를 타면, 고개를 숙이고 입을 다문 채 백인으로서 자신이 누리는 특권에 대해 생각해보길 원합니다.

그 용어는 터무니없을 뿐만 아니라 형편없는 전제에 기반을 두고 있습니다. 화자의 의도는 중요하지 않다고 가정하면서, 실제로 전혀 공격적이지 않은 말에도 '공격성'이라는 라벨을 붙이고 있습니다. 화자의 의도가 중요하다는 생각을 멈추게 되면, 아마도 당신은 어른처럼 상황을 이야기할 수 있는 모든 유익을 다 빼앗기게 될 겁니다. 그리고 이제 사람들과 대화함으로써 그들을 이해할 수 있다는 생각 역시 하지 않게 될 것입니다. 2016년 선거 캠페인을 하면서 나는 수천 시간 동안 사람들과 이야기를 나누었고, 그들의 이러한 발상이 얼마나 위험한지를 아주 잘 알고 있습니다. 그것은 또한 연설이 폭력이라는 전제를 받아들여, 당신이 연설에 대한 대가로 어떠한 폭력을 행사해도 모두 다 정당화되는 것처럼 보이게 만듭니다. 학생들이 돌을 던지고, 차를 뒤집는 행동을 해도 그리 놀랄 일이 아니게 된 겁니다.

내 말은, 만약 연설 또는 언어가 정말 폭력적이고 누군가의 얼굴을 때리는 것과 같은 범죄로 여겨진다면, 우리 가족과 나는 기쁜 마음으로 먼저 CNN 기자들부터 고소할 생각입니다. 만약 나와 우리 가족이 그가 우리에게 행했던 '언어폭력'을 이유로 짐 아코스타에게 수갑을 씌우겠다 할 때, 불평할 수 있는 사람이 있을까요? 크리스 쿠오모? 아니면 레이철 매도?

그냥 생각만 해볼 따름입니다.

우리는 대학생들을 너무 오랫동안 연약한 갓난아기처럼 대해왔으며, 그 덕분에 지금 그들은 자신들이 동의하지 않는 무엇인가를 마주할 때면 바로 무너져버립니다. 이는 분명 잘못된 생각이며, 이제는 그만 멈춰야 합니다.

내가 사람에 대해 한 가지 배운 것이 있다면, 그것은 바로 우리 인간은 도전을 받을 때만 성장할 수 있다는 사실입니다. 무게를 지탱하는 스트레스 없이는 근육이 자랄 수 없고, 어려운 생각과 책 그리고 논쟁으로 채워지지 않은 마음은 그 지경이 넓어질 수 없습니다. 사람은 누구나 불편함을 느끼거나 적어도 도전을 받아야만 성장할 수 있습니다.

경제학자 나심 니콜라스 탈레브의 말에 따르면, 어떤 물체가 세상에 존재할 수 있는 세 가지 방법이 있다고 합니다. 첫째, 취약한 상태. 둘째, 취약하지 않은 상태. 셋째, 단단한 상태. 어떤 것이든 취약한 상태에 있으면 스트레스를 받는 상황에서 쉽게 부서질 수밖에 없으며, 따라서 더는 사용할 수가 없습니다. 유리로 된 꽃병은 깨지기 쉽고 전구도 마찬가지입니다. 땅에 부딪히는 스트레스 상황에 노출되면 부서져서 아무 쓸모도 없게 되죠. 하지만 강철이나 돌과 같은 물체는 아무리 많은 압력을 가해도 깨지지 않습니다. 오늘날 대학 캠퍼스의 학생들은 자신들을 연약한 사람으로 취급해주기를 계속해서 요구하고 있습니다. 그들은 자신들이 너무 많은 나쁜 생각들에 노출된다면, 부서지고 기능을 상실해버릴 것이라고 말합니다. 아닙니다. 인간은 연약하지도 않고, 유리처럼 깨지기 쉬운 존재도 아닙니다.

셋째, 범주 즉 단단한 상태에 해당하는 존재들은 실제로 더 많은 압력을 받을수록 더 강해지는 경향이 있습니다. 이들은 스트레스와 긴장이 없이는 살아남을 수 없습니다. 이것이 바로 인간, 특히 어린 시절 인간의 모습입니다. 우리가 스트레스를 어느 정도 견뎌낼 수 있을 때 확실히 우리는 더 강해집니다. 반대로 스트레스가 전혀 없는 삶을 산다면, 예를 들어 1년 동안 침대에 누워 TV만 보고 있다면 우리의 근육은 무너져 내리고 쓸모없게 될 것입니다. 이것이 바로 우리가 어른이 되었을 때 어렸을 때만큼 자주 아프지 않은 이유입니다. 우리는 세상 속에서 살아가는 것에 익숙해지면서 사물에 대한 면역력 또한 함께 쌓아가고 있습니다. 나는 아이들이 어렸을 때부터 오두막으로 데리고 가서 자연에서 놀 수 있도록 했습니다. 쿼즈[1]를 타고 자유롭게 다니게 하기도 했습니다. 그곳에서 아이들은 넘어지기도 하며 스스로 교훈을 얻었습니다. 나는 그들이 실수하고 가끔 멍도 들면서 그렇게 스스로 해나가는 것이 좋다고 생각했습니다.

물론 가끔, 아이들이 진짜로 다치는 일도 있습니다. 예를 들어 몇 년 전, 내 아들 트리스탄은 콜로라도에서 가족 스키 여행을 하던 중 심하게 넘어져서 다리가 부러지는 사고를 당했습니다. 대퇴골에 핀과 판을 넣는 수술을 하기 위해 그를 뉴욕으로 데려가야 했지만, 그의 건강은 곧 좋아졌고 다음 해에 바로 다시 그곳으로 스키를 타러 왔습니다.

덧붙여 말하자면, 트리스탄이 수술실에 들어갔을 때 내가 받은

[1] 산악자전거의 일종

첫 번째 전화는 비서도 전화교환원도 아닌 마이크 펜스 부통령의 전화였습니다. 그는 사람들이 말하는 것처럼 정말 선한 사람입니다. 이런 일은 그 소식이 좋은 일이든 나쁜 일이든 펜스 부통령에게는 어쩌면 당연한 듯 보입니다. 그건 그렇고 전체적으로 한 번 정리하자면, 나는 몸에 진흙이 조금 묻는 건 좋은 일이라고 생각합니다. 특히 젊은이들에게는 말이죠.

이것이 바로 우리가 젊을 때 대학에 가는 이유입니다. 그곳에서 우리는 다른 아이디어를 시험해보고, 또래 친구들과 대화를 나누고, 현실 세계로 나가면 볼 수 없는 온갖 것들에 노출됩니다. 그리고 이 과정을 효과적으로 보내기 위해서는, 일부 사람들이 '공격적'이라고 여기는 생각들도 포함해야만 합니다. 그렇지 않으면 성장할 기회는 없습니다.

만약 당신이 지금 이 챕터를 집중해서 읽고 있다면, 아마 당신은 모든 대학 캠퍼스가 항상 끔찍하다는 인상을 받을지도 모릅니다. 스스로 안전하다고 느끼지 않는 모든 연설을 중단시키려 하는 사회 정의의 군대들로 가득 차 있다고 생각할 수도 있을 것입니다. 하지만 내가 대학을 방문했을 때, 모든 것이 다 나쁜 것만은 아니었습니다. 사실, 우리는 그곳에서 꽤 재밌는 시간을 보냈습니다.

좋은 예시 하나를 잠깐 소개하겠습니다.

당신도 알고 있듯이, 10월의 마지막 토요일은 대학 축구, SEC컨퍼런스와 ACC컨퍼런스에게 중요한 주말입니다. 그 토요일, 플로리다 세미놀스는 클렘슨 타이거스와의 야간경기가 예정되어 있었습니다. 찰리는 플로리다 주립대 캠퍼스에 있는 프랫하우스에서 미리 나를 위한 짧은 출현을 계획했습니다.

"조금 소란스러워질 수도 있습니다." 그가 내게 경고했습니다.

어느 정도의 소란이 생길까, 내심 궁금했습니다.

프랫하우스에서 열린 행사는 '테일게이트 파티'[1]로 불리기도 했지만, 그 표현은 우리가 맞닥뜨린 상황을 제대로 설명해주지 못했습니다. 그 광경을 영화 '동물농장'과 비교하는 것은 공평하지 않아 보였거든요. 나는 사교 클럽을 졸업한 지 꽤 오랜 시간이 지났지만, 곧 그곳의 분위기에 적응할 수 있었습니다.

나는 그런 종류의 파티들이 얼마나 소란스러워질 수 있는지를 잠시 잊고 있었습니다. 갑작스레 대학 시절의 뒷마당과 사교 클럽으로 다시 돌아온 듯한 기분이 들었고, 맥주 통과 잠 못 이루는 밤, 그리고 심각한 숙취가 마치 어제 일처럼 생각이 났습니다. 나중에 찰리는 내게 지금 이 자리에 1,300명 정도가 모여 있다고 말했고, 나는 그를 조금도 의심하지 않았습니다. 찰리와 토미 힉스는 말 그대로 나를 학생들 사이로 밀어 넣어야 했습니다. 그들 대부분은 그날 아침부터 술을 마쳤고, 음.. 옷을 입는 건 아무래도 선택사항인 듯 보였습니다.

나는 그곳에 머무른 지 단 몇 분 만에, 곧 이 작은 모임을 기획한 사람들이 내게 연설을 기대하고 있다는 사실을 깨닫게 됐습니다. 뒷마당은 꽤 넓었지만, 잔디밭이나 흙더미 등 빈 곳은 전혀 보이지 않았고, 모든 공간이 다 사람들로 뒤덮여 있었습니다. 찰리를 따라가면서 나 역시 마치 군중들 사이를 헤엄치고 있는 것 같은 느낌을 받았습니다. 다행히도 이 물결은 피크닉 테이블을 향해 가는 중이었고, 나는 그곳이 그 어느 무대만큼이나 좋은 무대가 될 것으로 생각했습니다. 결론적으로 나는, 그날 저녁 나에게 일어난 일에 대해 전혀 불평할 것이 없었습니다. 그 자리에 모인 모든 이들은 그들이 세미놀스를 응원하는 것과 마찬가지로 트럼프 또한 함께 응원하고 있었습니다. 노래방에서나 볼 법한 작은 앰프에 연결된 마이크를 누군가 내게 건네주었고, 내가 식탁에 오르자 그 자리에 모인 모든 사람이 열광적인 반응을 보였습니다. 어쩌면 너무 열정적으로 보일 정도로

[1] 미식축구를 비롯한 스포츠 경기를 앞두고 경기장 주변에서 자동차 뒷문을 열어놓은 뒤 고기를 굽고, 가져온 음식과 맥주를 즐기는 미국식 파티

말이죠.

　연설을 시작하자, 홍해처럼 갈라졌던 세미놀스 팬들의 물결이 다시 하나로 합쳐지기 시작했습니다. 그 인간 파도의 가장 앞에서는 옷 입는 것을 선택항목으로 삼은 남녀학생들이 그들의 마음을 담아 식탁 위로 올라오고 있었습니다. 자, 사실 나는 내가 꽤 잘생겼다고 생각합니다. 이봐요, 나는 트럼프입니다. 대체 뭘 기대했던 거죠? 하지만 맹세코 나는 내가 여성들이 피크닉 테이블 위로 올라와서 만나고 싶을 만큼의 미남이라고 생각해 본 적은 정말 단 한 번도 없습니다. 우리는 군중에 대한 통제력을 상실했다는 사실을 재빨리 깨달았지만, 왔던 길로 다시 돌아갈 수도 없었습니다. 그 찰나의 순간 나는 대학생들에게 짓밟혀 죽음을 맞이하는 모습을 잠시 상상했지만, 다행히 찰리가 마당 뒤편에 울타리가 있음을 알아차렸습니다. 우리는 서로 손을 잡고 머리를 숙인 채 인파 속을 파고들었습니다. 나는 육군 레인저 스쿨의 신병처럼 울타리를 넘었지만, 바지 한쪽이 조금 찢어졌습니다.

　안전한 차 안으로 피신해서, 나는 찰리 쪽으로 몸을 돌렸습니다. "그들이 트럼프를 싫어했다면 과연 어떤 상황이 발생했을지 상상이 됩니까?"

　우리는 마땅히 받아야 할 우리의 몫을 얻었습니다. 미시간 대학 캠퍼스에서도 행사를 열었는데, 그곳은 750명 이상의 시위자들이 진을 치고 있는 매우 위협적인 환경이었습니다. 우리가 도착했을 때, 미시간주 경찰이 다가와서 자신들은 우리의 안전을 보장할 수 없다고 말했습니다.

　"경호팀은 어디에 있습니까?" 담당 경찰 중 한 명이 물었습니다.

　"어떤 경호팀을 말하는 건가요?" 나는 찰리와 토미를 바라보며 다시 물었습니다.

　"우리가 전부입니다."

심지어 나와 함께 하는 이들 중 몇몇은 행사를 취소해야 한다고 말했습니다. "말도 안 되는 소리! 그건 절대 안 됩니다!" 내가 말했습니다. "우리가 취소하면 그들이 이기는 거고, 분명 그렇게 되길 바라고 있을 겁니다."

뚜껑을 열어보니, 그 행사는 그동안 우리가 했던 최고의 행사 중 하나였습니다. 에너지가 불을 뿜었고, 양 측은 서로를 완전히 압도하려 했습니다.

우리가 도움을 청하기도 전에, 먼저 도움을 받은 적도 있었습니다. 선거가 있기 일주일 전쯤, 우리는 오하이오 주립대학교에서 또 다른 행사를 열었고 그곳에서 나는 사람들과 악수를 하고 함께 사진을 찍기 위해 군중 속으로 들어갔습니다. 트럼트 팬들의 바다를 헤엄치던 중 나는, 순간 그 공간의 한 가운데 혼자 서 있는 한 남자를 발견했습니다. 그는 떡갈나무처럼 우두커니 서서 아무에게도 말 한마디 하지 않은 채 군중을 둘러보고만 있었습니다. 나는 그 자리를 떠나기 전에, 그의 이야기가 무엇인지 알아내야 했습니다.

"이봐요 친구, 무슨 일이에요?" 나는 다정한 어조로 물었습니다.

"아, 그냥 누군가 헛소리를 하는 일이 생기지 않도록 여기 서서 지켜보고 있었어요." 그가 말했습니다.

나중에 나는 그가 오하이오 주립대학교 풋볼팀의 센터백이란 사실을 알았습니다.

굳이 말할 필요도 없이, 안티파는 그 어디에도 보이지 않았습니다.

한번 함께 외쳐볼까요? "오하-이오!"

Chapter

9.

선거의 밤(ELECTION NIGHT)

    2016년 11월 8일 오후, 힐러리의 팀은 샴페인 코르크 마개를 터뜨릴 때 자비스 센터의 유리천장이 깨지지 않도록 할 방법을 찾으며 승리를 자축하는 파티를 준비하고 있었습니다. 그 시간 나는 토미 힉스, 젠트리 비치, 그리고 시작부터 우리와 함께한 또 한 명의 텍사스인 찰리 커크와 함께 트럼프 타워에 있는 내 사무실에 앉아 있었습니다. 내 오랜 친구인 젠트리와 나는 공통점이 많았습니다. 그는 나의 모교인 펜실베니아 대학교를 나왔고, 남자다움이라는 단어가 모든 면에서 가장 잘 어울리는 사람이었으며, 아주 열심히 일했습니다. 선거 캠페인을 진행하는 동안 그는 자금을 마련하기 위해 밤낮으로 전화를 걸었는데, 그 모습은 정말 경이로울 정도였습니다.

    초기에 공화당 전국 위원회RNC는 트럼프가 자신들의 후보라는 사실이 그리 마음에 들지 않았을 것입니다. 우리는 아버지를 믿고 그가 당선되는 모습을 보길 원하는 사람들이 필요했고 젠트리 역시 그중 한 명이었습니다.

    다른 몇 명을 더 추가하여 우리는 선거 캠페인 동안 꽤 많은 팀을 구성했습니다. 그들은 우리를 위해 가능한 한 빨리 행사와 연설을 준비했고, 하루가 완전 끝날 때까지 6곳, 7곳의 행사장을 방문했습니다. 그리고 선거 전날 밤 자정, 우리는 아버지와 함께 뉴햄프셔에 있었습니다. 선거일 새벽 1시에 있을 마지막 집회를 위해 아버지와 함께 미시간으로 돌아갈 수도 있었지만, 그날 아침 뉴욕에서 CNN, 모닝 조_{MSNBC 뉴스 오전 뉴스 및 토크쇼}, 스테퍼노펄러스와의 TV 출연이 예정돼 있던 관계로 나는 거의 두 시간 정도밖에 잠을 자지 못했습니다.

여론조사는 여전히 우리를 실망시켰습니다.[1] 아마도 대선이 아닌 다른 캠페인이었다면, 테이블을 뒤로 밀고 냅킨을 아래로 던지며, 이렇게 말했을지도 모르겠습니다. "글쎄요, 우리는 최선을 다했습니다. 이제 어떻게 되는지 한 번 같이 봅시다."

하지만 이번 선거는 그럴 수 없었습니다.

나는 마치 우리에 갇힌 동물이라도 된 듯, 작은 4인용 테이블에서 일어나 사무실을 서성이며 내내 핸드폰을 귀에 대고 정신없이 말하고 있었습니다. 토미와 젠트리도 마찬가지였습니다. 그들은 라디오 쇼 측에서 걸려 온 전화를 끊자마자 바로 나를 위해 준비한 보수 성향의 라디오 쇼 진행자를 대기시켰습니다. 나는 찰리에게 내 소셜 미디어를 담당하게 했고 그는 내가 트윗에 쓸 내용을 말하면 맹렬히 타이핑을 했습니다. 내 트위터의 팔로워 수는 5천만 명이 넘었는데 이 숫자는 상식적으로 말이 안 되는 숫자였습니다. 나는 자신의 라디오 쇼를 진행하던 션 해니티에게 소리를 쳤던 기억이 나는데, 그는 나에게 방송을 중단하겠다는 문자를 보내왔습니다.

"다음 쇼에 나를 나가게 해줘요!" 나는 전화기에 대고 소리쳤습니다. "우리는 팬핸들[2]을 잡아야만 해요! 만약 안 되면 당신의 경쟁 프로에 나갈 겁니다!"

1초의 시간도 낭비하지 않았고, 마지막까지 전력투구하여 내게 주어진 모든 기회를 다 사용했습니다. 이는 마치 목숨을 건 혈투와 같았고, 나는 내 손에 아무런 무기도 남지 않을 때까지 이 싸움을 멈추지 않을 생각이었습니다.

우리는 동부 표준시간을 기준으로 저녁 7시 또는 8시까지 동에서

[1] 그리고 이제 모두가 그 모든 것들이 얼마나 쓸모없었는지를 잘 알게 됐습니다.

[2] 미국 플로리다주의 북서부 지역

서로 이동하며 일했습니다. 내가 믿기로는 단 몇 시간 만에 47번의 라디오 인터뷰를 했었는데, 이는 기록적인 숫자입니다. 분명히 내 이야기는 수백 수천이 넘는 사람들에게 도달했을 겁니다. '투표합시다!'라는 말을 너무 많이 해서, 사무실에 혼자 조용히 앉아 있을 때도 귀에 그 소리가 마치 환청처럼 들리는 것 같았습니다.

나가서 투표하세요! 당장 나와야 합니다, 나오세요. 당신이 나가서 투표하지 않는 한, 다른 일은 하지 마십시오. 기억해야 합니다, 7시 59분에 도착한다 할지라도 투표 마감은 8시이므로 여전히 투표할 수 있습니다. 최선을 다해 자신의 권리를 행사해야 합니다! 투표하세요!! 투표!!!!! 투표!!!!!!!!!!!!

내가 사무실에 있을 동안에는, 이방카와 에릭이 나와 같은 일을 했습니다. 나는 순수한 아드레날린과 테스토스테론 그리고 12개의 레드불을 들고 미친 듯 달려왔습니다. 선거까지 남은 시간은 이제 며칠도 아닌 단 몇 시간에 불과했습니다. 우리는 미국 정치 역사상 가장 잔인하고 고단한 선거전의 마지막을 향해 가고 있었고, 누구보다도 승리에 훨씬 더 가까이 있었습니다.[1] 결코 뒤를 돌아보지 않았고, 이보다 더 열심히 할 수 있었다는 후회 또한 없었습니다.

만약 내가 선거 마지막 날 아버지와 통화하는 일에 시간을 썼다면, 아마 나는 그의 눈을 똑바로 바라보지 못했을지도 모릅니다. 3개월 전 어느 토요일, 나는 마이크 펜스, 레인스 프리버스, 스티브 배넌, 켈리앤 콘웨이, 크리스 크리스티 그리고 브래드 파스칼레 등 모든 트럼프 팀원들과 함께 베드민스터[2]로 갔던 때를 기억합니다. 그곳에서 그들은 앞으로 남은 90일 동안의 선거 캠페인 일정을 아버지께 제시하고 있었습니다. 누가 말을 했었는지 정확히 기억이 나진 않지만, 아마도 배넌이었던 것 같습니다.

[1] 비록 트럼프 선거 캠페인의 일부 멤버들을 포함한 대부분의 사람은 그걸 인정하지 않았지만 말입니다.

[2] 미국 뉴저지 주 서머셋 카운티에 있는 타운십

"이번 주 토요일에 행사가 있고, 그날 일정은 그게 끝입니다. 나머지 시간은 휴식을 취하시면 돼요. 그리고 일요일 아침에도 하나가 있지만, 마찬가지로 오후부터는 자유시간입니다. 일요일 오후부터 다음날까지 편하게 쉬시면 됩니다." 그들은 그에게 휴식시간을 제공하는 것이 호의를 베푸는 것으로 생각했던 모양이지만, 나는 아버지의 얼굴에 나타난 반응을 볼 수 있었습니다. 이방카와 에릭 그리고 나는 서로 눈빛을 교환했는데, 그것이 그가 언제 폭발할 것인가 그런 사소한 문제가 아니었습니다.

"그만! 됐어, 충분해!" 그가 소리쳤습니다. "선거가 이제 3개월밖에 남지 않았어. 난 단 하루도 쉬고 싶지 않아. 만약 내가 지면 그때는 쉬기 싫어도 원하는 만큼 푹 쉴 수 있을 테니까 말이야."

보는 것만으로도 신기한 장면이었습니다. 그때 나는 직업윤리에 대한 두 가지 기준, 정치에 종사하는 사람들의 윤리의식, 그리고 내 아버지 도널드 J. 트럼프의 윤리의식을 동시에 볼 수 있었습니다.

그래서, 나 역시 속도를 늦춘다는 생각은 전혀 하지 않았습니다. 이 시점에서 우리는 24시간 내내 뜬 눈으로 하루하루를 보낼 수 있을 것만 같았습니다. 지금 우리는 마지막을 향해 전속력으로 달리고 있었습니다.

밤 9시에서 10시 사이, 트럼프 타워 14층의 워룸[1]에 내려가 보니 온 세상이 숨을 죽이고 있는 듯한 느낌이었습니다. 마지막 타자가 9회말 파울 플라이를 치는 장면에서 공이 마치 5시간 정도 공중에 머무르는 듯한 그 순간을 제외하면, 이보다 더 적막한 순간은 아마 없을 겁니다.

14층 워룸을 가득 채운 에너지는 위험하고도 감당하기 힘든 기대감이었습니다. 우리는 개표방송을 시청하고 투표율에 대한 최신 정

[1] 선거 캠페인 야간본부실

보를 얻는 것 외에는 할 일이 남아 있지 않은, 선거 캠페인의 마지막 종착역에 도착했습니다. 트럼프 가※ 사람들과 대부분의 선거 캠페인 담당 직원들은 6개의 평면 TV 앞에 모여 있었습니다. 우리 팀은 서로 매우 친밀했습니다. 우리에게는 힐러리 로댐 클린턴과 같은 1,000명 규모의 선거 사무실은 없었지만 앞서 말했듯이, 항상 눈에 불을 켠 채 집중하고 노력하며 최선을 다했습니다. 물론, 우리 또한 메긴 켈리와 함께 폭스뉴스에 출연했으며, MSM에도 출연했습니다. 트위터 피드나 자유주의 뉴스네트워크를 볼 때마다 우리 눈에 보이는 것은 온통 적뿐이었습니다.

냉정하게 들릴지 모르지만, 그들이 우리에게 반대한다는 건 의심의 여지가 없는 사실이었습니다. 객관적으로 기사를 쓴다고 하는 뉴스기자들은 힐러리의 승리에 대해, 마치 그녀가 이 레이스에서 유일하게 중요한 인물이라는 듯 말하곤 했습니다. 상황이 급박해지자, 그들은 만약 X, Y, Z와 같은 변수가 계속 발생하더라도 여전히 '우리'는 도널드 트럼프를 무너뜨릴 수 있다고 주장하더군요. 그들은 아마도 '나는 그녀와 함께합니다.'라는 로고가 새겨진 스웨터를 입고 힐러리의 얼굴이 그려진 커다란 케이크의 커팅 준비를 하고 있었던 것 같습니다.

하지만 이들은 당신 앞에 설 때면, 자신들은 어떤 의제도 가져오지 않았고, 한쪽의 편을 들지도 않았으며, 단지 사실만을 보고했다고 말할 것입니다. 명백해 보이는 자유주의적 편견을 지적받을 때면 항상 부인해 왔지만, 지금 그들은 민주당을 위한 선전을 추진하고 도널드 트럼프를 생방송으로 폄하하기 위해, 1년 중 가장 중요한 이 밤에 그들의 모든 플랫폼을 사용하고 있습니다. 하지만 이제 객관성을 표방하는 저널리즘의 모든 가식은 만천하에 밝혀졌으며, 그들의 민낯도 적나라하게 드러났습니다. 사실의 옳고 그름보다는 특정 정당 또는 이데올로기를 지지하는 그들의 정체성 말입니다.

어느 순간 나는 아버지를 힐끗 쳐다봤습니다. 선거 캠페인 기간 동안 그의 행동을 지켜보는 것은 확실히 나와 다른 직원 모두를 고무시켰습니다. 우리는 미국 정치 역사상 가장 주목할 만한 후보를 맨 앞자리에서 볼 수 있었는데, 그는 현재의 시대 상황에 완벽하게 부합하는 후보이자 정치계에 충격을 준 최초의 정치인이었습니다. 그들은 그와 비슷한 인물을 이전에 본 적이 없었고, 그의 열정을 막을 수 없었습니다.

기성 정치인들은 그가 갑자기 나타났다고 주장하지만, 나는 그 말이 사실이 아님을 잘 알고 있습니다. 내 아버지의 힘은 할아버지와 증조할아버지로부터 이어져 온 바로 그 에너지였습니다. 2016년의 도널드 J. 트럼프의 선거 캠페인은 그들이 대변되는 미국인의 정신, 지성, 그리고 기개를 기반으로 지난 100년의 세월 동안 만들어져 왔습니다.

시간이 좀 걸렸지만, 지금은 그와 같은 에너지가 내 안에도 흐르고 있음을 알게 됐습니다. 나는 언제나 아버지를 존경했고 또 지금도 그 누구보다 더 존경하지만, 우리는 삶의 방식과 접근법이 많이 다른 듯 보였습니다. 그가 자신만만하고 대담했다면, 나는 그보다는 조금 더 내성적인 성향이었으니까요. 맨해튼의 고층 건물과 역동성보다는 숲속이나 트럭 운전석이 내게는 행복을 주는 장소였습니다. 하지만 대통령 선거 캠페인과 그에 따른 광기 어린 이 모든 과정이 나의 전부를 바꿔버리고 말았습니다.

내가 생각보다 훨씬 더 아버지와 닮았다는 사실을 깨닫는 데는 40년의 세월이 걸렸습니다. 그리고 그 순간, 내 앞에는 나뿐 아니라 그 누구도 믿기 어려울 정도로 대단히 힘든 레이스가 기다리고 있었죠. 나는 내 아버지와 마찬가지로 내 조국을 도와야 한다는 책임감을 느꼈고, 그와 마찬가지로 이 싸움에 목을 내밀고 나서부터는 그와 같은 급박함을 느꼈습니다. 자유주의자들 및 그들의 언론과 몇 차례 말다툼을 한 후, 나는 아버지에게 내가 생각했던 것 이상의 승부 근성이 있음을 깨달았습니다. 우리가 한 대를 맞았다면, 그는 두 배는 세게 되돌려 줬고, 코너로 밀려났을 때는 스윙을 하면서 빠져나왔습니다.

아버지가 밤새 앉아 있는 모습을 본 것은 워룸에서의 그 밤이 처음이었습니다. 그가 아파트에서 내려왔을 때, 힐러리 클린턴이 모든 사람의 말처럼 승리를 향한 항해를 계속하지 못할 거란 진실이 이제는 충분히 명확해지고 있었습니다. 그를 지켜보면서 나는 자신이 미국의 대통령이 될지도 모른다는 사실에 놀랐거나 적어도 흥분한 기색을 찾으려 했습니다. 하지만 어떤 표정의 변화도 발견할 수 없었습니다. 그는 매우 차분하고 침착했으며, 마치 20번 이상 본 영화를 다시 보는 것처럼 스크린을 응시하고 있었습니다.

방송에서 최대 접전지였던 플로리다에서 우리의 승리를 알린 뒤, 도널드 J. 트럼프와 그의 가족들은 선거 캠페인 고위 멤버 몇 명과 함께 위층으로 향했습니다. 우리는 이방카와 재러드를 포함한 온 가족과 함께 아버지의 아파트를 서성거렸습니다. 그때 나는, 선거 캠페인을 위해 그녀와 그녀의 남편이 얼마나 큰 희생을 했는지 잠시 생각했습니다. 초기에 재러드는 매우 다루기 힘든 인물들의 캐스팅에 침착함을 가져다주었습니다. 냉철한 그의 모습은 마치 데니스 로드먼이 뛰는 팀의 마이클 조던과 같은 존재였습니다. 나머지 모든 가족과 마찬가지로 그는 최선을 다해 일했습니다. 지금 무슨 일이 일어나고 있는지 아직 아무도 믿을 수 없는 것 같았습니다. 그러는 와중에, 우리는 모두 동시에 아버지가 그날 저녁의 연설문을 쓰는 것을 어느 누구에게도 허락하지 않았다는 사실을 기억했습니다. 승이든 패이든 상관없이 그는 몇 분 전에 정리해서 자신의 발언을 내놓을 생각이었습니다. 결과가 나올 때까지는 연설에 시간이나 에너지를 쏟을 여유는 전혀 없었으니까요. 우리의 모든 초점은 오직 하나, 결승점에 집중되어 있었습니다. 그 후에 있을 일은 그 실체가 무엇이든 알아서 처리될 문제였습니다.

오전 1시, 이제 아버지와 대통령직 사이를 가로막는 유일한 방해물은 펜실베이니아주를 포함한 힐러리의 '최후의 보루'가 전부였습니다.

나는 선거 캠페인의 선임 직원들과 함께 아파트 부엌의 작은 TV를 통해 결과를 지켜보고 있었습니다. 펜실베니아의 흐릿한 선거 지도가 확대될 때마다 나는 그곳에서 보낸 나의 모든 고등학교 및 대학교 시절이 떠올랐습니다. 내 인생의 4분의 1을 보낸 곳이었고, 그곳에서 만났던 모든 가족과 운전을 하며 다녔던 내 모습이 하나하나 생각이 났습니다. 포츠타운의 힐스쿨과 러스트벨트에서 만난 친구들, 펜실베니아 대학교에서 만난 친구들은 맨해튼 고급 사립학교와 하버드 또는 예일대학교를 다니던 부유한 촌뜨기들과는 달랐습니다. 내가 펜실베니아에서 알게 된 이들 중 상당수는 고통을 겪은 주州에서 온 이들이었습니다. 그들은 1990년대에 우리 제조업의 대부분을 해외로 수출하면서 일자리가 사라지는 광경을 직접 본 사람들입니다. 그리고 내가 학교를 졸업한 후부터 거의 매년 국가 정치에서 자신들의 영향력이 줄어드는 것을 몸소 겪은 사람들이기도 합니다. 내 아버지가 등장하기 전까지, 그들은 자신들을 전혀 신경 쓰지 않는 정치인들의 공허한 약속만을 경험했습니다. 그리고 이 위대한 미국인들은 아주 어린 시절부터 내 삶에 지대한 영향을 끼쳤습니다.

내가 이 글을 쓰고 있는 지금, 2020년 대선의 민주당 후보들 그중에서도 특히 조 바이든은 우연히 그곳에서 태어났다는 이유만으로 펜실베이니아 사람들을 바라보며 자신이 그들의 고통을 진심으로 이해하는 척하면서 빈둥거리고 있습니다. 그런데 아마도 조는 자신이 고작 10살 때까지만 그곳에 살았었단 사실은 절대 말하지 않을 생각인가 봅니다. 나는 그가 지냈던 기간만큼의 시간을 펜실베이니아에서 보냈고, 그와는 달리 실제로 당시 무슨 일이 있었는지 모두 기억할 수 있을 만큼의 성인이 되었을 때 그곳에서 살았습니다. 힐러리 역시 조와 같은 놀이책을 보면서 자랐으며, 마찬가지로 조보다 훨씬 어린 나이에 그 지역을 떠났습니다. 그런데도 그녀는 여전히 그 지역을 자신의 '고향'이라 부르며, 자신이 그곳에 사는 블루칼라 사람들의 표를 가질 권리가 있는 사람이라고 생각했습니다. 이렇게 몇 년에 한 번씩 바이든이나 힐러리 같은 사람들은 그들이 얼마나 노동자 계급을 지지하는지에 대한 거짓말을 늘어놓은 다음, 엘리트 정치 계층에 혜택을 주고 다른 모든 사람은 뒷전에 두는 법안들을 통과시켜 왔습니다. 노동자 계급과 그들의 직업에 신경을 쓰지 않은 채 말이죠. 펜실베이니아주 포츠타운 같은 곳에 사는 사람들은 전혀 그들의 관심사가 아니었습니다. 만약 당신이 내 아버지가 취임한 이후부터 제정한 정책들을 한 번 살펴보면, 감세부터 광범위한 규제 완화에 이르기까지 거의 모든 정책이 펜실베이니아, 미시간, 오하이오, 그리고 다른 주들의 작은 마을에서 흘러나온 목소리들로부터 시작됐다는 사실을 알 수 있을 것입니다. 이 모든 정책을 제정하기 위해 작성된 행정 명령과 법률의 맨 아래에, 아버지의 서명과 함께 선거 캠페인 동안 그가 만났던 모든 사람의 이름을 같이 적어야 할지도 모르겠습니다.

새벽 2시, 여전히 그들은 펜실베이니아주의 승자가 누구인지 말하지 않습니다. 집계되지 않은 투표용지는 고작 1%에 불과했으며, 힐러리가 그 모든 표를 다 가져간다고 해도 아마 상황을 역전시키기에는 충분하지 않을 텐데도 말이죠. 방송사들은 내 아버지를 위한 개표결과 발표를 원치 않았습니다. 발표가 지연되는 이유는 무엇일까요? 시청률? 아니면 이미 결론이 났지만, 실낱같은 희망에 매달려 계속 결과를 지켜보기 위해서? 어떤 방송국도 그런 이유로 그렇게 계속 시간을 보낼 수는 없을 겁니다. 그렇지 않나요?

맞습니다.

그들은 영원히 그렇게 버틸 수 없었습니다. 방송사들은 마침내 펜실베이니아주의 개표결과를 발표했고, 270명의 선거인단 확보를 위한 힐러리의 여정은 끝내 물거품이 되었습니다. 주위 사람들이 축하 인사를 하기 시작했고, 그 순간 낯익은 감정이 나를 엄습해 왔습니다.

나는 그동안 캠페인을 통해, 그리고 소셜미디어와 가짜뉴스를 통해 좌파가 어떻게 움직이는지 그 모습을 지켜봤습니다. 그 덕분에 존경과 관습이 그들에게 아무 의미도 없다는 사실 또한 잘 알고 있었죠. 선거날 아침, 나는 그들이 얼마나 끔찍한 존재인지를 다시금 상기할 수밖에 없었습니다. 두 살배기 딸 클로이를 품에 안고, 큰 딸인 카이의 손을 잡은 채 투표를 하기 위해 지역의 공립학교로 가는 도중에 나는 상상할 수조차 없는 온갖 난잡한 욕을 들었습니다. 너그럽기 그지없는 자유주의자들은 그렇게 나와 네 명의 아이들을 향해 소리를 지르며 욕설을 퍼부어 댔습니다. 좌파 측에서 볼 때, 나는 아버지가 아니었고 내 아이들은 자녀가 아니었습니다. 그들은 우리를 인간으로 보지 않았으며, '적', 그 이상의 의미는 없었습니다. 물론, 나 혼자였다면 전혀 신경도 쓰지 않았을 것입니다. 그런 일은 내게는 이제 너무 흔한 일이었으니까요. 두 번 생각하지도 않았을 겁니다.

하지만 이제 내 아이들에게까지 그런 말을 하기 시작했습니다. 글쎄요.. 이건 완전히 별개의 문제입니다. 나는 그동안 좌파가 나에 대해 가지고 있는 증오심을 동기부여로 사용해 왔습니다. 그러나 이건 정말 전혀 다른 차원의 문제였습니다.

좌파 측의 비열한 분노는 위로부터 내려왔으며, 클린턴 부부는 이 나라 역사상 가장 부패하고 비문명적인 정치 집단 중 하나입니다.

그들의 이런 행동은 단지 평범한 사람들을 경멸하는 또 다른 징조였고, 몇 년 후 아버지가 올랜도에서 재선 출마 의사를 발표할 때도 그때와 마찬가지로 다시 반복될 것이 분명했습니다. 내 아버지의 연설을 기다리는 긴 인파를 카메라에 담으면서 앵커들은 플로리다에서는 '정장'을 착용해야 하는 것이 아니냐며 그들이 신은 플립 플랍샌들의 일종과 카고 반바지를 입은 모습을 조롱했습니다. 이봐요, 이들은 48시간을 뇌우가 치는 밖에 서 있던 사람들입니다. 그들은 무도회를 기다리는 것이 아니었으며, 단지 한 정치인의 연설을 기다리고 있을 뿐이었습니다. 절반은 안에 들어가지 못할 것이란 사실을 이미 알고 있었지만, 그럼에도 불구하고 그들은 기다렸습니다. 하지만 언론은 단지 진흙탕 속에서 캐주얼하고 편안한 옷을 입고 있다는 이유만으로 이들을 조롱했습니다.

뉴욕에 사는 사람들, 자신들의 급진적 생각에 동의하지 않는 사람들을 향한 그들의 증오는 내게 정말 역겨움 그 자체였습니다.

지금 내 눈앞에서 TV 속 앵커들이 내 아버지가 대통령 당선인이라고 말하고 있었지만, 지난 2년 동안 내가 배운 바에 따르면 클린턴 부부는 그리 쉽게 물러설 사람들이 아니었습니다. 너무 많은 이해관계가 얽혀 있었으며, 어쩌면 대통령직보다 더 큰 무엇이 걸려있었는지도 모르겠습니다. 그들이 수십 년 동안 전 세계에 걸쳐 만들어 놓은 권력 네트워크가 현재 위험에 처해있습니다.

나는 내가 세상에서 가장 아끼는 사람들과 함께 TV 앞에 서서 고개를 가로저었습니다.

"아직 아닙니다." 먼저는 나 자신에게, 그리고 주방에 있는 다른 모든 이들에게도 이렇게 말했습니다. "아니에요! 그들은 절대 승복하지 않을 겁니다."

결과가 어떻든 간에 그들은 승리를 빼앗기 위한 일종의 속임수를 고안해 낼 겁니다. 시스템이 조작됐고, 투표기가 잘못됐으며, 투표용지가 얼룩져서 제대로 개표되지 않았다고 말하겠죠. "분명히 저들에게는 뭔가 꿍꿍이가 있을 겁니다." 내가 말했습니다. "한 번 지켜봅시다."

그날 밤 나는 마음을 졸이며 기다렸습니다. 존 포데스타가 자비츠 센터의 무대로 나와 그 자리에 있는 모든 이들에게 "아침에 다시 모이겠습니다."라고 발표했을 때, 내 의심은 확신으로 변했습니다. 나는 존 포데스타가 그들에게 시간을 벌어주고 있다고 생각했고, 아버지가 수락 연설을 위해 힐튼호텔 무대에 서 있을 때조차 이상하게도 여전히 초연한 기분이 들었습니다. 아마도 나는 우리의 승리보다는 포데스타가 내 의심을 확인시켜줬다는데 더 만족했던 것 같습니다. 물론 나는 냉소적인 사람이라 불리는 것을 별로 좋아하지 않습니다. 그것은 추한 모습이니까요. 하지만 그때까지만 해도 이는 내가 지난 2년 동안 배워 온 일종의 '조건부 반응'이었습니다.

그렇다면 지금 나는 그때 이미 민주당이 러시아 공모와 관련된 조작을 꾸밀 것이란 사실을 예측했다는 말을 하는 걸까요? 물론 그렇지는 않습니다. 어떻게 그들이 그렇게 믿을 수 없는 일을 할 것이라고 생각이나 할 수 있었겠습니까? 하지만 나는 아직 이 싸움이 끝나지 않았다는 사실만큼은 분명히 알고 있었습니다.

이제 우리는 민주당이 선거 몇 달 전부터 이미 실제로 러시아 사기극의 기초를 마련하기 시작했음을 알게 됐습니다. 클린턴 부부가 대금을 지불했던 위조서류에 근거한 해외정보감독법원FISA 영장은 FBI에게 우리 측 캠페인을 감시할 수 있는 허가를 주었으며, 2017년 1월, 버즈피드[1]가 이끄는 미디어 허위정보 유출기관들은 가짜뉴스의 보급을 시작했습니다.

마침내 그 일이 펼쳐지기 시작하자 낯선 종류의 침착함이 나를 덮쳤습니다. 마치 일어날 것으로 예상했던 나쁜 일이 마침내 실제로 발생했을 때 찾아오는 일조의 묘한 위안과도 같았죠. 그것은 아마 미지의 존재를 기다리는 것보다는 상대가 무엇을 할지 직접 볼 수 있는 적과 싸우는 것이, 오히려 더 쉽기 때문일 겁니다. 나는 누구에게도 냉소적인 행동을 하는 것을 원치 않았지만, 그 모든 과정이 끔찍하고 불행한 방식으로 내 눈을 뜨게 했습니다. 그리고 3년 후, 이제 나는 더 많은 사람이 나와 똑같은 비극적인 결론에 도달했다고 생각합니다.

한편, 나는 아버지가 이룬 엄청난 성과와 그가 이긴 일의 무게를 깨닫는 데만 두 달이란 시간이 걸렸습니다. 취임 전날, 우리는 알링턴 국립묘지로 가서 무명용사들의 묘에 화환을 놓기로 했습니다. 나는 감정에 지배되는 일이 거의 없으며, 아마 당신은 나를 지나치게 이성적이고 합리적인 사람이라 부를지도 모르겠습니다. 그러나 줄지어 늘어선 하얀 무덤 표지를 하나씩 지나쳐가는 동안, 그 찰나의 순간이 가져온 무게 속에서 나는 대통령직의 중요성과 이 나라에 대한 깊은 사랑을 느낄 수 있었습니다. 아버지가 무덤 앞에 서서 오른손으로 심장을 막고 있는 그 모습을 봤을 때, 나는 육군 나팔수가 '장송나팔Taps'을 연주하는 모습을 본 그 순간만큼이나 그를 자랑스러워하지 않을 수 없었습니다.

동시에, 나는 우리가 이미 그의 가족으로서 겪었던 모든 공격과 아버지가 성공할 수 있도록 돕기 위해 앞으로 견뎌야 할 모든 희생에

[1] 2006년에 요나 페레티가 설립한 뉴스 및 엔터테인먼트 웹사이트

대해서도 생각했습니다. 우리는 '사무실에 앉아 별다른 노력 없이 이익을 내는 존재'로 보이는 모습을 피하기 위해, 자발적으로 우리의 사업과 모든 국제 거래를 포기했습니다.

외국 정부 기관과의 사업에 관한 이야기를 하는 것이 아닙니다. 이것은 우리가 영향력을 행사할 수 있는 민간사업이 오히려 우리를 묶는 올가미가 될 수도 있다는 생각에 근거한 행동이었습니다. 무엇보다도 먼저, 트럼프 그룹은 그동안 누군가에게 이용당한 적이 없다고 최소한 나는 그렇게 생각합니다. 둘째, 누군가 그런 일을 시도할 가능성 또한 아주 희박했습니다. 그런 이유로, 솔직히 말해서 그것은 매우 큰 희생이었고, 매년 수백만 달러의 비용이 들었으며 내가 구축한 아주 큰 규모의 관계관리기법book of business도 여기에 포함됐습니다.

그러나 우리는 그 이상의 희생도 기꺼이 행복하게 할 각오가 있었습니다. 비록 주류 언론으로부터 어떠한 인정도 받지 못했지만, 이제는 전혀 놀라운 일도 아닙니다.

그래도 우리는 사업을 포기하지 않았을 경우 자유주의 언론들이 우리에게 주었을 두통을 피할 수 있었습니다. 우리의 모든 거래는 아마도 그들이 쓸만한 거짓 정보를 찾을 때까지 계속 시달려야만 했을 것입니다. 언론들은 트럼프 일가가 자기 자신만을 풍요롭게 한다거나, 아니면 내 아버지가 어떻게든 돈을 모으기 위해 대통령직을 남용할 것이라고 글을 썼을 겁니다. 아니면 그 외 몇몇 외국 정부와 호일 모자tin foil hat 갱단의 손바닥 아래 우리가 놓여 있다고 썼겠죠. 국내 사업 또한 많이 포기해야만 했습니다. 왜냐하면, 정말 말도 안 되는 소리처럼 들리겠지만 우리와 거래하는 국내 사업 파트너들이 인종차별주의자, 여성 혐오주의자 등 언론이 내 아버지를 두고 만들어 낸 어떤 거짓 꼬리표에도 함께 낙인 찍힐 위험을 무릅쓰게 하고 싶지 않았거든요. 솔직히 말해서, 추가적인 조사는 심지어 가장 기본적인 업무를 하는 것조차 사실상 불가능하게 만들었습니다. 그러나 이는 미국이 다시 위대해지고 자유 세계의 정당한 지도자로서 자신의 위치를 되찾는 모습을 보기 위해 지불해야 할 작은 대가였고, 지금도 여전히 그렇습니다. 이제 더 이상 오바마의 사과 투어는 없습니다.

어떤 의미에서 좌파와 자유주의 언론은 사실상 나를 실직시켰습니다. 내가 할 수 있는 일은 아버지를 위해 선거 캠페인을 하는 데 시간을 보내는 것뿐이었으니까요.

어쩌면 그들은 내가 그냥 내 일을 하도록 그냥 내버려 두는 편이 더 나았을지도 모릅니다. 선거가 끝난 후, 위선자들이 드디어 그 실체를 드러내기 시작했습니다. 나는 다음 날 아침까지 수천 통의 이메일을 받았는데, 대부분 같은 내용이었습니다. "우리는 처음부터 너와 함께였어, 친구" 뭐 이런 내용이었죠. 18개월 동안 서로 전화 통화 한 번이 없었는데 이제 와서 우리와 함께한다는 건가요? 설상가상으로 내게 문자를 보내 우리의 아이디어가 얼마나 마음에 들었는지 말해주는 사람들 중 누군가는 바로 다음 순간 페이스북을 통해 트럼프를 비웃고 있을지도 모릅니다. 아마도 자신을 '의식 있는' 사람으로 보여줄 어떤 포인트를 찾고 있을 수도 있겠네요. 당신도 알다시피, 양쪽 모두를 다 가질 수는 없습니다. 하지만 정치에서는 누구나 항상 이런 시도를 하곤 합니다.

출마 선언 전 엘리베이터에서 아버지가 "이제 우리의 진짜 친구가 누군지 한 번 알아보자."라고 했던 그 말을, 지금도 여전히 기억하고 있습니다.

나는 선거 캠페인에서 만난 친구들보다 더 진실된 친구는 아직 못 만나본 것 같습니다. 토미 힉스는 자신이 트럼프 측에 합류한 이유 중 하나는 우리가 정치계에서 만나게 될 일부 사람들이 걱정됐기 때문이라고 내게 말한 적이 있습니다. 나는 항상 나 자신을 잘 돌볼 수 있을 거라고 꽤 확신 있게 말했지만, 몇몇 사람들의 앞뒤 없는 대담무쌍함은 내게 꽤 충격적이었습니다. 취임식 전날 밤, 한 기부자는 전화를 걸어 내게 아버지께 자기 친구의 딸을 대영 미국대사로 임명해 달라고 부탁할 수 있는지를 물었습니다. "그녀는 상당히 성공한 투자 은행가입니다."라고 그는 마치 그 조건이 이 거래를 성사시키기에 충분하다는 듯이 덧붙이더군요.

아버지가 대통령에 취임한 후 많은 것이 변했고, 그 변화의 대부분은 미국 국민에게 유익했습니다. 그리고 나 또한 변한 것 같습니다. 정치는 모든 긍정적 이유를 끌어안은 채 내 혈류 속으로 스며들었습니다. 내게는 아버지의 계획을 앞당기고, 그가 자신의 목표를 달성하는 것을 도울 기회가 있었습니다.

하지만 오직 한 가지, 좌파 측의 공격만큼은 여전했습니다. 아니, 오히려 상황은 더 나빠졌습니다. 하지만 나는 그들이 최선을 다하도록 그냥 내버려 두고자 합니다. 왜냐하면, 변하지 않은 다른 무언가가 여전히 우리 가운데 남아있기 때문입니다.

그것은 바로, 우리 '내면의 투쟁'입니다.

Chapter 10.

극단적 증오(A DEADLY FORM OF HATE)

아버지가 선거 공약을 이행하는 데는 그리 많은 시간이 걸리지 않았습니다. 그는 결단의 책상[1]Resolute desk 뒤에 앉은 첫날, 필요한 인프라 프로젝트의 시행을 서두르는 것부터 국경 보안 개선안까지 모든 것을 망라한 행정 명령에 서명하기 시작했습니다. 그는 또한 버락 오바마 대통령의 가장 형편없었던 정책 중 일부를 되돌리는 일도 잊지 않았습니다.

좌파를 거의 붕괴 직전까지 몰고 간 행정명령은 바로, 급진적인 이슬람을 은닉한 국가들로부터 대량 이민을 금지하는 조치였습니다. 이 금지령은 일시적인 것으로 아마 당신은 가짜뉴스를 믿고 있을지도 모르겠지만, 이 나라에서 평화롭게 사는 이슬람교도들을 감시하는 것을 허용하지는 않았습니다. 이 행정 명령은 오히려 단지 국무장관과 국토안보부 장관이 이민 절차를 검토할 시간을 갖기 위한, 일종의 예방조치에 불과했습니다. 그리고 그 목적은 미국을 증오하는 사람들이 이 나라에 들어오는 것을 막는 방법을 찾기 위한 시간을 버는 것이었습니다. 당신이 느끼기에는 어떨지 모르겠지만, 최소한 내가 볼 때는 그리 나쁜 생각처럼 들리지는 않는군요. 하지만 소수의 사람에게는 분명 영향을 미쳤을 것입니다.

자유주의 언론과 좌파들이 그 정책에 대해 단체로 정신을 잃는 데는 그리 오랜 시간이 걸리지 않았습니다. 며칠이 지나기도 전에,

[1] 19세기 부터 사용된 미국 대통령 집무실의 책상을 가리킨다.

매일 TV에 나오는 열두 명의 사람들이 내 아버지를 아돌프 히틀러와 비교하기 시작했습니다. 그 단순한 여행금지정책을 홀로코스트에 비유하면서 말이죠. 좌파는 대학 캠퍼스에서 했던 것과 똑같은 일을 하고 있었습니다. "사실 따위는 잊어버려라, 중요한 것은 지금 당신이 느끼는 분노이다."

기독교인에 대한 전 세계적인 전쟁

좌파와 진보성향의 의원들이 가지고 있는 기독교인에 대한 편견도 물론 나쁩니다. 하지만 적어도 자유주의자들은 그저 칭얼거리는 성향만 있는 반면에, 테러리스트들은 실제로 자신의 감정을 행동으로 옮깁니다. 전 세계의 급진적 이슬람 테러리스트들도 마찬가지입니다. 급진주의 이슬람 세력이 기독교인, 유대인, 힌두교인, 심지어 이슬람과도 전 세계적인 전쟁을 벌인다는 사실을, 우리는 경험을 통해 이미 충분히 잘 알고 있습니다. 전 세계의 박해받는 기독교인을 지원하는 비영리 단체, 오픈 도어스 USA Open Doors USA에 따르면, 단지 신앙을 지킨다는 이유만으로 매월 345명의 기독교인이 죽임을 당하고, 219명이 재판 없이 투옥된다고 합니다. 오픈 도어스는 박해의 주된 원인이 '이슬람의 탄압'이라고 말합니다. 이 말은 수백만 명의 기독교인, 특히 이슬람교 문화권에서 자랐거나 무슬림 가정에서 태어난 기독교인들에게는 예수를 공개적으로 따르는 것이 고통스러운 결과를 초래할 수 있다는 뜻입니다.

그런데, 미국의 좌파들이 밀어붙이는 이야기에 따르면, 현재 공격을 받고 있고 그에 따른 보호를 받아야 하는 이들은 이슬람교도들이라고 하더군요. 그들의 말에 의하면, 심지어 우리가 그들을 직접 비판하는 것이 아님에도 불구하고, 비판적인 표현 자체를 금지해야 한다고 합니다. 희생자들이 점점 많아지고, 급진적인 이슬람 테러가 증가하고 있는 와중에도 그들은 그렇게 말했습니다. 그리고 이는 스스로 폐쇄적인 성향이라던가, 인종차별주의자라고 불리는 위험을 감수하지 않으면, 급진적인 이슬람에 관한 진정한 논쟁이나 아니면 그와 비슷한 무엇조차 할 수 없게 만들었습니다.

아마 민주당은 급진적인 이슬람에 대한 비판은 세계의 모든 무슬림들을 비판하는 것과 같다는 말이 하고 싶은가 봅니다. 오바마 대통령은 임산부에게 자살 조끼를 입히고, 어린아이를 성 노예로 파는 이 잔인한 겁쟁이들의 감정을 상하게 하지 않기 위해 행정부 전체에 '폭력 극단주의'라는 문구를 사용하라는 명령을 내렸습니다.

오바마의 신앙이 비겁함 만큼, 상황은 점점 더 악화되어 갔습니다. 정치적 관점에서 볼 때, 당신은 민주당이 왜 테러리스트들을 그 존재 자체의 의미로 부르는 것을 주저하는지 대략적인 이해를 할 수 있을 겁니다. 그들은 좌파언론과 할리우드 선전 세력을 화나게 하고 싶지 않은 것이 분명하니까요. 하지만 그렇다고 해도, 그들이 이러한 공격을 당한 희생자들의 진정한 정체성을 인정하기를 거부한다는 건 정말이지 부끄러운 불명예의 행위입니다.

스리랑카의 가장 최근에 있었던 부활절날, 자살 조끼를 입은 급진 이슬람 테러리스트들은 교회와 그 외 다른 장소에 들어가서 기독교인들의 명절을 자살폭탄테러로 축하한 사건이 발생했습니다. 250여 명의 기독교인이 산산조각이 난 채로 사망했고, 500여 명이 부상을 입은 큰 테러였죠. 버락 오바마와 힐러리 클린턴이 마침내 그들에 대한 애도를 표했을 때, 그들은 이렇게 말했습니다.

오바마 전 대통령은 트위터를 통해 "스리랑카 관광객과 부활절 예배자에 대한 공격은 인류를 향한 공격"이라고 밝혔습니다.

우리의 친애하는 전 영부인께서는 "오늘 스리랑카에서 부활절 예배자와 관광객에 가해진 끔찍한 공격으로 피해를 받은 모든 사람을 위해 기도합니다."라는 말을 하셨더군요.

부활절 예배자?

이봐요, 지금 농담합니까?

만약 12월 25일에 그런 일이 있었다면 그땐 뭐라고 부를 것입니까? 크리스마스 캐롤러? 차라리 희생자 가족들의 뺨을 한 대 때리지 그랬습니까?

반면에 한 달 전, 뉴질랜드에서 백인 극단주의자가 이슬람 사원에서 50명을 총으로 쐈을 때, 그들은 희생자들이 무슬림이란 사실을 정확히 언급했습니다. 오바마는 트위터를 통해 "우리는 당신 그리고 이슬람 공동체와 함께 슬퍼합니다"라고 말했더군요.

자유주의 언론들은 이 일에 연루되었을 뿐만 아니라, 급진적인 이슬람에 대한 취재를 일종의 예술처럼 만들었습니다.

오마르 마틴[1]에 대한 취재를 한번 예로 들어봅시다. 그는 2년 전 플로리다 올랜도 펄스의 한 나이트클럽에 들어가 무고한 49명을 총으로 쏴 죽인 괴물입니다. 그리고 그는 급진적인 이슬람의 이름으로 그 행위를 저질렀습니다. 어떻게 아냐고요? 그가 본인의 입으로 직접 그렇게 말을 했으니까요! 911에 전화를 거는 와중에, 그는 여전히 사람들을 향해 총을 쏘며 ISIS의 지도자인 아부 바크르 알바그다디에게 충성을 맹세했습니다. 아마 당신은 알바그다디가 스리랑카 테러 이후 자살 폭탄 테러범들을 찬양하고 기독교인들을 죽이겠다고 다짐한 사실을 기억할지도 모르겠습니다. 그는 이날 공개한 영상에서 "이슬람과 자신의 민족이 십자가와 그 민족에 대항하는 길고 긴 전투"라고 말했습니다.

보시다시피, 마틴의 범죄 동기는 해석의 여지가 거의 없습니다.

그러나 자유주의 언론이 하는 일은 다음과 같습니다. 누군가 급진

[1] 2016년 6월 12일 미국 플로리다주 올랜도의 펄스라는 게이 나이트클럽에서 일어난 올랜도 나이트클럽 총기 난사 사건의 범인

이슬람의 이름으로 테러행위를 저지르면, 그것이 폭격이든 총격이든 참수든 상관없이 언론은 가해자들을 '소시오패스', '외로운 늑대와 같은 과격 주의자'로 부르거나 그 외 다른 꼬리표를 붙이곤 하는데, 이는 명백히 자신을 테러리스트라고 밝힌 맥스의 나이트클럽 총기 난사 사건의 경우에서도 역시 마찬가지였습니다. 테러리스트들은 자신의 입으로 이교도들을 정복하고 지구 전체를 칼리페이트[1]로 만들고 싶어서 무언가 행동을 했다는 말을 했지만, 뉴욕타임스는 "그들은 아마 매우 힘든 삶을 살았을 것이다"라는 답변을 내놓았습니다. 펄스의 총기 난사범 오마르 마틴이 아부 바크르 알바그다디Abu Bakr al-Baghdadi[2]의 이름으로 살인을 저질렀을 때도, 타임스는 그가 자기혐오와 복수심에 사로잡힌 폐쇄적 동성애자인지를 물었습니다. 워싱턴포스트는 애초에 이 공격을 초래한 그들의 이데올로기를 비난하는 사설을 쓰는 대신, 이러한 상황을 예측하지 못했다는 이유로 공무원들을 꾸짖는 논조의 사설을 실었습니다.

급진적인 이슬람 테러리스트들이 미국인을 죽이고 있는 동안, 이런 일은 지금도 계속되고 있습니다.

포트후드 총기 난사범을 혹시 기억하십니까? 군사기지에서 13명을 총으로 쏴 죽인 급진주의 이슬람 소령 말입니다. 당시 CNN은 그의 종교나 익명의 이메일에 기록된 그의 극단주의적 견해에 대해서는 전혀 언급하지 않은 채 단지 그를 '군 정신과 의사'라고만 불렀습니다.

그러나 만약 일부의 국내 민병대가 테러행위를 저지르면, 언론을 통해 곧바로 기독교도라는 이름이 잉크 아래로 떨어질 것입니다. 심지어 백인 우월주의자라는 표현 또한 기독교인이란 이름을 가볍게 감싸고 있는 일종의 가명처럼 사용됩니다. 조금 덜 심각한 맥락에서 보더라도 이러한 이중적 잣대는 터무니없습니다. 그들은 낙태 클리

---

[1] 이슬람 종교상 지도자 칼리프(caliph)가 다스리는 지역

[2] 자신을 칼리프라고 하는 당시 이슬람 테러리스트 지도자 이름]

닉을 폭파하는 공격은 기독교인들의 소행이라 말하지만, 열댓 명 이상의 사람들을 냉혈한처럼 죽이는 테러는 급진적 이슬람교도가 아닌 그저 군의관 한 명의 소행이라고 말할 뿐입니다. 동성애자들을 공격하는 이들은 복음주의자이지만, 나이트클럽에서 수십 명의 사람을 죽인 사건은 폐쇄적 동성애자의 분노폭발이 됩니다. 이슬람 사원을 공격하는 행위는 백인 우월주의 기독교인의 소행이 되지만, 샌버너디노[1]에서 동료들을 죽인 사건은 마음이 괴로운 한 개인의 범죄일 따름입니다.

선거 캠페인 동안 나는 일곱 색깔의 스키틀즈[2]를 담은 그릇 사진과 함께 다음과 같은 문장을 적은 트윗을 보냈습니다. "지금 이 그릇에는 스키틀즈가 가득 담겨 있고, 나는 당신에게 이 중 세 개만 먹어도 죽게 될 거라 말할 겁니다. 그래도 한 움큼 가득 가져가겠습니까? 이게 바로 시리아 난민 문제입니다."

은유가 다 그렇듯, 나는 그 표현이 그렇게 끔찍하지는 않다고 생각했습니다. 비록 F. 스콧 피츠제럴드[3]만큼은 아닐지 몰라도 워튼에서 경영학 학위를 받은 남자치고는 괜찮지 않습니까? 하지만 그 말을 한 즉시, 나는 영혼 없는 괴물이라는 꼬리표를 받았습니다. 아, 백인 우월주의자 좌파가 늘 찾는 사람이죠라는 꼬리표도 함께 받은 건 굳이 말할 필요도 없겠네요. 당신은 좌파 측의 반응을 보고 아마도 내가 부활절 토끼를 죽이는 정도의 큰 범죄를 저질렀다고 생각할지도 모릅니다. 그것은 단지 우리의 문제를 관점으로 바라본 비유였습니다. 숫자, 그리고 사람들 그게 다입니다.

그러나 뉴욕 아랍계 미국인 협회의 대표이자 여성 행진 Women's March의 상징인 린다 사서가 내 아버지를 상대로 지하드를 선언했을 때는, 항의의 속삭임조차 찾아볼 수 없었습니다. 내가 트위터에 올린 스키틀즈 그릇과 달리 사서가 자신의 추종자들에게 보낸 메시지는 위험

[1] 미국 캘리포니아주 남부의 도시

[2] 마즈의 자회사인 리글리에서 생산되는 사탕

[3] 미국의 소설가이며 단편 작가로서 〈위대한 개츠비〉, 〈벤자민 버튼의 시간은 거꾸로 간다〉 등의 저자

했고, 그녀 또한 그 사실을 충분히 잘 알고 있었습니다. 그 후 그녀를 옹호하는 사람들은 그녀의 복수심에 찬 말을 누그러뜨리려 애쓰면서, 지하드를 '악에 대한 영적 투쟁'으로 재정의하려고 했습니다.

다시 말해, 좌파는 미국인들의 도덕성을 야만적이고 오래된 성전聖戰의 개념으로 개조하여 그들의 기분을 좋게 만들려 했지만, 이는 미국과 유럽의 진보적인 청중만을 속일 수 있을 뿐입니다. 현실 세계에 사는 우리는 진실을 들을 때 그들의 말이 가짜임을 금방 알게 됩니다.

지금 이 순간에도 급진적인 이슬람 근본주의에 내포된 사상은 서구 문명의 기본 교리와 완전히 상충된 채로 충돌하고 있습니다. 그럼에도 불구하고, 공공장소에서 이런 기본적인 사실을 감히 말하는 사람은 인종차별주의자, '혐오연설'에 참여하는 사람 혹은 그보다 더 나쁜 사람으로 비난받고 있습니다.

이제 가짜뉴스 매체에 있는 사람들이 나를 너무 흥분하게 만들어 내가 전하고자 하는 문맥에서 벗어나기 전에, 분명히 말씀드리겠습니다. 나는 지금 전 세계에 있는 대부분의 이슬람교도들에 대해 말하고 있는 것이 아닙니다.

만약 우리가 급진적인 이슬람의 가치에 대해 비판하고 그 단체에 맹목적으로 가입하고 그 이름으로 나쁜 행동을 자행하는 사람들에게 무슨 문제가 있는지 자유롭게 말할 수 없다면, 이는 곧 미국의 헌법이 보장하는 표현의 자유를 제대로 누리지 못하고 있음을 의미합니다. 우리는 아주 오랫동안, 일반 문명 세계를 위협하는 가공할만한 이슬람 침공의 여파로 인해 그 종교를 평화의 종결자라 불러왔으며, 그들이 지금 당장이라도 채식주의 케일 샐러드를 먹고 있는 나와 당신 그리고 심지어 트렌스젠더 히피까지도 죽일 수 있는 위험한 종교란 사실을 분명히 인정해야만 합니다. 물론, 대부분의 이슬람교도들도 이 사실을 잘 알고 있습니다. 샌 버나디노 테러 직후 내 아버지는 입후보 초기에 이미, 대통령으로 재임하고 있는 지금과 마찬가지로 이슬람교도들에 대한 국경의 완전폐쇄를 요구했습니다. 그날 밤 자정쯤, 나는 다음 날 아침 6시 쇼에 출연해서 이 금지조치와 관련된 전화를 한 통 받았습니다. 내가 상대방에게 하고 싶은 말의 요점을 물었을 때, 그들은 이렇게 말했습니다. "넌 혼자야" 글쎄요, 앞에서도 이미 말했지만, 우리는 열정적이며 앞을 향해 거침없이 달려나가는 그런 '팀'이었습니다. 다음 날 아침, 나는 택시를 타고 가던 중, 백미러 너머로 나를 바라보는 운전자의 표정을 느꼈습니다. 중동 출신인 그의 얼굴을 마주한 순간 나는 생각했습니다. "젠장, 다 끝났군" 하지만, 그는 내게 영원한 안식을 주는 대신, 자신의 의자에 몸을 기댄 채 이렇게 말했습니다. "당신 아버지의 의견을 잘 들었어요. 나는 그가 100% 옳다고 생각합니다."

"증오를 전파하고, 여성을 억압하고, 우리 모두를 망치는 살인을 저지르는 존재가 바로 그들의 실체라는 사실을 나는 잘 알고 있어요."라고 그는 말했습니다. "합법적으로 미국에 온 그 남자[샌 버나디노 총기 난사범]와 같은 놈들조차 모든 것을 망치고 있습니다. 이제는 그들을 막을 방법을 찾아야만 해요. 나는 우리가 방법을 찾을 때까지 그들의 입국을 금지한 트럼프의 결정을 절대 비난하지 않습니다."

다수의 이슬람교도들도 그와 같은 생각을 하고 있습니다. 왜냐하면, 그들 역시 급진이슬람의 표적이기 때문입니다.

2016년 대통령 선거 캠페인 동안 아버지는 적어도 60여 건의 트윗을 통해 '급진적인 이슬람 테러리스트'라는 표현을 썼고, 그는 대부분의 트윗에서 오바마와 힐러리는 이런 단어를 사용하지 않는다고 소리쳤습니다. 좌파의 분노가 파도처럼 밀려왔음에도 불구하고, 나는 정치인도 많은 미국인이 믿는 것을 사실 그대로 말할 용기를 가질 수 있다는 사실을 그때 처음 알았습니다.

왜 자유주의자들은 급진적인 이슬람에 대해서는 사과하거나 변명하면서 기독교인, 남성성, 가족적 가치관 그리고 미국의 삶의 방식은 규탄하는 것일까요? 한 번에 두 갈래 길을 모두 갈 수는 없는 법입니다.

아마도 당신은 내 아버지와 그를 지지하는 미국인들에게 동의하지 않을 수도 있습니다. 만약 그렇다면, 어떤 일이 일어날까요? 간단합니다. 당신은 그냥 아무 대가 없이 동의하지 않는다고 말할 수 있습니다. 의견 불일치는 우리의 헌법적 권리일 뿐만 아니라, 이 나라의 건국이념과도 일맥상통하는 큰 개념입니다. 그러나 용어의 정의상 의견 불일치는 양면성을 갖습니다. 만약 한쪽이 다른 한쪽을 대상으로 잘못된 정보와 상처를 주는 욕설, 그리고 신체적 폭력을 동원한 전면전을 벌인다면, 그것은 의견 차이가 아닙니다.

그것은 증오입니다.

미국 기독교인과의 전쟁

만약 미국에 민주당 정치인들과 소위 대중을 위한 지식인이라 자부하는 사람들의 입에서 나온 모든 말의 사실 여부를 확인하는데 전념하는 전문기관이 있다면, 정말 좋지 않을까요? 사람들이 하는 말을 최소한 어느 정도는 정확하게 보도하는 일은 과연 누구의 몫이겠습니까? 슬프게도 자유주의 언론은 이미 진실의 파수꾼으로서 해야 할 자신의 역할을 포기했고 미국 좌파의 행동조직이 된 지 오래입니다. 그들은 억압받는 자와 압제자, 식민지배자와 그 피해자, 사악한 자본주의 돼지들과 무고한 신학 전공자들 사이에서 문화전쟁이 벌어지고 있다는 이념적 프레임^{이념적 사고}을 사고팔았습니다. 만약 이런 이념들이 가져올 참담한 실제적 영향력이 없었다면, 그것도 그리 나쁘지는 않았을 것입니다.

오늘날 이 나라보다 기독교인들을 대하는 좌파들의 혼란한 인식이 더 분명한 국가는 아마 없을 것입니다.

2018년 8월, 상원 사법위원회는 일곱 번째 서킷에 대한 미국항소법원의 서킷 판사로서 에이미 코니 바렛[1]의 지원자격을 검토할 예정이었습니다. 이미 눈치챘겠지만 내가 '예정'이라는 단어를 쓴 이유는, 결국 그것은 해프닝으로 끝났기 때문입니다.

바렛 판사는 정의가 무엇인지를 보여주는 하나의 빛나는 롤모델입니다. 그녀는 항상 엄격하지만, 공정했으며 법에 따라 최소한의 보호를 받아야 할 사람들을 돌보는 일에 많은 신경을 쓰는 사람이었습니다. 지명 당시 그녀는 노트르담 로스쿨의 교수였고, 사랑스러운 네 아이의 엄마였습니다. 내 아버지는 그녀가 그 자리의 적임자라 판단했고, 몇 달 동안 심사숙고한 끝에 그녀를 선택했습니다.

바렛 판사가 여성이라는 이유만으로, 아버지가 의회의 열광적인 좌파 페미니스트들에게 올리브 가지_{평화의 상징}를 내밀었다고 말한 사람들도 있었습니다. 하지만 내 생각에는 이 일과 그와는 전혀 관련이 없어 보입니다. 그는 이미 꽤 오랜 시간 동안 여성들을 주요 자리에 고용해 왔으니까요.

이때, 지명과정에서 1972년 이후 여성들의 가능성 확장을 모토로 하는 국립여성법률센터가 바렛 판사에 대해 반대 의사를 표명했다는 사실에 주목할 필요가 있습니다. 그들은 그녀가 "시민권, 헌법적 가치 그리고 생식권_{reproductive rights}에 위협을 주는 인물"이라고 말했으며, 이 모습은 마치 오래전 모든 미국인의 자유를 위한 투쟁을 중단시켰던 미국시민자유연맹과 전혀 다르지 않았습니다. 이제 그들은 의식 있는 사람들을 자신의 입맛대로 고르고 있습니다.

그러나 실제로 상원위원회가 목표로 삼은 것은 바로 바렛 판사의

[1] 이후 미국 연방법원의 대법관으로 임명제청 된바 있음.

종교였습니다. 위원회의 민주당원들은 그녀가 가톨릭교에 대한 '독단적' 믿음을 가지고 있다고 비난했습니다. 바렛이 가톨릭 대학인 노트르담 대학교의 법학 교수인건 맞지만, 그렇다고 해도 감히 자신의 신앙만을 믿다니! 위원회의 민주당 상원의원인 다이앤 파인스타인는 이를 두고 바렛교수를 직접 비난하기도 했습니다.

파인스타인은 전문인으로서 가톨릭 개업의들이 가져야 할 의무에 관한 바렛의 글에 대해 "당신의 문장을 읽을 때, 교리가 당신 안에 크게 자리 잡고 있다는 결론이 도출됩니다"라고 말했습니다. "그리고 이 나라에서 여러 해 동안 많은 이들이 싸워온 큰 문제들의 경우 그와 관련된 우려들이 있습니다." 그녀가 언급한 글들은 단지 가톨릭 법을 따라는 의학자들의 전문적인 의무를 표현한 것뿐이었습니다.

바렛의 변호를 위해 나선 사람 중 한 명은 노트르담 대학교 총장이었습니다. 존 I. 젠킨스 신부는 상원의원에게 보낸 편지에서 파인스타인에게 이 나라의 시작에서 종교가 했던 역할을 상기시켰습니다. "우리는 시민들이 자신의 신앙을 자유롭게 드러내는 것으로 인해 사과하지 않아도 되는, 그런 나라를 세운 사람들의 정신을 본받아 현재를 살아가고 있습니다."

바렛 판사의 사례는 어떤 면에서 보더라도 일회성 사건이 아니었습니다. 2018년 11월, 캘리포니아의 카말라 해리스 상원의원과 하와이 출신의 메이지 히로노 상원의원은 네브라스카에 있는 미국 지방법원 지명자인 브라이언 버셔를 두고 콜럼버스 기사단 소속이란 이유로 그의 자격을 박탈할 것을 제안했습니다. 콜럼버스 기사단이라서 안 된다고요? 그러면 다음은 어떤 사람을 실격시킬 것입니까? 미국 자동차 협회 회원 자격을 가진 사람? 이달의 책 클럽 컵스카우트는요? 제발, 콜럼버스 기사단은 지난 136년 동안 자선사업을 해왔습니다. 도대체 무엇 때문에 지원자격을 박탈당해야 합니까?

그리고 트레버 맥패든 판사의 워싱턴 지방법원 임명승인에 관한 사례도 있습니다. 인사청문회에서 로드아일랜드 출신의 민주당 상원 의원인 쉘든 화이트하우스는 맥패든 판사에게 동성 결혼에 대한 그가 다니는 목사의 진술에 대해 집중추궁했습니다. 쉘든, 혹시 정교분리에 대해 뭐 기억나는 거 없습니까?

나는 바렛 판사와 다른 사람들에게 투영되는 반기독교적 편견이 이 나라에서 너무 흔해져서 미국 상원의원들이 언제 그것에 관여하는지 거의 알아차리지 못하는 이 상황이 두렵습니다. 이 나라의 좌파는 미국이 건국된 유대교와 기독교의 가치를 완전히 잊고 있습니다. 민주당원들은 우리가 애초에 이 나라가 존재하는 유일한 이유가, 많은 이들이 그들의 종교를 자유롭게 실천할 수 있도록 배를 타고 영국에서 여기까지 항해를 했기 때문이라는 것을 잊고 있습니다. 그리고는 법을 쓸 때가 되면 그들은 십계명을 찾아 그 지침을 따르고자 합니다.

이 나라에서 교회와 국가의 분리는, 정부가 사람들에게 그들이 어떤 믿음을 소유할 수 있는지에 대해 왈가왈부할 수 없음을 의미합니다. 국가는 사람들이 그들의 종교적인 믿음에 근거한 법을 만드는 것을 막을 수 없습니다.

하지만 우리가 아직 완전히 뒤바뀌지 않은, 그러니까 아직 양측이 공존하는 세상에 살고 있다고 잠시 상상해보도록 합시다. 그리고 백인 기독교 남성인 내가 예비 판사들을 심사하는 위원회에 앉아 있고, 판사또는 상원의원 또는 PTA 회장가 되고자 하는 젊은 무슬림 여성에게 그녀의 종교적 신념에 대해 의문을 제기한다고 한번 가정해봅시다. 폭동이 일어나기 전에 내가 얼마나 멀리 도망갈 수 있을까요? 5초? 아니면 10초? 다이앤 파인스타인이 무슬림 후보를 법정에 세워 놓고 샤리아법을 믿는지 물어볼 것 같습니까? 아니면 그들 중 술을 마시는 사람을 차별할 수 있을까요? 예를 들어 그 누구도 공개포럼을 통해 일한 오마르에게 그녀가 자신의 친남매와 결혼함으로 이민 사기를 저질렀는지 그 여부를 묻지 않았습니다. 그건 금지사항이거든요.

그리고 만약 내가 이 상상 속의 이슬람 여성에게 이슬람의 '도그마 독단적 신념'이 그녀 안에서 '크게 살아있다'라는 이유로 '심각한 불편을 느낀다'라고 말했다면 어떻게 될 것 같습니까? 맞아요, 분명 좋은 상황은 아니었을 겁니다.

상원 민주당원들로부터 들은 거짓을 가지고 사람들의 눈길을 끌려고 하는 우리와 달리, 로스앤젤레스에 있는 사이먼 비젠탈 센터[1]는 편협함에 반대하는 사람들의 위대한 사례 중 하나입니다. 비젠탈은 전 세계의 나치 전범들을 추적하여 재판에 회부시켰습니다. 오늘날 이 센터는 인류에게 일어난 공포를 무시하는 다음 세대를 교육하는 역할을 합니다. 내 친구 캐롤과 래리 미셸이 이 센터를 맡고 있는데, 이곳은 방문하는 모든 사람이 홀로코스트의 참상을 절대 잊지 않도록 확실한 인식을 심어줍니다. 그리고 캐롤은 내 아버지를 적극적으로 지지한 초창기 멤버 중 한 명이었습니다.

당시에는 유대인 공동체로부터 우리가 어떤 지지를 받는다는 사실 자체가 많은 전문가를 당혹스럽게 만들었지만, 오히려 전혀 그럴 이유가 없었습니다. 아버지는 그들에게 약속했고, 그 모든 약속을 하나하나 다 지켜나갔습니다. 보수적인 판사들을 임명하는 캠페인을 벌였고, 아주 멋진 방식으로 이를 실행에 옮겼습니다. 또한, 무역의 공정성을 회복하기 위해 캠페인을 진행했으며 중국과 다른 나라들을 앞에서 진두지휘했습니다. 그 역시 조지 부시, 빌 클린턴, 기타 부시, 심지어 버락 오바마 등 여러 대통령이 약속했지만, 결코 현실로 이뤄지지 않은 공약인 예루살렘으로 미국 대사관을 옮기겠다는 약속을 했습니다. 버락 오바마는 이스라엘 지도부에 대한 경멸을 전혀 숨기

---

[1] 1977년 랍비 마빈 하이어가 설립한 유대인 인권 단체

지 않았기 때문에 대사관을 옮기기 위한 그의 부족한 지원은 그리 놀랄 일은 아니었습니다. 하지만 아버지는 항상 이스라엘의 친구였고 앞으로도 계속 그럴 겁니다.

한 걸음 물러서서 이 간단한 움직임 하나가 지난 몇 년 동안 어떻게 지연돼왔는지 살펴보도록 합시다. 1995년 의회는 텔아비브에서 예루살렘으로 우리 대사관을 이전할 것을 요구하는 예루살렘 대사관법을 압도적인 지지로 통과시켰습니다. 그런데 이 법에는 백악관이 이전을 연기하기 원한다면, 포기서에 서명할 수 있도록 허용하는 조항이 있었습니다. 그리고 클린턴, 부시, 오바마 대통령은 모두 이 대사관 이전을 거의 23년 동안 계속 연기해왔습니다.

이것이 바로 내 아버지 도널드 J. 트럼프와 오바마, 부시, 클린턴 사이의 차이점입니다. 그는 약속하면 반드시 이행합니다. 미 대사관을 예루살렘으로 옮기는 일은 그의 최우선 과제 중 하나였습니다. 그래서 아버지는 우리의 친구이자 위대한 대사인 데이비드 프리드먼과 함께 이 이전계획을 시작했습니다.

언론은 매섭게 반응했고, 정치 전문가들은 거의 이성을 잃은 듯 보였습니다. 심지어 그 법에 투표한 일부 정치인들조차 대사관 이전이 현명한 처사인지 의문을 제기하기 시작했습니다. 이 천재들은 대사관의 이전이 이스라엘과 팔레스타인, 새로운 인티파다[1] 사이의 전면전을 초래할 것이라고 선언했습니다. 세계 지도자들부터 교황에 이르기까지, 당신이 눈으로 바라볼 수 있는 모든 곳에서 이러한 움직임을 비난하고 있었습니다. 교황은 '현상Status Quo'에 대한 존중을 요구했습니다. 중국인들조차 주의를 촉구했었죠. 아, 잠시만요! 아직 조금 더 남았습니다. 어떤 상황에도 비난의 노력을 기울이지 않는 유엔은 안보리를 소집했고, 안보리는 즉각적이고 거의 만장일치로 이 같은 움직임에 대해 미국을 규탄하는 투표를 했습니다. 미국은

[1] 팔레스타인 사람들의 반이스라엘 저항운동. 인티파다는 봉기·반란·각성 등을 뜻하는 아랍어

결국 그 결의안에 거부권을 행사했습니다. 심지어 지하디와 같은 테러단체들조차도 이 움직임에 대항하여 무력 투쟁을 할 것인지 그 여부를 저울질했다고 합니다.

미국의 전문가들은 이러한 대사관 이전이 무책임하고 무모해 보이기까지 한다면서, 평화 협정에 해를 끼친다고 선언했습니다! 이봐요, 이 법이 상원에서 표결에 부쳐질 때마다 상원의 90% 이상이 찬성했다는 사실이 기억하길 바랍니다. 때때로, 그 안건은 문자 그대로 만장일치로 통과된 적도 있습니다. 그럼에도 불구하고 트럼프 대통령이 모든 사람이 진정으로 원하는 일을 실행에 옮기려고 했을 때, 웬일인지 그들은 완전히 분노에 사로잡힌 듯 보였습니다.

그리고 아버지가 실제로 약속을 이행했을 때 그들이 예상했던 수많은 불행과 암울한 상황이 얼마나 일어났습니까? 사실상 없었습니다. 사상자는 미미했으며, 결과적으로 보면, 오히려 우리가 이전에 보였던 소극적 행동들이 중동에 훨씬 더 큰 폭력과 죽음을 초래했습니다. 대사관 이전으로 인해 언론에서 주장한 것처럼 수백만 명의 사람이 죽는 일은 없었습니다. 그들은 이제 베들레헴이 아닌 예루살렘에서 크리스마스트리 불을 켰습니다. 중동 밖에서는 아직 시위가 있었지만, 이 또한 빠르게 사라져갔습니다.

피할 수 없는 존재라던 인티파다[1]는 어떻게 되었을까요? 절대 실현되어선 안 될 전쟁은요? 제3차 세계대전이 발생한다면, 의심의 여지 없이 바로 이러한 움직임이 그 시발점이 될 것이라 주장했던 전문가들의 주장은 다 어떻게 되었습니까?

용기는 행동을 가져오고, 내 아버지 도널드 J. 트럼프는 행동하는 것을 절대 두려워하지 않았습니다. 그는 그것이 옳은 일이라고 굳게 믿었습니다. 이스라엘은 그들의 수도가 어디에 있는지 결정할 권리가 있으며, 미국은 중동의 유일한 민주주의 국가인 그들을 지지할

[1] 1987년부터 시작된 이스라엘에 대한 저항운동으로 팔레스타인인의 민중봉기

의무가 있습니다. 당신도 알다시피, 미국은 세계의 리더이며 모든 사람이 우리를 따릅니다. 그것이 바로 리더십입니다. 오바마에게 몹시 부족했던 것이기도 하지요. 이제는 미국이 다시 한번 자유 세계의 리더로서 정당한 위치를 차지해야 할 때입니다.

Chapter 11.

잃어버린 성별(MISS GENDERED)

　내가 아버지를 지지하는 첫 선거 연설을 한 날부터, 내 정치 경력이 나를 어디로 데려갈지에 대한 추측들이 상당히 많았습니다. 예를 들어, 트럼프 그룹에서 물러나서 한 치 앞을 알 수 없는 기약 없는 길을 걸을 것인가? 트럼프 선거 캠페인에 계속 머무를 것인가? 언젠가 직접 출마를 하진 않을까? 자, 마침내 좋은 기회가 왔습니다. 나는 지금 당장 나와 관련된 그 모든 소문을 잠재우고자 합니다. 정치계에 계속 머무르지 않을 것이며, 그보다 훨씬 더 큰 것을 바라보고 있습니다.

　내가 세운 계획은 지금 당장 지역 여자 소프트볼 리그 9~12세 부문의 가장 위대하고 강력한 선수가 되는 데 모든 노력을 집중하는 것입니다.

　자, 어떻습니까? 한 번 볼까요? 나는 공포감에 질린 편협한 사람들이 무슨 생각을 할지 아주 잘 알고 있습니다. 돈! 넌 여자가 아니야! 게다가 넌 마흔 살이잖아! 터무니없는 소리 좀 하지마!

　이게 바로 지금 이 책을 읽고 있는 당신이 틀렸다는 겁니다. 좌파가 새롭게 만든 현실에서, '연령'과 '성' 그리고 '정신적 가치'와 같은 정신 나간 옛 생각은 이제 더는 중요하지 않으니까요. 당신이 태어날 때 어떤 성을 부여받았는지는 이제 그 누구도 신경 쓰지 않는 주제입니다. 중요한 것은 바로 당신의 감정이기 때문이죠. 어느 날 내가 잠에서 깨어났을 때 스스로 수잔이란 이름의 열세 살짜리 소녀가 된 기분이었다면, 당신은 나를 그렇게 불러야 합니다. 그리고 내가 수잔처럼 말하며 내 딸의 소프트볼 리그에서 센터필드 울타리를 넘기는 홈런을 치며 경기를 폭격하고 싶다고 하면, 당신은 내가 분홍색 줄무늬에 옷을 입고 필드로 나가도록 허락해야만 하죠. 그렇지 않으면 당신은 내 성별을 잘못 인식하고 있는 것입니다.

그리고 그렇게 사람들의 성별을 오도하는 행동은 당신을 많은 곤경에 빠뜨릴 수 있습니다.

영국 하트퍼드셔에 사는 케이트 스코토우에게 한번 물어봅시다. 2019년 2월, 그녀는 한 트랜스젠더 여성[1]을 '희롱'한 혐의로 현지 경찰에 체포됐습니다. 케이트가 그녀를 트위터에서 '그'라고 불렀거든요. 나도 압니다. 충분히 혼란스러울 수 있어요. 경찰은 스코토우의 아파트에 들이닥쳐 자폐증을 앓고 있는 10살 딸과 20개월 된 아들 앞에서 그녀를 체포했습니다. 법정에서 검사는 스코토우가 트랜스젠더 운동가에 대한 '표적 괴롭힘 캠페인'에 참여했다며 비난을 가했습니다. 단지, 그녀가 상대방이 선호하는 대명사로 그 운동가를 호칭하는 것을 거부했다는 이유로 말입니다.

이는 좌파의 허튼소리가 얼마나 멀리 퍼져나갔는가를 잘 보여주고 있습니다. 당신은 이 급진적인 의제를 거스르고 있다는 이유만으로 공적 영역의 삶에서 쫓겨날 뿐만 아니라, 실제로 감옥에 갈 수도 있습니다.

자, 이 모든 트랜스젠더 관련 뉴스에 대해 들어본 적이 없는 사람들을 위해, 내가 당신만큼 이 상황을 잘 알고 있는지 한번 함께 살펴봅시다.

오늘날 대부분 엄마의 지하실이나 대학 기숙사에서 사는 자유주의자들의 말에 따르면, 아기들은 생물학적 성을 가지고 태어나지만,

[1] 여성으로 식별되는 남성을 의미합니다.

'성적 정체성'을 스스로 가지고 태어나는 건 아니라고 주장합니다. 두 개의 X염색체를 가진 아기들이전에는 여자아이로 알려짐이 반드시 여자아이는 아니듯이, 나와 같은 Y염색체를 가진 아기들 또한, 반드시 남자아이는 아니라는 것이죠. 다시 말하자면 남자아이인지 여자아이인지 스스로 결정할 수 있을 만큼 나이가 들 때, 그러니까.. 내 생각엔 그들이 G.I. Joe와 G.I. Jane 중 하나를 가지고 놀기로 선택하는 그 순간 비로소 개인의 성별은 결정된다는 뜻입니다. 그전까지 그들의 성별은 중립에 있습니다.

때로는 전혀 성별을 고를 필요가 없을 때도 있습니다. 이를 논바이너리[1]라 부르는데, 만약 누군가 자신을 논바이너리라 한다면, 당신은 그들이 듣기 원하는 특정 종류의 이름과 대명사로 그 사람을 지칭해야만 합니다. 최근 내가 본 몇 가지 형태를 보면, 의사의 진료실, 학교 사무실 등에서 이 대명사는 '그들/그들의 것'에서 '제', '짐', '저'재까지 원하는 어떤 것이든 될 수 있습니다. 지난번에 확인했을 때는, 이미 총 28가지의 다른 성별 선택권이 있었고, 이 숫자는 그 이후로도 계속 늘어났을 것이라 확신합니다. 또한, 성별을 바꾸기 위해 어떤 특정한 종류의 성전환 수술이나 호르몬 요법을 받을 필요도 없습니다. 당신이 해야 할 유일한 일은 스스로 또 다른 성이라 선언하는 것뿐이며, 사람들은 그것을 받아들여야 합니다.

이런 용어는 원래 남성에서 여성으로, 혹은 반대로 성전환 수술을 받은 사람들에게만 적용되는 것이었는데, 이는 적어도 어느 정도 일리는 있었습니다. 하지만 오늘날 상황은 달라졌습니다. 남자가 자신을 여자라고 주장하기만 하면 바로 여자가 될 수 있고, 여자 역시 마찬가지로 본인이 그렇다고 하면 남자가 될 수 있습니다.

자신을 젠더플루이드[2]라고 생각하는 사람들 즉, 매일 혹은 매분마다 스스로 다른 성별을 취할 수 있다고 믿는 사람들과 대화를 해보

---

[1] 성별 젠더를 남성과 여성 둘로만 분류하는 기존의 이분법적인 성별 구분을 벗어난 종류의 성 정체성이나 성별을 지칭하는 용어

[2] 젠더퀴어의 종류로 성별이 유동적으로 전환되는 젠더이다. 여성과 남성은 물론이고 안드로진, 에이젠더, 뉴트로이스 등과 같은 다양한 젠더 사이를 의식적 혹은 무의식적으로 오간다

면, 이것이 얼마나 미친 짓인지 더 잘 알 수 있습니다. 믿어지지 않을지도 모르겠지만, 이런 사람들은 실제로 존재합니다. 그들은 빌리였다가 한순간에 베티로 변합니다. 좌파의 새로운 규칙에 따르면 그들은 자신들이 말하는 대로, 그리고 느끼는 대로 모두 현실이 됩니다. 누구도 그들에게 불리한 말은 한마디도 할 수가 없습니다.

만약 당신이 베티라고 부르는 그 또는 그녀가 현재 자신을 빌리라고 느끼고 있다면, 어떤 일이 벌어질까요? 증오범죄로 기소될까요? 만약 그 사람이 당신이 본인에게 증오범죄를 저지른 것처럼 느낀다면? 왜냐하면, 꼭 기억하길 바랍니다. 오늘날은 감정이 가장 중요합니다. 솔직히 말하면, 증거, 논리는 창밖으로 내던져진 지 오래입니다. 감정이 진실보다 더 중요하다는 이 현실을 받아들이면 종교, 인종, 아니면 어린이 농구 게임이든 무엇을 다루든지 상관이 없습니다. 이제 당신은 고민에 빠지게 됩니다.

자, 나는 남자로 살아왔고 앞으로도 그렇게 살아갈 사람입니다. 그리고 솔직히 말해서 당신이 무엇으로 자신을 판단하는지 정말 신경 쓰지 않습니다. 내 생각으로는, 당신은 스스로 원하는 어떤 방식으로든 당신 자신을 확인할 수 있습니다. 무엇이든지 당신을 행복하게 한다면 그걸 하면 됩니다. 내가 잘못 이해했다면, 부디 나를 감옥에 보내진 말아주길 바랍니다.

하지만 어떤 개인이 상황을 이용하고 시스템을 악용하려고 들 때, 문제가 발생할 가능성이 충분히 존재합니다. 그러므로 대학 시절에 남자 운동선수였던 당신이, 다른 크고 강한 남자들과의 경쟁에서 도태된다면 아마 다른 탈출구를 찾게 될 겁니다. 당신은 그저 스스로 여자라고 선언하기만 하면 됩니다. 그러면 이제 갑자기 당신이 가진 남성적 경쟁력은 점점 더 작아지고, 근육질 몸매도 줄어들 겁니다. 마치 마법처럼요!

자, 그러면 이제 이런 일들이 얼마나 자주 일어나는지 궁금하지 않습니까? 내 대답은 "당신이 상상하는 것보다 훨씬 더 자주"입니다. 갑자기 "나는 평생을 여자로 살아왔다"라고 고백하는 평범한 남자 운동선수들도 있습니다. 메달을 따거나, 공짜로 언론에 보도될 확률을 높일 수 있고, 어쩌면 운동 장학금을 받을 수 있다는 사실을 알게 되었을 때 말이죠.

약 19세까지 남자로서 경쟁했던 육상선수 세스 텔퍼의 예를 한번 들어보겠습니다. 텔퍼는 남자아이로 태어나 사춘기를 겪으며 자란 훌륭한 남성의 표본이었습니다. '그녀'는 뉴햄프셔의 프랭클린 피어스 대학교에서 뛰면서 NCAA에서 남자선수로 경쟁하면서 200위권 순위에 자리매김했었는데 이는 열심히 노력한 모든 운동선수들의 존경을 받을만한 위치였습니다. 세스는 열심히 노력했고 덕분에 그녀는 대학 장학금과 팀 내에서 입지를 다질 수 있었습니다. 전국 각지에서 많은 찬사를 받은 것은 당연했었죠. 하지만 그것만으로는 충분하지 않았습니다. 프랭클린 피어스의 3학년이 되던 해, 세스는 자신이 실제로는 여성이며 남성팀에서 여성팀으로 팀을 옮기기를 원했습니다. 그녀는 실제 성전환 수술을 받지도 않았고, 그녀가 주장한 '항상 여성이었다'라는 사실을 증명할 어떤 증거도 제공하지 않았습니다. 오바마 행정부 시절에 시행된 새로운 NCAA전미 대학 체육 협회규정에 따라 그녀는 단지 1년 동안 '테스토스테론 억제요법'을 받는 것 외에는 다른 어떤 행동도 취할 필요가 없었습니다.

고등학교와 대학 생활을 거치는 동안, 세스는 열심히 운동을 해왔고, 눈으로도 그 사실을 확인할 수 있었습니다. 그녀는 건장한 남자의 몸과 근육을 가지고 있었습니다. 이는 과학적으로 볼 때, 보통의 여성들보다 거의 두 배나 더 큰 지속력을 가진 동시에 훨씬 강력했습니다. 비록 그녀는 남자부에서는 평균이었지만, 생물학적으로 볼 때 세계의 어떤 여자보다도 더 빠르게 그리고 더 오래 뛸 수 있는 몸을 가지고 있었습니다.

그건 성차별주의가 아닌, 단지 사실일 뿐입니다.

물론 세스가 평생을 여자로 살아온 다른 여성들과 경쟁을 시작했을 때, 그녀는 논란의 대상이 됐습니다. 여러모로 둘러봐도, 그저 여성 옷을 입은 남자 그리고 강한 남자였던 '그녀'는 얼마 지나지 않아 NCAA에서 가장 빠른 여성이 됐고, 트랜스젠더 커뮤니티는 세스에게 축하의 인사를 건넸습니다.

아무리 좋게 말해도 터무니없다는 생각이 들어 트위터에 글을 올렸습니다. 생물학적인 남성이 현재 NCAA에서 가장 빠른 여성이라는 기사를 보면서 나는 다음과 같은 메시지를 남겼습니다.

'하지만 탁월성을 얻기 위해 평생을 훈련한 많은 젊은 여성들에게 또 하나의 심각한 불의가 생겼습니다. 자신이 원하는 대로, 각자의 것을 찾는 행동은 좋습니다. 하지만 이것은 매우 지나친 일이며, 너무나도 불공평합니다.'

오랜 경험을 통해 나는 트위터를 통해 그런 글을 올리면, 역풍이 불 것이라는 사실을 알고 있었습니다.[1] 하지만 놀랍게도 세상은 내가 지적한 이 문제에 대해 꽤 침착했습니다. 아직 남아있는 사회정의 군대의 광신도들도 내 편이었습니다. 한 좌파 운동가는 "내가 이런 말을 하게 될 줄 상상치도 못했습니다, 하지만 나는 이 문제에 대해 도널드 트럼프 주니어와 같은 입장입니다"라는 글을 쓰기도 했습니다. 나는 여전히 우리가 서로 동의할 수 있는 몇 가지 영역이 남아있다고 생각합니다.

심지어 체코슬로바키아의 내 조부모님 마을에서 그리 멀지 않은

[1] 내가 어떤 글을 올릴 때, 특히 그것이 현대인의 각성에 대한 주제일 때 더욱 그랬습니다.

곳에서 자란 전설적인 테니스 선수 마르티나 나브라틸로바도 내 말에 무게를 실어주었습니다. 여기 역사상 가장 위대한 여성 중 한 명이 되기 위해 평생을 바쳤던 한 여인이 있습니다. 그녀가 볼 때, 자기 분야에서 도저히 넘어설 수 없는 차이를 가진 남성들이 여성과 경쟁하기 시작하도록 허용한다는 생각은 일종의 '사기'와 같았습니다. 그녀는 그로 인해 역공을 받았지만 그것은 내가 정치로 인해 받은 평균적인 트윗에 비하면 여전히 아무것도 아니었습니다. 대체로 대중은 이에 동의하는 것 같았습니다.

평범한 남성들이 여성 스포츠에 참가할 수 있게 해주면, 우리는 그들이 있는 위치에 다가서기 위해 싸워온, 열심히 노력해 온 모든 젊은 여성들에게 해를 끼치게 됩니다. 이 문제에 대해 페미니스트들은 대체 어디에 있는지 가끔 궁금해집니다. 솔직히 말해서 확실히 그들은 이에 대해서는 말을 많이 하지 않습니다.

나는 세스에게 악의를 품고 있지 않으며, 그녀가 인생의 다른 모든 분야에서 잘 되기를 바랍니다. 하지만 단지 자신이 이겨야 한다는 이유로, 다른 여성을 밀어내는 것이 불공평하다는 사실을 이해할 필요는 있습니다. 그들에게도 권리가 있고, 그 권리에는 공평한 경기장에 대한 권리도 포함되어 있습니다.

일부 젊은 여성들의 경우, 스포츠에서의 우수성은 자신이 꿈꾸는 대학을 갈 수 있고 없고를 완전히 가르는 기준이 되기도 합니다. 그리고 대학을 다니는 여자 운동선수들의 부모들은 운동 장학금이 아니라면 수업료를 감당할 수 없을 때가 많습니다. 또한, 미국 최고의 여성 운동 선수 중 한 명이 아니라면 학비 도움을 받을 방법은 사실상 없습니다. 누군가의 순위를 한 자리 떨어뜨리는 일도 발생합니다. 예를 들어, 빌이라는 이름의 더 빠른 '여성'이 나타나서 당신이 이길 수 있는 모든 경주에서의 승리를 가져가게 될 때, 이 젊은 여성은

1등을 차지하게 되고 장학금을 받을 기회를 빼앗을 수도 있습니다. 전혀 공평하지 않으며, 계속 허용해서는 안 됩니다.

그러나 최근 코네티컷 대학에서 볼 수 있듯이, 이런 현상은 여전히 계속되고 있습니다. 코네티컷 대학에서는 여성으로 경쟁하는 두 명의 남학생이 몇몇 육상 경기에서 진짜 여자 운동선수들을 경쟁에서 완전 도태시켜버린 일도 있습니다.

내가 이 글을 쓰는 동안 코네티컷주의 세 명의 여성 운동선수들이 미국 교육부 민권청에 불만을 제기했습니다. 법률 상담가 중 한 명이 말했듯이, "여성은 타이틀 IX가 제공하는 동등한 운동 기회를 얻기 위해 긴 시간 열심히 싸웠습니다. 남자선수들이 여자 스포츠에 참가할 수 있도록 허용하는 것은 이 법에 따르면 여성들은 거의 50년의 진보를 뒤집는 결과를 감수해야 합니다. 이 젊은 여성들을 자신들이 주인공이 돼야 할 스포츠에 관중으로 참여하도록 만들어서는 안 됩니다."

내가 그보다 더 잘 말할 수 있을 것 같지는 않습니다. 나는 그 소녀들이 잘 되길 바랍니다. 진심입니다. 꽤 훌륭한 골퍼와 농구선수로 자리를 잡아가고 있는 내 딸들을 위해서도 말입니다. 나는 그저 그들이 공정한 상황에서 경쟁할 수 있기를 바랍니다. 내 딸 카이는 아직 고작 12살이지만, 일대일 시합에서 나를 완전히 녹다운 시킬 수 있을 정도의 실력이 있습니다. 그녀에게 뛰어난 잠재력이 있는 걸 수도 있고, 아니면 내 실력이 정말 형편없을 수도 있습니다. 아, 어쩌면 둘 다 맞을 수도 있겠군요.

현재 육상에서 그리고 배구, 역도 등에서 트랜스 선수들은 그동안 여성들이 열심히 만들어 놓은 기록을 깨고 있습니다. 모든 자유주의 엘리트들이 나를 죽이려 들기 전에, 다시 한번 말하겠습니다. 나는 당신이 어떤 옷을 입든, 당신이 게이, 레즈비언, 트랜스로 자신을 인식하기로 선택하든 전혀 상관하지 않습니다. 내 관심은 오직 남성들이 여성들의 스포츠에서 경쟁할 수 있도록 하는 것과 같은 공정한 관행의 영역을 재정의하는 문제에 있습니다. 생각할수록 정말 웃기는 말입니다. 아마 당신은 트랜스 남성^{여성}이 남성의 영역을 지배한다는 이야기를 들어본 적이 없을 겁니다. 나는 여성 부문에서 경쟁하는 트랜스 여성^{남성}을 응원하기 전에 우선, 그 반대의 일이 일어나기를 기대해 봅니다.

열심히 공부하는 어린 소녀들을 속여 장학금을 빼앗는 것도 물론 나쁘지만, 이 또한 최근에 나타난 사회적 추세 중 최악과는 거리가 멉니다. 적어도 육상 경기에서는 신체적인 접촉이 허용되지 않기 때문이죠. 여자 옷을 입은 남자가 트랙에서 최고 속도로 다른 여성 경쟁자들을 지나치기 때문에 아무도 다치지는 않습니다.

하지만 스포츠에서 접촉에 관한 관점에서 볼 때, 공평함과 장학금을 잃은 것 이상의 문제가 있습니다. 바로 안전에 관한 이슈입니다. 예를 들어, 팔론 폭스라는 평범한 종합격투기 선수가 '여자'로 전향하기로 결정했을 때, 누구도 이 사실에 마음이 편하지 않았을 겁니다. 이 남자는 단지 여성의 옆 라인에서 달리기를 원하는 그런 사람이 아니었습니다. 이전까지 다른 남자들에게 얻어맞던 남자 중 한 명이 이제는 여자를 때리고 싶다는 결심을 한 겁니다. 그의 마지막 시합 중 하나는, 상대적으로 아주 오래 버텼다고 할 수 있는 타미카 브렌츠라는 여성과의 싸움이었습니다. 폭스는 그의 큰 손을 이용해서 브렌츠를 가격했고 그녀를 초반에 완전 KO 시켰습니다. 그리고 경기가 끝난 지 몇 시간 후, 의사들은 브렌츠의 두개골이 골절된 것을 발견했습니다. 이런 싸움이 허용될 수 있는 공간은 우주 전체를 둘러봐도 존재하지 않으며, 그 누구도 이를 공정한 싸움이라고 주장하지 않습니다.

스포츠계 밖에서도 이런 트랜스 트렌드가 점점 더 나쁜 쪽으로 변하고 있습니다. 2019년에 성별 없이 아이를 키운 것으로 인터넷이 유명해진 브루클린 출신 부부 바비 맥컬러와 레슬리 플라이쉬먼을 예로 들어봅시다. 맥컬러는 그가 뉴욕 잡지에 자신과 그의 성 중립적인 아기에 대해 쓴 많은 프로필 중 하나에서 말했듯이, 자신의 아기가 태어난 날 병원 직원들에게 어떤 상황에서도 아이의 해부학적 설명을 원치 않는다고 경고했습니다. 맥컬러와 플라이쉬먼은 그들이 아기의 생물학적 성별을 언급만 해도 자신들이 가진 성별선택권리를 망칠 것으로 확신한 듯 보였습니다. 이거 참, 시시각각으로 미쳐가는군요.

그리고 이들은 혼자가 아닙니다! 할리우드에서 성 중립 열풍이 불었다는 사실이 놀랍지만, 적어도 성 중립 아동을 키우고 있는 스타가 현재 6명 이상이나 있습니다.

물론 앞서 내가 말했듯이, 당신은 자신을 행복하게 하는 일을 하면 됩니다. 만약 믹서기의 명칭을 따서 아이의 이름을 짓거나, 튜바를 가르치거나, 성별 규정을 잠시 미루고 싶다면, 바로 그렇게 하면 됩니다. 그녀/그/그들/짐/저 등 어떤 것도 좋으니 편한 방식으로 당신의 아이를 부르십시오. 아무도 당신에게 이러쿵, 저러쿵 할 수 없어요. 정부 역시 그럴 수 없습니다. 하지만 이런 행동이 가진 재미나 괴랄함을 넘어 실질적으로 아이에게 영향을 미치기 시작하는 시점이 곧 오게 됩니다.

'아이들을 위한 트랜스젠더 교수법'처럼 우스꽝스러운 것들도 생겨나기 시작했습니다. 트랜스젠더 활동가들이 고안한 이 방법론에는 젠더브레드 퍼슨[1]과 젠더 유니콘[2]이 포함되는데, 이를 통해 아이들에게 성별에 관해 스스로 선택할 수 있는 많은 선택권이 있다고 가르칩니다. 선택사항으로는 젠더퀴어, 논바이너리, 팬젠더, 양성성, 중

[1] 성별의 복잡성을 이해하는데 도움을 주는 에듀그래픽

[2] 유니콘은 젠더브레드 퍼슨이 너무 남자처럼 생겼다고 해서 새롭게 고안됨

성, 성별 변종, 사이보그, 투 스피릿 등이 있다고 하는군요.

이 방법론에 따르면, 아이들은 자신이 남성이라고 생각할 수도 있고, 여성으로서의 생물학적 성관계를 가질 수도 있으며, 남자처럼 옷을 입고, 여성에게 성적 매력을 느끼지만, 낭만적으로 남성에게 끌릴 수도 있습니다. "성별은 이진법이 아닙니다"라고 말하는 이 지침서를 한 번 읽어보길 바랍니다. 다시 말하지만, 나는 당신이 무엇을 하든 상관하지 않습니다. 다만 당신이 잘못된 성별을 스포츠에 개입시키기 시작하면 이제 더 이상 당신 개인에게만 영향을 미치는 문제가 아니게 됩니다.

나는 이 모든 것들이 우리 삶을 점점 더 해롭게 만들기 시작했다고 생각합니다. 이제 미친 부모들 중 일부는 하얀 코트와 청진기를 착용하는 "성별 전문가"에게 가서 그들의 어린 아기들이 의학적으로 성별을 바꾸는 과정을 시작해야 하는지, 논의하기 시작합니다. 예를 들어 인형을 가지고 노는 것을 좋아하는 남자아이나 장난감을 좋아하는 여자아이 등 자녀가 자기 자신 이외의 성별의 경향을 표현하는 부모에게 이 전문가들은 사춘기나 외과적 전이를 억제하기 위해서는 호르몬 요법이 유일한 방법일 수 있다고 말하곤 합니다.

사회정의를 위한 군대 전사들의 감성에 근거한 공격은 사실상 통제 불능으로 치닫고 있습니다. 좌파가 드레스를 입은 노인들이 어린 소녀들과 같은 화장실에 들어갈 수 있도록 해달라고 요구했을 때, 다시 말해 성별에 따른 화장실 구분에 대해 했던 논쟁은 일종의 상징과도 같았습니다. 그리고 그 불똥은 이제 여성 스포츠팀에서 뛰고 있는 남성들에게로 옮겨갔습니다. 만약 지금과 같은 상황이 계속된다면, 몇 년 후 하원 복도에 오카시오 코르테스나 틸랍이 작성한 '모든 부모는 출산 시 아이의 성별을 규정지을 수 없다'라는 내용의 법안이 붙어있는 광경을 보게 될지도 모릅니다. 혹시 그 법안이 통과 되더라도 놀라지 않기 바랍니다. 좌파의 다른 모든 정신 나간 생각들, 즉 그린뉴딜정책과 무료 대학, 감옥 투표와 무한 낙태 등의 개념들은 아직 왼쪽에 머물러 있지만, 앞으로는 점점 더 중앙으로 이동할 겁니 다. 인정받는 사회주의자들과 일부 광기 어린 마르크스주의자들이 그 선두에 서게 될 것이며, 그 여파는 이제 조금씩 중도적인 민주당원 들에게도 번지게 될 겁니다.

왜냐하면, 그들도 이제 자신이 당선되기 위해서는 제정신이 아닌 표가 필요하다는 사실을 알게 됐으니까요. 그러고 나서 당신이 깨닫 기도 전에, 이 모든 것들은 전국의 TV 앞에서 민주당 예비선거기간 동안 제기될 겁니다. 좌파는 이런 식으로 점점 더 정신을 잃어가고 있으며, 당장 멈출 것처럼 보이지 않습니다. 그러니 우선은 계속 주의 깊게 지켜봐야겠습니다.

만약 당신이 사람들에게 '그'나 '그녀' 대신 '그들'이라는 대명사 로 자신을 지칭해달라고 요구하면, 상대방은 바로 그렇게 해야 합니 다. 당신이 친절하게 요청한다면 대부분의 사람들은 아무런 문제 없이 원하는 반응을 보일 겁니다. 하지만 만약 내가 당신을 '그'나 '그녀' 대신 '그들'이라고 부르기를 거부했을 때, 내게 위협적인 반응 을 보이고 특히 그것이 정부의 전폭적인 지지를 수반하고 있다면 이는 문제가 되기 시작합니다.

또한, 지난 몇 달 동안 몇몇 연구원들이 말한 것처럼, 트랜스 성별 을 가진 사람들이 일반적인 이성애자들을 향해 자신들과 데이트하는 것을 원치 않는다는 이유로 그들을 향해 차별주의자라고 말한다면 이 또한 역시 문제가 됩니다. 나는 남자로 살아왔고, 앞으로도 그렇게 살아갈 사람입니다. 나는 사람들이 다른 대명사를 사용하고, 그들이 옳다고 생각하는 어떤 이름으로든 자신을 언급하는 것에 만족합니다. 하지만 남성들이 단지 자신이 남성이라는 이유만으로, 정말 단지 그것 때문에 트랜스 혐오, 동성애 혐오 혹은 편견이 있다는 낙인을 받아서는 안 됩니다. 그들은 턱수염과 페니스를 가지고 있는 여자들과 데이트를 하려고 줄을 서 있는 것이 아니니까요.

우리는 너무 오랫동안 분노에 차 있는, 불안한 정서를 가진 시민들을 위해 이 나라의 법을 쓰도록 허용해왔습니다. 현실에 근거를 두지 않은 아이디어에 집착했습니다. 그 이유가 무엇일까요? 그건 바로 이 모든 것들을 생각해 낸 사람들이 그렇게 하지 않으면 사회정의의 폭도들의 칼끝이 자신들에게로 향할 거란 사실을 잘 알고 있기 때문입니다.

이제 곧 있을 나의 소프트볼 경력에 대해 다시 이야기해줘야 할 것 같습니다. 하지만 다시 생각해보니, 어쩌면 그 대신 중학교에 가서 여자 골프를 치는 게 좋을지도 모르겠습니다. 아, 그건 더 안 좋을 것 같습니다. 주니어 여자 골프에는 이미 트럼프가 한 명 있거든요. 바로 내 딸 카이입니다. 내 체면을 위해서라도 그냥 소프트볼에 충실해야겠습니다. 케이는 이미 골프장과 농구장에서 내 코를 완전 납작하게 해주곤 했습니다. 그것도 '합법적'으로 말이죠.

Chapter 12.

우리가 사람들의 적입니까?
(THE ENEMY OF THE PEOPLE?)

    지난 정권에서, 오바마 전 대통령이 영국을 국빈 방문했을 때, 그는 런던 거리 위에 축축한 아기 오바마 풍선을 날리는 상대적으로 작지만 성대한 항의를 받았습니다. 네, 맞습니다. 그런 일은 없었습니다. 아마도 백만 년 안에는 일어날지 수 있을지도 모르지만요. 만약 실제로 이런 일이 일어났다면, 자유주의 진영의 트위터는 아마 폭발했을 것입니다. 작가들은 격앙된 헤드라인을 쏟아냈을 것이고, 전국 각지의 뉴스룸 키보드에서는 불꽃이 튀었을 것입니다. 그리고 TV 화면에는 폭발 직전의 자유주의 전문가들의 모습이 화면을 가득 채웠을 것입니다.

    그렇다면, 현 대통령의 풍선 캐리커처가 런던 하늘을 날고 있을 때 언론이 도널드 트럼프에 대해서도 이와 같은 충격을 표현한다면, 그건 어쩌면 당연한 걸 수도 있습니다. 하지만 그런 일은 없었습니다. 오히려 거의 모든 자유주의 신문의 1면에는 그 풍선의 사진 또는 영상이 실려 있었고, 모든 뉴스 방송이 이를 주도했으며, 신랄한 엘리트주의-자유주의적인 유머 라고 부르는 조롱를 동반했습니다. 사실, 이는 전혀 놀라운 일은 아닙니다. 사실 나는 영국의 언론이 이곳 언론보다 공정할 것이라고 기대하지 않았습니다. 영국에서 아버지의 여론조사 결과는 그다지 뜨겁지 않았으니까요. 하지만 그거 아십니까? 조지

워싱턴도 마찬가지였습니다. 왜냐하면, 그는 오직 미국을 위해서만 싸웠거든요.

나는 내 아버지가 다른 나라에서 어떻게 여론조사를 하는지 별로 상관하고 싶지 않습니다. 그리고 당신도 그러지 않길 바랍니다, 풍선 따위는 전혀 신경 쓰지 않습니다. 자유주의 언론은 잉크가 다 떨어질 때까지 그들의 소소한 농담을 옮겨적을 수 있습니다. 하지만 내가 신경을 건드리는 건 바로 주류 언론에 만연해 있는 위선입니다. 영국의 메트로 신문은 자유주의 성향의 런던시장 사디크 칸이 비키니를 입고 있는 모습을 묘사한 풍선이 런던 하늘을 날았을 때, '사디크 칸의 풍선을 날리는 것은 언론의 자유가 아닌 편협한 사람들을 위한 파티'라는 경고성 헤드라인을 실었습니다.

사디크 칸의 풍성은 편견이지만 도널드 트럼프 풍선은 아마도 유머겠죠? 진짜 유머를 하나 알려드릴까요? 버락 오바마가 취임 11일 만에 노벨 평화상 후보에 오른 이야기는 어떨까요? 고작 11일입니다. 체 그가 11일 만에 세계에서 가장 권위 있는 상 중 하나의 후보로 오르기 위해 무슨 일을 할 수 있었겠습니까? 음.. 그가 후보에 오른 것은 아마도 단순한 착오가 아니었을까요? 심사위원들은 오바마 히스테리에 완전히 휩쓸렸을 뿐, 그에게 상을 수여하지는 않을 것입니다, 그렇죠? 결론적으로 그들은 그에게 상을 수여했습니다. 취임 11일 만에 후보에 오르고, 8개월 만에 수상을 했는데 오바마는 어떻게 그 상의 높은 명성에 부응했을까요? 아프가니스탄의 병력 수준을 조지 W. 부시의 7배로 늘리고, 드론 공격의 극적인 증가를 감독하고, 중동 전역의 전쟁에서 수만 명의 사망자와 부상에 책임이 있는 그가, 지금 테레사 수녀와 넬슨 만델라와 같은 다른 노벨 평화상 수상자들과 함께 서 있습니다.

문제는 항상 이렇지는 않았단 사실입니다. 아버지가 대선 후보가 되기 전에는, 언론과의 관계가 꽤 좋았습니다. 그는 모든 네트워크 앵커들과 주요 칼럼니스트들과 친숙했습니다. 기자들은 밤낮으로 언제든지 그에게 전화를 걸어서, 자신들이 작업하고 있는 주제에 대한 훌륭한 인용문을 얻을 수 있다는 사실을 잘 알고 있었습니다. 우리가 새 건물, 골프장, 리조트를 열 때면, 언제나 도널드 J. 트럼프의 화려한 프로필이 그들의 손끝에서 흘러나왔습니다.

하지만 완전한 연인관계는 아니었습니다. 언론은 전혀 공정하지 않았으며, 특히 뉴욕의 언론은 더욱 그랬습니다. 대개 자신을 위해 이름을 날리려고 하는 어떤 젊은 기자가, 그를 향해 싸구려 가십을 날리는 일도 비일비재 있었습니다. 90년대로 돌아가면, 아버지에게는 재정적인 문제가 있었고, 어머니와 이혼할 때 언론에 공개된 그의 친구들은 모두 다 그를 배신한 것 같았습니다. 내가 뉴욕에서 나와 펜실베이니아의 힐스쿨에 가고 싶었던 이유 중 하나는 부모님의 분열에 대한 잔인하고 끊임없는 보도에서 벗어나기 위해서였습니다.

그러나 어프렌티스가 메가 히트작이 된 순간부터즉, 첫 회부터 언론은 도널드 J. 트럼프를 스타로 대우했습니다. 아버지가 대선 출마를 선언했을 때도 MSM은 취재에 열을 올렸습니다. 물론 언론과 정치계 전체가 처음에는 그를 심각하게 여기지 않았고, 그의 선거 캠페인이 곧 실패로 끝날 것이라고 믿었습니다. 하지만 그들은 도널드 J. 트럼프가 좋은 원고 소재라는 사실을 잘 알고 있었습니다. 모두 시청률과 기사 클릭 유도에 관한 것이었죠. 뉴스에 관한 것은 아니었습니다.

어떤 의미에서 보면 언론이 회의적이라고 비난할 수 없는 부분도 있습니다. 그는 한동안 대통령 선거에 출마한다는 생각을 계속 만지작거리고 있었습니다. 적어도 대중적인 의미에서 그에게 이 생각이 처음 떠오른 시점은 오프라가 1988년 인터뷰에서 아버지에게 출마할 생각이 있는지 물었을 때였습니다. 만약 당신이 그 인터뷰를 구글에서 검색해본다면 아마 깜짝 놀랄 수도 있습니다. 30년이 넘는 세월 동안 무역, 세계에서의 미국의 지위, 그리고 공정한 몫을 지불하는 다른 나라들에 대한 도널드 트럼프의 견해는 조금도 변하지 않았습니다. 오프라 쇼에서 했던 이야기들을 MAGA 집회에서 틀어준다면, 군중들은 분명 열광할 것입니다.

그가 처음으로 출마 의사를 발표한 것은 1999년 펜실베이니아 대학의 어바인 강당에서 방송된 크리스 매튜스의 쇼에서였습니다. 그 당시 나는 와튼스쿨에 다니고 있었고 청중들 속에 함께 있었습니다. 그날 청중의 상당수는 와튼스쿨의 학생들이었습니다. 매튜가 아버지에게 출마할 생각이냐고 물었고 아버지가 "정말 그렇다"라고 말하자 강당에서는 박수가 터져 나왔습니다. 환호성이 잦아들자 그는 매튜스를 바라보며 "아마도." 이어 공천 기회가 있으면 출마하겠다는 뜻을 밝혔습니다. 도널드 J. 트럼프는 준비된 남자였습니다.

하지만 아직은 때가 아니었습니다. 이후 2004년과 2008년에 아버지는 두 번 더 출마를 검토했습니다. 그러나 그때마다 그는 더욱 진저리가 났습니다. 우리 지도자들의 무능함에 대한 그의 분노는 점점 더 커졌고, 더 이상 방관할 수 없다는 사실을 알았습니다. 나라의 방향을 바꾸려면 경기장에 나가야만 했습니다. 그리고 2015년 드디어 그는 기회를 잡았습니다.

도널드 J. 트럼프의 출마 선언이 많은 화제를 불러일으킨 것은 놀랄 일이 아닙니다. 에스컬레이터를 탔던 그 순간은 어쩌면 하나의 상징적 의미일 뿐입니다. 그러나 뒤늦게 생각해보면 그날은 선거 캠페인이 아닌 다른 무엇의 시작을 알리는 날이었고, 어떤 의미에서는 진보 언론이 여전히 굳게 붙잡고 있던 신뢰가 무너지는 시작점이었습니다.

앞서 언급했듯이, 그의 발표 연설을 기점으로 내 아버지가 인종차별주의자라는 가짜뉴스들이 흘러나오기 시작했습니다. 만약 언론이 처음에 그에 대한 공정한 보도를 해주었다면, 그 이유는 그들이 후보로서 그를 좋아했기 때문이 아닐 겁니다. 그들은 그가 힐러리의 승리를 보장하기 위해 더 유력한 공화당 후보들을 물리쳐줄 수 있다고 생각했습니다. 도널드 J. 트럼프가 여론조사에서 1위를 달리고 있는 몇 달 동안, 주류언론에는 조만간 그의 선거 캠페인에 이상 조짐이 있을 거란 믿음이 있었습니다.

선거 현장과 현장을 넘어, 스타디움과 스타디움을 넘어, 도널드 트럼프가 열광적인 역량을 가진 군중들을 향한 연설을 계속해 나갔을 때, 자유주의 언론은 그 흐름을 무시했고 오래가지 않을 유명인 숭배로 단정했습니다. 그러나 당선에 필요한 대의원 수가 봉쇄당하자 언론의 선전과 거짓말이 진보 언론을 통해 홍수처럼 쏟아져 나왔습니다. 그리고 언제나 그랬듯이, 자유주의 진영은 자신들의 힘을 과대평가했습니다. 그들은 도널드 J. 트럼프야말로 힐러리가 이기기 가장 쉬운 상대라고 생각했습니다. 하지만 미국에서 실제 일어나고 있는 일을 통해 제거된 거품 속에서 그들은 결국 스스로 클린턴의 정치적 운명에 사슬을 채웠습니다.

나에게 가짜뉴스는 감겼던 눈을 뜨게 하는 경험이었습니다. 나는 결코 뉴스 중독자가 아니었지만, 집에서는 뉴욕포스트를 읽고, 직장에서는 타임스와 월스트리트 저널을 읽었습니다. 내가 어프렌티스에 출연했을 때, 소셜미디어를 통해 나와 관련된 모든 소식을 접하고 있었습니다. 비록 나의 뉴스 수용과 인식이 사회적으로 증가했지만, 나는 여전히 일방적인 보도가 어떻게 이뤄질 수 있는지 완전히 깨닫지는 못했습니다. 그러나 선거 캠페인을 하는 동안 나는, 진보 언론의 편견과 거짓말, 그리고 자기과시를 보기 시작했습니다. 나는 아이비리그에서 교육을 받은 뉴스앵커들이 실제로 한 번도 만나 본 적 없는 사람들을 대신하여 가만히 앉은 채 언짢은 기분을 표현하는 모습을 볼 수 있었습니다. 그들이 미국인들에게 무엇이 중요한지에 대한 단서를 전혀 잡지 못한 채, 앵커 의자 뒤에 숨어서 의분에 찬 행동을 하는 광경을 한 번 지켜보기 바랍니다. 미국의 작은 마을과 실제 피해를 입은 지역사회에서 온 사람들과 이야기를 나누면서, 나는 언론과 그들이 취재했을 것으로 추정되는 사람들과 이들 사이에 얼마나 광범위한 단절이 있는지를 목격했습니다.

선거 캠페인을 하면서 나는 주류 언론이 뉴스를 조작하는 방식도 많이 보았습니다. 언론이 내 아버지를 막으려고 가장 먼저 한 일 중 하나는 기사를 쓰기 위해 실제로 취재하는 가식조차 포기하는 것이었습니다. '익명의 정보원' '고위공직자' '트럼프 캠페인에 가까운 사람' 등의 단어는 모두 인상적으로 보이는 동시에, 취재에 대한 공정성을 부여하는 것처럼 보이지만 실제로 이 모두는 기자가 꾸며 낸 내용이었습니다.

자유주의 언론의 또 다른 전략은 '창의적인 편집'입니다. 나는 아버지가 논란의 대상이 된 말을 하는 동영상을 하나의 뉴스에서 몇 번을 봤는지 다 말할 수 없을 지경입니다. 그가 그 말을 했어야만 한 그 순간마다, 그 옆에는 항상 내가 있었습니다. 나는 TV에 대고 이렇게 말했습니다. "잠깐만요, 나는 그 연설자리에 함께 있었습니다. 그가 언제 그런 말을 했었죠?" 또 한 번 당하고 말았습니다. 그들은 아버지가 농담으로 한 말을 그대로 받아들여 그 문장들을 사운드바이트로 오려낸 다음 유머와 상황적 맥락 따위는 모두 편집해 냈습니다. 훌륭한 편집자는 논쟁의 여지가 없는 진술이나 장면을 한순간에 국제적 위기로 뒤바꿀 수 있었습니다. 그들은 45분간의 연설 중 23분의 분량을 떼어내 부분적으로 문장을 발췌한 다음, 35분쯤에 나오는 한두 마디의 말을 다시 쪼개 넣고서는 즉석에서 논란이 될 만한 문장을 만들어 냅니다. 그 결과물이 맥락에서 벗어나 있다는 사실은 그들에게 전혀 중요하지 않습니다.

언론의 이런 어리석음을 잘 보여주는 사례가 하나 있습니다. 취임 첫해가 지나고, 아버지는 아베 신조 총리를 방문하기 위해 일본으로 갔습니다. 도쿄 아카사카 궁에서 점심을 먹기 전 두 지도자는 코이^{비단}_{잉어} 연못에 잠시 멈춰 섰습니다. 자유주의 뉴스매체에서 유행했던 영상에는 그 순간 내 아버지가 생선요리가 든 상자를 그 연못에 던지는 장면 나옵니다. 뉴욕 매거진 헤드라인은 '트럼프가 부적절한 어획 기법으로 비난을 받고 있다'라고 썼습니다. 하지만 CNN이 훨씬 늦게 내보낸 전체 동영상에는 아베 총리가 잠시 전에 자신의 상자를 통째로 연못에 버리는 장면이 담겨있었죠. 도널드 J. 트럼프는 의아한 표정을 지었지만, 그의 호스트를 난처하게 만들고 싶지 않아 그가 한 것과 같은 행동을 했을 뿐입니다.

아마도 아버지의 말을 가장 악명높게 조작한 때는 샬롯빌 폭동 이후였을 것입니다. 우선 나는, 신新나치 동조자가 저지른 그 증오범죄, 즉 자신의 차를 시위대 무리로 몰아넣고, 젊은 여성을 죽이고, 35명을 다치게 한 그의 행동은 분명 비열했다고 생각합니다. 그는 평생 감옥에 있을 거고, 그곳이 바로 그가 있어야 할 곳입니다. 하지만 사건이 일어난 순간부터 언론은 어떻게든 그 모든 것을 내 아버지 탓으로 돌리려 했습니다. 거짓말을 했든 안 했든 상관없었습니다. 도널드 트럼프는 잘못을 저질렀으니까요.

아버지가 사건 발생 일주일 후 트럼프 타워에서 연 기자회견에서 그들은 기회를 얻었습니다. 그날 언론은 그에게 울분에 찬 질문을 던지며, 스스로 불리한 말을 하도록 압박했습니다. 하지만 그 모든 노력은 물거품이 됐고_{도널드 J. 트럼프는 열띤 취재 상황에 어울리는 멋진 고객입니다.}, 결국 그들은 말을 꾸며내게 됩니다. 선동적인 거짓말이 몇 주 동안 뉴스에 계속 반복됐습니다. 사실, 자유주의 언론은 내 아버지가 인종차별주의자라는 더 큰 거짓말을 부채질하기 위해 지금도 계속 반복된 작업을 하고 있습니다. 언론은 그가 신나치주의자들을 '매우 훌륭한 사람들'로 묘사했다는 보도를 했습니다. 그 어떤 것도 진실과는 거리가 멀었지만, 이런 말들이 언론을 통해 무한히 반복됐습니다. 쉴 새 없이 진행된 기자회견의 짧은 동영상은 그가 '양쪽 모두'에 매우 훌륭한 사람들이 있다고 말하는 장면을 보여줍니다. 이미 진보적인 뉴스 채널과 신문들에 의해 편파 보도된 이 동영상의 시청자들은 당연히 그가 신나치주의에 대해서 말하고 있다는 추측을 할 수밖에 없습니다. 하지만 그는 그렇게 말하지 않았습니다.

기자회견 전체를 보면, 도널드 트럼프가 그들이 아닌 다른 시위자들에 대해 말하고 있다는 사실을 알 수 있습니다. 신나치나 안티파뿐만 아니라, 피비린내 나는 대학살로 인해 폭발한 갈등도, 로버트 E. 리의 동상에 대한 항의도 아니었습니다. 어떤 사람들은 동상을 철거하기를 원했고, 또 다른 사람들은 남군 장군의 이름을 붙인 그 공원이 그대로 유지되기를 바랐습니다. 그 시위의 양 끝에는 모두 훌륭한 사람들이 있었습니다.

자, 이렇게 보니 내 아버지는 모호한 말을 한 것 같지는 않습니다, 오히려 그는 정반대였습니다. 매우 단호했고 분명했습니다.

"나는 지금 신나치주의자들과 백인 우월주의자들에 대해 말하고 있는 것이 아닙니다" 그는 분명히 말했습니다. "그들은 명백히 비난받아야 할 존재들입니다."

그렇다면, 조금의 흠도 없는 완벽한 사람이 되기를 주장하는 그들의 비난은 과연 어디에서 비롯된 걸까요? 이 모든 거짓말의 근원지는 바로 자유주의 언론입니다. 민주당의 주요 경쟁자들은 여전히 트럼프를 흠집 내기 위해 그의 담화에서 완전히 허구적인 부분만을 발췌해 선거 캠페인을 하고 있습니다. 누가 그들을 불렀는지 혹시 아십니까? 맞아요, 아무도 없습니다.

공화당 전당대회가 열렸을 때, 언론은 이미 그의 자녀들인 우리를 겨냥하고 있었습니다. 충격적이진 않았습니다. 그때쯤 이미 나는 어떤 공명정대한 플레이와 위엄 같은 감각이 애초에 있었다면, 이미 창밖으로 모두 날아가 버리고 없다는 사실을 잘 알고 있었습니다.

그중 최악^{적어도 초기에는}은 그들이 내 여동생을 대하는 방법에 관한 것이었습니다. 아버지가 대통령에 출마하기 전에 이방카는 보그, 하퍼스 바자, 배니티 페어 같은 빛나는 잡지들의 사랑을 한 몸에 받았습니다. 심지어 뉴욕타임스도 그녀에 관한 칭찬기사를 실었었죠. 하지만 아버지의 당선 가능성이 높아짐에 따라, 그동안 찬사를 보냈던 잡지와 신문들이 이제는 그녀에게 총구를 겨누기 시작했습니다. 이방카는 내가 아는 사람들 중 가장 착하고 똑똑한 이들 중 한 명입니다. 그녀의 오빠이기 때문에 하는 말이 아닙니다. 그런데도 코스모폴리탄의 기자 한 명은 너무 무례히 행동해서, 이방카가 자리에서 일어나 인터뷰 도중에 자리를 뜨는 일도 있었습니다.

이방카가 첫 번째 희생양이 됐을지 몰라도 언론은 우리 모두를 한 명씩 다 쫓으며 시간을 낭비하지 않았습니다. GQ는 전당대회 직후 '도널드 트럼프만큼 그의 가족들도 나쁘다'라는 제목의 기사를 실었습니다. 하지만, 이는 곧 좌파가 자신들의 집단적인 전투력을 총동원할 만큼 내 아버지를 두려워하고 있다는 사실을 잘 보여줬습니다.

언론이 우리에 대해 만든 가짜 이야기 중 하나는 우리가 모두 버릇없는 재벌 2세란 프레임입니다.

이 나라에서 가장 부유한 사람 중 한 명의 자녀로서, 나는 태어날 때부터 우리 사회의 상위 1%에 정면으로 배치됐습니다. 언론은 내가 그 사실에 대해 부끄러워하거나 그에 대해 사과하기를 원하는 것처럼 보였지만, 나는 그럴 생각이 없고 앞으로도 그럴 겁니다. 물론, 나는 부유한 백인의 아들로서, 지금 시대에서는 자신의 의견을 말하는 것은 고사하고, 의견을 갖는 것조차도 허락되지 않는다는 사실을 잘 알고 있습니다. 내가 축복받았다는 건 인정하지만, 그것은 전적으로 나에게 직업윤리와 1달러의 가치를 가르쳐 주신 부모님들 덕분에 받은 복입니다. 나는 아버지가 만약 내가 직접 일하지 않는 한, 단 한 푼의 돈도 내게 주지 않을 사람임을 누구보다 잘 알고 있습니다. 자유주의 언론은 내가 아버지의 기부 덕분에 와튼스쿨에 입학했다고 말합니다. 하지만 그들은 내가 스스로의 힘으로 그 학교에 입학하기 위해 얼마나 열심히 공부했는지에 대해서는 전혀 말하지 않을 겁니다.

언론은 나를 이 나라에서 가장 부유한 집안 중 하나에서 자란 부유한 애송이로 묘사했지만, 그들은 내가 어렸을 때 공산주의 산하의 체코슬로바키아에서 매년 어떤 여름을 보냈는지, 자라면서 아버지 회사에서 직접 육체노동을 하면서 보낸 시간에 대해서는 일절 언급하지 않을 것이 분명합니다.[1] 예를 들면, 사냥 동지들의 집 소파에서 몇 주씩 잠을 자며 보낸 시간이라든가, 아니면 하루 12시간 정도 건설현장에서 일했던 그런 시간 말입니다. 그들이 나를 백인 우월주의자라고 부르기까지는 그리 오랜 시간이 걸리지 않았습니다. 트럼프에 대한 거짓말이 바닥나면, 그들은 늘 그랬듯이 이런 방법을 사용합니다.

언론은 또한, 누락의 죄도 범했습니다. 예를 들어, 제 여동생 티파니가 조지타운 법과대학을 다닌다는 사실을 아는 사람이 과연 몇 명이나 될까요? 아마 많지 않을 겁니다. 언론은 티파니와 이방카, 에릭 그리고 나 사이의 관계를 소원하게 묘사했지만, 우리는 서로 거리감을 느끼지 않습니다. 우선, 나는 티파니보다 15살 많고, 그녀

---

[1] 나는 아버지가 "건물을 지으려면, 기초 세우는 법을 잘 알아야 한다"라고 말한 것을 지금도 기억합니다

는 서부 해안에서 자랐기 때문에, 우리 사이에는 단지 다른 형제들과 내가 나눈 것과 같은 종류의 소통이 없었을 뿐입니다. 하지만 일단 그녀가 동쪽으로 와서 우리와 함께 캠페인을 하기 시작하자, 그녀는 내가 우리 전력의 중요한 일부가 되었습니다. 티파니는 멋지고, 유머 감각이 뛰어난 지적인 여성이었지만, 이방카에게 그랬듯 언론이 그녀를 대하는 방식은 여전히 비양심적이었습니다.

2016년 11월 8일은 의심의 여지가 없는, 자유주의 저널리즘 역사상 최악의 날이었습니다. 주류 언론은 충격과 슬픔에 휩싸였는데, 솔직히 나는 누군가 죽거나 암살당한 줄 알았습니다. 편견이 없어야 할 2차 토론의 진행자인 마사 래대츠와 같은 좌파 전문가들은 진실이 결과를 통해 드러나자, 여전히 허공 속을 떠다니며 흐느끼는 듯 보였습니다.

그 후, 2018년 7월, 래대츠가 아버지와 언론에 대한 혐오스러운 칼럼을 트윗했을 때, 나는 그녀에게 바로 이렇게 트위터를 썼습니다.

@도널드 트럼프 주니어
선거 당일 밤 생방송으로 당신이 울던 모습은 아마도 진보 언론이 매일 보여주는 극단적인 편견과는 아무 상관이 없겠죠. 하지만 만약 그렇지 않다면, 합리적인 사람들이 오늘날의 언론을 신뢰해야 할 이유는 과연 무엇일까요? 이제 제발 그만 좀 합시다.

물론 언론은 그 사실에 대해 오랫동안 미안함을 느끼진 않을 겁니다. 어쩌면 그들은 미국인들이 스스로 자신들의 대통령을 선택하도록 내버려 둘 생각이 없어 보입니다.
2017년 1월 초 버즈피드가 '취재를 중단'하기 전 스틸과 관련된 가짜서류가 몇 달 동안 뉴스룸에 흩어져 있었다는 사실은 이제 공공연한 사실입니다. 당신이 기억하는 것처럼, 크리스토퍼 스틸은 클린턴 측 선거본부에 의해 고용된 전(前) 영국 스파이입니다. 퓨전 GPS라는 야당 측 연구기관을 통해, 내 아버지의 흠집을 잡아내고자 고용된 사람이었죠. 스틸은 뉴욕타임스조차 러시아 측의 허위정보일 가능성이 크다는 말을 할 정도로 전례 없는 거짓말을 계속 수집했습니다. 가짜뉴스임에도 불구하고 그대로 내보내기에는 너무 허위보도였기 때문에, 몇 달을 보류해야 할 정도였습니다. 그러나 아버지가 당선되자 언론은 FBI와 법무부의 주요 인사들과 협력하여 스틸의 소설 작품을 완전히 새로운 시각으로 바라봤습니다. 여전히 충격에 빠져 11월 8일의 악몽을 바꿀 어떤 일이라도 기꺼이 믿으려 하는 좌파 측 구성원들을 위한 새로운 시장이 열린 셈이죠. 스틸의 쓰레기를 출간해야 할 필요가 있는 언론들은, 사실 신뢰도가 거의 없는 비주류들이었습니다. 주류 언론에 의해 은쟁반에 올려져 많은 신뢰를 받았지만, 결국 불명예스럽게 해고된 FBI 국장, 제임스 코미를 한 번 검색해보기 바랍니다.

제임스 코미는 그 서류가 내 아버지의 대통령직을 갉아먹기 위한 일종의 시한폭탄과의 결탁이란 사실을 잘 알고 있었고, 사실 여부는 그에게 중요하지 않았습니다. 그가 해야 할 일은 공식 방문 중인 대통령 당선자에게 가짜서류를 건넨 다음, 언론에 유출하는 것뿐이었습니다. 수리수리 마수리 얍! 2016년 1월 7일 바로 그 순간, 이제 그 서류는 쓰레기 더미에서 공식 인가를 받은 정보브리핑 문서로 탈바꿈됐습니다.

그때부터 언론과 FBI 그리고 법무부 고위층은 힘을 합쳐 우리 정부를 완전히 전복시키려 했습니다.

FBI는 이미 약 6분간 우리 선거 캠페인에 자원했던 카터 페이지를 감시하기 위한 FISA 영장을 얻기 위해 가짜서류들을 사용한 바 있습니다. 그리고 현재는 악명 높은 크로스파이어 허리케인[1] 조사로, 연방정부는 이미 몇 달 동안 트럼프 선거캠프를 감시하고 있었습니다. 하지만 그 조사나 다른 조사 중 어느 것도 트럼프 선거 캠페인과 러시아 사이의 공모를 증명하지 못했습니다. 그리고 주류 언론에 있어서 그 서류는 검증되지 않은 모든 출처의 시작점이었습니다. 만약 스틸의 거짓 문서가 없었다면, 러시아 수사도 없었을 것이고 따라서 나에 관한 가장 큰 가짜뉴스 기삿거리도 없었을 겁니다.

[1] 2016년과 2017년 연방수사국(FBI)이 트럼프 동료와 러시아 공무원 사이의 관계와 도널드 J. 트럼프 대통령 선거 캠페인과 관련된 개인들이 코디네이터, 부주의하게 또는 무의식적으로 조정했는지 그 여부와 상관없이 대립 지능조사를 하기 위한 코드명

2018년 6월 27일 CNN은 한때 아버지를 위해 일했지만, 지금은 수감생활 중인 변호사 마이클 코헨은 내가 악명높은 트럼프 타워 회의에 대해 아버지께 말했던 그 회의에 자신도 함께 참석했다는 증언을 할 것이라는 이야기를 터뜨렸습니다. 기억하는 사람도 있겠지만, 아마 나를 러시아 스파이로 폭로했던 회의가 맞을 겁니다. 워터게이트로 명성을 얻은 칼 번스타인 외에는 다른 어떤 흥밋거리도 없었던 이 이야기는 인터넷을 완전히 뒤흔들었습니다. 그것은 폭탄이었고, 좌파 측이 간절히 바라던 스모킹건이었으며, 이전부터 나돌던 러시아와의 공모 이야기를 모두 입증시켜 줄 증거였습니다.

좌파입장에서 가장 중요한 건, CNN의 이야기가 로버트 뮬러에게 대통령을 쓰러뜨릴 수 있는 탄약을 주었다는 사실이었습니다. 그리고 이제, 전 세계의 사회정의 전사들은 트럼프에 대한 불평을 멈추고, 이전에 자신들이 불평했던 것, 아마도 그들이 얼마나 박해를 받는지에 대해 불평해야 했던 그때의 현실로 돌아갈 수 있을 것만 같았습니다. 마침내 좌파는 그들이 바라던 것을 얻었습니다. 작은 문제 하나만 빼면 말이죠. 아, 작은 문제이긴 한데 사실 하나는 아닙니다. 여러 개의 작은 문제가 있습니다.

나는 내가 기자가 아니란 사실에 신께 감사를 드립니다. 하지만 만약 내가 기자였다면, 유죄판결을 받은 거짓말쟁이로부터 받은 정보는 아마도 적당히 걸러서 들었을 겁니다. 마이클 코헨은 세기의 거짓말쟁이일 뿐 아니라 당시 판결에 직면해 있었는데, 아마 감옥에 가지 않기 위해서라면 스스로 랍비임을 포기할 수도 있었을 겁니다. 우선 이게 첫 번째 이유입니다. 둘째, 당시 기자들의 가진 정보원은 오직 한 명이었고, 철저한 익명 속에 자신을 숨겼습니다. 사실 잘 모르겠습니다만, 만약 나라면 단 한 명의 정보원, 그것도 철저히 익명을 고집하는 유일한 정보원이 있는 상황에서 이 모든 이야기 위에 나의 칼 번스틴[1]을 등장시키진 않았을 겁니다. 특히 그 정보원의 정체가 래니 데이비스[2]라는 사실을 알았다면 더욱 그랬겠죠.

데이비스는 코헨의 변호사였습니다. 클린턴의 오랜 친구였고 정치공작원이기도 했습니다. 그리고 한 가지 더, 사실 그는 그렇게 똑똑하지 않습니다.

이 이야기로부터 야기된 팽팽한 긴장감 속에서, 래니 데이비스는 앤더슨 쿠퍼의 쇼에 나와서는 CNN의 정보가 잘못됐고 그의 의뢰인은 나와 내 아버지가 힐러리에 관하여 러시아와 함께 이야기하는 회의 자리에 있지 않았다고 말했습니다. 그는 자신의 정보를 스스로 반박했습니다. 그것도 자신이 정보를 제공해 준 네트워크에서 말이죠.

그걸로도 불충분했는지, 래니는 또한 CNN과 그와 관련된 이야기를 나눈 적이 없다고 직접 부인하기도 했습니다.

데이비스가 이야기의 근원이라는 것을 알고 있는 언론이 CNN만이었다면, 그들은 아마 이 모든 것을 덮을 수 있었을 겁니다. 하지만 이미 그들만이 알고 있는 뉴스가 아니었습니다. 워싱턴 포스트는 독자적으로 래니 데이비스를 출처로 하는 기사를 실었습니다. 굳이 언급할 필요도 없지만, 데이비스의 공개는 신문에 아주 약간의 손상

---

[1] 미국의 언론인으로, 밥 우드워드와 함께 워터게이트 사건을 밝히고, 리처드 닉슨 대통령의 사임을 일으킨 워싱턴 포스트 기자이다

[2] 미국 정치 요원, 변호사, 컨설턴트, 로비스트. 작가 및 TV 해설자

만을 입혔을 뿐입니다. 가짜뉴스의 세계에서는, 특히 TV에 나와서 누군가 거짓말을 하고 있다는 사실을 절대 발설하지 않습니다.

자유주의 언론은 몇 번이고 아버지를 쓰러뜨리기 위해 나에 관한 이야기를 만들어 냈습니다. 그들이 했던 또 다른 큰 거짓말 중 하나는 내가 위키리크스의 쓰레기더미와 같은 서류에 대해 미리 알고 있었다고 말한 것이었습니다. 하지만 만약 내가 그 작은 서류뭉치를 기억한다면, 나는 위키리크스가 게재할 예정인 힐러리와 관련된 거대한 서류들에 대한 사전 정보를 가지고 있어야 했을 겁니다. CNN이 내보낸 후속 보도는 내가 그 쓰레기 더미를 받았을 것을 추정되는 날로부터 6일 전의 이메일 정보를 바탕으로 구성됐습니다.

그리고 이 정보에 대한 익명의 출처는 흔히 아담 #FullofSchiff 또는 #BullSchiff라고 일컫는 하원 정보위원회 위원장 애덤 쉬프일 가능성이 큽니다. 그는 유출된 이메일이 9월 4일로 기록됐다고 말했고, 그렇다면 그것은 정말로 내가 위키리크스 쓰레기 더미가 9월 10일 발생하기 전에 미리 알고 있었다는 사실을 의미했을 것입니다. 아, 물론 9월 4일이 이메일의 정확한 날짜가 아니라는 것만 빼면 말이죠. 정확한 날짜는 14일이었고, 전 세계가 위키리크스가 방출한 쓰레기 더미에 대해 알고 난 지 나흘 후였습니다. 하지만 누군가 또 자신의 편리를 위해 이 사실을 빼먹었더군요. 또한, 나는 실제로 그 이메일을 열어본 적이 없었기에, 그 내용을 본 적도 없습니다. 하지만 정당한 방법으로 선출된 미국 대통령을 전복시키기 위해서라면, 그들에게 이 정도쯤은 큰 문제가 되지 않았습니다.

CNN은 다시 한번 우리에게, 이는 올해 가장 큰 뉴스라고 말했고, 그 이야기는 인터넷을 다시 한번 완전히 들썩이도록 만들기에 충분했습니다. 다시 말하지만, 그것은 완전한 헛소리입니다. 엎친 데 덮친 격으로 CNN은 이 이야기를 철회하지 않았습니다. 대신에, 이 언론

네트워크는 자신들이 만들어 낸 헛소문을 '업데이트'하는 방법을 선택했습니다. 그들은 또한 자신들의 '실수'에 대한 작은 성명을 발표했는데, 거기서 그들은 이 이야기의 출처가 '사내 팩트체크팀'에 의해 확인됐다고 주장했습니다.

CNN은 아버지가 대통령 당선자로 선출된 2017년 12월 초에 이 이야기를 철회하는 성명을 발표했습니다. 완전히 말도 안 되는 짓이었고, 여전히 어떤 잘못도 인정하지 않았지만 적어도 뭔가 변화는 있었습니다. 가짜뉴스를 하기에는 아주 위험한 한 주였거든요. 며칠 전 ABC 뉴스는 마이클 플린이 선거 캠페인 동안 내 아버지가 러시아인들과 연락하라고 말했다는 증언을 할 것이라고 보도한 후, 그들의 스타 특파원 브라이언 로스를 해고했습니다. 그 이야기는 완전히 거짓이었습니다. ABC는 해당 보도가 조작이라는 사실을 깨달은 후에도, 네트워크에서 그 이슈를 삭제하기 전에 무려 25,000번이나 트윗을 통해 그 내용을 공유했습니다. 나는 재밌는 사실 하나를 발견했습니다. 가짜뉴스는 거짓으로 판명된 후에도 며칠 동안은 계속 돌아다니며, 철회뉴스의 경우 거의 항상 토요일 오전 3시에 등장한다는 점입니다. 그리고 이 모든 것들은 결국 '조회수를 늘리기 위한 미끼'에 관한 이야기란 사실을 꼭 기억하기 바랍니다.

국영 라디오가 주장하는 '스모킹 건'에 대한 이야기도 있습니다. 그들은 내가 모스크바와 관련된 트럼프 타워 회의의 참석 시기에 관하여 의회에 거짓 보고를 했다고 보도했습니다. 그들의 말에 따르면, 코헨은 선거 캠페인 동안 트럼프 타워에서 모스크바와 관련된 러시아 관리들과 만난 것을 내 아버지에게 이야기했던 회의에 자신도 함께 참석했다고 합니다. 이것이 큰 뉴스였던 이유는 내가 상원위원회에 아버지가 출마 선언을 하기 전, 이미 거래는 없던 일이 됐다고 말했기 때문입니다. 그리고 만약 그 정보가 정확했다면, 대통령의 아들 ᵃᵐᵃ ᵁᵁ ᵁᴺᴼ은 징역형을 선고받았을 뿐 아니라 러시아와의 공모 사건에 기름을 끼얹었을 것입니다. 꽤 안 좋은 상황 아닙니까? 그 정보가 정확하지 않다는 사실만 빼면 분명 그랬을 겁니다.

지만 안타깝게도 그건 완전히 와전된 이야기였습니다. 국영 라디오 기자들은 나를 잡으려도 지나치게 서두르고 있었고, 그들은 내가 상원위원회에서 모스크바에 대해 두 가지 예상 가능한 프로젝트를 설명하는 장면을 보지 못했습니다. 그들이 2016년에 일어났다고 생각했던 일은 내 아버지가 대통령 선거에 출마하기 전에 이미 정리가 다 끝난 일들입니다. 마이클 코헨은 다른 조각을 더 모으기 시작했고, 국영 라디오는 그들이 그 이야기를 공개한 지 10분 만에 뭔가 잘못됐다는 사실을 알았지만, 그 후 나머지 언론들이 계속 언급하고 공유할 수 있도록 9시간 동안 그 뉴스를 그냥 내버려 뒀습니다. 굳이 팩트 체크를 하기에는 내용이 너무 좋았거든요.

그들은 그저 내가 했던 증언을 몇 줄 더 읽기만 하면 됐습니다. 사실 여부에는 크게 신경 쓰지 않은 채 단지 나를 넘어뜨리길 원했습니다. 그러나 결국 그 시도는 또 다른 재앙적인 실패로 귀결됐습니다. 그렇지만 적어도 국영 라디오 측은 정정 보도를 내긴 했습니다. 물론 어중간하긴 했지만 그래도 귀찮아서 아무것도 하지 않은 CNN보다는 훨씬 나았습니다. 케이블 뉴스네트워크는 거짓말하고, 들통나고, 다시 또 다른 누구를 비난하는 일만 반복하고 있습니다.

솔직히 나는 왜 사람들이 자유주의적 언론 매체들이 하는 거짓말을 사실로 믿는지 이해합니다. 다만, 내 아버지의 입후보 시절과 대통령직을 둘러싼 언론의 히스테리를 마냥 과거로 보는 것은 어렵습니다. 잠재 의식적인 차원에서도 트럼프가 이민자, 여성, 소수민족을 어떻게 미워하는지[1]와 관련해 끊임없이 빗발치는 이야기는 사람들에게 영향을 미칠 수밖에 없습니다. 그리고 이는 나에게도 영향을

---

[1] 그리고 그들 또한 모두 트럼프를 미워하는지

미칩니다. 당신이 듣는 모든 것이 허튼소리라면, 당신이 믿기 시작하는 것 또한 헛소리일 뿐입니다. 하지만 어느 정도, 언론이 책임감이 가져야 할 필요는 생각합니다.

2019년 5월 캘리포니아주 하원 민주당 대표인 아담 쉬프는 미국 정부가 언론자유에 대한 지지를 재확인할 것을 요구하는 결의안을 공동 발의했습니다. 쉬프는 "전 세계에 언론자유의 중요성을 알리고, 자유롭고 공정한 언론을 촉진하기 위한 미국지도부 역할의 필요성을 확인하는 결의문을 소개하게 되어 자랑스럽다"라고 말했습니다.

나는 전혀 동의할 수 없었으며 특히, 쉬프의 성명서에 기재된 '공정한 언론' 부분은 더더욱 동의하기 어려웠습니다. 주류 언론은 지금도 여전히 자신들이 원하는 모든 것을 쓰고 보도할 수 있으며, 아무도 그들을 막을 수 없습니다. 대통령 선거에 출마하기로 한 이후부터 그들은 언론에 필사적으로 사랑받으려고 애쓰는 보수주의자를 제외한 다른 사람, 그러니까 내 아버지에게는 공정하지 않았습니다. 예를 들어, 미트 롬니가 있습니다. 이 나약한 사람이 대통령 선거에 실패한 동안 언론이 그에게 한 짓을 사람들이 얼마나 빨리 잊었는지 모릅니다. 하지만 트럼프와 달리 그는 너무 약해서 반격조차 할 수 없었습니다. 그리고 언론은 그들이 찾던 전리품을 얻었습니다.

도널드 J. 트럼프가 뉴욕타임스를 '낙제'라고 지칭했을 때, 그의 말은 100% 옳았습니다. 종이신문 사업 전체가 한동안 배수구를 맴돌고 있었고, 인터넷이 등장한 이래 신문은 더 이상 지속 가능한 비즈니스모델을 갖추지 못한 상황입니다. 실패하는 사업에는 항상 두 가지 일이 일어날 수 있는데 즉, 먼저는 공처럼 몸을 웅크린 채 살금살금 기어가거나, 아니면 어떤 대가를 치르더라도 살아남는 사고방식을 발달시키는 것입니다. 심지어는 그 대가가 자신들의 기업윤리와 가치일 때도 마찬가지입니다. 오늘날 기자들이 주요 신문사에서 일자리를 유지하기 위해서는 트위터를 따라야만 합니다. 그리고 트위터를 따르려면 자신의 의견을 내야만 하죠.

난 이 모든 걸 알고 있습니다. 기자들의 트위터 팔로워들은 그들이 자신의 편일 것을 기대하고 있으며, 기자들 또한 기꺼이 거기에 응합니다. 짐승에게는 먹이를 줘야 하고, 그들은 항상 굶주려 있습니다. 자유주의 언론의 유일한 관심사는 방송시간과 브랜드 구축입니다.

이 말을 하는 나 역시 내 지지기반을 토대로 큰 기회를 잡을 수 있습니다. 나는 알 샤프턴[1]과 친밀한 관계를 맺고 있는데 우리는 2주에 한 번 그랜드 하바나룸에서 만남을 갖고 있었죠. 그곳은 내가 속한 시가 클럽으로 그는 그곳의 단골이었으며, 우리는 수년 동안 서로 마주칠 때마다 아무렇지도 않게 수다를 떨었습니다. 의심스러운 일들은 잠시 제쳐둔 채, 나는 선거가 끝난 일주일쯤 지난 어느 날 클럽에서 친구 두어 명과 함께 시가를 피우고 있었습니다. 루디 줄리아니는 우리 옆 테이블에 몇몇 사람들과 함께 있었고, 알은 방 건너편에 있는 테이블에 있었습니다. 어느 순간 그가 일어나 나를 지나쳐 화장실로 향했습니다.

[1] 미국의 목사, 텔레비전/라디오 진행자

"알!" 내가 소리쳤습니다. "여기서 뭐 하는 거야?"

"내가 항상 여기 있는 거 잘 알잖아, 주니어" 그가 대답했습니다.

"알아, 그런데 지금 여기서 뭐 하는 거야?" "트럼프가 이기면 캐나다로 이사간다고 하지 않았어?"

방 안이 웃음으로 가득 찼고, 그도 낄낄대며 웃을 수밖에 없었습니다.

우리는 서로를 프레너미[2]라 불렀습니다. 그는 내 아버지와 30년 넘게 알고 지낸 지인이었으며, 심지어는 브로커와 거주지에 대한 추천서가 필요할 때도 내게 전화를 걸어왔습니다. 알과 그와 같은 많은 이들에게 도널드 J. 트럼프의 대통령직은 브랜드 구축을 위한 일종의 금광과도 같습니다.

[2] 친구와 적의 특성을 함께 갖는 사람

다른 모든 일과 마찬가지로, 자유주의 언론 역시 모든 기자가 편견을 갖거나 자신만이 믿는 의제만을 붙잡고 있지는 않습니다. 몇몇은 실제로 나가서 공정하게 뉴스를 보도하려고 합니다. 그러나 아무래도 임원급 기자들에게는 공정한 보도가 직무설명에 포함되지는 않은 것 같습니다. 그래도 나는 교류하는 기자 모두를 친근하게 대하려 노력하고, 일부 기자들도 내게 그렇게 다가와 주곤 합니다.

내 아버지에 관련된 다른 어떤 성명도 그가 '언론은 사람들의 적'이라 말했다고 보도한 MSM보다 더 유의미한 기폭제가 될 순 없을 겁니다. 정말 끔찍한 말이 아닐 수 없지만, 지난 3년 동안 그들이 해온 행동을 보면 합리적인 사람들이 과연 다른 결론을 내릴 수 있을까요? 이제 내 아버지는 타임스나 CNN의 일부 편집 작가, 아마도 토마스 프리드먼이나 짐 아코스타가 했던 말을 언급할 때, 필연적으로 민주주의에 대한 자유 언론의 중요성을 제기하지 않을 수 없을 겁니다. 그들은 우리에게 수정헌법 제1조를 상기시키고, 토머스 제퍼슨의 말을 인용하며, 우드워드, 번스타인, 워터게이트의 시절을 연상케 합니다.

가짜뉴스는 정말 애국적인 행동입니다. 마치 국기를 불태우는 것과 같이 말이죠. 심지어 지난 3년간 이 모든 헛소리가 이곳저곳으로 퍼져나갈 때조차도 워싱턴포스트의 슬로건은 '민주주의는 어둠 속에서 죽는다'였습니다. 이봐요, 이제 좀 쉴 때도 되지 않았나요?

2019년 6월 초, 아버지는 국빈 방문을 위해 영국으로 향했습니다. 시위대가 트럼프 풍선을 날린 것은 바로 그 방문 기간에 있었던 일입니다. 아버지는 성인 자녀와 배우자와 함께 왕비를 맞으러 왔으며, 이는 자유주의 언론에 분노를 불러일으켰습니다. 그가 감히 가족을 데려오다니!

그 멍청한 불평과 그리고 똑같이 멍청한 다른 불평 몇 가지를 제외하면, 그 여행은 거의 모든 면에서 훌륭했습니다. 아버지와 여왕은 잘 지냈으며 우리는 아주 재미있었습니다.

방문 중 어느 순간, 도널드 J. 트럼프와 그의 가족은 아일랜드 서부의 매력적인 작은 마을인 둔버그로 잠시 여행을 했습니다. 2008년경 아일랜드 경제 위기 때 우리는 클레어 카운티의 바다를 따라 있는 그 부동산에 관심이 있었습니다. 모래언덕과 야생 대서양의 물보라가 함께 하는 절경은 숨이 막힐 정도로 놀라웠고, 우리는 기존의 시설을 업데이트하고 오두막집과 온천을 짓는데 수백만 달러를 썼습니다. 그리고 오늘날, 그곳은 우리가 가진 가장 아름다운 재산 중 하나가 됐습니다. 우리는 또한 300명의 지역 주민들을 고용했습니다. 둔버그의 전체 인구가 약 740명이라는 점을 감안할 때, 우리가 이 도시에서 가장 큰 고용주라는 건 꽤 정확한 사실입니다.

아일랜드에서 부동산 판매를 담당하는 브렌단 머피와 트럼프 둔버그 현지인들의 말에 의하면의 총지배인인 조 러셀은 우리에게 술집에 들러서 방문 기간 내내 우리를 환영해 준 현지인들에게 인사를 해달라고 부탁했습니다. 당연히 그렇게 했고 그 시간은 참 행복했습니다.

둔버그 주민들은 우리에게 참 친절했으며, 5개 술집은 서까래까지 전부 사람들로 꽉 들어차 있었습니다. 자정 무렵이 됐지만, 부모들은 우리를 만나기 위해서 아이들이 늦게까지 깨어있도록 허락했습니다. 투브리디 바 앤 레스토랑에서 전설적인 아일랜드 축구 선수인 토미 터브리디는 "트럼프 가족에게 둔버그 클레어 카운티를 대표하여 천 명의 환영을 드립니다!"라는 건배사를 했습니다. 어느 틈엔가 기자가 그를 불러 둔버그 국민의 90%가 트럼프를 지지한다고 봐도 괜찮은지 물었습니다.

"아니요" 그가 익살맞은 웃음을 지으며 말했습니다. "우리는 그를 100%, 전적으로 지지합니다."

지역 교구 신부인 조 호 신부는 기자에게 이렇게 말했습니다. "트럼프 가족을 위한 특별한 장소가 이미 천국에 예비 되어 있습니다."

아일랜드만큼 우리가 사람들의 환대를 받은 곳은 없었습니다.

우리는 각 술집에서 술을 한 잔씩 사는 것이 옳다고 생각했습니다. 이고 여관 술집을 운영하는 캐롤라인 케네디_{아, 당신이 생각하는 그 케네디는 아니에요}는 우리에게 술집 뒤편으로 가서 '파인트 뽑기'를 함께 할 수 있냐고 물었습니다. 그리고 그 시간은 나를 콜로라도에서의 어린 시절을 되돌아가게 하기에 충분했습니다.

다음 날, 항상 부정적인 관점을 고수하는 영국 언론_{내가 데일리 비스트라 부르는}은 우리가 계산서를 지불하지 않고 불쌍한 캐롤라인 케네디에게 외상을 밀어붙였다는 기사를 썼습니다. 물론 우리는 그러지 않았습니다. 만약 그 기사를 쓴 기자가 한 번이라도 팩트체크를 했다면, 그들은 그 청구서가 우리 쪽으로 오도록 미리 준비했다는 사실을 금새 알았을 겁니다. 하지만 진실보다 훨씬 더 많은 관심을 끌 만한 이야기를 지어낼 수 있는데 굳이 그럴 필요가 뭐가 있겠습니까? 그래서 그들은 해야 할 일을 하지 않았고, 에릭과 나를 노동자 계급의 생계에 대해 별로 신경 쓰지 않는 부자들의 일원으로 꾸며낸 상상의 나래를 펼쳤습니다.

만약 당신이 언론에서 나에 관하여 쓴 거짓말을 쭉 살펴보면, 술집에서 뛰쳐나가는 일 정도는 그 목록에 들지 못한다고 생각할지도 모릅니다. 하지만 나는 팁을 받기 위해 일했던 아스펜의 바텐더였으므로, 나는 바 계산서를 지불하지 않는 것이 고객이 할 수 있는 가장 최악의 행동이란 사실을 잘 알고 있습니다. 내가 최악이라 말하는 이유는 이 상황에서 당신이 할 수 있는 가장 좋지 못한 행동이 바로, 계산하지 않은 채 도망친 사람이라는 비난을 받는 것이기 때문입니다.

　내가 살아온 인생을 기준으로 보면, 언론은 "미국에서 가장 신뢰받는 사람" 월터 크롱카이트에서 "가짜뉴스의 파수꾼" 짐 아코스타로 그들의 스탠스를 옮겼습니다. 부끄러운 일이 아닐 수 없습니다. 곧, 소셜미디어가 뉴스의 주요 전달자가 될 것이고, 이는 진실을 찾는 사람들의 상황을 더 악화시킬 것이 분명합니다.

Chapter
13.

섀도 금지(SHADOW BANNED)

소셜미디어에 대한 자유주의자들의 지지가 당신의 삶을 어떻게 망치는가.

그가 선거에서 승리한 직후부터, 내 아버지가 승리를 위한 항해에 도움이 됐던 소셜미디어 플랫폼을 포기할지 궁금해하는 사람들이 있었습니다. 매셔블 사이트의 헤드라인 한 편은 이렇게 썼었죠. "이제 트위터를 그만두세요!" 심지어 우파 측에 있는 일부 사람들조차 대통령 집무실에서 140자나 280자짜리 기사를 계속 세상으로 내보낼지 의문을 제기했습니다. 그들은 트위터에 올라갈 말이 하찮은 것들이나 사무실의 위엄보다 낮은 곳에서 나올 것이라고 믿었습니다. 아버지는 선거 며칠 전 펜실베니아 해리스버그에서 열린 집회에서 직접 그 사실을 암시하기도 했습니다.

"걱정하지 마세요."라고 그가 말했다. "내가 대통령이 된 후에는 그 모든 것을 다 포기할 겁니다."

그때 그는 농담으로 그 말을 했는지는 모르겠지만, 나는 알고 있었습니다. 그리고 아마 당신도 알고 있을 겁니다. 실제로 그런 일은 일어나지 않을 거란 사실을 말이죠. 왜 그랬을까요? 나는 아버지를 파멸시킬 목적으로 매일 아침 가동되는 거대한 주류 미디어 기계를 훑어보는 데 이 책의 챕터 하나를 전부 할애했습니다. 그들은 가능한 모든 수단을 동원해 도널드 트럼프에 대한 거짓말을 퍼뜨리고, 대중 앞에서 그를 당황하게 하며, 민주당의 선전과 대화 포인트를 가지고 그의 의제를 방해합니다. 그렇다면 내 아버지는 그냥 가만히 앉아서 그 모든 것들을 그저 감수해야만 할까요? 물론 그렇지 않습니다. 트위터는 그가 미국인들에게 손을 내밀 수 있는 유일한 방법이고, 기회가 있을 때마다 그걸 활용하지 않는 건 바보 같은 짓일 겁니다. 진짜 서민들과 대화하고 그들의 고민을 들어주기 위해 전국을 여행하는 방법 다음으로, 트위터를 통한 그들과의 교류는 내 아버지가 유권자들과 계속 연락할 수 있는 최선의 방법이었습니다.

물론, 이 플랫폼이 활활 타오르는 쓰레기통이 될 가능성도 분명 있습니다. 그리고 적어도 내게는 그랬습니다. 죽음의 위협을 훑어보고, 백과사전처럼 나열된 욕설을 정리하고, 기사를 쓰기 전에 나를 배설물부터 외계인에 이르기까지 가능한 모든 것들과 비교한 피드들을 보는 것이 대부분이지만, 다행히 모두가 그런 것은 아니었습니다.

믿거나 말거나, 소셜미디어가 재미있었던 때도 있었습니다. 아마도 2번째 부시 대통령의 임기 말미였던 걸로 기억하는데, 그때는 플립형 전화기가 유행했으며 내 친구 키드 록의 '올 서머 롱'이 여름 내내 연주되었습니다. 아버지는 여전히 '애프렌티스'라는 작은 쇼의 진행자였고, 나는 매주 그의 우편 회의실에 앉아 있었습니다. 힘든 일이었지만 누군가는 해야만 했던 일이죠. 그 텔레비전 쇼가 없었다면 아버지는 정치에 뛰어들지 않았을지도 모릅니다.

때때로 그 쇼의 에피소드에서 뭔가 매력적이거나 재미있는 것이 나올 때면, 나는 그에 대해 '트윗'이란 이름의 무언가를 보내곤 했습니다. 사람들은 나에게 말하길, 이 '트윗'들은 인터넷을 통해 세계로 나갈 것이고, 수백, 심지어 수천이 넘는 사람들에게 다가갈 것이라고 했습니다. 그리고 이는 값을 지불할 필요가 없는 신문 광고와 같았습니다. 나는 그것이 적어도 내 쪽에서는 대단한 거래라고 생각했고,

매주 그 '트윗'을 몇 개씩 보내기 시작했습니다. 단 한 번도 자유 언론을 거절한 적이 없는 아버지 역시 이 플랫폼에 뛰어들어 생태계를 어지럽히기 시작했습니다. 아버지는 자신의 건물을 홍보하고, 케이블 뉴스 출연발표 및 심지어 공공장소에서 그와 맞선 증오자와 패자를 흩어버리는 일에도 트위터를 사용했습니다. 그리고 이는 필연적으로 오늘날 많은 사회적, 아니 사회적 매체를 지배하고 있는 주제인 정치로 이어질 수밖에 없었습니다.

다음의 의사소통을 예로 들어보겠습니다. 2013년 2월 7일, 아버지는 오바마 대통령에 대한 비판을 트위터에 올렸습니다.

@도널드트럼프

오바마는 원한다면 무인기로 미국인들을 마음대로 죽일 수 있지만, 워터보딩[1]은 허용하지 않습니다. 오직 미국에서만!

그러자 댓글란에 아버지를 공격하던 많은 자유주의자 중 한 명이 "미국을 그렇게 미워하면, 당신이 직접 대통령 선거에 출마해 일을 바로잡아 보시지!"라는 답변을 남겼습니다.

아버지가 답장을 보냈습니다. "조심하는 게 좋을걸!"

그들은 조심하지 않은 것이 분명했습니다. 자유주의 진영은 계속 그를 때리고 때려서 점점 더 진저리를 치도록 만들었고, 결국 그는 정말로 대통령에 출마할 수밖에 없었습니다. 보고 있습니까, 좌파 자유주의자 여러분들? 그러니까 조용히 있었어야지!

곧 그의 트위터 계정이 우리 저녁 식탁의 연장선처럼 되어 전 세계가 그곳에 초대되었습니다. 나는 아버지의 추종자 수가 천천히 증가하는 반면, 내 추종자도 천천히 증가하는 것을 지켜보았습니다. 그는

---

[1] 고문의 한 형태로, 물을 이용한다. 판에 등을 고정하고 머리에 봉지를 씌워 머리를 아래로 향하게 거꾸로 한 상태에서 봉지에 구멍을 뚫어 입과 콧구멍에 물을 직접 쏟아붓는 과정을 빠르게 반복하여 질식을 발생시킨다.

한 번에 하나씩 벽돌 또는 반짝이는 유리 패널 하나를 쌓아서 만든 초고층 빌딩을 구축한 것처럼 차근차근 온라인에 진출했습니다.

2012년경 그가 정치에 본격적으로 입문할 때쯤, @realDonaldTrump는 약 400만 명의 팔로워를 가지고 있었으며 이는 뉴욕타임스의 구독자 수보다 거의 두 배는 많은 숫자였습니다. 2016년 그의 팔로워 수는 600만 명으로 늘었고, 나는 100만 명을 조금 넘었습니다. 아버지와 나는 이와 같은 현상을 한 번도 본 적이 없었습니다. 트위터가 존재하기 훨씬 전부터 도널드 J. 트럼프는 브랜드와 프로모션의 달인이었지만 지금 이 상황은 근본적으로 달랐습니다. 그는 실시간으로 세상에 말할 수 있었으며, 세계는 그 말에 주목했습니다. 만약 당신이 나를 믿지 않는다면, 그가 당선된 후 전 세계에 걸쳐 폭발적으로 증가한 포퓰리즘적 후보자들의 수를 한 번 보십시오. 어때요? 트럼프와 그 일이 관련 있다는 생각이 들지 않습니까?

현재로 돌아와서, 이제 나는 내 트위터 타임라인을 보지 않고는 두어 시간도 버틸 수 없는 지경입니다. 그 메시지를 통해 분노를 표출할 수 있는 한, 어쩔 수 없습니다. 매일 아침 출근길에 차에 있을 때, 나는 소셜미디어 피드를 통해 세상의 맥을 짚으며, 이를 통해 내가 무엇을 어떻게 준비할 수 있는지 알게 됩니다. 나는 트위터를 사용하는 대부분이 정확히 나와 같은 일을 한다고 확신합니다. 트위터와 페이스북 같은 기업의 CEO에게 이것은 아마도 꿈이 실현되는 것일 것입니다. 그들은 전 세계 수백만의 사람들이 그들의 제품 없이는 살 수 없도록 만들었습니다. 사업상, 그것은 물과 산소에 대한 권리를 소유하는 사람이거나 힐러리 클린턴의 집 근처에 바짓가랑이 판매원이 되는 것과 같습니다.

하지만 실제로 플랫폼을 사용하는 사람들에게는 그리 좋은 소식이 아닙니다. 우리에게, 트위터와 페이스북은 알코올, 마약, 음식에 관한 것과 거의 비슷한 중독의 대상이 됐습니다. 중독에 영향을 받는 뇌의 수용체에 부딪혀 정확히 그와 같은 방법으로 우리를 미치도록 만들죠. 알코올이나 니코틴 같은 분자에 중독되는 대신, 우리는 분노에 중독됩니다. 트위터가 지금까지 존재했던 다른 어떤 플랫폼보다 더 활성화될 수 있었던 이유는 바로 분노를 유발하기 때문인데, 사실 그 대부분은 거짓된 분노입니다. 트위터에서 당신은 무엇이 당신을 더 화나게 하는지를 알 수 있고, 매일 그와 관련된 백만 가지가 넘는 이유를 찾아낼 수 있으며, 그 모든 것들을 쉬지 않고 볼 수 있습니다. 그리고 나는 많은 이들의 증오를 받는 남자로서, 이를 누구보다도 잘 알고 있습니다.

내가 비교적 온화한 트윗을 해도, 예를 들어 메리 크리스마스 메시지 같은 트윗을 보내도 트위터상에 사는 괴물들은 그것을 통해 나를 공격할 방법을 찾아낼 겁니다. 맹세컨대, 이 사람들은 오래된 트윗을 들춰내어 누군가의 인생을 망치기 위해 이리저리 비틀어대는 일에 관해서는 세계 어느 정보기관보다 낫습니다. 몇 년 전 쇼크잭 라디오 쇼에 출연했던 보수적인 정치평론가 터커 칼슨에게 최근 무슨 일이 일어났는지 한번 보십시오. 자유주의자들은 문맥에서 그의 발언 중 일부를 발췌해서는 오늘날의 규범과 기준틀에 적용했습니다. 오피와 앤서니 라디오 쇼[1]에서도 똑같은 일이 일어났습니다. 1분 남짓한 시간에 걸쳐 우리는 남성 전용 골프 클럽에 관한 이야기를 했지만, 이후 나는 가장 유명한 남성 우월주의자 중 한 명이 됐습니다. 이봐요, 오피와 앤서니쇼였습니다. 우리 모두 농담이었어요. 하지만, 이제 유머는 더 이상 허용되지 않습니다. 최소한 당신이 보수주의자라면 말이죠. 오직 자유주의자들만이 어딘가로 끌려갈 때 자신들이 한 말이 농담이었다고 말할 수 있습니다.

보다시피 나 또한, 온라인상에서 보수주의자들로부터 질책을 받

[1] 1995년 3월부터 2014년 7월까지 방영된 미국 라디오 쇼

아왔습니다. 뉴질랜드 크라이스트처치 이슬람 사원 총격사건 이후 반유대주의 발언을 했던 첼시 클린턴을 트위터에서 옹호한 적도 있었죠. 하지만 모든 광기가 동등한 가치를 가지는 것은 아닙니다. 보수주의자들은 때때로 답답할 수도 있고, 다른 사람들처럼 빨리 화를 내기도 하지만, 그들은 생떼 부리는 일을 일삼는 미국 좌파 측 괴짜들에 비하면 정말 아무것도 아닙니다.

이들은 대개 젊은 사람들이기 때문에 태아 때부터 사실상 소셜미디어와 함께 생활해 왔으며, 주로 트위터, 인스타그램, 스냅챗 등을 주변 세계와 접촉하는 포인트로 삼고 있습니다. 불과 몇 년 전만 해도 새롭던 페이스북조차 이제 그들에게는 너무 오래된 존재입니다. 날 믿으세요. 그런 생활을 계속 지속하다 보면, 결국 정신병자가 될 겁니다. 새롭게 등장한 민주당 새내기 의원들이 밀레니얼 세대[1]의 강력한 지지를 얻을 수 있었던 것은 사실 그리 놀랄 일이 아닙니다. 일한 오마르와 알렉산드리아 오카시오 코르테스 같은 사람들은 실제로 꽤 오랜 시간(약 12년 정도) 트위터와 인스타그램에서 통용되는 신조어들을 사용해 왔습니다. 그들이 '취소canceled'나 '심각한 문제의식hella problematic' 또는 '마이크로어그레션microaggression'과 같은 단어들을 사용하여 나를 포함한 여러 보수주의자를 공격하는 트윗을 발송할 때, 그들은 자신들이 온라인 군중들에게 어떤 메시지를 보내고 있는지 정확히 알고 있습니다. 사이버 테러리스트처럼 집단분노와 가스라이팅[2]에 불을 붙이는 기술에도 숙달돼 있으며 트위터를 무기화하는 방법 역시 잘 알고 있습니다.

이들은 잘 만들어진 각본을 가지고 있으며, 이는 다음과 같이 작용합니다. 예를 들어, 주요 영화의 감독인 존 스미스가 그의 영화에서 충분한 유색인종 배우를 캐스팅하지 못했다고 말한다면, 당신은 그와 관련된 '해시태그'를 떠올리게 됩니다.

[1] 1980년대 초반~2000년대 초반 출생한 세대를 가리키는 말로, 정보기술(IT)에 능통하며 대학 진학률이 높다는 특징이 있다.

[2] 상황 조작을 통해 타인의 마음에 스스로에 대한 의심을 불러일으켜 현실감과 판단력을 잃게 만듦으로써 그 사람을 정신적으로 황폐화시키고 그 사람에게 지배력을 행사하여 결국 그 사람을 파국으로 몰아가는 것을 의미하는 심리학 용어

예를 들어, #JohnSmithSexistPig. 또는 #WhitePrivilegeJohnSmithDie 뭐, 이런 것들입니다.

다음 단계는 당신이 만든 해시태그와 함께 존 스미스에 대한 수천 개의 트윗을 보내는 겁니다. 트윗의 숫자는 트위터가 당신뿐만 아니라 다른 많은 사람이 이 문제에 관심이 있다고 생각하게 만듭니다. 격분을 일으키기 위해 알고리즘을 해킹하고 있는 것이죠. 트윗이 다 업로드되면 이제 당신의 정신 나간 사회정의 군대의 전사 친구들이 당신의 올린 해시태그를 검색해서 존 스미스에 대한 트윗을 보낼 수 있습니다. 이제 머지않아, 당신은 존 스미스를 '트렌딩'이란 이름으로 맞이하게 됩니다. 이는 곧 트위터에 접속하는 모든 사람이 이 불쌍한 남자의 이름이 불쑥 나타나는 장면을 보게 된다는 뜻이 됩니다. 이제 그 이름을 클릭하기만 하면, 그가 얼마나 끔찍한 사람인가에 대한 약 1만 개의 트윗 리스트를 얻게 됩니다.

그쯤 되면 누군가 2008년 이후 존 스미스가 보낸 모든 트윗을 샅샅이 뒤져서 성차별적인 농담 한두 마디, 어쩌면 그가 13살이었을 때의 음담패설도 발견했을 것입니다. 그리고 아마 그들은 혼돈에 빠지겠죠. 그날 정오쯤이면 뉴욕타임스는 마치 온 세계가 실제로 관심이 있는 것처럼 그와 관련된 기사를 썼을 것이고, CNN과 MSNBC는 그 기사를 가져다가 뉴스로 만들 것입니다. 허핑턴 포스트의 사설 페이지는 존 스미스를 해고하고 바이너리가 아닌 트랜스퍼또는 다른 무엇로 교체할 것을 요구할 것이며, 그 후 어떤 영화 스튜디오가 자금을 제공하든 간에 압력을 받은 이 남자는 해고를 당할 수밖에 없을 것입니다. 그렇게 논란이 많은 일로 해고되면, 이제 그는 다시는 이사직을 얻지 못할 것인데, 이 모든 과정을 우리는 '마이크로어그레션'이라고 부릅니다. 당신이 온라인에서 사회정의의 전사라면 누군가를 '마이크로어그레션'하는 것은 당신이 할 수 있는 최선의 일이 될 것입니다. 아마 이것은 야구방망이와 볼링 핀의 차이를 모르는 사람들에게는 홈런을 치는 것과 같은 일로 보일 겁니다.

내가 과장하고 있다고 생각한다면, 로젠 바[1]를 한 번 생각해 봅시다. 기억할지 모르겠지만, 그녀는 사회정의 폭도들에게 불쾌감을 줬다는 이유와 그들의 반발로 인해 본인에게 엄청난 성공을 가져다준 텔레비전 쇼를 폐지하게 됐으며, 이제 로젠의 이름은 진흙탕 속에서 질질 끌리게 됐고, 다시는 TV에 나오지 않을 것이란 트윗을 보내야만 했습니다. 이 모두가 다 거의 아무도 이해한 사람이 거의 없는 몇 줄의 트윗 때문이었습니다. 그리고, 맞아요, 그건 멍청한 트윗이었어요.[2] 미친 온라인 폭도들의 협공이 아니었다면, 그 트윗은 20단짜리 실뭉치처럼 꽁꽁 감춰져 있었을 것이고, 우리 모두는 그 내용을 잊은 채 살 수 있었을 겁니다. 하지만 그녀는 보수적이었고 TV에서 트럼프를 지지하는 사람이었습니다. 그리고 헐리우드에서 이는 실로 엄청난 범죄입니다.

[1] 미국이 배우이며 한국에서는 '로젠 아줌마'로 방송됐던 시트콤 '로젠'의 주인공

[2] 즉각적이고 반복적으로 부인하지 않으면, 그 대상과 전혀 상관이 없더라도, 공모자 취급을 받을 수 있으므로 나는 '멍청하다'라고 말할 수밖에 없습니다.

10년 전에 나온 스탠드업 코미디 스페셜에서 동성애 혐오 농담을 몇 차례 했던 케빈 하트도 마찬가지입니다. 몇 년 동안, 아무도 그런 농담에 신경 쓰지 않았고, 코미디는 우리가 소중히 여기는 것들을 풍자할 수 있었기 때문에 이를 통해 큰 웃음을 주곤 했습니다. 하지만 하트가 오스카 시상식의 호스트가 될 것이라는 발표가 나자, 할리우드 사회 정의 군대 폭도들은 미친 듯이 폭력적인 트윗을 쏟아내기 시작했습니다. 그들은 내가 위에서 설명한 각본을 그대로 따라갔습니다. 수일 내에 하트는 온라인 군중들에게 굴복했고 그 공연에서 물러나는 것에 동의했습니다. 매일 온라인 폭력조직에 의해 폐쇄된 사람들의 새로운 리스트를 가져오고, 매일 폭도들은 사람들을 흥분시키기 위해 점점 더 자신을 확장해나가고 있습니다. 이는 곧, 공격적

이라고 여겨지는 것에 대한 새로운 규칙, 사람들이 그러한 규칙을 어길 수 있는 새로운 방법과 실제로 그렇게 했을 때를 대비한 새로운 처벌들을 만들어야만 함을 의미합니다. 분명, 피곤한 일이지만, 살아남기 위해서는 그렇게 할 수밖에 없습니다. 아마 당신은 그들에 맞서 분노할 만한 대상을 내면에서 끌어내기 위해 엄청난 에너지를 소모하지 않고서는 그런 수준의 분노를 견딜 수 없을 겁니다.

가끔은 정말 듣지도 보지도 못한 뭔가가 불쑥 등장할 때도 있는데, 이는 보통 내게 자주 일어나는 일입니다. 나는 내가 한 번도 말한 적이 없는 내용을 담은 스크린샷이나, 입 밖에 내본 적도 없는 농담이나, 결단코 한 적이 없는 일을 하는 사진들을 사람들이 내게 얼마나 많이 보여주는지 정말 이루 다 말할 수 없을 정도입니다.

좌파들은 자신들의 분노를 쏟아낼 '진짜'가 바닥나면, 그때부터는 '가짜'를 가지고 지나칠 정도로 행복하게 뛰어다닙니다. 만약 당신이 그것의 다른 예가 필요하다면, 이 책을 내려놓고 'BuzzFeed dossier'를 한 번 검색해서 당신 읽은 것 중 과연 진실은 얼마나 되는지 직접 확인해 보길 바랍니다.

비록 이러한 분노에 대한 중독이 우파와 좌파가 똑같은 과실을 가진 양면적 문제일 뿐이라고 말하는 유혹도 있지만, 이는 분명히 사실이 아닙니다. 좌파 측 사회정의 군사들이 사용하는 것과 같은 조직화된 군중 전략을 소셜미디어를 통해 활용하는 보수주의자들, 아니 심지어 소셜미디어가 어떻게 작동하는지 아는 젊은 보수주의자들조차도 찾아보기 힘든 것이 현실입니다.[1] 그러나 어쩌면 그 본질적 의미는 보수주의가 다른 무엇인가를 향해 계속 노력하고 있기 때문일지도 모릅니다. 우리는 우리에게 동의하는 사람들뿐만 아니라 모두를 아우르는 언론의 자유를 믿습니다. 그리고 우리가 몇 년 동안 얘기해온 자유시장, 자본주의, 유대-기독교적 가치, 그리고 개인적

[1] 아마도 우리 대부분은 직장이 있고 하루 종일 해시태깅을 할 시간이 없어서일 겁니다.

책임과 같은 것들도 역시 마찬가지입니다. 보수주의자들이 누군가와 온라인상의 문제에 휘말리는 경우를 보면, 대부분 내가 방금 언급한 가치 중 하나를 옹호하기 위한 싸움임을 알 수 있습니다. 그리고 우리는 그 싸움에서 이기든 지든, 결론이 나면 깨끗이 승복하는 일에 꽤 능숙한 사람들이기도 하죠.

반면, 민주당은 사실상 그런 종류의 건전한 원칙을 가지고 있지 않습니다. 극좌파 사회정의 전사들의 운동에는 기본적 가치가 없습니다. 만약 당신이 이 사람들에게 무엇을 믿느냐고 물어본다면, 아마 그들은 보통 "모든 사람을 위한 평등"과 같은 말을 할 겁니다. 그들은 모든 이들이 정확히 같은 양의 돈을 가지고 있고 모두가 하나의 왜곡된 성 정체성을 공유하는 자신들만의 유토피아를 믿고 있습니다. 1960년대 소련이 이와 비슷한 모습일 텐데, 현재는 아마 화성에만 있을 겁니다. 그들이 유일하게 아는 것은 세상이 공평하지 않다는 사실과 누군가, 특히 백인, 남성, 보수적인 사람이 그에 대한 책임을 지고 처벌을 받아야 한다는 내용이 전부이며, 세상 모든 사람이 자신들처럼 분노하고 비참하기를 원합니다. 하지만 그들은 실제로는 아무것도 하지 않으며, 어떻게 물건을 만드는지도 모릅니다. 보고 듣고 느낄 수 있는 뚜렷한 실체 없이 남겨진 자유주의자들은 이제 더 급진적이고, 더 많은 사람을 증오하며, '두려움의 대상'이 되는 것들의 기준을 계속 낮추고 있습니다.

예를 들어, 전 영부인 바바라 부시가 죽은 직후에 이 글을 올린 캘리포니아 주립대학의 랜다 재라 교수의 트윗을 함께 살펴봅시다.

바바라 부시는 아주 관대하고 똑똑하고 놀라운 인종차별주의자였으며, 자신의 남편과 함께 전쟁 범죄자를 키웠습니다. 그러니 좋은 말로 여기서 꺼져.

재라 교수가 뭘 가르치는지 혹시 아십니까? 창조적 작문입니다. 아주 완벽하군요!

나는 지금 트위터가 본질적으로 나쁘다는 말을 하는 게 아닙니다. 트위터, 인스타그램, 페이스북이 없었다면 우리는 힐러리 클린턴 미국 대통령과 함께 끝났을지도 모릅니다. 2016년 선거기간 동안 주류 언론은 한 방향으로 기울어져 있었고, 내 아버지의 말을 왜곡하고 그를 최악의 사람으로 만들려고 혈안이 되어 있었습니다. 도널드 트럼프가 갈 곳은 트위터 외에는 정말 하나도 없었습니다. 소셜미디어가 제공하는 커뮤니케이션이 없었다면 아버지는 주류 언론과 할리우드 선전기구들을 결단코 뚫어내지 못했을 것이고, 충분한 수의 유권자들에게 절대 다가갈 수 없었을 겁니다. 그래서 우리는 최소한 이 플랫폼에 대해, 지켜야 할 최소한의 정당한 의무를 부여해야만 합니다.

아버지가 당선되자마자 전세는 역전됐고, 이제 트위터와 페이스북은 도널드 트럼프와 그를 지지하는 보수주의자들을 상대로 자신들이 가진 모든 권력을 다 행사하기로 결정을 내렸습니다. 우리는 트위터와 페이스북, 그리고 그곳의 직원들이 거의 대부분 진보성향인 여러 IT 거인들이 국가적 규모로 보수주의자들의 의견을 검열하는 행동을 하도록 허용할 수밖에 없었습니다. 오늘날 보수주의자들을 쓰러뜨리기 위해 협력하는 이들은 트위터에 거주하는 난폭한 폭도들만이 아닙니다. 소셜미디어 회사의 CEO 자체가 그 대상입니다. 이들은 거짓된 혐오 발언 혐의로 보수주의자들의 계정을 정지시키고, 아무도 이해하지 못하는 알고리즘을 통해 우리의 직책을 숨긴 뒤, 좌파의 가벼운 인종차별과 폭력을 변명하기 위한 약관을 만듭니다. 소셜미디어가 새로운 광장이 된 요즘 시대에 이 '금지된 그림자'는 언론의 자유를 완전히 억압하는 행동에 해당합니다. 우리는 이 상황을 이대로 계속 내버려 둘 수 없습니다.

소셜미디어 플랫폼에서 공개 담화가 이루어지는 방식이 거의 다 이렇지는 않았으면 좋겠습니다. 난 정말 그렇게 생각합니다. 하지만 슬프게도, 결국은 그렇게 될 것입니다. 뉴스가 나오면 실시간 업데이트를 받기 위해 가장 빨리 찾아가는 곳이 바로 트위터입니다. 나는 세상에 표현하고 싶은 의견이 있고 CNN이나 뉴욕타임스의 스핀 마스터들이 그 내용을 잘게 썰어서 재배열하는 것을 원하지 않을 때면, 이를 항상 트위터에 먼저 올립니다. 타임스가 러시아와 함께 선거조작을 한 현행범으로 나를 잡았다고 생각했을 때, 나는 내 모든 이메일을 트위터에 올렸습니다. 일단 그 정보들이 게시되면, 아무도 그 내용을 바꿀 수 없었습니다. 모든 것이 내 팔로워들에게 잘 전달되었고, 누구도 그 과정에 관여할 수 없었습니다.

적어도 나는 그렇게 생각했습니다.

하지만 나는 이제 매일같이 트위터와 인스타그램이 사람들의 타임 피드에서 내 게시물을 점점 더 많이 삭제하고 있다는 사실을 알게 됐습니다. 그들은 보수적인 가치를 지지하는 다른 사람들에게도 같은 일을 하고 있습니다. 내 게시물을 좋아하거나 공유한 사람들은 갑자기 계정에 문제가 생기거나 일시적으로 잠겼다는 알림을 받았습니다. 심지어 몇 년 전에 트위터에 올린 내용으로 인해 계정정지를 당한 사람들도 있지만, 이런 일들은 최근에야 부각되기 시작했습니다.

여기 내 인스타그램 계정의 예를 들어보겠습니다. 당신도 알겠지만, 나는 사회적으로 악명 높은 주시 스몰렛 이야기를 꽤 가까이서 경험했습니다. CBS측이 주시가 실제로 그를 공격하라고 ^{아마 MAGA 모자를 썼을} 자신의 '공격자'에게 직접 돈을 지불했다는 소식을 처음 보도했을 때, 나는 다음과 같은 글을 게시했습니다.

@DonaldTrumpJr
정말 충격적이군요. 나는 실제로 MAGA 사람들^{시카고 시내 곳곳에 있는}이 새벽 2시 영하 4도의 날씨 속에서 이 부자 남자에게 린치를 가하기 위해 로프 / 병을 들고 기다리고 있었다고 생각합니다. 왜냐하면, 그 정도 시간과 그 정도 날씨라면 사람들이 심리스[1]로 주문하는 것보다는 직접 서브웨이^{샌드위치 브랜드}에 방문하는 편이 더 나으니까요. 네, 정말 그 사건은 분명히 일어났을 겁니다.

인스타그램은 약정위반과 내가 "사람들을 위험에 빠뜨리고 있음"을 언급하면서, 그 게시물을 아래로 내렸습니다. 그런데 그 일로 위험에 처한 사람이 정말 있었습니까? 오히려 주시를 습격한 공격자들의 실체가 밝혀지자, 인스타그램은 가장 비열한 방법과 정신 나간 형태의 폭력적 항의를 한 그들에게는 별다른 조치를 취하지 않았습니다. 그러나 어떤 보수적 목소리가 주류 언론이 말하는 그 테러가 조작이라 말했을 때, 그들은 조용히 그 게시물을 밑으로 내렸습니다.

나는 이 쉐도우 배닝[2]을 가장 먼저 주장한 사람들 중 한 명이었습니다. 2년 전쯤, 나는 내 소셜미디어의 분석 결과를 보던 중 이상한 사실 하나를 발견했습니다. 나는 최근 글을 자주 올렸는데, 평소에 받은 '좋아요'보다 훨씬 많은 3,500만 건의 '좋아요'를 기록한 반면에, 새로운 팔로워 계정은 0으로 등록되어 있던 겁니다. 그렇게 많은 사람이 '좋아요'를 눌렀는데 새로운 팔로워가 한 명도 없다는 것은

[1] Seamless
로컬 식당들을 대상으로 하는 미국의 온라인 음식배달 서비스

[2] Shadow banning- 온라인 커뮤니티에서 사용자 또는 자신의 콘텐츠를 차단하거나 부분적으로 차단하여 금지된 사실을 사용자에게 쉽게 알 수 없도록하는 행위

불가능한 일입니다. 그래서 평소처럼 "이제 아무도 네 피드를 보고 있지 않아!"라는 증오심이 솟구치는 게시물들을 보며, 나는 인스타그램 운영 측에 계정 조작이 의심된다는 내용의 글을 보냈습니다. 그리고 일주일도 지나지 않아 내 인스타그램 계정은 마법처럼 다시 원래대로 되돌아갔습니다. 어떻게 그런 일이 일어날 수 있는지 놀랍지 않습니까?

지금 바로 스몰렛의 포스트로 빨리 접속해보세요! 나는 해당 트윗을 다시 게시하고, 내리는 과정에서 내 팔로워들이 접속을 방해받고 있다는 내용을 담은 수천 개의 논평과 다이렉트 메시지, 심지어 영상을 첨부한 메시지까지 받았습니다. 어떤 사람들은 내 게시물이나 아버지의 게시물에 '좋아요'를 누르지 못하게 됐었죠. 조그마한 하트가 밝아졌다가 다시 번쩍하며 사라졌습니다. "이봐, 돈, 이번 주에 네 인스타 계정을 세 번이나 팔로우를 했는데 한 번도 연결이 되지 않았어." 또 어떤 사람들은 "돈, 나는 당신 피드에 '좋아요'를 눌렀다는 이유로 24시간 동안 계정 정지를 당했어."라고 말했습니다. 더 황당한 건 정치적인 트윗만이 전부가 아니란 사실이었습니다! 내 아버지와 함께 있는 아이들 사진도 그 대상이 될 수 있었고, 그제야 나는 인스타그램의 간섭 검열의 규모를 깨달았으며, 그들이 그에게 무슨 짓을 하고 있는지 짐작할 수가 있었습니다. 잠시 시간을 내서 생각해 보길 바랍니다. 만약 그들이 자신들을 따르는 수백만 명의 추종자들과 함께 지금 나에게 하는 것처럼, 미국 대통령에게 할 수 있다면 과연 어떤 일이 벌어질까요?! 정말 당신은 그들이 손에 쥔 편견의 영향으로부터 안전하다고 생각하십니까? 글쎄요, 나는 그렇게 생각하지 않습니다. 그리고, 아무리 고민해봐도 자유주의자에게는 이런 종류의 일이 발생했던 경우는 전혀, 단 한 건도 생각나지 않습니다.

인스타그램은 이런 오류가 발생하면 늘 실수라고 말했습니다. 하지만 이런 오류가 보수적 인사들의 계정에서만 나타난다니, 참으로 웃긴 일이 아닐 수 없습니다.

나는 이 모든 상황이 산더미처럼 쌓여버린 오해라고 믿고 싶습니다. 트위터는 비교적 신생 회사입니다. 설립연도만 봐도 알 수가 있죠. 2006년도부터 등장한 아직 어린 기업입니다. 과거를 돌아보더라도 큰 IT 기업, 예를 들어, 애플이나 마이크로소프트 같은 기업들이 성공으로 가는 길에 일시적인 부침을 몇 번 겪는 것은 드문 일이 아니었습니다.

성공으로 가는 길에는 항상 위기가 뒤따릅니다. 애플이 우리가 아이폰이 뭔지 알기 전에 거의 두세 번 파산할 뻔했다는 사실을 기억하길 바랍니다. 만약 내가 지금 알고 있는 내막들을 전혀 모르는 상황이었다면, 트위터와 페이스북에도 이와 같은 관점을 확대해서 적용했을 겁니다. 그러나 이런 대형 기술 플랫폼에서 일하는 직원들의 성향을 참고하고, 검열과정에서 문제가 생긴 거의 모든 사람이 보수적 성향이라는 사실을 고려하면, 단순한 사고나 기술적 결함이 아니라는 사실이 점점 더 분명해집니다. 분명히 말하지만, 이는 실리콘 밸리의 힙스터 자유주의자들이 열심히 일하는 미국인들이 듣기 원하는 목소리를 차단하려는 의도적인 시도입니다.

좌파가 '증오 연설'이라고 일컫는 어떤 무언가에 자유주의자들이 참여했을 때, 갑자기 그 모든 것이 좋고 옳은 일이 됩니다. 그러나 보수주의자들이 그렇게 하면 증오를 쏟아내는 사람들로 분류되어 평생 금지를 당합니다. 뉴욕타임스의 편집본에 기술에 관한 글을 쓰기 위해 고용된 아시아계 미국인 여성 사라 정의 사례를 들어보겠습니다. 사라 정은 자인한 자유주의자이자 사회주의 군대의 일원으로서, IT 산업에서 인종차별, 즉 현실과 상상 속에 존재하는 모든 억압을 외치며 경력을 쌓았습니다. 그녀는 완벽한 직장에서 일자리를 구한 전문적인 불평꾼에 불과했습니다. 그리고 나는 우연히 2014년 몇 달 동안 정 씨가 쓴 이 트윗을 발견했습니다.

오 이런, 늙은 백인 남자들에게 잔인하게 굴어서 얼마나 큰 즐거움을 얻었는지.. 약간 멀미가 날 것 같군요.

백인들은 유전적으로 태양에서 더 빨리 타는 경향이 있다고 하는데, 그렇다면 논리적으로 볼 때 엉금엉금 기어 다니는 도깨비처럼 땅속에서 살기에만 적합한 게 아닐까?

#CancelWhitePeople

백인들은 소화전에 오줌을 싸는 개처럼 자신의 의견을 인터넷에 올렸다.

자, 어떻습니까? 만약 당신이 평범한 사람이라면, 이 트윗들이 인종차별적인 발언들로 들릴 것입니다. 언뜻 보기에 사라 정은 교과서적인 인종차별주의자처럼 보이기도 하는군요. 그녀의 글에는 인종차별적인 모든 요소가 전부 담겨 있습니다. 잔인함? 네, 있습니다. 어떤 그룹의 몇몇 구성원들이 한 행동을 두고 그룹 전체를 일반화하는 패턴은? 있군요. 무지와 공감의 부족으로 사람들을 놀라게 하는 것은요? 네, 분명히 있습니다.

그러나 실제로 트위터를 운영하는 자유주의자들은 이 게시물이 아무런 문제가 없다고 생각하는 듯했습니다. 그들은 사라 정이 '풍자'와 '그녀를 희롱하는 자들의 언어를 흉내 낸 것'에 불과하다며, 그녀의 말을 그대로 받아들였습니다. 자, 그러면 한 번 봅시다. 저널리스트는 이제 코미디언처럼 농담을 던질 수 있지만, 실제 코미디언인 케빈 하트 같은 사람들은 그렇게 하면 안 되는 겁니까? 네, 좋습니다. 좋아요! 분명한 건 현시점에서, 인종차별주의적인 진술은 어떤 '특정한 사람들'이 '특정한 다른 사람들'에 반기를 들 때만 그 힘을 발휘하는 것처럼 보입니다. 그리고 아마 첫 번째 그룹에 속하는 건 보수주의자들이고 두 번째 그룹의 사람들은 자유주의자들이겠죠. 트위터는 사라 정이 모든 자유주의자의 모체인 뉴욕타임스에 이제 막 고용됐기 때문에 그냥 넘어가도 괜찮다는 결정을 내렸습니다. 신문이 보수주의자를 위해 그렇게 했을까요? 천만에요, 말도 안 되는 소리입니다.

그들은 나의 친구인 보수 논객 캔다스 오웬스에게도 그리 친절하지 않았는데, 그는 트위터가 그들의 플랫폼에서 가벼운 인종차별을 해도 괜찮다는 것을 스스로 증명하자, 작은 실험을 하나 해보기로 했습니다. 트위터가 사라 정을 그냥 놓아준 지 불과 몇 시간 후, 타임스는 더 많은 인종차별적인 트윗이 발견됐음에도 불구하고 그녀를 해고하지 않은 일에 대해 사과했습니다. 오웬스는 사라 정의 트윗 중 가장 인종차별적인 글 몇 개를 가져와서는 한 가지 작은 변화를 줘서 되받아치는 트윗을 올렸습니다.

이 트윗을 다시 읽고, 어떤 생각이 드는지 한 번 느껴보기 바랍니다.

오 이런, 늙은 '유대인' 남자들에게 잔인하게 굴어서 얼마나 큰 즐거움을 얻었는지.. 약간 멀미가 날 것 같군요.

'유대인들'은 유전적으로 태양에서 더 빨리 타는 경향이 있다고 하는데, 그렇다면 논리적으로 볼 때 엉금엉금 기어 다니는 도깨비처럼 땅속에서 살기에만 적합한 게 아닐까?

#Cancel 'Jewish' People

'유대인들'은 소화전에 오줌을 싸는 개처럼 자신의 의견을 인터넷에 올렸다.

몇 시간이 채 지나지 않아서, 캔다스 오웬스의 트위터 계정을 계속 감시하는 인터넷 폭도들은 이 트윗들을 자신들의 본부에 보고했습니다. 왜냐하면, 그들이 볼 때 이 트윗의 내용은 너무 모욕적인 것으로 여겨졌거든요. 만약 당신이 지금 트위터에서 이를 찾으려고 하면, 아마 해당 글이 트위터의 서비스 약관을 위반했기 때문에 표시할 수 없다는 메시지를 확인하게 될 겁니다. 그리고 작은 편집 한 번으로 해당 내용을 다시 올릴 수 없도록, 오웬스의 트위터는 계정 정지를 당했습니다. 물론, 이는 그와 비슷한 말을 올렸던 어떤 여성에게는 전혀 일어나지 않았던 일이었죠.

만약 이것이 일종의 단발적 사건이라고 해도, 이미 충분히 좋지 않은 일일 겁니다. 하지만 그렇지 않습니다. 이런 종류의 일들은 항상 일어나고 있으며, 점점 더 뻔뻔해지고 있습니다. 다른 예를 들어볼까요? 테드 크루즈가 얼마 전 트위터를 통해 올린 @RealJamesWoods 태그는 금지됐지만, 윌리엄 바 법무장관이 토사물에 빠져 익사하는 모습을 그린 배우 짐 캐리는 그렇지 않았습니다. 어떻게 이런 일이 가능할까요? 지난해 페이스북은 보수적인 토크쇼 진행자인 제시 켈리의 계정을 정지시켰지만, 린다 사서가 아버지를 상대로 지하드^{성전}를 선포했을 때는 그녀를 지켜줬습니다. 트위터는 안티파들의 말 그대로 폭력이 그들의 사명 성서에 있음에도 불구하고, 많은 계정은 유지해 준 반면에, 알트라이트^{미국의 대안 우파} 조직들의 가입은 금지하고 있습니다. 그들은 심지어 보수적인 운동가 데이비드 호로위츠의 계정을 정지시킨 다음, 그 이유를 밝히지도 않았습니다. 반대로, 계정 정지를 당한 자유주의자는 전혀 생각나지 않습니다.

예를 들어 캐시 그리핀을 생각해 봅시다. 기록보관소 어디엔가 도널드 트럼프 대통령이 대선에 출마하기 전 함께 찍은 사진이 있는데, 그녀는 마치 그와 절친한 친구처럼 웃고 있었습니다. 그리고 나서 아버지는 당선됐고, 그녀는 그를 닮은 절단된 가짜 머리를 들고 사진을 찍었습니다. 우정이란 정말 대단하지 않습니까? 그렇다면, 미국 대통령에게 그런 일을 했던 사람이 과연 비판을 받고 자신의 직업에서 쫓겨났을까요? 천만에요, 현재 우리가 사는 이 우주에서 그런 일은 절대 일어나지 않습니다. 사진을 올린 지 1년 후에 캐시 그리핀은 자유주의 성향의 TV쇼에 출연해서, 그 당시 자신이 했던 그 혐오스러운 개그가 자신의 경력에 도움이 됐다고 자랑했습니다.

물론, 난 언론의 자유를 존중합니다. 하고 싶은 대로 하면 됩니다, 하고 싶은 대로. 하지만 그들의 이중적 잣대는 정말 볼 때마다 놀라울 따름입니다. 만약 보수주의자가 캐시 그리핀과 똑같은 일을 했다면, 장담컨대, 그나 그녀는 분명히 다시는 자신의 일을 할 수 없었을 겁니다.

이런 편향된 검열은 구글 소유의 유튜브에도 나타나는데, 예를 들어 가난한 카를로스 마자가 처한 곤경을 한번 봅시다. 좌파 측 온라인 뉴스 사이트 복스^{Vox}의 작가이자, 일명 사회정의를 수호하는 경찰인 마자는 그의 연약한 자아상을 자극하는 콘텐츠를 웹에서 샅샅이 뒤지고 있었습니다. 그리고 얼마 전 그는 보수적인 블로거이자 코미디언인 스티븐 크로더를 목표로 삼았습니다. 무엇보다 크로더는 마자를 '열렬한 성소수자^{lispy queer}'라고 불렀습니다. 그래요, 물론 공격적인 말이지만 크라우더는 R등급의 정치적 충격을 주는 농담을 던진 것이고 이는 그의 심술이었습니다. 다만, 마자는 자신의 온라인

입지를 구축하는데 전력을 다하고 있는 공적인 사람이었습니다. 그의 동기가 단순히 게이를 옹호하는 것 이상의 의미를 포함하고 있다는 생각이 들지는 않으십니까?

마자는 크로더에 대한 검열을 거부한 유튜브에 항의했는데, 유튜브 측은 처음에 그 블로거가 자신의 팔로워들에게 복스의 작가 카를로스 마자를 괴롭히도록 촉구하지 않았으며, 그의 희극적인 논평은 그다지 위협적이지 않다고 말했습니다. 하지만 그는 포기할 생각이 없었으며, 이런 비극적인 일이 일어나도록 허락한 세계 최대 비디오 서비스 회사에서 근무하는 동성애자 직원들에게 수치심을 주기 시작했습니다. 그가 직원들에게 올린 글은 다음과 같습니다. "유튜브는 고등학교 때 우리의 삶을 비참하게 만든 사람들의 편을 들기로 결정했으며, 이제 그들은 당신이 만든 이 플랫폼을 거대한 확성기로 삼아 편견을 가진 이들과 약자를 괴롭히는 사람들을 무장시키기 위한 도구로 사용하고 있다." 이봐요 마자, 만약 정말 그렇게 생각한다면 당신은 대체 왜 아직 그곳에 붙어있는 건가요? 앞으로 어떻게 할 생각인거죠?

카를로스! 당신에게 이 말을 꼭 해주고 싶군요. 만약 모든 사람이 고등학교에서 얻은 점수에 자신의 인생을 맞추려고 노력한다면, 우리는 다른 어떤 것도 할 시간이 없을 것입니다. 나를 예로 들면, 뉴욕에서 온 영리한 아이로 학교에 도착했을 때 엉덩이를 걷어찼던 힐스쿨의 선배들과 함께 있었던 때로 돌아가려고 하루종일 애쓰며 지금도 여전히 제자리걸음을 하고 있을 겁니다. 그러나 마자는 자유주의자인 만큼 연약한 기술직 직원들을 대상으로 했기 때문에 전략이 통했습니다. 유튜브는 즉시 크라우더의 채널을 피폐하게 만들었습니다. 다시 말해서, 그들은 더 이상 그가 유튜브 광고를 통해 돈을 벌지 못하도록 했습니다. 마자의 분노에 뒤늦게 유튜브가 검열 규칙을 바꾼 것이죠.

"만일 제작자의 콘텐츠가 우리의 지역사회 지침을 위반하지 않더라도, 우리는 더 넓은 맥락과 영향을 살펴볼 것이고, 그들의 행동이 터무니없고 더 넓은 지역사회에 해를 끼친다면, 우리는 그에 합당한 조치를 취할 수도 있다." 이와 더불어 유튜브 측은 다른 채널에 대한 서비스 차원의 검토도 약속했고, 이후 수전 우지키 유튜브 최고경영자CEO가 LGBTQ 커뮤니티에 직접 사과를 하기도 했습니다.

다시 말하지만, 만약 당신이 하는 말이 좌파의 감정을 상하게 한다면, 미리 짐을 좀 싸두는 편이 좋을 겁니다. 최소한 온라인 거대기업들의 보기엔, 당신에게 그들의 감정을 상하게 해도 괜찮은, 그런 권리는 아마도 없을 겁니다.

퀼레트의 리차드 하나니아[1]가 실시한 조사에 따르면 2005~2017년 동안 트위터에서 금지됐던 정치 논객 22명 중 무려 21명이 아버지의 지지자였던 것으로 밝혀졌습니다. 이 소수의 사람들로부터 더 넓은 인터넷으로 추론의 범위를 한번 넓혀봅시다. 이는 곧 트위터가 누군가를 배척하기로 했을 때, 그 대부분이 보수적인 의견을 표현한 사람들의 계정이고 대개는 도널드 트럼프를 지지하는 내용임을 의미한다고 볼 수 있습니다. 이러한 행동은 잘못됐을 뿐 아니라 너무 쉽게 들통날 수밖에 없어서 오직 바보, 또는 자신들이 언론과 정치 기득권층의 완전한 보호를 받고 있다는 사실을 잘 아는 소셜미디어 플랫폼만이 시도할 수 있을 겁니다. 그리고 이는 2020년을 향한 시험 운행이라는, 참으로 개탄스러운 시도처럼 보입니다. 이들은 트럼프와 같은 사람이 미칠 수 있는 영향력을 최소화해 그의 움직임이 결코 견인력을 얻지 못하게 하려는 것입니다.

만약 당신이 내 오래된 팔로워 중 한 명이고 트위터와 관련된 내용

[1] 콜럼비아대 교수

전체가 당신을 당황하게 했다면, 기분 나쁘게 생각할 필요는 없습니다. 당신만 그런 것이 아니니까요. 심지어 트위터 자신도 트위터가 무엇인지 잘 모릅니다. 페이스북도 자신이 무엇을 의미하는지 잘 모릅니다. 바로 올해, 하원 에너지 및 상공 위원회 앞에서 페이스북의 설립자 겸 CEO인 마크 주커버그는 페이스북이 플랫폼에 게시된 메시지에 전혀 개입하지 않는 기술 회사일 뿐이라고 전 세계에 알리기 위해 노력했습니다. 나는 그의 짧은 연설이 만약 사실이라면 페이스북과 트위터가 손쉽게 보호를 받을 것이기 때문에, 페이스북 측 변호사들이 제안한 연설이었다는 쪽에 많은 돈을 걸 것입니다.

왜냐하면, 전화 접속 모뎀의 시대와 모든 사람이 소셜미디어 네트워크에 속해 있기는커녕 집에 컴퓨터를 갖기 전인 1996년에 통과된 통신 의무법이 있기 때문입니다. 이 법의 일부 조항에 따르면, 웹사이트들은 그들의 플랫폼에 게시된 콘텐츠에 대해 책임을 질 수 없습니다. 그들은 그냥 앉아서 그 빌어먹을 쇼가 벌어지는 광경을 그저 지켜봐야만 합니다. 이것은 당신이 유튜브나 페이스북의 댓글 섹션을 스크롤할 때, 종종 혐오스러운 내용들을 보게 되는 이유이기도 합니다. 웹사이트가 내용을 정리하거나 변경하기 위한 어떠한 조치도 취하지 않는 한, 모든 게시물은 이 법에 의해 보호되고 있고, 기업은 이용자들이 말하는 어떤 것에 대해서도 책임을 질 필요가 없습니다.

그러나 일단 웹사이트가 플랫폼에서 허용할 것과 허용하지 않을 것에 대한 결정을 내리기 시작하면, 적어도 법으로 볼 때, 이제 그들은 "플랫폼"에서 "출판자"로 바뀝니다. 일단 트위터, 페이스북, 그리고 인스타그램이 사람들을 금지시키거나 콘텐츠를 삭제하기 시작하면, 이제 그들은 가만히 앉아서 그들의 사용자들이 쇼를 운영하도록 방관하며 그저 콘텐츠에 대해서만 관심을 갖는 관찰자가 아닙니다. 뉴욕타임스나 워싱턴 포스트와 같은 출판사가 되는 것이죠. 분명히, 현재 그들은 이렇게 하고 있으며, 스스로 그 사실을 인정했습니다.

작년 여름, 트위터의 설립자 중 한 명인 잭 도르시가 회사의 관행을 설명하기 위해 국회의원들 앞에 섰던 일이 있습니다. 한 청문회에서 테드 크루즈 상원의원은 트위터와 페이스북은 지금까지 미국에 존재했던 어떤 회사보다도 훨씬 더 큰 힘을 가지고 있으며, 그 목록은 독점금지법에 의해 파괴된 회사들을 포함하고 있다고 지적했습니다. 자유시장의 규칙에 따르면 기업은 경쟁을 해야 하며, 그렇지 않으면 전체를 지배하는 회사는 게을러지거나 부패하거나 더 나빠지고 맙니다. 트위터와 페이스북, 구글 같은 거대 기술 회사들에게 지금 일어나고 있는 일이기도 하지요. 그들은 너무 크고 거의 100% 자유주의적이기 때문에 국가적 대화의 방향을 왼쪽으로 기울여 말 그대로 오른쪽의 목소리를 차단할 수 있는 충분한 힘을 가지고 있습니다.

결국, 잭 도르시는 트위터가 약 60만 개의 계정에 접속하는 사용자들의 접근을 차단했음을 인정했습니다. 그리고 그중 대부분이 보수주의자들의 계정임을 실토하기도 했었죠. 일부 계정은 심지어 그날 그를 심문하고 있던 바로 그 의원들의 것이었습니다. 트위터, 페이스북, 구글은 현대판 독점이 되어 버렸습니다. 인터넷은 납세자의 비용으로 만들어졌으며, 검색엔진이나 소셜미디어의 독점은 우리 정부가 허용하거나 묵인해서는 안 됩니다. 맞습니다, 우리는 다른 사람들과 경쟁하기 위해 진입 장벽을 줄여야 합니다. 하지만 구글을 뛰어넘기 위해서는 기적 같은 일이 필요한 것도 사실입니다. 러시아가 광고에 지출한 10만 달러의 엄청난 액수로 미국 선거에 영향을 미치려 한다는 그 뉴스는 그만 잊어버리기 바랍니다. 진정한 영향력을 가진 사람들은 누구입니까? 페이스북이나 구글 같은 보수주의자들의 목소리를 막고 침묵시키는 회사들은 어디입니까?

이처럼 겹겹이 쌓인 장벽을 생각해 보면 아버지와 내가 트위터에서 조금이나마 성취를 이룬 것은 충분히 주목할 만한 성과입니다. 이 소셜미디어 거인의 또 다른 공동 창업자인 에브 윌리엄스는 최근 아버지를 '천재'이자 '연설의 달인'이라고 불렀습니다. 그가 옳았습니다. 하지만 만약 우리의 트위터 계정이 수평적으로 작용한다면 얼마나 더 강력해질 수 있을지 한 번 상상해 봅시다. 그리고 나는 당신을 포함한 모든 사람을 위해 그들이 공평하게 행동하길 바랍니다.

이는 분명 생각해 필요가 있는 주제입니다. 만약 그들이 미국 대통령의 영향력을 최소화시킬 수 있다면, 혹은 그런 시도라도 할 수 있다면, 과연 당신에게는 무엇을 할 수 있을까요? 최근 이 문제에 대한 한 전문가는 선거 기간 동안 약 250만에서 1000만 명의 유권자들이 빅테크 전략에 의해 힐러리에게 휘둘렸다고 추정했습니다. 인기투표가 시작됐던 겁니다! 실수해선 안 됩니다. 이미 시작했으며, 그 폭력의 기계가 여전히 작동하고 있는 한 절대 멈추지 않을 것입니다.

Chapter
14.

주시 스몰렛, 늦은 밤 코미디의 황제 그리고 맹렬한 분노의 오케스트라
(THE LATE-NIGHT KING OF COMEDY WITH JUSSIE SMOLLETT AND THE FAUXTRAGE ORCHESTRA)

아무래도 주시는 자신의 계획을 실행에 옮길 밤을 잘못 선택한 듯 보입니다.

기록상 가장 추운 겨울 중 하나인 2019년 1월 29일 새벽 2시, 이날은 그의 기대처럼 많은 보행자와 마주칠 수 있는 밤이 아니었습니다. 그러나 이 젊은 동성애자 흑인 배우는 그날 밤 걸어서 시카고 부촌에 있는 자신의 아파트로 향했고, 샌드위치를 사기 위해 잠시 24시간 서브웨이를 들렀다고 합니다.[1]

나중에 경찰에게 제출한 진술서에 따르면, 그 당시 주시는 매니저와 통화를 하고 있었는데, 멀리서 누군가 자신을 향해 소리치는 것을 들었다고 합니다. 그는 몸을 돌려 두 명의 커다란 백인 남자가 자신을 쳐다보고 있는 것을 보았고, 순간 깨달았습니다. "젠장, 걸렸구나!" 그들은 붉은색 MAGA 모자를 쓰고 있었던 것입니다!

두 사람은 인종차별적인 말과 동성애에 모욕감을 주는 말을 외치며 그에게로 걸어왔습니다. 그들 중 한 명은 길게 늘어뜨린 빨랫줄을 쥐고 있었고, 다른 한 명은 '표백제bleach'라고 적힌 하얀 병을 손에 들고 있었습니다.

"이봐!" 그들 중 한 명이 소리쳤습니다. "그 친구 맞지?"

[1] 꽤 많은 수의 젊고 부유한 배우들이 새벽 2시와 영하 20도의 날씨에 집에서 심리스로 주문하는 것보다는 직접 서브웨이(샌드위치 브랜드)를 방문하곤 한다네요. 그러니 의심하지 맙시다, 여러분.

"패굣[1], 엠파이어 깜둥이!"

자, 한 번도 이런 상황을 TV로 본 적이 없다면, 내가 설명해주겠습니다. 쇼 엠파이어는 흑인 관객들에게 인기가 있는 힙합에 관한 일종의 드라마[2]입니다. 주시 스몰렛은 이 드라마에서 많은 연애 문제를 일으키는 젊고 유망한 가수를 연기합니다. 비록 실제로 그가 주장하는 것처럼 두 명의 레드넥[3]이 그 자리에 있었다 할지라도, 나는 그들이 그를 목표물로 삼기는커녕 그가 누군지 알아보지도 못했을 거라 생각합니다. 주시는 냉정히 말하면 그 드라마의 스타가 아니었으며, 백인우월주의자들에게 그의 존재감이 그렇게 컸을지 사실 의문이 듭니다.

그러나 스몰렛의 말에 따르면, 엠파이어 쇼를 즐겨보는 이 두 명의 인종차별주의자들은 그를 주먹으로 때리고, 발로 걷어찼으며, 그의 목에 올가미 모양으로 미리 묶어 놓은 밧줄을 씌우려고 했습니다. 그들 중 한 명이 흰 병에 담긴 표백제를 그의 몸에 부었으며, 다른 한 명은 그의 선글라스를 깨뜨렸고 얼굴을 마구 때렸습니다. 그러고 나서, 이 두 미치광이 중 한 명은 마지막 펀치를 맞은 채 길바닥에 누워 피를 흘리고 있는 스몰렛에게 떠나기 전에 이렇게 소리쳤습니다. "여기는 MAGA의 국가야, 이 깜둥아!"

자신들의 폭력적인 증오범죄에 만족한 그 남자들은 그렇게 시카고 영하의 공기로 사라졌습니다.

이는 실로 엄청난 이야기였습니다. 돌발적으로 발생한 이 상황을 주시가 공개했을 때, 좌파 지지층의 분노폭발은 가히 압도적이었으며, 이 나라의 모든 진보적인 증오 감시단체들은 응당한 조치를 요구하며 쏟아져 나왔습니다. 키보드와 해시태그로 무장한 다수의 사회 정의 전사들이 인터넷을 덮쳤고, 헐리우드에서는 격분한 트윗이 너

---

[1] Faggot
남자 동성애자를 비하하는 단어

[2] soap drama
미국에서, 주부들을 대상으로 낮에 방송되는 연속 방송극을 지칭하는 말. 주로 비누(soap) 회사가 광고주로서, 멜로드라마류가 대부분

[3] 미국 남부의 보수적 성향을 보이는 가난하고 교육수준이 낮은 백인 농부, 노동자를 비하하는 의미

무 많이 나와 그 화려한 도시의 불빛이 희미해질 지경이었습니다.

뉴스가 보도된 몇 시간 후, 주시가 지지했던 민주당 대통령 후보 카말라 해리스는 이번 공격을 '현대판 린치'라고 불렀습니다. 코리 부커[1]도 똑같은 말을 했습니다. 마치 같은 대본을 읽은 것처럼 동일한 단어를 사용했었죠. 미국의 모든 자유주의자들은 이 공격을 더 큰 사건의 한 예시로 삼기 원하는 듯 보였습니다. 미국에선 피할 수 없는 인종차별주의, 그리고 그들의 견해에 따르면 도널드 트럼프를 백악관으로 밀어붙인 무심한 증오와 편협함, 그것이 그들이 하고자 하는 말의 핵심이었습니다. 주시에 대한 공격이 있은 지 몇 시간만에 #JusticeForJussie라는 해시태그가 유행처럼 번져갔습니다.

그들의 판단은 너무나도 빠르고 신속했으며, 좌파 측의 그 누구도 주시가 겪은 사건의 세부적인 사항에 대해서는 관심이 없어 보였습니다. 모든 엘리트 자유주의자들은 트럼프 지지자들이 그런 행동을 했을 것이라 확신했으며, 그 일로 내 아버지 도널드 트럼프를 비난하기 시작했습니다.

하지만 나는 주시의 이야기를 듣는 순간부터 그것이 헛소리일 가능성이 크다는 사실을 알았습니다.

그러니까 내 말은, 서브웨이? 새벽 두 시? 그것도 밖이 영하 4℃일 때? 그리고 스웨터를 입고 선글라스를 쓰고 있었다고요? 자, 한번 침착하게 생각해봅시다. 상식적으로 심한 구타를 당하는 내내 핸드폰을 귀에 댄 채로 손에 든 샌드위치를 떨어뜨리지 않은 채로 있을 수 있는 사람이 과연 누가 있을까요? 또, 과연 어떤 사람이 구타를 당한 후 목에 매인 올가미를 굳이 45분 동안이나 계속 차고 있을까요? 공격자들은 어떻습니까? 시카고에서 아침마다 MAGA 모자를 쓸 만큼 멍청할 사람이 정말 있을까요? 제발 우리 조금만 냉정해집시다!

---

[1] 미국상원의원

만약 정말 그랬다면 그들은 틀림없이 2초 안에 총에 맞았을 겁니다! 그리고, 습격자들은 대체 왜 주시 스몰렛을 목표로 삼았을까요?

그들이 "여기는 MAGA의 나라야!"라고 말했다면 이는 실로 뜻밖의 결말이 아닐 수 없습니다.

나는 50개 주를 모두 방문해서 수십만 명의 트럼프 지지자들과 대화를 나눴는데, 그들 중 누구에게도 'MAGA 국가'라는 단어를 들어본 적이 없습니다.

트럼프 지지자들이 'MAGA 국가'라는 말 대신 이 나라를 뭐라고 부르는지 혹시 아십니까?

바로 '미국'입니다.

그래서 나는 합리적인 사람이라면 누구나 충분히 의문을 가질만한 이번 테러의 세부사항에 대해 의심을 제기하는 사람들을 한 번 되짚어 보기로 했습니다. 그들은 극보수주의[1]의 끝자락에 있는 미치광이들이 아니었습니다. 캔다스 오웬스[2]와 테렌스 K. 윌리엄스[3]은 누구도 의문을 갖지 않을 때, 합리적인 질문을 던질 수 있는 좋은 감각을 가진 존경받는 시사 해설자였습니다. 이런, 공교롭게도 두 사람 모두 흑인이군요.

몇 시간이 채 지나지 않아 나는 매우 큰 반발에 직면했고, 주시 스몰렛은 더 이상 이 이야기의 중심이 아니었습니다. 어느덧 그 자리에는 내가 서 있었습니다. 그날 밤늦은 시간, '도널드 트럼프 주니어, 주시 스몰렛 음모론을 주장하다?'라는 제목의 뉴스 기사가 인터넷에 퍼지기 시작했고 그 뒤를 이어 나를 인종차별주의자라고 비난하는 댓글이 쏟아졌습니다. 내 트위터는 관련 내용으로 인해 폭발할 지경이었습니다.

나는 그들의 과민반응에 놀랐다고 말하고 싶지만, 사실 정말로 그렇지는 않았습니다. 과민반응은 좌파가 가장 좋아하는, 일종의 취미와도 같습니다. 분노는 그들의 일상이나 다름없으며, 항상 뭔가에

[1] 인종차별주의, 우상 숭배, 패권주의 등의 요소로 특징지어지는 극보수적 정치사상의 이데올로기

[2] 미국 보수주의 논평가이자 정치 운동가

[3] 보수 성향을 가진 배우 겸 코미디언

큰 충격을 받은 사람들처럼 보입니다! 그렇지만 그 위선만큼은 내게 거슬렸습니다. 나는 주시 스몰렛에 대해 어떤 인종차별적인 말도 한 적이 없습니다. 그리고 그의 이야기를 의심하는 문제에 관하여는 인종차별주의가 개입할 여지가 없습니다. 나는 단지 그의 이야기가 모든 논리를 어떻게 무시했는가를 지적했을 뿐입니다. 그런데 갑자기 나는 단지 질문을 한다는 이유만으로 사악한 인종차별주의자가 됐습니다.

물론 자유주의 측과 관련된 문제라는 사실과 정통성에 대한 그들의 엄격한 집착을 생각한다면, 질문을 던지는 것조차 너무 과해 보일 수도 있습니다. 만약 그 질문들이 자신들의 내러티브^{서사}에서 너무 멀리 벗어나면, 그들은 전혀 듣지 않을 것입니다.

분노의 방아쇠를 당긴 사회정의 군대의 편집자들이 나를 겨냥한 이야기의 '출판'을 밀어붙이고 있을 때, 주시의 이야기에 구멍을 뚫기 시작한 피습 당시 상황에 대한 새로운 세부사항들이 속속 드러나고 있었습니다. 진짜 언론인이라면 누구나 관심을 가질 만한 정보였지만, 사회정의 군대와 같은 부류의 사람들은 진짜 언론인이 아니었기 때문에 그런 사실에 전혀 신경 쓰지 않았습니다. 그리고 새롭게 확인된 세부사항들은 자유주의자들이 그렇게나 진실이길 원했던 '증오로 인한 테러 이야기'와 일치하지 않았습니다. 그들이 그저 계속해서 자유주의 분노 기계를 작동시킬 먹이가 필요했을 뿐입니다.

그래서 시카고 경찰국은 결국 그들을 위한 보고를 해야 했습니다. 2월 1일, 좌파 언론기관들이 극도로 저항적인 태도로 일관했던, 이 사건과 관련된 새로운 세부사항이 공개됐습니다. 경찰 당국의 보고서에 따르면, 시카고 경찰은 정신 나간 MAGA 백인 인종차별주의자 두 명을 계속 추적했지만 그런 사람들을 발견하지 못했습니다. 하지만 그들은 키가 큰 남자 두 명이 범행 현장으로 보이는 곳에서 도망치는 장면을 기록한 CCTV 카메라의 화면 일부를 복원했습니다. 시카고 경찰의 수석 통신 책임자는 그의 트위터 팔로워들에게 현재 경찰은 이 두 사람을 심문하는 데 매우 관심이 있음을 알렸고, 그들의 행방에 대한 제보를 요청했습니다.

다음 날 밤, 주시는 피습 전에 약속된 콘서트를 예정대로 진행했습니다. 노래 사이사이에 그는 마이크를 잡고는 청중들을 향해 시와 노래가 섞인 듯한 이상한 연설을 했습니다. "내 모든 말은 100% 사실이며, 일관성을 갖고 있습니다." 누군가 스스로 완전히 결백하고 자신은 숨길 것이 없다고 말할 때 하는, 뭐 그런 종류의 이야기였습니다. 스몰렛은 또한, 사람들이 본인에 대해 말하는 '그 어떤 내용'도 전부 사실이 아니라고 강조했습니다.

발렌타인 데이에, 모두가 찾던 그 두 명의 미친 백인 인종주의자들은 스스로 경찰서에 모습을 드러냈습니다. 자, 마침내 돌파구가 마련됐습니다! 다만, 그 두 신사는 미치광이가 아니었고 도널드 트럼프의 팬도 아니었으며, 주시 스몰렛을 공격한 적도 없었습니다. 어쨌거나 어떤 의미에서든 그랬습니다.

아, 그리고 한 가지 더! 그들은 백인이 아니었습니다.

경찰서에 자수한 두 사람은 나이지리아 출신의 오라빈조와 아비볼라 오순다이로 형제였습니다. 둘 다 180cm가 조금 넘는 큰 키에 외모도 준수했습니다. 한 명은 아마추어 권투선수였죠. 그리고 경찰은 곧, 그들이 엠파이어 쇼에서 엑스트라로 일했고 문자메시지를 통해 주시에게 불법 마약을 판매한 혐의가 있음을 확인했습니다. 경찰에 따르면 스몰렛은 그들에게 피습에 대한 조건으로 약 400만 원의 금액을 제안했고, 수표에 직접 서명해서 그들에게 주었습니다. 그리고 그는 그들에게 '행동 지침'이라고 적힌 메모지를 주었고 경찰은 또한, 표백제, 빨랫줄, 검은색 안면 마스크, 빨간 야구모자를 사는 두 사람의 모습을 담은 특정 장면도 입수했습니다.

자, 이제 내가 그 연출된 혐오범죄의 현장과 어떤 관련도 없음이 명백해졌습니다. 다만, 만약 실제로 내가 그랬다면, 최소한 나는 개인 서명이 들어간 수표로 거래를 하진 않았을 겁니다.[1] 하지만 주시는 아니었습니다. 친필서명, 이상한 내용이 적힌 메모지, 그리고 딱 들어맞는 날짜까지 적힌 그 사소한 증거들 덕분에 마침내 여론은 스몰렛으로부터 멀어지기 시작했고 결국 2월 20일, 그는 무질서한 행동과 경찰에 허위진술을 한 혐의로 기소되었습니다. 그 후 그는 자수했고 법정에 서기 전, 시카고시에 1,200만 원의 보석금을 지불한 뒤 풀려났습니다.

물론, 트위터 역시 이를 뉘우치는 헐리우드 스타들과 민주당 정치인들로 가득했습니다.

그리고 네, 맞습니다. 자유주의 측 대통령 후보들과 사회정의의 전사들은 다음 분노폭발의 대상을 찾기 위해 떠났습니다.

그들 중 몇몇은 마치 프리첼[2]처럼 스스로를 꼬아대면서 이 사건에 대한 자신들의 첫 반응으로부터 멀어지려 애썼습니다. 카밀라 해리스[3]는 이렇게 말했습니다.

나는 사실, 주시가 만들어 낸 이 일련의 사건과 관련된 그의 혐의에 대해 처음부터 명백한 우려를 안고 있었습니다.

아주 깔끔하군요, 카밀라.

다만, 이 말은 그녀가 처음에 게시했던 간결한 문장, "현대판 린치"와는 조금 거리가 있어 보입니다.

나는 다음과 같은 글을 트윗에 올렸습니다. "이상하군요. 이제는 헐리우드나 주류언론에서 더는 #JusticeForJussie를 원치 않는 것 같

---

[1] 또한, 흑인 혐오범죄를 저지르기 위해 흑인 두 명을 고용하지도 않았겠죠. 나라면 절대! 그렇게 하지 않았을 겁니다.

[2] 매듭·막대 모양의 짭짤한 비스킷. 흔히 파티에서 안주로 냄

[3] 미국의 변호사이자 2017년부터 현재까지 민주당 소속의 캘리포니아주 연방 상원의원을 역임하고 있는 정치인

습니다. 뭐가 달라졌는지 궁금하지 않으십니까?"

　예상했던 일이지만, 좌파 측은 할 말이 없었습니다. 사실이 밝혀질수록 그들은 점점 더 조용해졌습니다. 어떻게 그런 일이 일어났는지, 생각할수록 웃음이 납니다.

　일종의 병적인 방식이었지만, 사람들이 그 사실을 믿었을 때만 해도 스몰렛 피습사건은 자유주의자들에게 일어난 일 중 최고의 사건이었습니다. 2년 동안, 그들은 타당한 증거도 제시하지 않은 채 전 세계에 도널드 트럼프가 미국을 더 인종차별적이고, 더 분열적이며, 소수민족에게 위협이 되는 나라로 만들었다고 말해왔습니다. 그것은 우리가 흔히 "나는 잘 모르겠지만 그냥 사실인 거 같아, 친구."라고 말하는 그런 상황 중 하나였습니다. 하지만 까닭 없는 폭력과 B급 영화에서나 볼 법한 대화로 구성된 이번 피습사건은 그들이 필요로 하는 모든 증거를 주었습니다. 마치 크리스마스가 다시 찾아온 듯한 이 상황은 사실이라고 하기엔 너무나도 좋은 선물이었습니다.

　당신도 알다시피 좌파 중심의 시각에서 바라보면, 현재 이 나라는 완전히 병들었고, 사악한 백인 우월주의 음모에 의해 잘못되어 가고 있습니다. 좌파 측 사람들은 우리가 버락 오바마를 그의 피부색을 이유로 싫어한다고 생각하는, 그런 방식을 선호합니다. 사실, 우리는 그의 경제적 입장, 세계를 바라보는 관점, 총기규제와 큰 정부, 자유주의 정책 때문에 그를 좋아하지 않을 뿐입니다. 물론 그 외에도 많은 이유가 있지만, 확실한 것은 그의 피부색이 버락과 우리 사이에 문제가 된 적은 단 한 번도 없었습니다.

　자유주의자들은 우리 건국의 아버지들이 아메리카 원주민들을 제거하고, 아프리카계 미국인들을 노예로 삼았으며, 모든 소수 인종과 소수민족이 영원히 억압받는 그런 나라를 세운 야만적 식민주의자들에 불과하다고 믿습니다. 이런 그들의 논리에 따르면, 자신이 미국인임을 자랑스러워하는 사람은 누구나 인종차별주의자입니다. 자유주의 역사학자 하워드 진에서부터 알렉산드리아 오카시오-코르테스에 이르기까지, 좌파 측 사람들은 역사가 선한 사람들과 악한 사람들, 억압받는 사람들과 억압하는 사람들, 식민지 개척자들과 희생자들 사이의 대립이라 믿고 있습니다. 하지만, 이는 그저 단순한 2진법에 불과합니다. 그들의 주장에 따르면 이 두 부류의 사람들 사이에 중간지대는 존재하지 않는 듯 보이며, 그와 비슷한 뉘앙스조차 느낄 수 없습니다. 당신은 압제자이거나 아니면 희생자이거나 둘 중 하나일 뿐입니다. 그리고 만약 당신이 백인이라면, 거의 예외 없이 항상 전자에 속할 겁니다.

중요한 것은, 민주당 측이 희생자와 억압을 중심으로 자신들의 플랫폼을 구축해 왔다는 사실입니다. 급진적 자유주의자들은 당신이 레즈비언, 바이섹슈얼, 트랜스 젠더, 게이, 흑인, 히스패닉 등과 같은 이름표를 더 많이 가지면 가질수록 더욱 깨어있는 사람이라고 믿고 있습니다. 그리고 더 많은 고통을 받고 더 많은 억압을 받을수록, 현대 민주당의 눈에 더 가치 있는 존재로 여겨집니다. 다만 이보다 더 중요한 것은, 당신이 사람들과의 대화를 통해, 또는 책을 읽거나 스스로 연구하는 방법을 통해서는 절대 흑인, 트랜스 젠더, 동성애자가 되는 것이 어떤 의미인지 이해할 수 없다는 사실입니다. 솔직히 말해서, 그런 시도 자체가 이미 인종 차별입니다.

그래서 소수민족이나 유색인종인 누군가가 자신에게 무슨 일이 생긴 것 같은 느낌이 든다고 말할 때, 그것이 소소한 공격이든, 스몰렛이 묘사한 것과 같은 인종적 증오에 기반을 둔 전면적인 행동이든 상관없이, 당신은 그 사람의 말을 믿어야 한다고 주장하는 좌파의 괴상한 법규를 요구받게 됩니다. 이를 거부하면 당신은 인종차별주의자가 됩니다.

주시는 바로 이 논리적 결함을 이용했고, 자유주의자들은 그가 건드린 이러한 희생과 억압의 성향을 통해 소위 말하는 대박을 터뜨렸습니다. 당신은 이미 헐리우드에서 이 사건을 모티브로 한 영화를 기획하고, 하버드에서 교수직을 제안받으며, 타임지가 그를 표지모델로 삼는 장면들을 어렵지 않게 상상할 수 있을 것입니다.

만약 어떤 상황이 곧바로 바뀌지 않는다 할지라도, 그리 오래지 않아 누군가가 그와 같은 일을 다시 시도하려고 할 것입니다. 당신은 사람들이 얼마나 똑똑하고 칭찬받을 만한 가치가 있는지 그 여부를, 얼마나 많은 이들이 제도에 의해 고통받거나 억압당했는지, 혹은 그들의 조상이나 그들처럼 고통받고 억압당하는 사람들이 얼마나 많은지를 기준으로 결정할 수 없으며, 이를 통해 타당한 결론이 도출될 것이라 기대할 수도 없습니다.

나는 항상 자유주의자들이 높이 평가하는 그 모든 가치가 결합된 한 사람이 있다면, 그 사람이야말로 당신의 궁극적인 민주당 대통령 후보가 될 것이라고 말해왔습니다. 아마도 돌고래로 식별되는 논바이너리[1] 소수민족이 그 주인공이 되지 않을까요? 그리고 아무도 그의 내면을 다 확인하지 못했지만, 우리의 친구 주시 스몰렛은 사실 거의 모든 조건을 다 갖추고 있었습니다! 그는 할리우드에서 활동했고, 최초의 흑인 여성 대통령 후보인 카말라 해리스를 지지하는 동성애자였으며 흑인이자 감수성이 풍부한 남자였습니다. 게다가 그는 거대한 소셜 미디어 플랫폼을 가진 활동가이기도 합니다.

잭팟! 그의 '깨어 있음' 지수는 차트를 뛰어넘고도 남았습니다.
정체성 정치[2]에 대한 그들의 집착 때문에, 자유주의자들은 처음부터 주시의 편이었습니다. 그 무엇도 그들이 주시를 옹호하지 못하게

[1] 성별 젠더를 남성과 여성 둘로만 분류하는 기존의 이분법적인 성별 구분을 벗어난 종류의 성 정체성이나 성별을 지칭하는 용어

[2] 전통적인 다양한 여러 요소에 기반한 정당 정치나 드넓은 보편 정치에 속하지 않고 성별, 젠더, 종교, 장애, 민족, 인종, 성적지향, 문화 등 공유되는 집단 정체성을 기반으로 배타적인 정치동맹을 추구하는 정치 운동이자 사상을 의미

할 수는 없었습니다. 스몰렛의 무용담이 계속되는 동안 몇몇 사람들이 떨어져 나와 현실 세계에 합류했음에도 불구하고, 내 생각에는, 심지어 이 양극화된 시대를 감안해도 그의 주변에는 여전히 몇몇 공격적인 옹호자들이 너무 많이 자리하고 있었습니다. 블랙라이프매터[1] 운동의 후원자이자 크룩드 미디어[2]의 팟캐스트 진행자인 드레이 맥케슨은 오직 시카고 경찰이 무엇을 잘못하고 있는지에만 신경을 쓰는 것 같았습니다.

맥케슨 같은 급진적인 자유주의자들의 눈에, 경찰은 그저 젊은 10대 흑인들을 살해하는 사악한 사람들일 뿐입니다. 경찰들이 그 기준에 들어가는 순간, 그들은 즉시 나쁜 놈들로 분류됩니다. 그와 반대되는 연구나 증거가 아무리 많아도 그들의 마음을 바꿀 수는 없었죠.

스몰렛의 또 다른 헌신적인 지지자로는 쿡 카운티의 변호사이자 힐러리의 친구인 킴벌리 폭스가 있습니다. 나중에 관련 서류를 통해 밝혀졌듯이, 폭스는 주시에게 자유를 주기 위해 뒷거래로 비난 여론을 잠재우고, 사건이 재판에 회부됐을 경우 겪게 될 수년의 징역형을 피할 수 있도록 했습니다. 주시가 해야 할 일은 단지 1천만 원의 보석금을 시카고시에 지급하는 일 즉, 자신의 자유를 위해 뇌물을 주는 것 외에는 없었습니다. 그리고 이 거래는 2019년 3월 26일, 스몰렛이 시카고의 한 법원으로 성큼성큼 걸어 들어가 마이크에 앞에 선 채로, 여전히 그가 자신의 주장을 굽히지 않는다는 말을 반복하면서 실행됐습니다.

주시는 다음과 같이 주장했습니다. "내게 고발당할만한 이유가 단 한 가지라도 있다면, 나는 내 어머니의 아들이 아닐 겁니다."

우리는 오늘 이 나라에서 백인의 특권에 대해 많은 이야기를 듣곤 합니다. 하지만 글쎄요, 나는 지금까지 주시와 비슷한 일을 당했다는

---

[1] 아프리카계 미국인을 향한 폭력과 제도적 인종주의에 반대하는 사회운동

[2] 미국 정치 미디어 회사

사람의 이름을 들어 본 기억이 없습니다. 그리고 지금도 여전히 누군가의 이름이 들려오기를 기다리고 있습니다.

뭐라고 부르든 간에 결국 그것은 정의의 패착이었습니다. 주시의 보석 결정이 내려진 지 불과 몇 시간 후, 시카고 시장이자 버락 오바마 전 대통령 비서실장이었던 람 이매뉴얼은 기자회견을 열었습니다. 그는 "이것은 틀림없는 정의의 눈가림이며, 영향력과 권력을 가진 위치에 있는 사람이 그렇지 않은 사람들과 다른 대우를 받을 수 있음에 대한 분명한 메시지입니다."라고 말했습니다. "우리의 제도는 그 책임을 다하지 못하고 있습니다. 분명 무언가 잘못됐으며, 완전히 멈춰버렸습니다."

도널드 트럼프 주니어
@DonaldJ TrumpJr
내가 람 이매뉴얼의 의견에 100% 동의할 날이 오리라곤 생각도 못 했습니다.

이런 히스테리적 정체성 정치를 주류로 끌어들인 바로 그 정부에서 근무했던 람 이매뉴얼이 스몰렛에 대해 이렇게나 화가 났다면, 당신도 이 일이 꽤 심각하다는 것을 쉽게 짐작할 수 있을 겁니다. 나를 믿어도 좋습니다. 람은 배후를 조종하는 방법 한두 가지쯤은 잘 알고 있는 사람이기 때문에, 만약 그가 나쁘다고 생각했다면 정말 나쁜 게 맞습니다.

그가 무엇을 하든, 얼마나 자주 법을 어기고, 얼마나 많은 거짓말을 하는지에 관계없이, 스몰렛은 자신을 믿는 폭도들에 대한 책임을 전혀 지지 않을 것입니다. 만약 당신이 조직적인 특권의 예를 찾고 있다면, 중산층 백인들을 보지 마십시오. 대신, 법을 어긴 조시 스몰렛을 보길 바랍니다. 그는 법을 어겼고, 재판에 넘겨졌지만, 최소한 내가 이 글을 쓰고 있는 현재까지는 그에 대한 아무런 대가도 치르지 않고 있습니다.

이것이 바로 특권입니다.

스몰렛이 사람들의 이목을 집중시키기 위해 저질렀던 그 일은 사실, 별개의 사건이 아니었습니다. 이는 명백합니다. 좌파들은 선거가 끝난 이후부터 줄곧 이런 헛소리를 하고 있었거든요. 아버지가 당선된 직후 좌파 감시단체인 남부빈곤법률센터는 "10일 후: 선거에 뒤따른 괴롭힘과 협박"이라는 제목의 보고서를 발표했습니다. 보고서에서 처음 언급한 사례는 선거 일주일 전에 불에 타 전소全燒된 미시시피 그린빌의 호프웰 선교사 침례교회였습니다. 당시 소방관들은 불에 타버린 교회 벽 선체에서 스프레이로 쓴 '트럼프에게 투표하라' 문구를 발견했습니다.

해당 보고서는 "백인 우월주의자들이 도널드 트럼프의 승리를 축하하기 위해 벌인 이 사건은 이번 사건은 국가적 증오가 발발될 것을 보여주는 일종의 전조현상일 뿐"이라고 밝혔습니다.

하지만 경찰에 따르면, 2주 뒤 교회 신도 한 명이 '정치적 동기'가 아닌 방화 혐의로 체포됐다고 합니다. 그는 경찰을 따돌리기 위해 스프레이로 "트럼프에게 투표하라"라는 문구를 벽에 새겼다고 진술했습니다.

이 사건에 증오의 발발은 없었습니다, 단지 가짜 증오범죄만 있었을 뿐이었죠.

앞서 언급했던 온라인 잡지 퀼레트Quillette의 에디터 앤디 응고는 포틀랜드의 LGBTQ 커뮤니티와 관련된 가짜 증오범죄에 대한 글을 자주 썼는데, 여기에는 주시 스몰렛 사건의 여파로 일어났을 것으로 추정되는 범죄도 포함됩니다. 포틀랜드 사건은 트랜스젠더와 게이 공동체의 광범위한 공황을 불러왔고 다른 공격에도 박차를 가했습니다. 소위 말하는 첫 번째 사건은 2019년 2월 10일, 소피아 가브리엘 스탠포드라는 트랜스젠더 여성에게 발생한 일로, 그녀는 자신이 "잔인하고 폭력적이며 노골적인 증오 범죄"의 희생자라고 주장했습니다. 고펀드미[1] 홈페이지는 "우리들의 소녀를 위한 트라우마 펀드"를 게시했습니다. 해당 홈페이지는 그녀가 당한 공격에 대해 다음과 같이 자세히 설명했습니다. 스탠포드는 야구방망이로 뒤통수를 맞았고, 길거리에서 '착한 사마리아인'에 의해 의식불명 상태로 발견되었으며, CAT 스캔과 상처 치료를 위해 병원으로 이송됐습니다.

[1] GoFundMe-미국 영리 크라우드 펀딩 플랫폼

그러나 응고에 따르면 포틀랜드 경찰의 이야기는 완전히 달랐습니다. 그 사건의 담당 경찰관은 스탠포드가 술에 취한 채 길거리에 쓰러져 있는 것을 발견했으며, 보고서에는 그녀가 땅에 떨어질 때 머리를 부딪힌 것으로 추정된다고 기록했습니다.

고펀드미GoFundMe의 해당 웹페이지는 널리 퍼졌고, 수백만 원이 모금됐으며, 그 지역의 동성애자와 트랜스젠더를 대상으로 한 증오 범죄 증가 추세에 기름을 끼얹었습니다. 지역신문은 경찰에 분명한 사실 여부를 확인하지도 않은 채, 그 불길을 더욱 부채질했습니다. 이 도시의 시장민주당은 트위터를 통해 보도된 범죄들이 "매우 충격적"이라고 말하며, 트랜스 젠더와 게이 커뮤니티 사람들을 마을 회관에 초대하여 '피해자이며 리더인' 그들의 말에 모두가 귀를 기울이도록 했습니다. 운동권 지도자들은 '공격 신호'를 보냈으며, 지역사회에 메이스[2]를 들고 오겠다고 선언했습니다. 진보적인 포틀랜드의 도시는 일순간 공포에 휩싸였습니다.

[2] 호신용 스프레이에 쓰이는 자극성 물질

이는 스탠포드가 '사회정의 전사'들의 위상을 한 단계 끌어올린 후 발생한, 소위 공격이라 불리는 일들 가운데 하나입니다.

자신을 '뚱뚱한 퀴어 운동가'라고 묘사한 제니 브루소는 페이스북 게시물을 통해 두 명의 백인 남성이 분주한 교차로에서 자신과 자신의 파트너인 브리 존스 옆에 차를 세우고는 내용물이 가득 찬 맥주캔을 던져 그들을 공격했다고 말했습니다. 해당 게시물에는 작은 흉터와 붉게 상기된 볼을 한 존스의 얼굴 사진이 함께 첨부되어 있었습니다. 상기된 분위기 속에서, 그 사진은 입소문을 타고 빠르게 퍼져나갔습니다. 브루소는 자신들이 공격당한 직후 경찰에 신고했다고 말했지만, 경찰은 응고에게 그와 관련된 기록이 없다고 말했습니다. 그가 당시 상황을 묻고자 브루소에게 연락했을 때, 그녀는 대답하기를 거절한 채 해당 게시물을 내렸습니다. 하지만 끓어오른 분노의 기세를 막기에는 이미 너무 늦었습니다.

또한, 사회정의 군대의 전사들은 작년에 안티파 운동가들과 말다툼을 벌였던 프라우드 보이즈[1] '공격자'들의 사진을 인터넷에 올리기 시작했습니다. "최근 퀴어/트랜스 커뮤니티를 공포에 떨게 만든 공격자들의 얼굴을 공개합니다. 만약 여러분 중 누군가 이런 생김새의 사람들을 공공장소에서 본다면, 경찰은 그들을 막기 위한 어떤 행동도 하지 않을 것이기 때문에 당신이 직접 그들을 벽돌로 내리치세요."라고 쓴, 유행처럼 번져나가는 인스타그램 게시물을 한 번 읽어보기 바랍니다. 사실 확인이 되지 않은 루머들도 소셜미디어에 떠돌았는데, 그중에는 프라우드 보이즈 회원 중 한 명이 살인 혐의로 고발됐다는 내용도 있었습니다.

35세의 로버트 제르핑은 공격자로 지목된 남성 중 한 명이었습니다. 하지만 응고에 따르면, 그는 인터넷에 자신의 사진이 게재되기 훨씬 전에 이미 프라우드 보이즈를 탈퇴했습니다. 웹에서 관련 자료를 찾고 이를 공개하는 과정 중에 발생한 검색자들의 '신상털기'로 인해, 제르핑의 집주소가 온라인상에 공개되는 일도 있었습니다. 또

[1] 남성만을 회원으로 인정하고 정치적 폭력을 조장하는 신 파시스트 조직

한, 한 운동가로부터 다음과 같은 내용의 문자를 받기도 했었죠. "지난주 발생한 4건의 혐오범죄에 모두 당신이 연루되어 있더군. 기다려, 곧 그 대가를 치르게 될 거야." 그는 이외에도 수없이 많은 살해위협을 받았습니다.

포틀랜드의 게이와 트랜스 커뮤니티 관련자들의 말에 따르면, 스탠포드가 주장한 증오범죄의 여파로 인해 적어도 15건의 증오범죄가 발생했습니다. 하지만 응고의 조사에 따르면 경찰은 이 중 단 한 건의 사건기록도 찾아보지 못했다고 합니다.

국가적 차원으로 확대해서 보면, 좌파 측은 내 아버지가 대통령에 당선된 이후부터 증오범죄가 급증하고 있다는 거짓 뉴스에 불을 붙이기 위해 포틀랜드의 경우와 같은 잘못된 정보들을 사용해 왔습니다. 이런 우려스러운 추세에 관한 이야기에서, 그들은 FBI의 2017년 증오범죄 통계 보고서를 지적합니다. 해당 보고서에 따르면, 미국의 증오범죄 수는 11년 전 버락 오바마가 당선된 이후를 기준으로 가장 높았는데, 이는 전년보다 거의 천 건의 범죄가 증가한 것입니다. 하지만 이 숫자에는 약 1,000개의 새로운 법 집행기관이 이 보고서의 통계에 관여했다는 사실을 보여주지 못한다는 맹점이 있습니다. 즉, 증오범죄의 사례는 증가하고 있지 않습니다. 그들은 단지 인위적으로 그 숫자를 증가시키는 방법을 찾고 있을 뿐입니다.

얼마 전 월스트리트저널은 역사적으로 흑인을 위한 대학이었던 켄터키 주립대학의 정치학 교수 윌프레드 레일리를 인용한 기사를 실었습니다. '날조된 증오범죄 : 좌파는 어떻게 거짓된 인종 전쟁을 이용하는가'라는 책을 저술한 레일리 교수에 따르면 앞서 언급한 FBI 보고서에는 큰 결함이 있습니다. 그는 에포크타임스[1]와의 인터뷰에서 "전체적인 급증을 책임 있게 보고하려면, 중복집계가 되지 않도록 각 기관 1,000개의 기관에서 증오범죄를 정확히 한 건씩 보고해야

[1] 미국 뉴욕에 본사를 둔 글로벌 언론사로 다국어 인쇄판과 온라인 서비스를 제공

할 것"이라고 말했습니다.

　레일리는 또한, 2017년 FBI에 보고된 증오범죄 중 무려 10%가 가짜로 판명됐다고 말했습니다. 7백 건에 달하는 증오범죄가 사실은 거짓이었던 셈이죠.

　언론이 주시 사건과 비슷한 이야기를 대중에게 퍼뜨리면 퍼뜨릴수록, 더 많은 좌파는 현재 증오범죄가 만연해 있다고 믿게 되며 이는 곧, 증오범죄와 가짜 증오범죄에 대한 잘못된 보도의 증가로 이어집니다. 끝없는 악순환의 연속입니다.

　가짜 증오범죄로 인한 피해자 역시 명백히 존재합니다. 그들은 지역사회에 대한 불신과 히스테리를 증가시켰고, 이미 불붙고 있는 정치적 분열에 휘발유를 첨가했으며, 이전에는 아무런 감정도 없었던 사람들의 마음에 증오심을 불러일으켰습니다. 게다가 생명을 구하는 일을 포함한, 경찰들의 공무집행을 방해했습니다. 여기 스몰렛으로 인해 시카고시가 지불해야 했던 비용의 몇 % 정도만 잠시 공개하겠습니다. 먼저, 시카고 경찰은 그 사건에 24명의 형사들을 투입했습니다. 그들은 시간 외 근무를 포함하지 않고도 약 1,000시간 동안 일을 했습니다. 또한, 그들은 50개의 수색 영장을 집행하고 수십 시간 분량의 CCTV 영상을 분석했습니다. 지금 시카고의 경찰들은 다른 일을 할 수 있는 여력이 전혀 없어 보입니다. 기록상 가장 추운 겨울 중 하나였던 그해 1월, 시카고시에서는 약 20건의 살인사건이 발생했으며, 이에 분노한 에디 존슨 경찰청장은 스몰렛의 거짓 혐오범죄를 겨냥해 '부끄러운'일이라고 언급하면서 다음과 같이 말했습니다.

　"저는 이 도시의 총기범죄 피해 가족들이 이와 같은 주목을 받았으면 좋겠습니다. 그들이야말로 진정 그럴 자격이 있는 사람들입니다."

이 나라의 좌파는 현재 너무 급진적이어서 경찰과 공화당이 악하다는 사실을 증명하는 데 몰두해 있는 반면에, 유색인종과 LGBT 커뮤니티의 구성원들에게는 어떤 잘못도 있을 수 없다고 믿으며 자신들 바로 앞에 있는 진실을 받아들이려 하지 않고 있습니다. 2019년 민주당 의원이 되려면 온갖 종류의 증거를 부인해야만 합니다. 마치 조지오웰의 「1984」에 나오는 다음 문장처럼 말입니다. "당에서는 눈과 귀의 증거를 거부하라고 했다. 그것은 그들의 마지막이자, 가장 필수적인 명령이었다."

당연한 말이지만, 현재 민주당은 주류 언론과 그들의 다목적 홍보 작전 없이는 아무것도 아닌 존재일 겁니다. 미디어는 모든 정체성 정치의 광기가 전파를 타고 방송에 나오는 수단이 됐습니다. 주시 스몰렛 사건을 그 대표적인 예로 들 수 있겠군요. 2월 24일, 그 사건의 모든 것이 거짓으로 밝혀진 후, 심각한 트럼프 탈퇴 증후군을 앓고 있는 워싱턴 포스트의 칼럼니스트 조나단 케이프하트는 MSNBC에 출연해, 비록 주시가 모든 것을 조작했지만, 모든 사람이 그의 말에 속아 넘어간 건 결국 도널드 트럼프의 잘못이라고 주장했습니다. 내가 지어낸 이야기가 아닙니다. 그는 "대통령은 미국 전역에 걸쳐 수백만 명의 미국인들이 실제로 느끼고 있는 위협과 불안의 분위기를 조성한다"라고 매우 진지하게 말했습니다. "이 나라에는 매일같이 자신의 안전이 위태롭다고 느끼는 사람들이 있습니다. 당신도 잘 알 것입니다. 대통령의 슈퍼팩[1], 우파, 극우파 그리고 주시 스몰렛의 상황을 과장되게 사용해서 자신의 존재와 삶에 두려움을 느끼는 사람들을 위협하는 보수주의자들의 존재를 말이죠. 그들은 정말 비열하기 짝이 없습니다."

저기 잠깐만요, 지금 주시는 가짜 증오범죄를 만들어 그 모든 것을 내 아버지 탓으로 돌리려 하는데, 그러니까.. 그게 다 도널드 트럼프

[1] 미국에서 정치자금을 지원하는 외곽 후원단체를 말하며, '정치행동위원회'로 불리기도 한다

의 잘못이란 건가요?

자, 한 번 살펴봅시다. 난 그 남자가 이 우주의 어디쯤 살고 있는지 잘 모르겠지만, 최소한 여기 미국에서는 더 이상 그의 말처럼 상황이 그렇게 암울하지 않습니다. "자신의 존재가 위태롭다고 느낀다"라고 주장하는 사람들의 삶은 당신이 상상할 수 있는 거의 모든 면에서, 지난 50년 동안 훨씬 나아졌습니다. 그들의 삶의 질은 분명 향상되었고, 소수 인종에 대한 고등학교 졸업률 역시 급증했습니다. 또한, 아프리카계 미국인의 실업률은 이 나라 역사상 가장 낮은 수준입니다. 도널드 J. 트럼프는 감옥 개혁을 시행했으며 들리는 말에 따르면, 사람들이 그가 명백히 차별한다고 믿는 이들을 돕기 위해 기회 영역[1] 입법을 추진해왔습니다. 그리고 소수민족을 구타하기 위해 거리를 돌아다니는 미친 인종차별주의자들은 단언컨대 없습니다. 사람들을 단지 그 존재 자체만을 이유로 삼아 공격하려고 드는, 그런 인종차별주의적 트럼프 지지자들은 확실히 없습니다. 그러나 유권자들이 세상을 두렵고 인종차별적인 존재라고 믿는다면, 이는 자신들의 모든 정치적 기반을 인종차별주의자의 대적자로 불리는 것에 의존하는 민주당 측에서 볼 때는 훨씬 더 좋은 상황이 됩니다. 현재 대통령에 대해 맹렬한 분노를 가진 이들은 모두, 그들이 무엇을 하든 곧이곧대로 다 믿을 것이기 때문입니다.

마틴 루터 킹 주니어가 제시한 이상적인 세계에서 사람들은 피부색이 아니라 개인의 특성에 따라 판단될 것입니다. 그 믿음을 바탕으로, 우리는 세계 역사상 가장 광범위한 시민권 법안을 통과시키고, 모든 인종의 생활 여건을 개선했으며, 이 나라에 만연했던 흑인과 백인 사이의 분열을 치유하기 시작했습니다. 하지만 킹 박사의 세계관을 공유한다고 주장하는 사람들은, 이제 우리에게 뒤로 물러나서

---

[1] 저소득 지역에 대한 특정 투자가 세금 우위를 갖도록 허용하는 2017년 세금 감면 및 고용법에 의해 지정된 명칭

사람들의 피부색에 더 많은 관심을 기울이고 개인의 특성에는 관심을 덜 가질 것을 요청하고 있습니다. 그들은 진정한 지식이란 특정한 피부 색깔, 또는 특정한 성적 성향을 지니고 태어나야만 알 수 있으며, 앉아서 그들과 이야기하는 것만으로는 그 누구도 다른 사람을 이해할 수 없다고 주장합니다. 이런 발상은 우리를 진정한 인간이 되지 못하도록 가로막는 장벽이 되며, 따라서 우리는 이를 멀리해야만 합니다.

인종차별주의자들에 의해 공격받는 주시 스몰렛의 세계관을 받아들이면 당신은 좀 더 멋진 사람처럼 보일 수 있으며, 이미 충분히 수익성이 좋은 연기료에 더 많은 돈을 추가할 수 있을 겁니다. 그리고, 아마도 전 세계는 사악한 인종차별주의자들이 무고한 희생자들을 찾아 돌아다니는 거대한 공포의 장이 될 것입니다. 가끔은 우리가 이미 큰 뒷걸음질을 친 것은 아닐까 하는 걱정이 들기도 합니다. 예를 들어, 스몰렛이 그가 저지른 '사소한 장난'으로부터 얼마나 쉽게 도망칠 수 있을지를 한번 생각해 봅시다. 그는 그저 사건 현장을 조금 더 깔끔하게 정리하기만 했으면 됐습니다. 올가미와 표백제를 잘 숨기거나, 또는 좀 더 나은 계획을 세울 수만 있었다면 아마도 사람들은 전적으로 그의 편이 됐을 겁니다. 이 사건에 대해 내가 걱정하는 것은 자유주의자가 범죄를 저지르고도 쉽게 빠져나갈 수 있다는, 그런 내용이 아닙니다. 실제로 내가 이 글을 쓰는 지금, 시카고시는 이 일을 처리할 특별검사를 임명하는 과정에 있습니다. 오히려 내가 걱정하는 것은 자유주의 진영 전체가 거짓을 증명하는 명백한 증거들이 산더미처럼 쌓여 있음에도 불구하고, 스몰렛의 말을 기꺼이 사실로 받아들였다는 점입니다.

자유주의자들은 내 아버지 도널드 트럼프에 대한 증오심에 너무 현혹되어 있어서, 그를 나쁘게 보이게 하는 어떤 이야기든 기꺼이

다 받아들일 태세입니다. 심지어 주시 스몰렛의 경우와 같은 허황된 이야기까지도 말입니다. 그러나 스몰렛이 만들려고 했던 증오는 실제로 존재하지 않았습니다. 그것이 바로 그가 자신의 계획을 실행에 옮기기 위해 사람들에게 돈을 지불해야 했던 이유였죠.

그러므로 주시, 이 모든 어두운 민낯들을 적나라하게 밝혀주신 데 대해 개인적으로 당신께 감사드리고 싶습니다. 트럼프 2020 플랜에 간접적으로 기여한 부분도 물론 잊지 않겠습니다. 주시, 당신은 최고예요. 그리고 이미 말했듯이, 나는 당신이 그 일로 스스로 너무 자책하지 않았으면 좋겠어요.

Chapter 15.

중국 그리고 조 바이든(JOE CHINA)

　내가 위스콘신주에서 노조 조합원 목수 러스티와 토론을 한 지 3년이 지났을 무렵, 조 바이든은 2020년 대통령 선거운동 개시의 일환으로 그 장소에서 몇 마일 떨어진 곳에 있는 노조 현장을 방문했습니다. 1984년 무렵에 화장실을 쓰기 위해 델라웨어 노조 회관에 잠시 들렀던 게 전부였던 그가, 지금은 노동조합원의 모든 표가 전부 자신의 차지인 것처럼 행동하고 있습니다. 사실, 바이든은 노조 투표에 관한 권리를 주장할 만한 근거가 전혀 없어 보였습니다.

　그는 자신이 블루칼라 마을 스크랜튼에서 자란 것에 대해 큰 의미를 부여했지만, 내가 들은 바로는 그렇게 힘든 유년시절을 보내진 않았습니다. 그의 아버지는 델라웨어에서 자동차 대리점을 운영했고 그 전에는 롱아일랜드에서 공항과 농작물 처리 서비스를 소유하고 있었습니다. 그는 또한, 전쟁 중에 화학회사의 임원으로 재직했었습니다.

　그리고 나와 마찬가지로 사립 고등학교를 나왔습니다. 그는 미국 상원에 당선된 이후로 손톱에 매니큐어를 바르고 있었는데, 아마 닉슨 대통령 재임 시절 때부터 일 겁니다. 나는 그가 손재주가 없다는 말을 하려는 것이 아닙니다. 그는 단지 자신의 손을 일하는데 사용하는 걸 좋아하지 않을 뿐입니다. 그리고 그가 지지하고 있는 법안인 NAFTA와 환태평양경제동반자협정TPP으로 미루어 볼 때, 그는 노동자들을 위해 모든 것을 바칠만한 사람은 아닌 듯 보입니다.

하지만 이처럼 노동자들에 반대되는 일을 적극적으로 하면서도 스스로 평범한 조라고 자처하는 그의 오만함이 당신에게는 그리 놀랍지 않을 것입니다.

사실, 그의 이러한 태도는 민주당의 입장과 완벽하게 일치하니까요. 지난 20년 동안 자신들이 정치적으로 한 일또는 하지 않은 일과 직접 제정했던 비참한 정책들에도 불구하고, 좌파 정치인들은 자신들의 존재 자체가 표를 받을 권리라고 생각하는 듯 보입니다. 우리는 민주당입니다! 라고 외치며 그들은 아마 이렇게 말할 것입니다. 우리가 아닌 다른 사람에게 투표하면, 당신은 상위 1%에 속하는 사람, 또는 인종차별주의자가 확실합니다.

만약 내 말이 과장이라 생각된다면, 감히 민주당과 그들의 진보적인 의제에서 벗어나려는 일부 여성이나 소수 민족에게 무슨 일이 일어나는지 한번 살펴보길 바랍니다. 그들은 당으로부터 제명당했고, 마녀사냥의 제물이 됐습니다. 카니예 웨스트가 MAGA 모자를 쓰고 백악관에 갔을 때, 그는 마치 새끼 고양이를 봉투에 담아 바다에 던진 사람이 된 듯한 공격을 받아야만 했죠. 사람들은 그의 콘서트를 보이콧했고, 그의 앨범을 불태웠으며, 감히 어떤 예술가들이 대담하게 그와 함께 작업할 것인지 뒤쫓으며 감시했습니다.

나와 여러 번 함께 캠페인을 했던 흑인 여성 정치평론가 캔디스 오웬스는 의회에 나와 정치적 공정성[1]이 젊은 흑인 여성들에게 얼마나 해로울 수 있는지에 대해 증언하기로 결정을 내린 뒤로, 나치라는 딱지가 붙고 삶의 위협을 받기 시작했습니다. 필라델피아 인콰이어러[2]의 한 편집장은 그녀를 집 노예에 비유하기도 했습니다. 지난 4월, 캔디스는 필라델피아 지역의 한 식당에서 찰리 커크[3]와 아침을 먹고 있었는데, 무장 좌파 단체인 안티파 폭도들이 그들을 둘러싸고

---

[1] 차별적인 언어 사용·행동을 피하는 원칙

[2] 미국 펜실베이니아주 필라델피아 지역을 담당하는 아침 일간신문

[3] 미국 보수 비영리 단체인 터닝 포인트 USA의 설립자이자 대표

외설스러운 말을 뱉으며 병을 던졌습니다.

이런 전략이 있으므로, 민주당이 어떤 기괴한 자유주의자가 경선에서 승리하든지 간에 그와 상관없이 사람들을 끌어들이기 위한 진정성 있는 유권자 대상 선거운동이나 실질적인 정책을 제정할 필요가 없는 것은 어쩌면 당연한 일입니다. 모든 사람은 자신의 이름 앞에 인종차별주의자나 성차별주의자라는 딱지가 붙는 상황을 매우 두려워한 나머지 이름 옆에 D[1]를 붙인 사람이라면 누구에게나 투표할 작정이며, 그들에게는 스스로 자기 이익에 반대되는 표를 던진다는 사실은 그리 중요하지 않은 것 같습니다.

지난 몇 년 동안, 분노의 문화와 공공수치심Public shaming 덕택에, 민주당은 이 두 마리 토끼를 모두 잡을 수 있었습니다. 그들은 월요일에는 미국의 경제적 적국과 협력하여, 상대적으로 인건비가 저렴한 나라들로 고임금 일자리를 이전하는 일을 쉽게 만드는 동시에, 이후 금요일까지 노조 지도자들 앞에서 연설하며 자신들이 미국의 노동자들을 위해 실제로 많은 신경을 쓰고 있다고 말합니다. 엘리자베스 워렌과 힐러리 클린턴부터 존 케리, 버락 오바마에 이르기까지 누구도 예외는 없었습니다. 그들은 모두 두 개의 얼굴을 갖고 있습니다.

조 바이든의 이중성은 그중에서도 차원이 다릅니다. 그가 2016년 선거와 관련된 외국의 간섭을 계속 언급하면서 내 아버지를 고등학교 체육관 뒤로 데리고 나가서 한 방 먹이겠다고 위협하기에 앞서, 조는 납세자들이 낸 세금으로 여러 번에 걸쳐 중국을 국빈 방문했는데, 여기에는 몇 가지 수상한 거래의 흔적이 있습니다. 먼저 2013년 2월, 그가 주장하는 바에 따르면, 그는 동중국해의 영토분쟁 해결을 돕기 위해 부통령의 자격으로 중국을 공식 방문했다고 합니다.

이 일을 돕기 위해 '유명한 군사 학자'인 그의 아들 헌터와 동행했는데 아, 잠시만요. 설명을 다시 하겠습니다. 조는 그의 아들 헌터를

[1] 민주당(Democrat)의 D

데려갔는데, 당시 헌터는 코카인 사용으로 해군 예비역에서 쫓겨났으며 존 케리의 의붓아들이자 케첩 회사 상속자인 크리스토퍼 하인즈와 함께 사모 주식회사를 설립하려 하고 있었습니다. 여행 중에 헌터와 하인즈는 미-중 비즈니스 위원회와의 회의에 참석했고, 부통령은 그들의 리더십에 상당히 우호적인 분위기를 보였습니다. 언론 보도에 따르면 10일 후 헌터가 만든 새 헤지펀드는 중국 정부 소유의 중국은행과 약 1조 원 규모의 계약을 체결하게 됩니다.

그리고 이 거래는 얼마 후엔 1조 8,000억 원까지 확대되었죠. 그러니까, 지금 내가 제대로 이해했는지 한번 봅시다. 현직 부통령의 아들을 포함한 세 명의 여행 투자자들은 첫 시작부터 중국 정부와 1조 8,000억 원의 거래를 할 수 있었습니다. 무려 1조 8,000억 원입니다. 기록할만한 성과를 낸 세계 최고의 기업인들조차도 이 돈을 얻기 위해 몇 년에 걸친 노력을 했지만, 결국은 실패했던 액수의 금액입니다.

내 생각에 바이든 부자에게는 뭔가 특별한 비법이 있었던 것 같군요. 폭스뉴스의 스티브 힐튼이 발견했듯이 이 회사는 회의장면을 담은 사진을 중문 웹사이트에는 올렸으나, 영문 사이트에는 올리지 않았습니다. 분명히, 그들은 숨겨야 할 것이 있었습니다. 자, 만약 그 이름이 바이든 대신 트럼프였다면 어땠을까요? 한 번 상상해 보십시오.

그리고 함께 생각해봅시다. 만약 내가 중국에 가서 1조 8,000억 원은 고사하고 약 2천만 원만이라도 가지고 돌아온다면 어떻게 될까요? 과연 사람들이 아무 일도 없다는 듯이 그렇게 무시하고 지나갈까요? 장담컨대 분명 그렇지 않을 겁니다.

나는 바이든의 경우와 비슷한 이야기를 들어본 적이 없습니다. 여기서 우리는 지금껏 한 번도 본 적 없는 뛰어난 인맥을 가진 정치인들[1]의 두 아들을 보게 됩니다. 캐리와 바이든. 이 두 정치인의 아들들

---

[1] swampiest swamp creatures
즉, 타락의 늪에 깊이 빠진 정치인들

은 자기 아빠의 비행기를 타고 다니면서, 공식적인 국영사업의 거래를 끊어버렸습니다. 이제 만약 그로 인한 수익이 발생한다면, 3억 3천만 명의 미국 시민 모두는 헌터 바이든의 회사에 편지를 쓰고 주식을 요구해야 하는 상황이 됐습니다. 어찌 되었건, 그 거래에 대한 대가를 지불한 사람들은 바로 그들이니까요.

만약 당신이 조 바이든의 아들이 중국에서 사업적 이익을 가지고 있다는 사실이 바이든이 대통령으로서 우리의 적국을 대하는 방식 자체를 바꾸진 않는다고 생각한다면, 이것을 한번 고려해봅시다. 국가 경제에 있어서 중국 정부는 우리 연방정부가 미국경제에서 하는 것과는 다른 역할을 합니다. 중국의 은행들은 개인의 소유가 아닙니다. 모두 정부의 소유입니다. 그래서 중국은행과의 거래는 곧, 중국 정부와의 거래를 의미합니다. 이를 피할 방법은 없습니다. 그리고 중국 정부와 거래를 할 때, 당신은 우리의 조건이 아닌 그들이 제시한 조건에 따라 서명을 하게 됩니다.

정말입니다. 중국은 무슨 일이 있든지 공산주의, 사회주의, 편애의 원칙에 입각한 경제체제로 운영되며, 이는 분명 최악의 정실 자본주의[1]라 할 수 있습니다. 국가의 복지가 가장 중요하고, 노동자들은 국가가 충분한 돈을 보유하고 있는지 확인하기 위해서만 존재하며, 누가 수익성 있는 사업을 받을지 그 여부는 국가에 의해서 결정됩니다. 만약 미국의 정치적 반대가 없었다면, 좌파는 우리를 점점 더 그와 같은 시스템으로 끌어들였을 겁니다.

바이든과 중국의 우호적인 관계는 적어도 클린턴 행정부까지 거슬러 올라갑니다. 클린턴 백악관의 마지막 달, 의회는 중국에 '항구적 정상무역관계'[2] 지위를 부여했습니다. 바이든은 이를 지지했으며 중국과의 무역 관계의 미래를 완전히 과소평가했습니다. 그는 상원 원내에서 중국과의 무역 거래가 미국 제조업에 타격을 줄 것으로

[1] 족벌 경영과 정경 유착의 경제 체제

[2] PNTR: Permanent Normal Trade Relations-미국의 교역국이 미국으로부터 부여받는 항구적 최혜국대우를 가리키는 말

생각할 이유가 없다고 말했습니다. 그는 또한 중국을 우리의 경쟁국으로 보지 않았으며, 중국이 '네덜란드 수준의 경제'를 가지고 있다고 말하기도 했습니다.

하지만 바로 그의 이러한 생각들이 결국 우리를 1조 8,000억 원이란 숫자 뒤에 숨어있던 약 500조 원 이상의 대중 무역적자로 몰아넣은 원인이 된 동시에, 지금 내 아버지가 그 모든 것들을 다시 되돌리기 위해 할 수 있는 모든 일을 다 하게 만든 원인이 됐습니다.

물론 바이든처럼 잘난 사람이라면 자신의 방식이 가진 오류를 금세 깨닫게 될 겁니다. 그렇지 않을까요? 자, 한 번 봅시다.

2019년 5월 아이오와 시티에서 열린 한 캠페인에서 그는 다음과 같은 말을 했습니다. "중국이 우리 밥그릇을 뺏어간다구요? 침착합시다, 여러분. 그들은 전혀 우리의 경쟁상대가 아니에요!" 부디 나는 그가 중국의 값싼 노동력과 그들과의 끔찍한 무역 거래로 인해 일자리를 잃은 수십만 명의 노동자 앞에서도 똑같이 말할 수 있기를 바랍니다.

다만, 나는 조와 그의 가족들에게만큼은 그의 말이 사실임을 확신합니다. 어찌 됐건 자신이 직접 수조 원의 거래를 하는 존재를 경쟁상대라고 말할 수는 없을 테니까요. 그러나 나는 미국의 나머지 사람들에게만큼은 중국이 앞으로 몇 년 안에 우리의 주요 경쟁국이 될 것이라 말하고 싶습니다. 이는 그들의 경제가 튼튼하다는 의미도, 우리가 그들을 이길 수 없다는 의미도 아닙니다. 다만, 중국은 현재 평평한 운동장에서 움직이지 않으며, 바로 이 부분이 우리에게 몇 가지 불이익으로 작용할 것입니다. 예를 들어 현재 중국 정부는 오직 이오시프 스탈린[1]조차 단지 꿈꿀 수밖에 없었던, 그 정도 수준으로 자국민들을 국가의 통제하에 둔 채 감시할 수 있습니다.

이제 헌터에 관한 이야기를 해봅시다. 내가 정치적 관심을 받게

---

[1] 러시아의 정치가, 공산주의 혁명가이자 노동운동가

된 것은 불과 4년 정도에 지나지 않습니다. 그동안 나는 러시아 스파이들과 결탁하고, 내 아버지를 등에 업은 채 수천억 원 상당의 사업 거래를 진행했으며, 백인 우월주의자들을 동정했다는 혐의를 받아왔습니다. 내가 자유주의 언론에 의해 비난을 받지 않은 유일한 부분은 지구 온난화에 관한 것뿐이지만, 나는 그 또한 곧 문제가 되리라 확신합니다. 앞서 언급한 모든 비난은 사실 터무니없는 거짓말이지만, 왜 내가 좌파의 표적이 되었는지 대충 이해할 수 있습니다. 나는 도널드 트럼프의 아들이고, 이미 그것만으로도 좌파의 지명수배자 명단 최상단에 올라 있습니다. 게다가 나는 사냥꾼이자, 총을 쏘는 사람이며, 정치적 공정성[1]을 지키지 않는 사람이기에 내 등에 붙은 표적은 점점 더 커졌습니다. 거기에 내 트위터 계정을 추가시키면, 내가 아버지 바로 다음 순서에 오는 좌파의 공적이 된 건 사실 그리 놀라운 일은 아닙니다. 오히려 나를 당혹스럽게 하는 것은 헌터 바이든 같은 사람이 어떻게 언론의 지지를 받을 수 있는가 하는 부분이었죠. 그동안 그가 했던 멍청한 행동들은 최근에서야 비로소 신문 및 케이블 뉴스를 통해 조금씩 다뤄지기 시작했습니다. 그가 부통령의 아들이었던 내내, 헌터는 어떤 조사도 받지 않았고 태연하게 자신의 사업을 운영했습니다. 그리고 지금부터 당신에게 그 대망의 하이라이트 부분을 소개하겠습니다.

헌터 바이든은 2009년 워싱턴과 유착된 swampy 로비회사를 폐쇄한 뒤 하인즈 와 다른 2명의 파트너와 함께 벤처 캐피털 및 투자회사 로즈몬트 세네카 파트너스를 설립했습니다. 그리고 5년 후, 오바마의 두 번째 임기 중반에는 중국에 지점을 내게 됩니다. 그들은 이 회사의 이름을 보하이 하베스트 RST Bohai Harvest RST라고 지었습니다. '보하이'는 회사의 중국 지분을, 'RS'는 '로즈몬트 세네카 Rosemont Seneca'를, 'T'는 '손튼 Thorn ton 그룹'을 상징했습니다. 매사추세츠의 컨설팅 회

[1] 차별적인 언어 사용·행동을 피하는 원칙

사인 이 회사는 오랫동안 매사추세츠주 상원 의장의 아들로 잘 알려진 보스턴 갱스터, 제임스 '화이트' 버거의 조카 제임스 버거에 의해 운영됐습니다. 어때요? 멋지지 않습니까?

피터 슈바이저는 그의 저서 <비밀의 제국Secret Empires : 미국의 정치 계급이 부패를 숨기고 가족과 친구들을 풍요롭게 만드는 방법>에서 부통령이 자신의 아들과 손녀를 데리고 함께 했던 2013년 중국 여행의 기이한 순간을 다음과 같이 묘사했습니다.

바이든 부통령, 헌터 바이든, [헌터의 딸] 피네건은 레드카펫과 중국 관료 대표단의 환영을 받으며 목적지에 도착했습니다. 꽃을 든 중국 어린이들에게 환영을 받은 대표단은 리위안차오 부주석과의 회담을 마친 뒤 시진핑 주석과의 만남을 위해 급히 자리를 이동했습니다.

슈바이저에 따르면, 그 여행은 보하이 하베스트 RST[1]를 결성한 중국은행과 로즈몬트 세네카 간의 거래가 있었던 시기와 정확히 일치했습니다.

"요컨대, 중국 정부는 문자 그대로 미국의 가장 영향력 있는 의사 결정자 중 두 사람의 아들들이 함께 공동으로 설립한 사업에 자금을 지원하고 있었습니다."

상황이 그리 좋아 보이지 않죠? 하지만 이게 끝이 아닙니다. 보하이 하베스트사의 중국 투자 파트너 중 하나는 중국항공공업그룹AVIC이었는데, 월스트리트저널WSJ에 따르면 AVIC는 바로 1년 전 중국 버전의 전투기를 만들기 위해 우리의 스텔스 전투기 관련 기술을 훔쳐갔습니다. 내 아버지의 재임 기간에 이와 조금이라도 비슷한 상황이 벌어진다면, 어떤 일이 생길지 상상이나 되십니까? 모르긴 몰라도

[1] Bohai Harvest RST

아마 당신이 "Adam #FullofSchiff."라도 외치던 그때보다도 더 빠르게 진상조사를 위한 특검특별검사이 시행될 것입니다.

슈바이저는 "내 좌절감은 트럼프에 대한 견고한 보도가 너무 지나치다는 것보다는, 오바마 행정부에 대한 보도가 너무 안일했거나 경우에 따라서는 아예 존재하지 않았다는 사실에 기인한다."라고 기록했습니다.

하지만 만약 당신이 중국이 조와 헌터에게 나쁜 존재였을 뿐이라 생각한다면, 몇 년 후에 우크라이나에서 있었던 일을 한 번 살펴봅시다. 장담컨대 아주 흥미로울 겁니다. 2016년 3월 16일, 조 바이든은 중요한 임무를 수행하기 위해 키예프로 날아갔습니다. 목표는 우크라이나의 검찰총장 빅토르 쇼킨이었으며, 그는 너무나 부패해서 미국의 부통령이 자신의 손으로 직접 그 문제를 처리하기 위해 우크라이나로 가야만 했습니다. 바이든은 우크라이나 정부에 쇼킨을 해고하지 않으면 미국이 약 1조 원의 대출 보증을 보류할 것임을 분명하게 말했습니다. 1조는 많은 돈이었고, 위협은 효과가 있었습니다. 검찰총장의 거취는 곧 우크라이나 의회에서 투표에 부쳐졌습니다.

자, 어떻습니까? 겉으로 보기에는 바이든이 구원의 말을 타고 등장한 마을의 새로운 보안관 같습니다. 단지 종마와 하얀 카우보이모자만 없을 뿐이었죠. 하지만 바이든에 관한 다른 많은 것들과 마찬가지로, 겉으로 보이는 모습은 비밀리에 진행 중인 일과는 거의 관련이 없었습니다.

조가 키예프를 방문했을 무렵, 쇼킨은 부리스마 홀딩스라는 우크라이나 에너지 회사에 대한 조사를 재개했는데, 부리스마 홀딩스 이사회에는 회사로부터 매달 6천만 원 이상이 급여를 받는 헌터 바이든이 있었습니다. 뉴욕타임스조차도 에너지 관련 사전 경험이 없음을 인정할 수밖에 없었던 헌터는, 코카인 관련 범죄로 해군 예비역으로부터 불명예 제대한 지 얼마 지나지 않아 워싱턴에 있는 그의 인맥만을 가지고 이 일을 맡아 왔습니다. 타임스는 "헌터 바이든 및 그의 사업 파트너들의 존재는 부리스마가 우크라이나 국내뿐만 아니라 오바마 행정부 직원들에 의한 조사에 직면했던 시기에, 민주당 측과 밀접한 관계의 인물들을 끌어들이기 위해 시도했던 광범위한 노력의 일환이었다"라고 보도했습니다.

다시 말해서, 헌터는 미국 정부의 정밀 조사로부터 이 회사를 보호하기 위해 그들 주변의 이름 있는 민주당원들 및 그와 밀접한 관련이 있는 사람들을 끌어들이고 있었습니다! 어쨌든, 이는 부통령의 아들에 의해 실제로 일어났던 꽤 대담한 행동이었고 워싱턴은 곧 과장된 소문에 휩싸이게 됩니다. 오바마 행정부의 모든 이들은 그가 무엇을 하고 있는지 알아야만 했습니다. 아, 자신의 아들이 부리스마에 연루된 사실을 신문 보도를 통해 처음 알았다고 주장한, 친애하는 그의 아버지를 제외하고 말이죠. 현재 내 아버지는 전 부통령을 '맥빠진 조'라고 부르는데, 충분히 그럴만한 이유가 있어 보입니다. 그냥 직설적으로 말하겠습니다. 만약 조가 우크라이나에서 자기 아들이 무슨 짓을 하고 있는지 정말로 전혀 몰랐다면, 아마도 당시 그는 분명히 혼수상태에 빠져 있었을 겁니다.

나는 정치에 대해 한두 가지의 교훈을 배웠다는 말로 이번 챕터를 시작했습니다. 이제 하나를 설명했고, 남은 하나의 교훈은 다음과 같습니다. '좌파의 위선에는 한계가 없다.' 그리고 뮬러 보고서는 이를 가장 잘 보여주는 하나의 좋은 예가 될 겁니다. '트럼프를 위한 소송The Case for Trump'을 쓴 빅터 데이비스 핸슨은 내셔널리뷰지[1]에 기고한 글에서 "뮬러의 수사와 브레넌, 클래퍼, 코미, 맥케이브 등 전직 정보기관 당국자들에 관한 문제는 경건한 위선"이라며 민주당

---

[1] 정치, 사회 및 문화 문제에 관한 뉴스 및 논평에 초점을 맞춘 미국의 반월간 편집 잡지

에 적용된 이중적인 잣대를 잘 요약했습니다.

그는 자신이 기고한 글에서 이렇게 말했습니다. "트럼프의 입증되지 않은 범죄에 대해 미국을 훈계해 온 이 사람들은, 책을 쓰고 TV 프로그램에 출연해 자신들의 우월적 미덕을 널리 알리고 있습니다. 하지만 정작 그들 스스로 온갖 비윤리적이고 불법적인 행동을 저지르고 있었습니다." 그들은 자신들의 거짓말이 폭로되면, 다시 또 새로운 거짓을 꾸며내곤 합니다. 공모가 안 된다면 방해로, 방해도 안 통할 때는 다른 무엇으로 다시 탈바꿈합니다. 그들의 거짓말은 끊임없이 은폐되며, 결국 아무 일도 일어나지 않습니다.

성인聖人인 체하는데 민주당에 관해서라면, 문자 그대로 이 책 한 권을 통째로 다 할애해도 모자를 지경이지만 그중에서도 조 바이든은 가장 대표적인 인물입니다. 하지만 아버지의 대통령직에서 가장 좋은 점 중 하나는, 그가 워싱턴이 운영하는 속임수를 어떻게 폭로했는가에 있었습니다. 다만 이러한 폭로에도 불구하고 좌파가 현재 명백히 보이는 것들을 계속 외면하기 때문에, 코미, 클래퍼, 브레넌, 바이든과 같은 사람들은 여전히 자신들이 저지른 범죄로부터 도망치고 있습니다. 그래서 우리 역시 이제는 눈에는 눈, 이에는 이로 싸워야만 합니다. 자유주의자들이 수사를 원한다면, 우리도 그래야 합니다. 피터 슈바이저가 뉴욕포스트지의 논평에서 쓴 것처럼, "만약 트럼프 대통령과 러시아 그리고 그의 가족들에 대한 수사가 대통령 또한 타협의 대상이 될 수 없다는 이유를 근거로 정당화된다면, 조 바이든, 중국, 우크라이나 그리고 그의 가족들에 대한 수사 역시 반드시 이뤄져야만 합니다."

지금 내 귀에는 좌파들의 외침이 들립니다. "당신은 조 바이든을 조사할 수 없다. 그는 대통령 선거에 출마한다!"

네, 맞습니다. 누구도 대통령 선거에 출마하는 사람을 조사하지 않습니다.

선거가 다가옴에 따라, 아마도 당신이 피할 수 없을 것들이 있을 겁니다. 첫째, 민주당 후보자들이 2016년 내 아버지를 백악관에 입성시킨 '소매 걷기 마법'의 일부를 사용할 것을 충분히 예상할 수 있는 '타운 홀' 행사가 있습니다. 그들은 아마도 옷 소매를 걸어붙이고 한쪽 다리를 책상에 올려놓은 채로 가능한 최선의 이미지 메이킹을 하려 애를 쓸 것입니다. 또한, 블루칼라 근로자들과 함께 천 번에 가까운 사진 촬영도 하겠죠. 모든 촬영에는 사전에 그림의 다양성과 카메라 준비상태를 확인하기 위한 스크린 테스트가 진행될 것이며, 아마 마지막은 해당 후보의 "미국 내 일자리를 유지하겠습니다" "서민들을 돌보겠습니다"라는 약속과 함께 끝날 겁니다. 만약 당신이 운이 좋다면, 그 후보가 작고 귀여운 안전모를 쓰고 있는 모습을 볼 수도 있습니다.

그들의 이런 모습들이 어쩌면 희망을 주는 것처럼 보일지도 모릅니다. 하지만 꼭 기억하길 바랍니다. 그 사진들은 결국 모두 다 헛소리에 불과합니다. 특히, 조 바이든 이나 버니가 안전모를 쓰고 있다면 더 말할 것도 없습니다.

Chapter

16.

격렬한 저항(THE OPPOSITION)

불편한 진실 : 민주당 후보들은 완전히 감을 잃었고, 정신이 나갔으며, 솔직히 평범한 미국인에 대해서는 전혀 신경을 쓰지 않습니다.

2020년 선거에서 내 아버지의 상대가 될 민주당에 대해 평가할 때, 사실 나는 좀 신중해야만 합니다. 자칫하면 그들에 대해 냉소적 태도를 보이기가 쉽기 때문이죠.

오늘날의 정치에서 풍자나 조롱은 절대로 해서는 안 될 최후의 수단입니다. 그러니까 내 말은, 바이든 부통령을 "조이 핸드 Joey Hands"라고 부르는 게 어떤 목적에 도움이 되겠습니까? 미친 버니를, 아니 샌더스 상원의원을 조롱거리로 만들거나 혹은 매사추세츠주에서 온 이 상원의원을 1600년대 전설 속의 원주민 공주로 묘사하는 건 어떻습니까? 괜히 불난 집에 기름을 끼얹을 필요는 없을 겁니다. 특히 오늘날과 같은 정치 분위기에서는 말이죠. 누구든 그렇게 하는 사람은 단지 도발을 위한 도발일 뿐, 그 이상의 의미는 없습니다.

게다가 내가 샌더스 의원을 계속 조롱하면, 그는 그 유명한 미치광이 할머니[1]의 오른쪽 갈고리를 내게 던질지도 모릅니다.

그러나 이 정치 서커스와 여기에 참여하는 입후보자들에 관한 이야기를 시작하기에 앞서, 나는 오늘날의 정치 프로세스에 대해 먼저 한두 마디 정도 말하고 싶습니다.

지난 대선을 제외하고, 지난 수십 년 동안 엘리트 정치 계층은

[1] crippled-granny : 호러 아케이드 게임 타이틀

유권자들이 이해할 수 있는 방식으로 소통하는 진짜 후보들을 경선 과정과 총선의 벽을 통과하지 못하도록 했습니다. 대신 그들은 잘 치장된, 카메라 앞에 설 준비가 된 몇몇 후보자를 제외한 다른 모든 접근은 원천 봉쇄했습니다. 또한, 이들은 올바른 슬로건을 거부할 뿐 아니라 절대 성취하기 어려운 뜬구름 같은 이념을 갖고 있으며, 기득권층의 의견에 굽실거립니다. 만약 이에 대한 죄를 묻는다면, 양 정당공화당과 민주당 모두 유죄입니다.

내 아버지가 빨간색 MAGA 모자를 링 위로 올릴 무렵, 우리는 이미 공개적 담론의 한 귀퉁이에 계속 불필요한 무언가를 추가하면서 우리 중 가장 민감한 사람들을 정쟁에 이용했으며, 그로 인해 과거 이 나라의 위대함을 탄생시킨 에이브러햄 링컨, 로널드 레이건, 그리고 어디서나 성실하게, 열심히 일했던 모든 이들은 이제 희미한 그림자가 되어 뒤로 물러나야만 했습니다.

나는 이 책에서 이미 몇 번이나 말했으나, 한 번 더 반복하겠습니다. 도널드 J. 트럼프는 혈혈단신으로 미국의 보수주의를 멸망의 위기에서 다시 끌어냈고, 그 원동력은 미국 정치의 틀에 박힌 모든 규칙을 무시하는 데 있었습니다. 그는 정형화된 포즈로 후보자 프로필을 촬영하지 않았으며, 연설에서는 기득권층의 승인을 받은 표현들을 사용하지 않았습니다. 숙련된 대화의 일반적인 규범을 지키지 않았으며, 스스로 규칙을 만들고 낡은 규칙을 기꺼이 어김으로써 기존의 체제를 무너뜨렸습니다.

그렇다고 해도, 이는 여전히 힘든 싸움입니다. 무엇보다도, 만약 당신이라면 무료 대학, 무료 의료서비스, 무료 주택, 그리고 다른 모든 것을 무상으로 제공하겠다고 말하는 세력에 대항하려면 어떻게 하겠습니까? 슬프게도, 자유주의자들에게는 이 정신 나간 공약들의 실현 가능성이 전혀 없다는 사실은 그리 중요하지 않아 보입니다.

왜냐하면, 오늘날은 이런 약속을 했다는 말 자체가 중요한 시대이니까요. 그리고 만약 당신이 이런 생각을 하지 못하는 사람이라 할지라도 "좋아요, 하지만 돈이 많이 필요할 겁니다"와 같은 문구는 선거의 핵심 슬로건이 될 수 없을 겁니다. 반드시 기억하길 바랍니다. 지금 그들이 준비하는 파티는 방귀 뀌는 소에게 10경 9천조 원에 달하는 어마어마한 돈을 쏟아부으려 하는 허무맹랑한 파티입니다.

만약 민주당원들이 2020년에 내 아버지를 이길 기회를 얻기 원한다면, 솔직히 말해서, 아마도 그들은 이제 도널드 트럼프의 규칙을 따르는 법을 배워야 할 것입니다. 이는 수천 번의 리허설을 한 포커스 그룹[1]이나 토론 질의응답이 없다는 것, 질문에 대답할 수 없을 때마다 인종차별에 대한 비난에 의존하지 않는다는 것을 의미하며, 세금을 올리고 지출을 늘리며 국내 일자리를 해외로 옮기면서 겉으로는 미국의 노동자들을 위하는 '척'하지 않는다는 것을 의미합니다. 확실히 보장할 수 없는 무상 관련 공약도 없어야 할 겁니다. 그리고 대신에, 그들은 똑똑하고 진실하며 사람들의 지지를 받는 사람을 후보로 지명해야만 합니다. 즉, 내 아버지, 도널드 트럼프와 꼭 같은 그런 사람 말이죠. 만약 그런 후보가 부재하다면, 어쩌면 그들은 공화당이 그랬던 것처럼 경쟁에서 완전히 논외로 여겨질 위험을 똑같이 겪게 될지도 모릅니다.

내가 왜 이런 말을 하는지 궁금하지 않습니까? 왜냐하면, 나는 미국의 정치 체제를 믿고 있으며, 그것이 나와 그들의 아이들이 살아갈 미래를 위해 여전히 잘 작동하기를 바라기 때문입니다. 아버지의 당선은 많은 것을 증명했습니다. 그중에서도 가장 큰 하나는 바로 미국인들은 균등한 기회가 주어졌을 때, 자신이 해야 할 일을 분명히 안다는 사실입니다.

[1] 시장 조사나 여론 조사를 위해 각 계층을 대표하도록 뽑은 소수의 사람들로 이뤄진 그룹

희망에 찬 민주당

아마 당신이 이 글을 읽을 때쯤에는 한때 412명 정도였던 민주당 대선 주자들의 수는 확실히 그보다는 더 줄어있을 겁니다. 어차피 그들 대부분은 이길 가망이 없습니다. 그저 아무것도 없던 자신의 프로필을 몇 줄 더 채워줄 홍보가 필요했을 뿐이었죠. 내가 이 글을 쓰는 동안, 이미 몇몇은 후보직을 사퇴했고 일부는 미국 상원의원 사무실, 주지사 사무실, 고등학교 학급 비서실 등과 같은 작은 사무실에서 출마를 선언하고 있습니다. 키어스틴 질리브랜드[1]는 이미 백기를 들고 민주당 후보의 러닝메이트가 될 용의가 있다고 말했습니다. 그녀는 자신이 헌법 수정 제2조를 얼마나 사랑하는지 언급하면서 실제 있었던 일입니다. 모금을 위해 나를 공격했던 그때처럼, 조력자로서 무엇이든 할 준비가 된 듯 보였습니다. 그 말을 듣자 문득 조 바이든 부통령 후보에 대한 생각이 났습니다. 만약 그가 자신이 속한 당의 후보가 된다면, 본인의 선거 캠페인에 약간의 미스터리와 로맨스, 그러니까 흥미를 더해 줄 대담한 선택을 하는, 틀 벗어난 생각을 할 것이란 점은 아주 좋은 내기 거리가 될 겁니다. 이에 대한 당신의 생각을 정말 듣고 싶군요. 조를 위해서, 만약 우리가 그를 도와주려면 어떻게 해야 할까요? @Donald TrumpJr #BidenRunningMate 해쉬태그를 통해 당신의 아이디어를 트윗하고 우리가 무엇을 생각해내는지 한번 살펴봅시다.

조 바이든 일단 우리가 지금까지 전 부통령에 관한 이야기를 했으니, 먼저 그와 함께 민주당 후보에 대한 분석을 시작해봅시다. 지난 몇 달 동안, 조가 선거 캠페인을 통해 했던 말은 대부분 "정부가 당신을 실패하게 했다"였습니다. 나를 미쳤다고 부르겠지만, 솔직히

[1] 미국의 여성 정치인으로, 2009년 1월 힐러리 클린턴의 후임으로 뉴욕주 연방 상원의원으로 지명됨

나는 내가 정말 그의 말처럼 아무 일도 하지 않은 사람인지 잘 모르겠습니다. 잠시만요, 제 노트를 잠깐 살펴보겠습니다. 오, 이런! 지난 50년 동안 그가 정부에서 해왔던 끔찍한 일들에 대해 가졌던 불만들이 가득 적혀 있군요. 당신은 어떻습니까?? 사실 나도 그가 말하는 이 문제에 대해서는 내심 동의하는 편입니다. 하지만 내가 그였다면, 이 주제는 아마도 나의 우선 사항은 아니었을 겁니다. 정말 상황이 그렇게 나쁘다면, 지금쯤은 그가 이 문제를 해결할 수 있는 어떤 일이라도 해야 하지 않았을까요? 지금 당신은 자신이 가진 한계를 잘 인식하고 있는 매우 친근한 노령의 민주당원을 보고 있습니다. 그는 정부가 형편없다는 사실을 알고 있습니다. 그리고 자신이 지난 50년 동안 공직에 있었다는 사실 또한 잘 알고 있습니다. 다만, 아직 그 두 가지 사실 간의 관계를 제대로 정리하지 못했을 뿐입니다. 뭐 사실 어쩔 수 없는 일이지만, 다행히 그에게는 이를 깨닫기 위한 시간적 여유가 아직 있습니다. 물론 많은 시간은 아니지만, 그래도 가망이 아예 없진 않습니다.

얘기가 나왔으니 말인데, 조의 또 다른 문제는 그가 완전히 정치적 감각을 잃어버렸다는 사실입니다. 그러니까 내 말은, 그는 마치 과거로부터 온 후보자처럼 보입니다. 사실, 그에게 티얼[1] 컬러의 팬츠슈트[2]를 입히면, 단언컨대 당신은 2016년이 다시 돌아왔다고 생각할 것입니다.[3] 바이든은 스스로 부정직함 그 자체였던 힐러리 다음으로 많은 로비스트의 수표를 받은, 기성 후보 중 가장 부패한 인물로서 워싱턴의 뛰어난 인맥을 바탕에 둔 믿기 어려울 정도의 많은 권력을 가지고 있습니다. 그러니 그에게 백악관으로 돌아갈 기회를 주길 바랍니다. 아마도 그곳에는 "부통령님, 그건 안 됩니다"라고 말하는 유세 지원자들 대신, 약삭빠른 사람들의 아첨하는 소리만이 가득할 겁니다. 여기에는 바이든이 마치 18륜 캐러밴처럼 워싱턴으로 몰고

[1] 암록색을 띤 청색
[2] 여자용 슬랙스와 재킷이 한 벌이 된 슈트
[3] 힐러리 클린턴은 청색계열의 옷을 선호했다

들어 온 거액 기부자나, 그와 그의 아들 헌터가 모종의 대가를 지불한 중국인들은 고려조차 되지 않았습니다. 당신은 헌터 바이든이 중국과 누구에게도 제대로 설명할 수 없는 음습한 관계를 맺고 있다는 사실을 잊어서는 안 됩니다. 또한, 그는 코카인 양성반응으로 인해 해군 예비역에서 불명예 제대했던 것과 같은 다른 그늘진 배경도 가지고 있습니다. 하지만 그는 주류 언론으로부터 거의 완벽한 면책특권을 누리고 있습니다. 사실 나는 술을 끊은 구체적인 이유가 있으며, 몇몇 사람들이 중독과 관련된 문제가 있음을 충분히 이해합니다. 하지만 이것은 중독에 관한 내용이 아닙니다. 전에도 말했지만, 다시 한번 언급할 가치가 충분히 있어 보이는군요. 만약 도널드 트럼프 주니어가 코카인 양성반응을 보인다면 어떻게 될 것 같습니까? CNN이 생방송으로 "이 모든 일에 대해 합리적인 설명이 있을 겁니다, 그 사람의 말을 먼저 들어보시죠"라고 말할 것 같습니까? 천만의 말씀, 전혀 그렇지 않을 겁니다.

다행히도 바이든은 아버지가 상대하기 가장 쉬운 후보일 겁니다. 한번 생각해 볼까요? 만약 카말라 해리스가 그 남자를 때려눕힐 수 있다면, 당신은 도널드 J. 트럼프라면 그를 어떻게 할 수 있을 것 같습니까? 불쌍한 조는 내 아버지와 맞설 수 있는 두뇌력 자체가 아예 없습니다. 네, 지금 방금 한 말 그대로입니다. 바이든의 사람들은 그의 실수와 허풍을 단지 "조가 조했을 뿐"이라고 변명하지만, 내가 볼 때는 그가 단지 노인 건망증보다 더 큰 고통에 시달리는 듯 보일 뿐입니다.

대선후보가 될 확률 : 1/2[1]

---

[1] 실제로 조 바이든이 민주당 대선후보로 선택 되었다.

버니 샌더스 그에게 투표해선 안 되는 이유 : 다음은 1980년대의 그가 쓴 글을 인용한 문장입니다.

때때로 미국 기자들은 사람들이 음식을 사기 위해 줄을 섰다는 이유를 들어, 그 나라가 얼마나 나쁜지를 이야기하곤 하는데, 사실 그건 아주 좋은 발상입니다. 어떤 나라들에서는 사람들이 음식을 사기 위해 줄을 서지 않습니다. 그저 부자는 식량을 얻고 가난한 자들은 굶어 죽을 뿐이죠.

버니 샌더스는 평생에 걸쳐 서구 문명의 역사에서 한 번도 작동하지 않았던 체제, 즉 수억 명의 사람들을 가난하고 궁핍하게 만든 시스템을 계속 추진해온 동시에, 정작 본인은 현재 은행에 수십억 원의 예금과 호화로운 세 채의 집을 가지고 있는 사람입니다. 자본주의를 끔찍이도 싫어하는 사람이라고 하기에는 사실 이 체제에서 꽤 잘 살아왔다고 볼 수 있죠. 냉정하게 한번 잘 생각해 봅시다. 그는 틈새시장을 찾아 우리가 흔히 '망상'이라 부르는 제품을 개발했고, 시장에 가져와서는 그 제품을 완판시켰습니다. 그는 최고의 자본주의자입니다.

대선후보가 될 확률 : 1/5

엘리자베스 워런 2018년 6월, 내 여자친구 킴벌리 길포일이 폭스TV 더 파이브[1]의 사회자였을 때, 그녀와 다른 호스트들은 워런이 제기한 혈통논란에 대응하기 위해 23andMe[2]의 DNA 테스트를 받았습니다. 만약 당신이 그녀를 한 번도 본 적이 없다면, 아마도 어딘가의 낡진 대피소에 갇혀 있던 사람임이 틀림없을 겁니다. 킴벌리는 아름다울 뿐 아니라, 아일랜드의 다크함과 푸에르토리코 공주의 아름다움이 완벽한 조화를 이룬 여인이었습니다. 검사 결과가 나왔고,

[1] 미국 패널 토크쇼로 현재 이야기, 정치 문제 및 대중 문화에 대해 토론하는 프로그램

[2] 캘리포니아 서니 베일에 본사를 둔 개인 소유의 유전체 및 생명 공학 회사

그녀의 혈통은 명백했습니다. 그런데 다소 놀라운 일이 있었습니다. 검사 결과를 들은 즉시, 나는 내 트위터 계정을 열어서 워렌 상원의원에게 다음과 같은 내기를 제안했습니다. '만약 당신이 내 여자친구보다 더 아메리카 원주민에 가깝다는 사실을 증명할 수 있다면, 당신이 가장 좋아하는 미국 원주민 자선단체에 약 1,200만 원을 기부하겠습니다.' 아쉽게도 그녀의 답장은 오지 않았습니다. 안타깝군요. 아마도 내가 기부할 수 있는 가장 쉬운 1,200만 원이었을 텐데 말이죠. 킴벌리는 6.1%의 아메리카 원주민입니다. 우리의 포카혼타스는 어떻습니까? 글쎄요, 그녀는 근본적으로 퍼센트가 자체가 없습니다.[1]

얼마 후, 나는 킴벌리를 데리고 우리의 친구 세르지오 고어, 앤디 수라비안, 아서 슈워츠와 함께 매년 7월 4일 백악관에서 열리는 연례 행사에 참석했습니다.

나는 백악관 잔디밭에 모일 군인들과 그들의 가족에게 감사를 표하기 위해 아버지와 함께 그 자리에 가고 싶었습니다. 중동의 끊임없는 전쟁 속에 자신의 너무나 많은 것을 내주었지만 때로는 잊혀진 진정한 미국인들, 이 나라의 군인들과 이야기하는 자리를 나는 언제나 환영합니다. 지난 4년 동안 내가 만난 최고의 영웅들 중에는 이 나라를 위해 싸운 가장 용맹한 군인인, 존 웨인 월딩, 롭 오닐, 마커스 러트렐과 같은 애국자들이 포함되어 있었습니다. 악수를 나누고 사진을 찍기 위해 포즈를 잠시 취한 후, 우리는 백악관 내부의 외교접견실로 자리를 옮겨 잠시 불볕더위를 피하고 약간의 냉방을 즐겼습니다. 그리고 곧 트럼프 대통령과 퍼스트레이디와 합류했습니다.

정치인들이 가득 찬 방의 대화 주제가 대법관 임명을 비롯한 정치 이야기로 바뀐 것은 전혀 놀라운 일이 아니었습니다. 큰 뉴스에 대해 입을 닫고 있을 사람이 아닌 킴벌리는 얼마 전 자신이 얻은 DNA 결과를 방안에 모인 사람들과 공유했는데, 그 결과에는 그녀가 단지

---

[1] 과거에 트럼프는 자신을 체로키 부족이라고 주장한 워렌을 "포카혼타스(Pocahontas)"라고 조롱하며 DNA 검사 결과 워렌이 아메리카 원주민 후손임이 증명되면 그녀가 원하는 자선단체에 약 12억 원을 기부하겠다고 말한 바 있다. 그러나 검사 결과 워렌의 혈관을 관통하는 피 가운데 아메리카 원주민의 피는 겨우 0.09%에 불과했다.

아일랜드와 푸에르토리코 사람뿐만 아니라 6.1%의 혈통을 가진 아메리카 원주민이고, 일부는 아프리카인인 동시에 심지어 다른 일부는 아슈케나지[1] 유대인의 혈통이었단 사실이 잘 설명되어 있었습니다.

아버지는 그녀의 말을 주의 깊게 들었습니다. 우리는 곧 화제를 바꾸었지만, 며칠 후 그는 몬태나에서 맷 로젠데일[2]을 위한 선거운동을 하는 동시에 엘리자베스 워렌에게 DNA 검사를 의뢰했습니다! 내 아버지라서 하는 말이 아니라, 실제로 그보다 이런 일을 더 잘 할 수 있는 사람은 아마 없을 겁니다. 그는 단숨에 판을 키웠으며 만약 그녀가 DNA 검사를 받고 자신이 아메리카 원주민이라는 사실을 증명한다면, 내 아버지는 그녀가 선택한 자선단체에 기꺼이 돈을 기부할 겁니다.

그렇다면 그녀가 자신의 DNA를 두고 한 거짓말이 대체 왜 그리 큰 문제가 되는 걸까요? 음.. 첫째, 그녀가 자신을 소수민족이라고 홍보하는 건 정말이지 어리석은 행동인 것을 넘어서 비열한 짓입니다. 그녀는 하버드 대학에 지원했을 때 그와 관련된 내용을 언급하지 않았다고 말했지만, 정말 그렇습니까? 그렇다면 왜 그 대학에서 자신들의 교정에 아메리카 원주민 출신의 교수가 있다는 사실을 대외적으로 홍보했을까요? 포드햄법률리뷰[3]에서는 그녀를 유색인종으로 묘사하기까지 했습니다. 그들이 그녀의 금발을 어떻게 설명했을지 궁금하지 않습니까?

스스로 자문해보기 바랍니다. 만약 워렌이 가짜 아메리칸 인디언이라는 게 아무런 문제가 되지 않는다면, 어째서 그녀가 현재 본인의 모든 것들이 다 가짜라는 문제에 직면해 있는 걸까요? 그녀의 졸업장, 성적, 나이 등 이 리스트는 영원히 남을 것입니다. 그리고 하버드에 지원했지만, 단지 솔직했다는 이유만으로 합격하지 못한 누군가가 있다는 사실은 또 어떻습니까? 하지만 지금까지도, 그녀는 이로 인해

[1] 중부·동부 유럽 유대인 후손

[2] 몬태나주의 감사관. 이전에는 몬태나주의회 의원이었음

[3] Fordham Law Review Fordham University School of Law 와 관련된 학생이 운영하는 법률 저널로 광범위한 법률 장학금을 다룬다.

어떠한 이득도 받은 것이 없다며 부인하고 있습니다. 내 생각에, 그런 대응은 그녀가 했던 일들에 대한 인식을 더 안 좋게 만들 뿐입니다.

워렌은 자신이 양심 없는 거짓말쟁이라는 사실만으로는 충분하지 않다는 듯, 그녀는 당신이 스스로 일궈낸 성취를 두고 느끼는 것과 마찬가지로 자신의 소유를 자랑스레 여깁니다. 심지어 그녀는 최근 대통령 포럼에서 선거 캠페인을 중단하는 말로, 소위 말하는 사과를 대신했습니다.

지난 대선에서 유권자들은 힐러리가 자신들을 얕잡아 보며 말하는 방식을 경멸했습니다. 그녀는 자신이 원하는 표를 가진 그 사람들보다 본인이 더 낫다고 느끼는 듯 보였는데 엘리자베스 워렌은 그보다 열 배는 더 나쁩니다. 적어도 힐러리는 하버드 교수는 아니었으니까요! 워렌은 사람들과 대화할 때면 상대방을 마치 자신이 맡은 학급의 가장 어리숙한 학생들인 것처럼 대하곤 합니다. 네, 맞습니다. 확실히 그녀는 적어도 다른 민주당원들에 비해 몇 가지 실제적인 정책계획을 가지고 있지만, 차라리 핵분열에 관해 이야기하는 편이 더 나을지도 모릅니다. 또한, 그녀가 자신을 평범한 여성 시민으로 포장하려 한다면, 어떤 일이 생길 것 같습니까? 만약 아직 그 결과를 실제로 보지 않았다면, 구글에 "워렌 맥주 비디오"를 한번 검색해보기 바랍니다. 인스타그램을 통해 보여준 그녀의 '즉흥' 연설은 정말 흥미로웠습니다. 그래머스쿨[1]의 연극에서 더 나은 연기를 보았던 기억이 났거든요. 그건 그렇고, 엘리자베스, 왜 맥주 라벨을 벗겼나요? 덕분에 업체 측이 당신에게 제품홍보비용PPL을 주지 않아도 됐는데 말이죠?[2]

이 책에서 거듭 말했듯이, 나는 정치 전략가가 아닙니다. 그런 사람이 되고 싶은 열망 또한 없습니다. 하지만 아직도 나는, 워렌 측 캠페인에서 과연 누가 1,024분의 1의 확률로 그녀가 아메리카

---

[1] 영국 및 영어 사용권 국가에서 운영되는 7년제 대학입시 대비 인문계 중등학교

[2] 엘리자베스 워렌은 2019년 새해 전날, 인스타그램 라이브에서 맥주를 마시며 자신이 2020년 대선에 출마할 것을 발표한 바 있다.

원주민일 수도 있음을 증명해 줄 DNA 테스트 결과지를 손에 들고 선, 이것이 승리의 도구가 될 수 있다고 주장했는지 궁금할 따름입니다. 하지만 나는 그것이 누구의 생각이었든 간에 결국 워렌 자신이 그 결정의 최종 승인자임을 잘 알고 있습니다. 그리고 이 결정은 잘해봐야 그녀의 심각한 판단력 부족을 보여주며, 최악의 경우 전적인 무능력함을 증명해줄 뿐입니다.

그래도 적어도 이 책에서만큼은 워렌이 민주당 후보가 될 가능성이 있습니다. 그들은 계속해서 사회주의 쪽으로 기울고 있으며, 그리 놀라운 일도 아닙니다.

대선후보가 될 확률 : 1/5

카말라 해리스 지금까지 그녀는 정확히 딱 한 번 주목을 받았습니다. 바로 조 바이든이 인종차별주의자들의 지지자였으며, 1970년대 공립학교의 인종차별 철폐를 위한 강제버스통학에 반대한 사람이라고 비난했던 토론에서 말이죠. 하지만 그 장면은 그녀와 바이든[1]이 완벽히 사전에 기획한 하나의 각본이었습니다. 기억할지 모르겠지만, 그녀는 맨 처음 인종차별 철폐 버스를 탔던 캘리포니아의 한 어린 소녀에 관한 이야기를 했습니다. 그녀가 "그 어린 소녀는 바로 나였습니다!"라는 강력한 문장을 힘껏 던졌을 때, 마치 어떤 사람에게 자신의 바지 지퍼가 지난 30년 동안 열려 있었다는 말을 처음 들은 듯한 조의 반응은 감히 값을 매길 수조차 없었습니다. 엘리자베스 워렌의 가식적인 맥주 영상과는 달리 해리스의 말은 그녀의 감정을 정말로 상하게 한 상대를 향한 진지하고 즉흥적인 공격이라는 인상을 주기에 충분했죠. 하지만 실상은 그게 아니었습니다. 캠페인 내부 사람들의 말에 따르면, 해리스 팀은 몇 달에 걸쳐 그 몇 개의

---

[1] 이곳에서 암시하듯, 바이든은 카말라를 민주당 대선 러닝메이트 즉, 부통령 후보로 선택 하였다.

문장을 대본으로 작성했고 시각적 효과와 언어적 전달이 완벽하게 이루어지도록 했다고 합니다. 그 연설은 노래하는 전자카드만큼이나 정확했고 한 치의 오차도 없었습니다.

더 심각한 건 캘리포니아의 법무부 장관으로서 그녀의 이력입니다. 사법정책연구소에 따르면, 그녀는 흑인들을 백인보다 12배 높은 비율로 감옥에 보낸 엄격한 "삼진아웃법"을 지지했습니다. 그들 중 상당수는 비폭력적이고, 심지어 경범죄자들이었지만, 카말라 해리스는 법무부 장관으로 재직하는 동안, 세대와 남녀를 가리지 않고 수많은 흑인을 감옥으로 보냈습니다.

이와 반대로, 내 아버지는 형사사법 개혁안을 통과시켰습니다. 2018년 12월, 그는 가혹한 약물치료를 철회하고 오피오이드[1] 중독자 치료와 노동 석방[2] 프로그램 같은 감옥의 대안을 허용하는 연방 교도소 개혁 법안First Step Act에 서명했습니다. 이 법안은 압도적으로 초당적인 지지를 받아 의회를 통과했습니다. 워싱턴에서의 상황은 그렇게 변하고 있었습니다.

대선후보가 될 확률 : 1/15

피터 시장. 먼저 말하고 싶은 한 가지는, 난 피터 시장을 싫어하지 않습니다. 그가 정말 좋은 사람인 맞지만, 정치인으로서의 이미지 메이킹optics에 관한 한 모두 틀렸습니다. 그는 이런 종류의 일을 할 만한 가치가 있는 경력을 전혀 쌓아오지 않았으며, 심지어 그의 유권자들조차도 그가 무슨 일을 했는지 전혀 모릅니다. 그 재킷 없는 패션? 그게 뭐 어쨌다는 겁니까? 내 친구 짐 조던[3]은 재킷 없는 셔츠가 잘 어울립니다. 짐은 그 자체로 견실한 사람이라는 인상을 주니까요. 왜냐하면, 그가 바로 그런 사람이기 때문입니다. 하지만 피터에게

[1] 아편 비슷한 작용을 하는 합성 진통·마취제

[2] 죄수가 낮 동안 교도소 밖으로 노동을 하러 나가는 것을 허용하는 제도

[3] 미국 정치가, 레슬링 선수 및 전직 레슬링 코치

있어서, 재킷 없는 패션은 마치 그의 엄마가 도시락에 푸딩을 넣는 걸 잊은 것처럼, 난감해 보이기만 합니다. 피트는 아직 전성기를 맞이할 준비가 되지 않았습니다. 아마 몇 번의 사이클이 지난 뒤에는 모르겠지만, 분명한 건 지금은 아닙니다. 게다가, 게다가 그는 현재 운영 중인 작은 도시조차도 버거워 보입니다. 인디애나 주 사우스벤드에서 발생한 경찰과 인종간의 갈등조차 제대로 관리하지 못하는 그가, 어떻게 한 나라를 운영할 수 있겠습니까? 그의 도시는 현재 미국의 도시 랭킹 중 무려 301위에 자리하고 있습니다. 만약 당신이 상위 300위 안에 들지 못한 도시조차 제대로 운영할 수 없다면, 어떻게 세계 최대의 경제를 운영하겠습니까? 그는 미국에서 두 번째로 최악인 시장입니다. 그러면 가장 최악은 누구일까요? 이 책을 계속 읽으면 곧 알게 될 겁니다.

대선후보가 될 확률 : 1/25

베토 오로크. 그에게 투표하지 않을 이유: 본인의 히스패닉 이름을 효과적으로 사용하는 아일랜드계 남자. 유세를 너무 많이 하며, 신선함이 없다. 차로 아이들을 덮친 단편 소설을 썼다. 무단침입으로 체포되었다. 현장에 있던 경찰관들에 따르면, 그는 자신이 일으킨 음주운전 사고 현장을 그냥 떠나려 했다고 한다. 아마도 본인을 배트맨으로 착각한 듯 보인다.

이게 다가 아닐지도 모릅니다. 하지만 아이들에 대한 살인 판타지를 썼는데 뭔가 다른 이유가 더 필요한지 사실 잘 모르겠습니다. 솔직히 나는 당신이 그 문장 다음에 이어지는 내용을 마저 읽을 것이라고도 생각하지 못했습니다.

대선후보가 될 확률 : 1/25

코리 부커. 사실 나는 부커 상원의원에게는 기회가 별로 없다고 생각하지만, 어쨌든 그에게 투표하지 않을 충분한 이유를 말해보겠습니다. 그에게는 상상 속의 친구가 한 명 있습니다. 농담이 아닙니다. 한 번 찾아보길 바랍니다. 실제로 그는 유세 연설이나 그 외 여러 경우에, 사람들에게 자신이 처음 뉴어크로 이사했을 때 만났던 티본이라는 남자에 대해 말하는 걸 좋아합니다. 그 당시 부커는 예일 법대를 다니고 있었는데 이는 물론 그가 뉴저지주 해링턴 공원의 험난한 거리에서 자란 후였고, 스탠포드에 간 다음의 일이었습니다. 하지만 실제로는 그렇지 않았습니다. 해링턴 공원은 이 주에서 가장 좋은 교외 지역 중 하나였죠. 어쨌든, 부커 상원의원의 말에 따르면, 티본은 "마약왕"이라고 합니다.

나를 미쳤다 말해도 좋습니다. 하지만 나는 뉴어크의 클린턴 힐 인근 지역에서는 마약왕이라는 용어를 사용하지 않는다고 생각합니다. 부커가 청중들에게 말했듯이 티본은 한때 마치 1991년도 영화 뉴잭시티에 나오는 대사처럼 "엉덩이에 모자를 꽂아 버리겠다"라는 엄포를 놓았다고 합니다.

자, 한 번 봅시다, 이렇게 생각하면 아주 간단합니다. 티본은 거의 확실히 부커가 만들어 낸 가상의 인물입니다. 내가 추측하기로 그는 자신만의 "스트릿 크리드"[1]를 구축하기 위해 티본이란 인물을 만든 것으로 보입니다. 어쨌든, 가장 큰 범죄라고 해봤자 카푸치노 거품을 조금 적게 주는 것이 다인 도시에서 자랐다면, 아마 당신도 그와 마찬가지로 "스트릿 크리드"가 필요했을지 모릅니다. 그러나 뉴저지에서 온 상원의원에게 유감을 표하지는 않길 바랍니다. 그에게 큰일이 있을지도 모르니까요. 내 생각에는 티본과 부커라는 TV 시리즈가 아주 잘 어울릴 것 같은데 어때요, 괜찮지 않습니까?

[1] (도시에 살면서 문제를 겪은 경험이 있는) 청소년들에게 먹혀드는 행동 방식

대선후보가 될 확률 : 1/30

"미네소타의 훌륭한" 에이미 클로버샤 부커, 베토, 그리고 피터 시장처럼 이 미네소타 출신의 상원의원 역시 경선의 낙오자이기 때문에 나는 그녀에게 많은 잉크를 쓰지 않을 것입니다. 하지만, 그녀를 위해 일하러 가는 모든 이들을 위해 해주고픈 조언이 하나 있습니다: 도망가세요.

대선후보가 될 확률 : 1/50

그 외. 나는 야외 활동을 좋아하고 나무가 낭비되는 상황을 좋아하지 않으므로 모든 후보를 다 언급하지는 않을 것입니다. 자, 이제 나무를 보존하기 위해서 나는 그들을 한 무더기 안에 넣을 겁니다. 한번 불러볼까요? 어디 봅시다. 아! 그들의 투표용지 번호만 쓰는 건 어떨까요? 혹시 1%의 득표율이라고 들어본 적 있습니까? 자 그럼, 두구두구두구두구두구.... 보수주의자의 넓은 마음으로 그들을 환영해줍시다! 스티브불록, 줄리앙카스트로, 존델라니, 미셸베넷, 툴시가바드, 웨인메삼, 팀리얀, 조세스탁, 톰슈테이어, 마리안네, 윌리암슨, 앤드루양...

만약 당신이 민주당 대통령 예비선거를 자세히 지켜봤다면, 왜 그랬는지는 모르겠지만, 내가 누군가의 이름을 빠뜨렸다는 사실을 혹시라도 눈치챘을지 모르겠습니다. 물론 실수로 빼먹은 것은 아닙니다. 사실 최고의 인물을 제일 마지막에 소개하고 싶었거든요.

빌 더블라지오 명실상부한 최악의 시장.

2014년 뉴욕 시장으로서 더블라시오의 첫 공개 행사 중 하나는 성촉절[1]에 열린 행사였습니다. 그가 해야 할 일은 스타튼 아일랜드의 동물원에 가서 척이란 이름의 마못을 만나 이 귀여운 동물 친구가 자신의 그림자를 보았는지 아닌지를 사람들에게 말하고 집으로 돌아

[1] 미국에서 마멋(woodchuck)이 겨울잠에서 깨어난다는 날로 2월 2일. 이 날 해가 떠서 마멋이 자기 그림자를 보게 되면 다시 동면 상태로 돌아가므로 겨울 날씨가 6주 동안 더 계속된다는 설이 있음

가는 것뿐이었습니다. 참 쉽죠? 하지만 만약 당신이 더블라지오라면 그렇지 않을 겁니다. 사육사에게서 척을 건네받자마자 시장은 그를 손에서 떨어뜨렸고 가여운 척은 머리부터 땅에 부딪히고 말았습니다. 더블라시오는 196cm의 거구였으므로 추락은 치명적이었습니다. 농담이 아닙니다. 수의사는 일주일 후에 척을 안락사시켜야 했습니다. 이렇게 더블라지오가 뉴욕 시장으로서 처음으로 한 일은 마못을 죽인 사건으로 기록됐습니다. 하지만 이는 시작에 불과했으며, 상황은 점점 더 나빠져만 갔습니다.

뉴욕 경찰들은 그 남자를 절대적으로 싫어했으며, 나는 그런 그들을 조금도 비난하지 않습니다. 더블라지오 시장은 그들을 위협했고, 경찰들이 자신이 해야 일을 하는 것을 불가능하게 만들었을 뿐 아니라 정작 본인은 아무 일도 하지 않았습니다. 그는 자신의 혼혈아들에게 경찰을 두려워할 필요가 없다는 말을 하기도 했죠! 세 아이의 엄마이자 경찰관인 미오소티스 파밀리아가 경찰을 혐오하는 가석방자의 총에 머리를 맞았을 때, 더블라지오는 자신의 관할 경찰서에서 열린 농성집회 현장을 방문하는 대신 독일로 여행을 떠났습니다. 최근까지도 뉴욕 경찰은 마치 표적이 된 것처럼, 자신들을 향해 던지는 물통을 그냥 맞아야만 했습니다. 더블라지오가 아닌 다른 누가 시장이었다 할지라도, 그 사람들은 분명 경찰관을 폭행한 혐의로 입건되었을 것입니다. 그러나 이 시장 휘하에서는 전혀 아닙니다. 매일 목숨을 거는 경찰관들이 공개적으로 굴욕을 당하는 동안, 더블라지오는 그저 어깨를 으쓱할 뿐입니다.

모든 면에 있어 그는 시장으로서 낙제점을 받아 마땅했습니다. 그가 만든 학교시스템은 꾸준히 미국 전체에서 최악의 학군 중 하나로 평가됩니다. 최근에는, 영재들을 위한 수업을 없애는 방안을 고려했는데, 혹시 미래의 아인슈타인을 웰컴 백 카터[1]에 나오는 아이들과

---

[1] 미국의 TV시트콤

같은 선상에 두고 싶은 겁니까? 똑똑하군요, 빌, 정말 똑똑해!

더블라지오는 끔찍한 시장인 동시에, 매우 나쁜 정치인이기도 합니다. 자, 경찰이 폭행을 당하고, 살인 및 강간 등의 흉악 범죄가 급증하며, 그의 유권자들이 쥐가 들끓는 공공 주택에서 살고 있는 와중에, 이 도시의 시장은 과연 어디에 있었을까요? 아이오와에서 콘도그(핫도그)를 먹고 있었습니다. 뉴욕포스트에 따르면 더블라지오는 2019년 5월 시청에서 총 7시간 동안 근무하며 시간당 3,080달러의 유효 급여를 받았습니다. 아마 시민들이 시청에 혼인신고를 하기 위해 줄 서서 기다렸던 시간이, 시장이 그곳에서 일한 모든 시간보다 더 많았을 겁니다.

지난 5월, 그는 자신의 그린뉴딜정책을 트럼프 타워에서 발표하는 깜짝 이벤트를 통해 우리를 놀라게 할 계획을 세운 듯 보였습니다. 다만, 안타깝게도 트럼프 타워에 친트럼프 성향의 사람들이 있을지도 모른다는 생각이나 그 행사의 계획이 사전에 새어 나갈지도 모른다는 생각은 전혀 하지 않았던 것 같습니다. 그의 팝업 프레스가 준비될 무렵, 우리는 사운드 시스템을 작동시켜 토니 베넷의 "Stranger in Paradise"와 프랭크 시나트라의 "I've Got You Under My Skin" 음악을 틀었습니다. 그와 동시에 트럼프를 지지하는 레즈비언 단체를 포함한 수십 명의 시위대가 표지판을 들고 에스컬레이터를 오르내리며 "역사상 최악의 시장!"이라는 구호를 외쳤습니다.

자, 이제 만약 당신이 나와 같다면, 당신은 분명 어째서 더블라지오가 자신이 대통령이 될 수 있다고 생각하는지 스스로 되묻고 있을 겁니다. 아마도 머리가 너무 높은 곳에 있어서 산소를 충분히 공급받지 못하고 있기 때문일지도 모르겠군요. 하지만 다행히도, 그가 당선될 가능성은 그리 크지 않습니다. 여론조사 분석 사이트 파이브서티에이트에 따르면 이 시장의 호감도는 매우 부정적입니다. 그리고 이는 곧, 그가 후보 지명을 받을 가능성이 0보다 작다는 사실을 의미합니다.

대선후보가 될 확률 : 0보다 작다.

내 출판대리인이 러시아인에게 해킹을 당하지 않는 한, 이 책은 아마도 밀워키에서 열릴 민주당 전당대회 8개월 전인 2019년 11월 초에 당신이 가장 좋아하는 서점의 진열대에 올려져 있을 겁니다. 그 시기에 후보들은 인종차별과 성차별, 트랜스포비아[1], 이슬람 혐오를 무수히 언급할 것입니다. 그리고 그들이 할 수 있는 일은 그저 어느 것도 변한 게 없다는 사실을 증명하는 일과 민주당이 여전히 진정한 진보보다는 정체성 정치에 대한 병적으로 집착하고 있음을 재확인시켜주는 일, 그리고 여전히 진정한 해결책 대신 무모한 사회주의식 계획을 제안하며, 사회정의 전사들의 쉽게 휩쓸리는 감정적 동요에 영합하는 것밖에는 없습니다.

예나 지금이나 변한 건 없습니다.

---

[1] 성전환자에 대한 혐오

Chapter 17.

트럼프 2020(TRUMP 2020)

혹시 당신이 잘 모를 수도 있지만, 나는 분명 홀마크 카드[1] 같은 사람은 아닙니다. 과거가 됐든 아니면 다른 무엇이 됐든 상관없이, 감상성 sentimentality에 그리 큰 가치를 부여하지도 않았습니다.

하지만 가끔 내 아버지와 우리 가족 그리고 우리와 함께한 친구들이 지난 몇 년 동안 이룬 성취들을 한 번씩 돌아볼 때면, 그런 나조차도 당황스러울 때가 있습니다. 우리는 함께 미국 역사상 가장 부패한 정당 조직을 떠맡았고 결국 승리했습니다. 하지만 그 과정은 동시에 미국 정치 역사상 가장 큰 혼란의 순간이었고, 나는 창끝, 아니 적어도 창끝의 일부라도 되어야만 했습니다. 그 후 우리는 가짜 담합 의혹에서부터 우리 삶의 모든 기록을 샅샅이 뒤지는 편향된 기자들, '왕좌의 게임'보다 더 오래 끄는 듯 보이는 수사에 이르기까지, 이 나라가 전에 마주했던 그 어떤 것과도 비교할 수 없는 정치적 폭풍을 이겨냈습니다. 이제 우리는 그 어느 때보다도 더 기울어지고, 더 비열해진, 그리고 더 강해진 적들의 반대편에 서 있습니다. 나처럼 감성적이지 않은 남자에게도 이 장면은 꽤 인상적입니다. 내 손자들에게도 꼭 말해주고 싶을 정도니까요.[2]

하지만 잘 생각해 보면, 내 손자들이 이 모든 일을 믿기란 꽤 어려울지도 모릅니다. 나도 가끔씩 그럴 때가 있거든요. 예를 들어, 만약 당신이 내가 갭이어를 보내고 있을 때, 그러니까 낮에는 숲에서 캠핑

[1] 미국 최대의 축하 카드 제조 회사

[2] 아, 물론 내가 젠더이분법(남성과 여성 두 개의 젠더만이 존재한다는 생각)을 믿는다는 이유로 알렉산드리아 오카시오-코르테스 행정부가 그들을 내게서 데려가지만 않는다면 말이죠.

을 하고 밤에는 쿠어스 라이트[1]를 마시던 시절의 내게 다가와서 언젠가 나와 내 아버지가 이 나라 최고정보기관의 표적이 될 것이라고 말했다면, 나는 아마도 버섯이나 먹으면서 조금 쉬라고 대답했을 겁니다. 하지만 술 취한 사람의 헛소리였으면 좋았을 이 모든 말은, 결국 다 현실이 됐습니다.

지금도 우리 정부 내부에는 아버지에게 저항했던 범죄의 증거를 묻으려 하는 세력이 있습니다. 그들은 조작된 스틸[2]의 사건기록과 불법 FISA 영장을 양탄자 밑으로 쓸어버리고, 마치 아무 일도 일어나지 않은 것처럼 행동하고 있습니다. 만약 그 사람들이 정말로 날조된 러시아 역사를 쓰려고 했다면 나를 믿어주길 바랍니다. 그들은 분명 그런 시도를 할 것입니다. 그들은 뮬러의 조사가 실제 증거에 근거했으며 도널드 트럼프와 그의 행정부가 정말로 사법 방해라는 범죄를 저질렀다고 말할 것이 분명합니다. 그리고 그들은 이 유명한 보고서의 주인공인 미스터 뮬러가 의회에 나와 증언하는 동안 크리스토퍼 스틸, 제임스 코미, 앤드류 맥케이브, 피터 스트룩, 그리고 리사 페이지와 같은 이름들은 아마 기억에서 지워버리고 대신, 러시아 올리가르히[3] 그리고 그 외 우리를 러시아 스파이로 만들었을 것으로 추정되는 사람들의 이름을 모두 다 기억에서 지워버릴 겁니다.

만약 당신이 그런 일이 실제로 일어날 수 있다고 생각하지 않는다면, 한 번 같이 살펴봅시다. 사실 이런 일은 이전에도 있었습니다. 바로 우리 모두의 '마틴 루터킹 주니어'에게 말이죠.

J. 에드거 후버와 FBI는 몇 년 동안 킹 박사에 관한 파일을 보관했습니다. 그들은 그가 러시아의 요원이고 공산주의자들에게 동조했으며 연설과 불매운동을 무기로 미국을 파괴하기 위해 등장했다는 이야기를 꾸며냈습니다. 그들은 킹 박사의 전화를 도청했습니다. 호텔 방에 증거물을 몰래 숨겨놓기도 했죠. 그의 삶을 지옥으로 만들었고,

---

[1] 콜로라도주 골든, 조지아주 올버니, 엘크턴, 텍사스주 포트워스, 캘리포니아주 어윈데일, 위스콘신주 밀워키, 뉴브런즈윅주 멍크턴에서 제조되는 알코올 도수 4.2%의 라이트 맥주

[2] 크리스토퍼 스틸 : 2009년 은퇴한 비밀 정보 서비스 MI6을 보유한 영국의 전 정보 관리 책임자, 힐러리는 민주당을 통해, 반(反)트럼프 인사인 스틸에게 150억 원에 달하는 거액을 주고, 트럼프에 관한 거짓말들을 모아서 트럼프-러시아 사건기록을 만들도록 함

[3] Oligarch · 러시아 신흥재벌, 과두지배세력

벗어날 수 있는 벗어날 수 있는 유일한 방법은 자살뿐이라는 편지들을 보냈습니다. 하지만 그중에서도 가장 악랄했던 행동은, 그들이 이 모든 사실을 다 덮어버렸다는 것입니다. 지난 50년 동안, 마틴 루터 킹 주니어에 대한 FBI의 많은 작전 기록은 연방명령에 의해 봉인됐으며, 정보기관의 최고 보안 등급을 가진 사람들만 접근할 수 있었습니다. 문서열람에 대한 요청은, 누가 최고 결정권자로 있든지에 관계없이 모두 거절됐습니다. 결국, 2007년에야 대부분의 문서가 대중에게 공개됐고, 우리는 우리의 사법기관이 가장 위대한 시민 한 명을 자신들의 목표로 삼았음을 여실히 확인할 수 있었습니다. 여기서 내가 굳이 '대부분'이라고 말하는 이유는 그중 상당 부분은 이미 파기됐을 거라 확신하기 때문입니다. 유감스럽게도 누구도 처벌받지 않았습니다. 이미 많은 책임자가 죽었고, 그들은 자신이 저지른 범죄의 책임을 지지 않았습니다. 지난 3년을 한 번 돌아봅시다. 과거와 현재를 비교해서, 정말 스스로 솔직하게 물어보길 바랍니다. 무언가 달라졌습니까, 아니면 조금도 변하지 않았습니까?

FBI가 트럼프 선거 캠페인과 행정부를 대상으로 한 비밀 작전 기록을 보관하고 있는지는 잘 모르겠습니다. 하지만 만약 실제로 그런 기록들이 있다면, FBI의 고위 간부들은 그것들을 절대 공개하지 않을 것입니다. 기억합시다. 이 조직은 비밀누설과 거짓말을 예술의 경지로 끌어올린 제임스 코미[1]가 이끌었던 조직입니다. 내가 이 책을 쓸 무렵, 미국 법무부 감찰관은 코미가 미국 대통령과 FBI 국장 간의 연관성을 서술한 공식문서를 언론에 누설했다는 내용이 담긴, 매우 비판적인 보고서를 발표했습니다. 연방 검사 출신인 우리의 친구, 루디 줄리아니에 따르면, 코미를 감옥에 집어넣기 충분한 범죄라고 합니다. 만약 그가 트럼프 지지자이거나 적어도 기득권 정치계급의 일원이 아니었다면, 지금 당장 감옥에 있었을 것이란 사실에는

[1] 미국의 법률가로, 2013년 9월부터 2017년 5월까지 연방수사국 장관을 역임하였으며, 힐러리 클린턴이 국가 기밀을 포함한 개인 이메일 서버를 사용하였다는 혐의에 대한 조사를 하였고, 이에 대한 이례인 무혐의 발표를 하여 트럼프 당선에 유효한 영향을 미친 것으로 평가되는 인물.

[1] 러시아 스캔들의 FBI 조사관

[2] FBI 변호사이자 피터 스틀족의 내연녀

[3] 2016년 2월부터 2018년 1월까지 FBI 부국장을 역임 한 미국 변호사

[4] 2005년 5월, 애리아나 허핑턴이 설립한 허핑턴 포스트는 다양한 칼럼니스트가 집필하는 인터넷 신문으로, 정치, 미디어, 비즈니스, 엔터테인먼트, 생활, 환경 운동, 세계 뉴스 등 폭넓은 주제를 다루고 있음

의심의 여지가 없어 보입니다. 그러나 힐러리 클린턴처럼, 피터 스틀족[1]과 리사 페이지[2], 앤드류 맥케이브[3]처럼, 코미 역시 그가 법을 어겼는지 아닌지에 관한 모든 의심으로부터 특별한 혜택을 받을 것이며, 이 쿠데타를 주도했던 다른 사람들처럼 절대 처벌받지 않을 것입니다. 대신, 그는 아마 출연료를 받는 토론자로 CNN에 출연하겠죠! 그와 같은 사람들에게는 인터뷰 준비를 할 시간이 몇 시간씩 주어집니다. 결국에는 그와 같은 사람들을 어떻게 처벌할 것인지를 결정할 시점이 되면(또는, 처벌하지 않을 때), 우리는 그들의 가족과 근무 기간, 그리고 기소처분이 그들의 감정을 얼마나 상하게 할 것인지를 생각해야만 합니다. 만약 당신이 트럼프 행정부의 누구라도 이와 같은 관용을 받을 수 있을 것으로 생각한다면, 아직 상황을 제대로 파악하지 못한 것입니다.

허핑턴 포스트[4]의 누군가가 "돈 주니어, FBI를 혐오하다"라는 제목의 글을 쓰기 전에, 나는 내가 우리의 정보기관에서 일하는 일반 직원들, 즉 실제 일을 처리하고 우리를 국내외의 위협으로부터 안전하게 지켜주는 이들에 대해 말하고 있는 것이 아님을 분명히 밝히고 싶습니다. 그들은 점잖고 근면하며, 나는 그들 중 대부분을 신뢰하길 원합니다. 그리고 실제로 그렇습니다. 나는 이 나라 법집행기관의 실무를 담당하며 열심히 발로 뛰는 모든 이들과는 전혀 문제가 없습니다. 이 놀라운 남성과 여성들은 훌륭한 일을 하고 있고, 이들 중 나와 대화를 나눈 상당수는 '자신들의 뱃지를 더럽히고' 전 세계의 웃음거리로 만든 클래퍼와 코미를 혐오합니다. 내 경험상, 그들은 압도적으로 MAGA가 맞습니다. 하지만 나는 이 기관의 최고위층을 구성하는 변호사들과 정치범들과는 매우 큰 문제를 가지고 있습니다. 그들은 그저 제도권으로부터 너무 오랫동안 많은 권력을 부여받은 단순한 직업 관료들일 뿐입니다. 그들의 동기는 이기적이며, 미국

과 미국의 이익에 대해서는 거의 신경 쓰지 않습니다.

사실, 만약 당신이 지금 저녁 7시에서 10시 사이에 이 책을 읽고 있다면, 지금 바로 텔레비전을 켜면, 전 CIA 국장 존 브레넌을 볼 수 있을 겁니다. 제임스 클래퍼 전 국가정보국장 또는 제임스 코미 이전에 FBI 부국장을 역임했던 앤드류 맥케이브도 아마 함께 볼 수 있을지도 모릅니다. 그들은 범죄의 진실을 실시간으로 묻으려 애쓰면서 내 아버지에 대해 계속 거짓말을 하고 있습니다. 아, 그리고 그나저나, 그들 모두 책을 썼더군요.[1] 분명한 것은 가짜 뉴스 매체들이 가만히 앉아서 아버지를 끌어내리려는 범인들을 취재하는데 만족하는 것을 넘어, 그들에게 주차 공간과 언론사 출입증, 도서 계약 등의 혜택을 주었단 사실입니다. 만약 당신이 그들 편이라면, 당신 또한 잘못에 대한 처벌을 받는 대신, CNN과 MSNBC에서 출연료를 받는 해설자 역할로 보상을 받을 것입니다.

따라서, 나는 FBI가 민주당 전국위원회DNC와 힐러리 클린턴의 캠페인과 더불어 내 아버지에게 했던 일들에 관한 진실이 결코 빛을 볼 수 없을 거라 확신합니다. 그렇게 될 것이라 믿기에는 너무 많은 일을 겪었거든요. 물론 훌륭한 기자들과 민간 시민들이 그 일부를 밝혀내기도 했습니다. 우리는 이제 트럼프 타워에서 우리의 선거 캠페인을 감시하던 FISA 영장이 합법적으로 확보된 것이 아니고, 트럼프 행정부의 목표물을 쫓을 때 FBI 최고위급 요원 몇 명이 통신 규약을 위반했다는 사실을 알게 됐습니다. 또한, 로버트 뮬러를 지지하는 열아홉 명의 성난 민주당원들 중 거의 모두가 트럼프를 혐오하는 해킹범이었다는 사실 또한 잘 알고 있습니다. 그 보고서의 주인공인 뮬러 자신도 이미 전성기가 훨씬 지난 한 명의 노쇠한 노인으로, 단지 민주당에 의해 마치 임대된 노새처럼 이리저리 끌려다녔을 뿐이란 사실도 역시 알게 됐습니다. 그는 단지 그 보고서의 명목상

[1] 네, 그래요. 당신이 지금 무슨 생각을 할지 잘 알고 있습니다. "음, 그런데 당신도 책을 썼잖아요 돈." 과연 같을까요? 그들은 자신들이 했던 거짓말을 주제로 책을 썼고, 나는 그들이 나를 대상으로 삼아 말했기 때문에 책을 썼습니다.

작성자일 뿐이었습니다. 하지만 그 결과는 어떻겠습니까? 사과를 받을 수 있을까요, 아니면 가짜 음모론을 몇 년 동안 밀어붙인 사람들이 미국 국민을 상대로 저지른 이 대담한 사기에 대한 벌을 받는 모습을 볼 수 있을까요? 우리는 누구한테 그 책임을 물어야 할까요?

숨이 턱 막히는군요.

그리고 지금, 2020년 선거를 준비하는 이 시점에 가짜뉴스 미디어는 더 거대해졌고 더 공격적이며, 그들의 청중들은 그 어느 때보다도 더 세뇌되어 있습니다. 혹시 당신은 트럼프에게 유리하게 작용할 만한 이야기를 들어본 적이 있습니까? 물론 그렇지 않을 겁니다. 아버지가 대통령 선거에 출마한다고 처음 발표했을 때, 언론에서 그에 대해 언급했던 거짓말은 대개 우리 가족 사업, 그의 사생활 등 어찌 보면 소소한 문제들과 연관되어 있었습니다. 그가 러시아 스파이이거나 그 나라의 올리가르히Oligarch와 결탁했다고 비난한 언론은 거의 없었습니다. 하지만 오늘날, 이제 그 근거 없는 소문들은 좌파의 좌우명이 됐고 상황은 점점 더 악화되고 있습니다. 언론은 그 모든 의혹이 모순이라는 결정적인 증거들이 있음에도 불구하고 계속 거짓말을 하고 있으며, 아마도 절대 멈추지 않을 것입니다.

내 말을 못 믿겠다면, 자유주의 신문을 구독하거나, 타락실패한 세 글자 이름을 가진 자유주의 뉴스 방송국에 TV 채널을 맞추길 바랍니다. CNN, NBC, ABC 어느 것을 선택해도 좋습니다. 신문을 다 읽고, 뉴스를 다 봤다면, 이제 깨끗한 물로 눈을 잘 헹구기만 하면 됩니다. 당신이 별로 좋아할 만한 일이 아니란 건 잘 알지만, 상대방이 계속 밀어붙이는 허튼소리의 정체를 알아채는 데는 분명 도움이 될 겁니다.

예를 들어 2019년 8월 28일 화요일 저녁 NBC 뉴스를 시청했다면, 당신은 내 아버지 도널드 J. 트럼프가 대통령 선거에 출마한다고 발표하기 훨씬 전부터 노골적인 거짓말로 그를 공격했던 한 남자, 로렌스 오도넬[1]을 봤을 겁니다. 그는 분할 스크린을 통해 레이첼 매도[2]와 그녀의 모든 시청자에게 "트럼프와 도이치뱅크 간의 긴밀한 관계를 밝혀 줄 단독 출처"를 통해 검토된 어떤 문서에 관한 말을 했습니다. 핵심은 그 문서의 내용이 모두 사실이고 도널드 트럼프가 정말로 러시아와 결탁을 했다는 겁니다! "도이치뱅크와의 긴밀한 관계를 밝혀 줄 단독 출처는 도널드 트럼프를 그 대출 서류의 공동서명인으로 지목하고 있습니다. 이것은 그가 러시아 올리가르히(Oligarch)와 결탁했다는 확실한 증거입니다." 오도넬의 말입니다.

네, 좋습니다. 만약 그렇게 믿는다면, 나 또한 로렌스 오도넬과 가까운 '단독 제보자'를 한 명 알고 있는데, 그 제보자의 말에 따르면 그가 주말마다 여자 옷을 입고 가라오케(노래방)에서 노래를 부른다고 합니다. 보셨죠? 이런 헛소리를 만들어 내는 건 사실 정말 일도 아닙니다. 마음만 먹으면 하루 종일 할 수도 있습니다. 그리고 실제로 그들은 그렇게 하고 있습니다! 심지어 자유진영 음모론의 여왕인 레이첼 매도조차도 그의 말을 믿는 것을 약간 주저하는 듯 보입니다. 한번 생각해 봅시다. 만약 당신이 내 아버지와 레이첼 매도를 함께 고발한다면, 당신이 가진 모든 증거는 아마도 말도 안 되는 헛소리에 불과할 겁니다. 오히려 오도넬의 참모들이 트럼프 그룹에 전화를 걸어 의견을 구하거나, 다른 방법으로 그 이야기의 진실 여부를 확인하려 하지 않았다는 사실이 그보다는 더 비밀정보에 가까울 듯 보입니다.

아니나 다를까, 오도넬은 바로 다음 날 밤 TV에 나와서는, 눈물을 흘리며 자신이 한 말은 전혀 사실이 아니라고 세상에 고백했습니다. 어떤 사람들에게는, 그 의미가 반감된 부족한 사과로도 충분했을지 모릅니다. 하지만 최소한 내게는 전혀 그렇지 않았습니다. 오도넬이 그 음모론과 관련된 조롱 섞인 글을 처음 트위터에 올렸을 때, 그의

[1] 정치전문가이자 배우이며, 평일 밤 방영되는 MSNBC의 의견 및 뉴스 프로그램인 로렌스 오도넬과 함께 하는 마지막 단어(The Last Word)의 호스트

[2] 미국의 방송인이자, 전직 활동가, 그리고 진보적인 정치 논평가이다. 진행하는 프로그램으로는 라디오 레이첼 매도 쇼와 MSNBC의 저녁 뉴스 쇼인 레이첼 매도 쇼가 있다.

트윗은 수만 명의 사람들에게 공유되었습니다. 그리고 나중에 그가 이 모든 것이 다 거짓이었고 NBC 뉴스의 팩트 체크팀에 의해서도 진실이 아님이 드러났음을 인정하는 트윗을 올렸을 때 나는 순간 백과사전에서나 볼 수 있는, 테이블에 침팬치 세 마리가 둘러앉은 모습을 상상했습니다. 그 메시지는 고작 8천 번밖에 리트윗되지 않았습니다. 그리고 더 중요한 건, 오도넬은 좌파의 선전 기계를 구성하는 아주 작은 톱니바퀴에 불과하다는 사실입니다.

거짓의 맹공이 계속되더라도 도널드 J 트럼프는 결코 거기에 발목을 잡히지 않을 것입니다. 대통령 출마를 선언하기 위해 트럼프 타워의 아트리움 무대에 오른 그 순간부터 아버지는 오직 한 가지 즉, 미국 국민만을 염두에 두고 있습니다. 만약 당신이 잠시라도 그가 금빛 에스컬레이터를 타고 내려왔을 때, 좌우의 끊임없는 공격, 서로 깊이 유착된 두 얼굴의 엘리트들이 자신의 가장 친한 친구인 척 가장하고 있음을 그가 눈치채지 못했으리라 생각했다면, 당신은 아직 내 아버지를 잘 모르고 있습니다. 출마를 결심한 그 순간부터 도널드 트럼프는 자신이 자초한 일이 무엇인지 정확히 알고 있었지만, 그것이 옳은 일이었기 때문에 거침없이 그 길로 나아갔습니다.

2020년 그리고 그 이후에도 도널드 트럼프는 그렇게 계속 옳은 일을 할 것입니다. 이 싸움은 아직 끝나지 않았습니다. 하지만 내 아버지를 백악관에 들여보낸 모든 이들을 위해서, 그는 끝까지 걸어갈 것입니다.

그리고 이는 곧, 내가 걸어갈 길이기도 합니다.

2015년 트럼프 선거 캠페인에 합류했을 때 가장 먼저 내 눈에 띄었던 건, 생각보다 많은 이들이 진보적 검열과 정치적 정당성에 염증을 느낀다는 점이었습니다. 전국의 많은 사람이 엘리트 정치 계층에 의해 설득당하는 일에 싫증이 났고, 자신들의 우려는 중요하지 않으며, 목소리 또한 제대로 들리지 않을 것이라고 반복적으로 말했습니다. 나는 민주당의 정책이 그들의 삶을 갈기갈기 찢어놓는 것을 지켜봐야만 했던, 우리의 자랑스러운 공장 노동자들을 만났고, 자유주의 교수들이 보복이 두려워 수업 중에 자신의 성향을 드러내기를 두려워하는 보수주의적 대학생들과 대면했으며, 본인의 정치적 견해 때문에 친구들에게 외면당해야 했던 여성들을 마주했습니다. 만약 이것이 내가 이 책에서 몇 번이고 언급했던 바로 그 주제로 느껴진다면, 제대로 본 것이 맞습니다. 그들과 함께 나눴던 모든 대화들은 여전히 내 기억에 새겨져 있습니다. 그들은 좌파가 하는 일에 불쾌감을 느끼지 못하는 나라에 살고 있었고, 이제는 이 모든 일에 싫증이 났습니다. 물론 나 역시 마찬가지입니다.

나는 이 현상이 언제부터 일어났는지, 무언가 위태롭단 걸 깨닫고 내가 개인적인 차원에서 정치를 바라보기 시작했을 때가 언제부터였는지를 정확히 말하기는 힘듭니다. 다만 나는 마치 마이클 무어가 밑에서 위로 밀어 올린 비보강 의자처럼, 이 모든 일이 조금씩 조금씩, 그리고 동시에 일어났다고 확신합니다. 시간이 흐르면서 나는 부시 행정부와 오바마 행정부가 내가 믿는 가치들을 훼손시켰음을 깨닫기 시작했습니다. 특히 오바마 대통령은 내가 견딜 수 없는 방식으로 자유시장과 언론의 자유를 공격했습니다.

그러다가 아버지가 출마를 선언했을 때, 나는 진보성향의 친구들, 아니 내가 친구라고 생각했던 이들 중 몇몇이 좌파가 외치는 메아리 속으로 뒷걸음질 치기 시작했음을 알게 됐습니다. 그들은 뉴욕타임스만 읽었고, MSNBC만 봤는데 그 모습은 마치 사이비 종교를 연상케 했습니다. 보수주의자들은 한순간 그들의 적이 됐고, 타협은 불가능해 보였습니다. 그들이 내게 말하지 않을 것들의 목록은 점점 더 길어졌으며, 그들의 농담은 이제 재밌다기보다는 비열하게 느껴졌습니다. 그들의 분노는 터무니없고 공허했습니다. 사실 맨해튼에 대해 깊은 감정적인 애착을 가져본 적은 없었지만, 지금은 마치 낯선 땅의 이방인이 된 것만 같습니다.

하지만 길 위에서 나는 그곳과 정반대되는 느낌을 받았습니다. 도널드 트럼프의 캠페인이 도시나 마을로 향했을 때, 나는 너무 오랫동안 잊고 지냈던 첫 번째 희망의 빛을 봤습니다. 내 아버지의 모습 속에서, 그들은 자신들의 문제를 이해할 뿐만 아니라, 기꺼이 자신들을 위해 싸울 준비가 됐으며, 그 일을 절대 포기하지 않을 한 사람을 만났습니다. 그의 목소리는 마치 폭풍전야에 울리는 천둥소리와도 같았습니다. 그가 무대를 마치고 내려올 때면, 그곳에는 번개가 내리쳤습니다. 자, 나는 지금 이 나라에 잘못된 분열과 갈등이 있다는 사실을 잘 알고 있습니다. 그리고 많은 이들이 그로 인해 내 아버지를 비난하고 있다는 것 또한, 물론 알고 있습니다. 많은 언론 기관들이 그를 밤낮으로 괴롭히고 있으니, 내게는 그리 놀라운 일은 아닐 겁니다. 하지만 이런 종류의 쓰라린 분열은 내 아버지가 출마 연설을 하기 훨씬 이전에 이미 시작됐습니다. 미국 전역의 사람들도 수년 동안 이를 느껴왔습니다. 그가 한 일은 그저 미국의 작은 도시들과 식당들에서 의회와 백악관으로 싸움의 장소를 바꾼 것뿐입니다.

물론, 나는 아버지를 자주 보지 못했고, 특히 선거운동이 끝날 무렵에는 더더욱 그랬습니다. 당신도 눈치챘겠지만, 도널드 J. 트럼프가 방에 들어서면, 그 순간 이미 그의 에너지가 방안의 모든 공간을 다 채워버립니다. 나는 내가 2016년 선거 캠페인 마지막 날 동안 있을 수 있는 가장 좋은 장소는 그가 없는 곳이라는 사실을 빨리 깨우쳤습니다. 다행히 내 곁에는 나와 함께 여행하기 위해 한 번에 며칠씩 자신의 직업과 가족을 기꺼이 떠날 준비가 된 친구들이 있었지만, 현실은 그리 낭만적이지만은 않았습니다. 우리는 하루에 수천

장의 셀카를 찍었고, 사실상 돈을 구걸했으며, 유세 현장에 우리를 보러 온 수천 명의 움직임에 우리의 동선을 맞췄습니다.

하지만 그거 아십니까? 우리는 정말 끝내주는 팀이었습니다.

우리는 공화당 전국위원회와 지금과 같은 관계가 없었던 시기에 1억 달러가 넘는 돈을 모금했습니다. 특별한 인맥 없이 거의 전적으로 우리끼리 해낸 일입니다. 우리는 전국의 모텔에서 잠을 잤고, 워싱턴의 엘리트들에게 진저리가 난 진짜 미국인들을 만났으며, 때때로 음식도 먹지 않은 채 며칠씩 시간을 보냈습니다. 하지만 그건 전혀 문제가 되지 않았습니다. 우리는 각자 추진력을 유지하는데 필요한 테스토스테론, 아드레날린, 레드불을 충분히 가지고 있었거든요. 하지만 그보다 더 중요한 것은, 우리에게는 충성심과 우정 그리고 강인한 의지가 있었습니다.

유세 현장을 다니면서, 그제야 나는 정치가 무엇을 의미하는지 이해하기 시작했습니다. 아니, 최소한 정치에 한번 발을 들여놓은 사람들이 왜 이 길을 그토록 포기하기 어려운지를 직접 볼 수 있었습니다. 실제로 나는 유세 현장에서 많은 친구들에게 그런 일이 일어나는 장면을 목격하기도 했습니다. 비즈니스 세계에서 성장한 사람들이 자신의 길을 떠나 이 나라의 유권자들과 악수를 하기 시작하면, 이미 사무실의 자기 자리로 돌아가 앉는다는 건 거의 불가능해 보였습니다. 현재 공화당 전국위원회의 공동 의장이 된 토미 힉스에게도 일어났던 일이며, 나를 포함한 다른 사람들에게도 역시 마찬가지로 일어났던 일입니다. 돈을 더 벌 수 있는 길을 갈 수도 있었지만, 애국적인 미국인으로서 MAGA 운동을 추진할 기회를 포기할 순 없었습니다.

나와 이방카 사이를 이간질하는 가짜 내분에 초점을 맞춘, 대부분의 내용이 거짓인 디 애틀랜틱[1]이 쓴 아래 기사를 보면 알 수 있듯이,

[1] 매사추세츠의 보스턴에서 1857년에 창간한 미국 잡지

공화당의 많은 이들은 내 배경과 능력을 결부시키고자 했습니다.

2018년 11월까지, 돈은 17개 주에서 70개 이상의 선거 캠페인에 나타났고, 강성 공화당원들은 당황했다. 케빈 크레이머 상원의원은 "그가 정치에 매우 쉽게 입문하는 모습을 볼 수 있었다"라고 내게 말했다. 케빈 매카시 하원 원내대표는 "그의 미래가 밝다고 생각한다"라고 말했으며, 뉴스맥스의 CEO 크리스 러디는 개인적으로 돈에게 출마를 권유했다고 한다. 숀 해니티는 그를 "천부적인 지도자"라 불렀으며, 랜드 폴 상원의원은 돈이 이 나라에서 가장 훌륭한 공화당 선거운동원 중 한 명이라는 말까지 했다고 한다. "만약 당신이 대통령직을 가져오지 못한다면," 폴이 내게 말했다. "그가 가장 유력한 2인자가 될 겁니다."

비록 당신이 경제, 감세, 세계 속 미국의 입지를 새롭게 다지는 일부터 두 명의 위대한 대법관을 대법원에 임명하고, 수많은 하급법원을 임명하는 일에 이르기까지 내 아버지가 백악관에 입성했을 대부터 이 나라를 위해 해왔던 모든 선한 일들을 제쳐둔다 할지라도, 그가 우리 정치 체제에 진한 여운을 남긴 일이 하나 더 있습니다. 그는 사람들에게 그들이 자신의 원칙을 갖고 싸울 가치가 있으며, 좌파가 그렇게 말한다고 해서 스스로 죽으러 들어갈 필요가 없다는 사실을 일깨워줬습니다. 어찌된 일인지, 그는 정치는 분명 게임이지만 위태로운 길은 결코 아님을 직감적으로 이해했습니다. 선거 캠페인에 동참한 이들과 그를 따르는 수백만의 사람들에게, 그는 우리가 믿는 것이 중요하다는 사실을 스스로 하나의 예가 들어 보여주었습니다. 험난한 일을 의미할 수도 있지만, 옳은 일이라면 어쨌든 그렇게 하는 것입니다. 교도소 개혁? 꼭 보수적인 것만은 아닙니다.

기회 영역[1]? 마찬가지로 그가 사는 곳에 직접적으로 이익이 되는 일은 아닙니다. 그의 집은 도심에 있지 않으니까요. 경제적 결과에 근거한 일이긴 하지만, 반드시 해야만 하기에 그는 변화를 위한 최선을 다하고 있습니다. 도널드 트럼프는 정치적으로 옳은 일이기 때문에 그런 일들을 한 것이 아닙니다. 이것이 바로 지금 우리의 대통령과 과거의 다른 대통령들 사이의 차이점입니다. 도널드 트럼프는 자리에 앉은 채, 여론조사 수치를 보고 자신이 할 일의 우선순위를 매기지 않습니다. 그는 직접 사람들의 말을 듣습니다. 여론조사 단체에 기반을 둔 캠페인을 벌이지도 않았으며, 오히려 자신의 직감과 수십 년의 경험, 그리고 수십 년 만에 처음으로 세상 밖으로 나온 이 나라의 잊혀진 모든 이들의 박수와 환호를 근거로 행동했습니다. 일자리 성장에 대해 말할 때, 그는 아마도 다른 어떤 대통령보다 더 많은 경험을 근거로 그렇게 했을 겁니다. 그는 지난 40년 동안 수표의 앞면에 서명해 온 사람입니다. 힐러리 클린턴이 도대체 일자리 성장에 대해 무엇을 알겠습니까? 그녀는 평생을 살아오면서 단 하나의 일자리를 창출한 경험이 없습니다. 아, 어쩌면 여론조사기관이 거기에 포함될지도 모르겠군요. 아마도 그녀의 서버를 초기화하거나 그녀의 아이폰을 산산조각내 줄 누군가를 위한 자리일 겁니다. 하지만 진짜 직업이요? 어림도 없습니다. 조 바이든, 엘리자베스 워렌, 버니 샌더스, 카말라 해리스, 척 슈머, 낸시 펠로시 등 워싱턴의 다른 민주당원들도 다 마찬가지입니다.

그럼에도 불구하고, 2020년에 우리가 직면하게 될 캠페인은 도널드 J. 트럼프의 의지 그리고 우리의 의지에 대한 훨씬 더 큰 시험의 장이 될 것입니다. 2016년으로 돌아가면, 당시는 버니가 사회주의를 부르짖는 헛소리를 외치는 것이 고작이었습니다. 하지만, 오늘날 민주당 내에는 공식 당원이면서 반란을 주도하고 있는 사회주의자들이

[1] 저소득 지역에 대한 특정 투자가 세금 우위를 갖도록 허용하는 2017년 세금 감면 및 고용법에 의해 지정된 명칭

존재합니다. 2016년에는 부패한 민주당 후보가 한 명만 있었고, 일단 적어도 우리가 걱정해야 할 사람은 그 한 사람뿐이었습니다. 힐러리는 범죄의 명백한 증거에도 불구하고 정부 최고 수준의 기소를 면할 수 있는 사람이었으며, 그의 대적들은 불가사의한 상황 속에서 항상 스스로 자멸하는 것처럼 보였습니다. 그러나 여전히 그녀 혼자일 뿐이었죠. 보수적인 코미디언들이 농담으로 말하듯이, "힐러리 클린턴 혼자서 우리 모두를 자살시킬 수 없습니다." 하지만 오늘날에는, 20명의 민주당 후보가 각각 이 나라의 서로 다른 끔찍한 길을 대변하고 있습니다. 지난 2016년, 아버지에게는 비장의 무기가 있었는데, 누구도 그가 만들어 가는 움직임을 알아차리기는커녕, 그의 선거 캠페인을 심각하게 여기는 좌파조차 거의 없었습니다. 하지만 오늘날에는 모든 좌파와 진보 언론, 그리고 모든 행정당국이 눈에 불을 켠 채 도널드 트럼프를 주목하고 있습니다. 그들은 마치 우리에 갇힌 동물 같으며, 권력을 되찾기 위해서라면 무슨 일이든 할 것입니다. 그게 무엇을 의미하든 말이죠.

만약 싸움을 걸고 싶어서 안달이 났다면, 그들이 제대로 찾아온 게 맞습니다. 아버지가 내게 가르쳐 준 모든 교훈 중에서 가장 위대한 교훈은 다음과 같습니다. '남자 혹은 여자가 되기 위해서는, 정치적으로 옳은지의 여부를 떠나 네가 참거나 입을 다물거나 아니면 그 자리를 피해야 할 때가 온다. 싸울 땐 싸워야지만, 가끔은 겁쟁이가 되어야 한다.' 그래서 좌파들은 현재 그들이 원하는 대로 우리를 대하고 있습니다. 이제 나는 우리가 해야 할 일을 할 겁니다. 받은 만큼 두 배로 되돌려 줘야죠. 싸움과 도망은 인간 진화의 기본 요소이지만 과연 나는 어떨까요? 아쉽게도 트럼프 집안에서는 도망에 대한 본능이 제대로 발달하지 않았나 봅니다.

나는 당신에게 내가 화나지 않았다는 말을 하기 위해 이 책을 쓰기 시작했습니다. 그리고 지금도 여전합니다. 결국, 기분 좋은 일이 더 많으니까요.

나는 항상 사람들로부터 그들의 삶이 얼마나 더 나아졌는지 듣곤 합니다. 예를 들어, 지난 발렌타인데이 때, 나는 킴벌리를 뉴욕시의 이스트사이드에 위치한 멋진 식당으로 데려갔습니다. 사실 그곳은 보수주의자들이 환영받을 만한 곳은 절대 아니었습니다. 밤이 깊어 감에 따라 나는 그곳의 모든 시선이 우리에게 쏠려 있음을 감지할 수 있었고, 어쩌면 곧 어떤 일이 생길 것만 같은 불길한 예감이 들었습니다.

계산을 한 뒤 출구로 향할 때, 한 여자가 일어나서는 나를 가리키며 "당신!"이라고 소리쳤고, 순간 나는 "아, 발렌타인 데이에 결국 여기서 이 할머니랑 싸우겠구나" 싶었습니다. 그리고 실제로 일이 벌어졌습니다. 그녀는 우리와 식당 전체에 다 들리도록 "당신은 세상에서 가장 큰 공을 손에 들고 있으면서 어떤 사람도 속인 적이 없지. 계속 그렇게 해!" 온 사방이 박수갈채를 보냈습니다. 그녀가 얼음을 깬 것입니다. 적대적이고 심술궂을 것만 같은 그 공간에서 우리는 우호적인 지지자들을 만났습니다. 이 일은 세상 어디에서 다정한 목소리를 찾을 수 있을지 확신하지 못하는 당신에게 분명한 사실 한 가지를 보여줍니다. 용기와 확신으로 냉랭한 얼음을 깨뜨릴 수 있는 한 사람이 있다면, 나머지 사람들은 모두 그 뒤를 따른다는 사실 말입니다.

아버지는 재임한 지 3년도 채 안 되는 기간 동안 엄청난 성과를 거뒀습니다. 진보적인 언론들의 방해에도 불구하고, 그는 이러한 업적들로 모든 미국인을 도왔습니다. 내가 이 글을 쓰는 동안, 취업 시장은 그 어느 때보다도 호황이며 처음으로 우리가 필요로 하는 것보다 더 많은 일자리가 시장에 있습니다. 예전에는 사람들이 나가서 일자리를 찾았는데, 지금은 일자리가 사람을 찾고 있는 셈이죠.

또한, 당신이 가지고 있는 역량보다 더 좋은 직업을 얻을 수 있는 가장 좋은 시기이기도 합니다. 그리고 경력을 쌓기에도 최고의 시기입니다. 지금 우리는 50년 만에 가장 낮은 남녀 실업률을 기록하고 있으며, 흑인, 라틴계, 아시아인 실업률은 3.7%로 사상 최저를 기록했습니다. 반세기 만에 가장 낮은 청년 실업률, 그리고 재향군인 실업률 또한 20년 만에 가장 낮은 수준입니다. 이보다 더 친미적인 노동자 친화형 대통령은 일찍이 없었습니다. 미국과 노동자에 대한 그의 약속은 고용주들이 4백만 명 이상의 미국인들에게 직업훈련을 제공하기로 약속하는 결과를 낳았습니다. 도널드 J. 트럼프는 직업교육에 전념하고 있습니다. 이뿐만이 아닙니다. 미국 제조업체의 95%는 회사의 미래를 낙관하고 있는데 이는 사상 최고 수준입니다.

오바마 대통령은 한때 행정부 시절 잃어버린 제조업 일자리를 되찾기 위해서는 마법 지팡이가 필요할 것이라고 유명한 말을 했습니다. 아브라카다브라! 어때요, 전 대통령님? 트럼프 정부는 제조업과 건설, 에너지 일자리 100만 개를 추가했습니다.

아버지는 총 6백만 개의 일자리를 시장에 추가했고 놀랍게도 620만 명의 사람들을 정부가 저소득자들에게 주는 식권에서 벗어나도록 만들었습니다. 미국인들이 자급자족하기 시작하면 민주당은 어떻게 될까요? 글쎄요, 아마도 그들의 실패한 정책에는 확실히 좋지 않을 겁니다!

그래도 만약 당신이 진보성향의 언론이 하는 헛소리에 동의한다면, 그것도 물론 이득이 되겠지만 아마 한 모금의 담배 연기와 같은 그런 이득일 겁니다. 아버지는 이 나라의 경제에 긍정적이지만, 언론은 그보다는 훨씬 더 부정적이고 나쁘게 바라보는 듯 합니다. 앞 페이지에 두 번 이상, 나는 주류 언론들이 미국을 사랑하는 마음보다 내 아버지를 싫어하는 마음이 더 크다고 말했는데, 그들이 말하는 임박한 파멸을 '감별'하는데 이보다 더 좋은 예는 없을 겁니다.

한 번 봅시다. 나는 성인이 된 이후로 내내 시장에서 살아왔습니다. 덕분에 시장이 어떻게 흘러가는지 아주 잘 알고 있습니다. 하지만, 고통받을 수백만의 미국인들을 위해서, 나는 불경기가 일어나지 않기를 바라며 기도합니다. 그리고 만약, 실제로 그런 일이 일어난다면 당신은 분명 좌파가 만든 선전 기계의 비난을 정면으로 마주하게 될 겁니다. 그들은 경기 침체가 자신들이 백악관을 얻는 데 도움이 될 뿐만 아니라, 침체된 미국이 자신들이 원하는 사회주의적 개혁을 실행하기에 가장 좋은 환경을 마련해 줄 것이라 믿고 있으니까요. 버니의 이 말을 꼭 기억하기 바랍니다: "최저 수준의 소득으로 살아도 전혀 문제 될 것이 없습니다."

민주당원들은 또한, 아동세액공제를 120만 원에서 240만 원으로 두 배 늘리고 가족의 지갑에 240만 원 이상을 다시 돌려준, 미국 중산층에게 있어 마치 신의 선물과도 같았던 아버지의 감세 정책을 폐지하겠다고 공약했습니다.

그리고 민주당원들은 불법 이민자들을 위한 국경의 개방과 의료보험을 찬성하는 반면, 아버지는 이민자 수용 및 장벽 건설에 관련해서는 단 한 치의 양보도 없었습니다. 이 모든 이야기를 요약하면, 결국 남은 건 절대 변하지 않는 몇 가지 사실입니다. 내 아버지 도널드 트럼프는 범죄자와 불법 마약이 미국에 들어오지 못하도록 막길 원합니다. 그는 불법 이민자들이 우리의 사회 안전망에 유출되는 것을 막고자 합니다. 도널드 J. 트럼프는 결코 이민자들을 반대하지 않습니다. 다만 그는 덴버 커피숍에서 만난 내 에티오피아 친구처럼 우리를 싫어하는 사람들이 아닌, 미국을 사랑하는 사람들을 원할 뿐입니다. 나는 어떻게 이에 대해 왈가왈부할 수 있는 사람이 있는지 정말 이해할 수가 없습니다.

또한, 나는 하나의 규제가 생길 때마다 두 개의 규제를 삭감하라고 했던 그의 집행명령 역시 논쟁의 대상이 아니라고 봅니다. 실제로 트럼프 행정부는 수십 년 만에 추가한 것보다 삭감한 규제가 더 많은 정부였습니다. 키스톤 파이프라인과 다코타 액세스 파이프라인의 구축을 허가하고, 6340조 원[50조 달러] 상당의 에너지 비축에 대한 규제를 풀면서 아버지는 에너지 생산의 닫혀있던 문을 날려버렸습니다.

수십 년에 걸친 무대책의 시간을 끝내고 아버지는 대한민국 한반도의 영원한 평화를 향한 첫걸음을 내디뎠습니다. 물론 아무도 그 일에 대해 그의 공로를 인정해주지 않을 것입니다. 어느 날 아침, 두 살배기 클로이와 함께 앉아 아침을 먹으며, 우리는 TV에서 트럼프 대통령이 북한 지도자를 만나겠다는 의지를 조롱하고 비판하는 북한에 대한 '전문가'를 보았습니다. 그 순간 나는 깨달았습니다. 내 어린 딸이 북한의 평화를 위해 최소한 TV에 나오는 소위 말하는 전문가라는 사람과 거의 같은 수준으로 기여했음을 말이죠.

그는 비용은 많이 드는 반면, 뚜렷한 효과는 없는 파리기후협약에서 우리를 빼냈습니다. 또한, 우리를 환태평양경제동반자협정[TPP]과 북미자유무역협정[NAFTA]을 포함한 형편없는 오바마와 클린턴 시대의 무역 거래에서 벗어나도록 했습니다. 존 케리의 끔찍한 이란 거래에서도 우리를 빼냈습니다. 세계 무대에서 미국에 대한 존경심을 회복했고, 전 세계의 지도자들은 미국을 이용하는 시대가 이제 끝났다는 사실을 분명히 알게 됐습니다.

쉽게 설명해주겠습니다. 자, 여기 그의 업적이 더 있습니다.

- 트럼프 행정부는 관련 의료 계획과 단기 계획을 통해 미국인에게 보다 더 저렴한 의료 옵션을 제공하고 있습니다.

- FDA미국 식품의약국은 역사상 그 어느 때보다도 더 저렴한 일반 약품을 승인했습니다. 그리고 우리의 노력 덕분에, 많은 제약 회사들이 계획했던 가격 인상을 동결하거나 오히려 가격을 인하하고 있습니다.

- 정부는 병원들이 저소득 노인에게 약값을 과다하게 부과하는 것을 막기 위해 의료보험 프로그램을 개혁했습니다. 이를 통해, 올해에만 수억 달러의 비용을 절약할 수 있었습니다.

- 말기 환자를 위한 실험용 약물의 시험 권법Right to Try legislation을 승인하는 입법에 서명했습니다.

- 마약성 진통제 남용 문제opioid epidemic와 싸우기 위해 60억 달러의 새로운 자금을 확보했습니다.

- 취임 첫해 동안 고용량 오피오이드opioid 처방을 16% 줄였습니다.

- 재향군인선택법VA Choice Act 및 재향군인책임법VA Accountability Act 그리고 재향군인원격진료법VA telehealth Act을 체결하고, 워크인클리닉[1], 긴급상황 시 우선진료권, 정신 건강 관리 등의 혜택을 확대했습니다.

- 다른 어떤 대통령도 하지 못했던 일을 해냈습니다: 이스라엘의 미국 대사관의 예루살렘 이전.

- 닐 고르슈와 브렛 카바노보다 더 나은 보수적인 두 명의 대법관을 대법원에 임명한 미국 대통령은 없습니다.

계속할 수도 있지만, 내 말의 요점은 충분히 전달됐으리라 봅니다.

[1] 슈퍼마켓이나 약국 같은 소매점 내부에 위치하면서 감기, 알레르기, 백신, 사마귀, 두통, 염좌 등 사소한 일상질환을 치료하는 의원

그래요, 좋습니다. 나 역시 아주 잘 알고 있습니다. 세상에는 나를 좋아하지 않고 또 내 아버지를 좋아하지 않는 사람들이 많다는 사실을 말이죠. 하지만 당신이 메신저를 좋아하지 않는다고 해서 그 속에 담긴 메시지까지 싫어해선 안 됩니다. 그 메시지는 수백만 미국인들의 삶을 더 안전하고, 더 부유하고, 더 희망적이게 만들고 있으며, 이 모든 업적은 고작 3년 만에 이뤄졌습니다. 만약 내 아버지에게 또 다른 4년이 주어진다면, 과연 그가 무슨 일을 이뤄낼지 한 번 함께 상상해 봅시다.

나는 우연히 정계에 입문했습니다. 그리고 어쩌다 보니 이 안에서의 싸움이 마음에 들었습니다. 하지만 이제 나는 그것이 단지 싸움을 위한 싸움이 아니라는 걸 깨달았습니다. 내 아버지와 나를 무너뜨리고자 하는 사람들과의 지루하고 일상적인 싸움보다 훨씬 더 중요한 싸움이 많이 있습니다. 바로 내 아이들과 너의 행복과 행복을 위한 싸움 말이죠.

이것이 바로 2020년이 위태로운 이유입니다. 아주 큰 한 가지 면에서만 보더라도 다음 대선은 지난 대선보다 더 중요합니다. 아버지가 2016년에 도심에서 선거 캠페인을 했을 때, 그는 오바마를 포함한 과거 정권들이 얼마나 실패했는지를 소수의 청중에게 상기시켜주곤 했습니다. 그리고 나서 그는 그들에게 "당신에게 더 잃을 것이 남았습니까?"라는 간단하지만 훌륭한 논리를 사용하여 자신에게 투표해달라고 호소하곤 했습니다.

만약 당시 그들이 그의 질문 앞에 진실했다면, 대답은 분명 '없다'였을 겁니다.

음, 하지만 이제는 그렇지 않습니다. 실업률이 역사적인 최저치를 기록하고 있는 도심에서는 말이죠. 세금 감면이 임금과 퇴직 계좌를 두 배로 늘린 교외 지역도 마찬가지입니다. 그리고 뉴욕타임스의 기사에도 불구하고, 그가 석탄 수출을 60% 증가시킨 러스트 벨트와 웨스트 버지니아에서도 역시 그렇지 않습니다. 재협상된 무역 거래가 장미빛 미래를 제공한 미국의 드넓은 농경 지역 역시 마찬가지입니다.

다음 선거에서는 이제 우리가 잃을 것이 많습니다. 바다에서부터 빛나는 바다까지, 이 위대한 나라를 가로지르는 미국인들은 이제 백악관의 도널드 J. 트럼프와 함께 더 나은 삶과 더 많은 희망을 맞이하고 있습니다.

사실 나는 이 책을 신랄한 풍자로 끝낼까 생각했었습니다. 이미 앞에서 나도 때때로 그렇게 될 수 있음을 충분히 말했으니까요. 하지만 이 날카롭고 잘생긴 이봐요, 나는 트럼프입니다. 뭘 기대했나요? 외모 뒤의 깊숙한 곳에는 하나의 일관된 진실이 소중히 간직되어 있습니다. 그것은 바로 미국에 대한 나의 사랑입니다.

우리 함께 이 위대한 나라를 계속 지켜나갑시다.

분노폭발

발행	2021년 1월 10일	정가 23,000 원
인쇄	2021년 1월 5일	

저자	Donald Trump Jr.
번역	김 성 민
감수	경제사회전문가 그룹
대표	이 원 준
발행자	이 성 태 / 李 星 兌
발행처	경록 / 景鹿
주소	서울시 강남구 영동대로 114길 7(삼성동 91-24) 경록사옥
문의	02)3453-3993 / 02)3453-3546
홈페이지	www.kyungrok.com
팩스	02)556-7008
등록	제16-496호
ISBN	979-11-90923-18-7

TRIGGERED
Copyright ⓒ 2019 by Donald Trump Jr.
This edition published by arrangement with Center Street, New York, New York, USA.
All rights reserved.
Korean Translation Copyright ⓒ 2021 by Kyunrok
This translation is published by arrangement with Hachette Book Group, Inc
through Imprima Korea Agency

이 책의 한국어판 저작권은 Imprima Korea Agency를 통해
Hachette Book Group, Inc와의 독점 계약으로 경록에 있습니다.
저작권법에 의해 한국 내에서 보호를 받는 저작물이므로
무단전재와 무단복제를 금합니다.

www.kyungrok.com
대표전화 1544-3589

이 책의 무단복제 · 복사를 금함

법에 의해 저작권이 보호됩니다. 무단전재 또는 복제행위는 이 법 제136조에 의해
의 징역 또는 5,000만원 이하의 벌금에 처하거나 병과(倂科)할 수 있습니다.